Journalistische Praxis

Gegründet von
Walther von La Roche

Reihe Herausgegeben von
Gabriele Hooffacker

Der Name ist Programm: Die Reihe Journalistische Praxis bietet ausschließlich praxisorientierte Lehrbücher für Berufe rund um Journalismus und Medien. Praktiker aus Redaktionen und aus der Journalistenausbildung zeigen, wie's geht, geben Tipps und Ratschläge. Alle Bände sind Leitfäden für die Praxis – keine Bücher über ein Medium, sondern für die Arbeit in und mit einem Medium. Walther von La Roche begründete die Reihe 1975 mit der „Einführung in den praktischen Journalismus" (heute: „La Roches Einführung in den praktischen Journalismus"). Seit 2013 erscheinen die Bücher bei SpringerVS.

Die gelben Bücher mit ihren Webauftritten geben allen, die journalistisch tätig sind oder sein wollen, ein realistisches Bild von den Anforderungen redaktionellen Arbeitens und zeigen, wie man sie bewältigt. Lehrbücher wie „Recherchieren", „Informantenschutz", „Frei sprechen" oder „Interviews führen" konzentrieren sich auf Tätigkeiten, die in mehreren journalistischen Berufsfeldern gefordert sind. Andere Bände führen in das professionelle Arbeiten bei einem Medium ein (die Klassiker zu Radio-, Fernseh- oder Online-Journalismus). Es gibt Bücher zu journalistischen Techniken („VR-Journalismus", „Mobiler Journalismus" oder „Social Media für Journalisten"), und zu Berufsfeldern wie Pressearbeit und Corporate Media („Pressearbeit praktisch") oder redaktionellem Arbeiten für Unternehmen oder Institutionen („Gebrauchstexte schreiben").

Jeden Band zeichnet ein gründliches Lektorat und sorgfältige Überprüfung der Inhalte, Themen und Ratschläge aus. Sie werden regelmäßig überarbeitet und aktualisiert, oft in weiten Teilen neu geschrieben, um der rasanten Entwicklung in Journalismus und Medien Rechnung zu tragen. Viele Bände liegen inzwischen in der dritten, vierten, achten oder noch höheren Auflagen vor wie La Roches „Einführung" selbst. Allen Bänden gemeinsam ist der gelbe Einband. Deshalb ist die Reihe unter Lehrenden, Studierenden und angehenden Journalistinnen und Journalisten auch als „Gelbe Reihe" bekannt.

Weitere Bände in der Reihe http://www.springer.com/series/11722

Sven Preger

Geschichten erzählen
Storytelling für Radio und Podcast

Springer VS

Sven Preger
Dortmund, Deutschland

ISSN 2524-3128   ISSN 2524-3136   (electronic)
Journalistische Praxis
ISBN 978-3-658-23427-0   ISBN 978-3-658-23428-7   (eBook)
https://doi.org/10.1007/978-3-658-23428-7

Die Deutsche Nationalbibliothek verzeichnet diese Publikation in der Deutschen National-
bibliografie; detaillierte bibliografische Daten sind im Internet über http://dnb.d-nb.de abrufbar.

Springer VS
© Springer Fachmedien Wiesbaden GmbH, ein Teil von Springer Nature 2019
Das Werk einschließlich aller seiner Teile ist urheberrechtlich geschützt. Jede Verwertung, die
nicht ausdrücklich vom Urheberrechtsgesetz zugelassen ist, bedarf der vorherigen Zustimmung
des Verlags. Das gilt insbesondere für Vervielfältigungen, Bearbeitungen, Übersetzungen,
Mikroverfilmungen und die Einspeicherung und Verarbeitung in elektronischen Systemen.
Die Wiedergabe von Gebrauchsnamen, Handelsnamen, Warenbezeichnungen usw. in diesem
Werk berechtigt auch ohne besondere Kennzeichnung nicht zu der Annahme, dass solche
Namen im Sinne der Warenzeichen- und Markenschutz-Gesetzgebung als frei zu betrachten
wären und daher von jedermann benutzt werden dürften.
Der Verlag, die Autoren und die Herausgeber gehen davon aus, dass die Angaben und Informa-
tionen in diesem Werk zum Zeitpunkt der Veröffentlichung vollständig und korrekt sind.
Weder der Verlag, noch die Autoren oder die Herausgeber übernehmen, ausdrücklich oder
implizit, Gewähr für den Inhalt des Werkes, etwaige Fehler oder Äußerungen. Der Verlag bleibt
im Hinblick auf geografische Zuordnungen und Gebietsbezeichnungen in veröffentlichten Karten
und Institutionsadressen neutral.

Verantwortlich im Verlag: Barbara Emig-Roller

Springer VS ist ein Imprint der eingetragenen Gesellschaft Springer Fachmedien Wiesbaden GmbH
und ist ein Teil von Springer Nature
Die Anschrift der Gesellschaft ist: Abraham-Lincoln-Str. 46, 65189 Wiesbaden, Germany

Vorwort

Seit Stunden stecken wir im Stau fest. Und wenn es eines gibt, das ich hasse, dann im Stau zu stehen. Wir sind unterwegs von Pembrokeshire nach Lancashire. Pembrokeshire ist die Südwest-Spitze von Wales – Lancashire liegt an der Schwelle zum Lake District im Norden Englands. 265 Meilen, etwa 425 Kilometer. Wir haben im Juni 2015 gerade zwei Wochen Urlaub in Wales verbracht (wir, das sind Anne und ich) und wollen zum Abschluss Freunde in Nordengland besuchen. Nachdem wir uns also stundenlang durch kleine Sträßchen gequält haben, die alle paar Hundert Meter etwas breiter werden (nur dann passen hier nämlich zwei Autos durch und man muss trotzdem aufpassen, dass man sich den Außenspiegel nicht an der Steinmauer abfährt), stehen wir jetzt also im Stau auf dem Motorway. Es ist Freitagnachmittag, rush hour. Die Pendler sind gerade auf dem Weg nach Hause. Alle.

Aber das größere Drama spielt sich im Inneren unseres Mietwagens ab. Denn seit Stunden reden wir kaum noch ein Wort miteinander. Wir hören Podcast, genauer gesagt haben wir unser Smartphone an die Sound-Anlage des Mietwagens angeschlossen und hören Sarah Koenig zu. Binge listening „Serial", erste Staffel. Und irgendwie kann der Stau gerade gar nicht lang genug sein. Ich höre es mittlerweile zum zweiten Mal, für Anne ist es das erste Mal. Wir sind beide Audio-Profis und hängen mit allen Ohren an dieser Erzählung. An Sarahs Stimme, die humorvoll und selbstironisch, manchmal fast beiläufig eine fast unglaubliche Geschichte erzählt. Und zwar so, als würde sie hier bei uns mit im Auto sitzen – vielleicht etwas vorgebeugt von der engen Rückbank. Sie erzählt von Adnan Syed, der seine High-School Freundin Hae Min Lee getötet haben soll, damals in Baltimore, im Jahr 1999. Und möglicherweise sitzt er zu Unrecht im Gefängnis.

Anne und ich unterbrechen unser Schweigen nur kurz nach den Folgen, um den aktuellen Stand zu debattieren. Nach der einen Folge sind wir uns relativ sicher: Adnan ist unschuldig, er sitzt zu Unrecht im Gefängnis. Nach der nächsten Folge haben wir Zweifel: Hat er es doch getan? Irgendetwas an seiner Geschichte stimmt doch nicht. Wir lauschen gespannt auf die Aufnahmen von Verhören mit Verdächtigen, von den Verhandlungen im Gericht (von beidem gibt es in den USA Mitschnitte), folgen minutenlang technischen Ausführungen zur Handytower-Technologie der 1990er Jahre und begleiten Sarah durch alle zwölf Folgen. Wir fiebern mit wie sonst nur bei „Game of Thrones", „Sherlock" oder „Downton Abbey" (schließlich sind wir in UK!). Doch das ist keine fiktive Geschichte, das hier ist real. Und für Adnan steht viel auf dem Spiel.

„Serial" hat einiges in Bewegung gebracht. Die Serie war und ist ein Meilenstein für viele Autoren, Redaktionen, Verlage und Sender. Im deutschsprachigen Raum haben öffentlich-rechtliche und private Sender, Podcast-Label, Verlage und Audible neue (Serien-)Formate ausprobiert. „Serial" ist dabei Inspiration und (manchmal vielleicht etwas überstrapazierter) Maßstab zugleich.

Für mich ist die aktuelle Entwicklung der vergangenen Jahre Anlass, endlich dieses Buch zu schreiben. In zahlreichen Workshops, Format-Entwicklungen und Story-Beratungen habe ich in den vergangenen Jahren immer wieder ähnliche Eindrücke gewonnen. Es gibt eine doch recht große Verunsicherung in Bezug auf das erzählerische Handwerk. Und viele offene Fragen: Wie schafft Sarah Koenig es zum Beispiel, dass wir und Millionen andere stundenlang gebannt zuhören? Die Antwort: Sie lässt uns an ihrem eigenen Erkenntnis-Prozess teilhaben. Sie präsentiert nicht journalistisch-distanziert Ergebnisse, sondern liefert mit ihrer Erzählung ein echtes Erlebnis – und ist Teil dieser Geschichte, die nur schwer in ein Genre zu packen ist: Doku-Drama, investigative Reportage, Feature?! Sicher ist: Was wir hier hören, ist kein Zufall, sondern dramaturgisches Handwerk, das nicht nur solch seltenen Mammut-Serien nutzt, sondern allen Erzählformen, kurz und lang, Radio und Podcast.

Dieses Buch zeigt, wie sich dokumentarische Audio-Geschichten spannend erzählen lassen, welche dramaturgischen Techniken dabei helfen, was genau unter Storytelling zu verstehen ist, und welche Auswirkungen sich für den Arbeits-Prozess des Reporters, Redakteurs und Regisseurs ergeben. Geschichten erzählen ist Handwerk und damit erlernbar. Und wenn man die Regeln kennt und beherrscht, dann darf man sie zum Glück auch wieder brechen.

Bonn, im August 2018

Inhalt

1 **Akustische Narration: Ein neuer Anfang** 1
   1.1 Was bisher geschah: „Serial" und die Folgen 1
   1.2 Story-Typen: Muss- und Lust-Geschichten 11
   1.3 Narratives Audio: Die Stärken des Mediums nutzen 15

2 **Stoff-Prüfung und -Entwicklung: Eine gute Geschichte liefert ein Erlebnis** 23
   2.1 Mehr Drama: Aristoteles lesen heißt Aaron Sorkin verstehen 23
   2.2 Make it primal: Berührt es mich im Innersten? 25
   2.3 High stakes: Was steht auf dem Spiel? 27
   2.4 Bigger idea: Was steckt hinter der Geschichte? 28
   2.5 One-Liner: Hook und Pitch in einem Satz 31
   2.6 Der Erzählsatz: Vier Elemente für eine Geschichte 33
   2.7 Die Motoren einer guten Geschichte: Aktion und Enthüllung 38
   2.8 Story-Pfeiler: Erzählerisches Change-Management 41
   2.9 Zusammenfassende Beispiel-Analyse: Stoff-Prüfung „Serial" 42

3 **Ohne Struktur keine Geschichte: Plot-Entwicklung** 47
   3.1 Wer Zuhörer will, muss plotten 48
   3.2 Audio-Plot: Logische Abfolge von Szenen 50
   3.3 Standpunkt wählen und wechseln: Die Leiter der Abstraktion 52
   3.4 Akt-Struktur: Ordnung schaffen 55
   3.5 Die Heldenreise: Von alten Erzählungen lernen 65
   3.6 Drehbuch-Paradigma: Dynamische Übergänge gestalten 73
   3.7 Akustische Narrationen: Prinzipien und Kernelemente 78
   3.8 Die fünf narrativen Meta-Plots 84
   3.9 Storytelling für Kurzbeiträge und Kollegengespräche 90

3.10	Serials: Spannung in Serie	92
3.11	Wie finde ich meine Darstellungsform?	101

4 Charakter-Entwicklung: Wer handelt, treibt die Geschichte voran ... 103
- 4.1 Der Protagonist: Aktiv, zielgerichtet und nicht perfekt 104
- 4.2 Charaktere statt Menschen inszenieren 107
- 4.3 3D-Beziehung zwischen Hörer und Charakter 115
- 4.4 Der Auftritt: Charaktere einführen 119
- 4.5 Arbeit mit Charakteren: Das Story-Interview 123
- 4.6 Ich: Der Reporter als Protagonist 129
- 4.7 Checkliste: Charakter-Entwicklung 130

5 Dynamisch erzählen: Spannungstechniken 133
- 5.1 Hörer an die Geschichte binden 133
- 5.2 Spannungs-Killer 137
- 5.3 Erfahrbar machen, nicht sagen: Live-Gefühl erzeugen 140
- 5.4 Starker Einstieg: Reinziehen in die Geschichte 142
- 5.5 Dramaturgisches Erwartungs-Management: Anders als gedacht .. 147
- 5.6 Die Liste der Enthüllungen: Wow-Momente für den Hörer 149
- 5.7 Spiel mit dem Tempo: Genieße den besonderen Augenblick 152
- 5.8 Emotionen: Nicht vorgeben und beschreiben, sondern zeigen und erzeugen 156
- 5.9 Klischee plus X 161
- 5.10 Flashback: Mehr als ein Sprung in die Vergangenheit 162
- 5.11 Der letzte (Ab-)Satz: All things considered 164
- 5.12 Stärken des Mediums ausspielen: Mut zur Intimität 168
- 5.13 Checkliste: Spannungstechniken 170

6 Szenisch erzählen 173
- 6.1 Szenen machen Realität erfahrbar 173
- 6.2 Szenen gestalten: Ein eigener Kosmos 179
- 6.3 Charaktere szenisch einführen 183
- 6.4 Szenengetreue Original-Töne 187
- 6.5 Szenische Story-Töne: Dialogisch, dreckig, dicht und nicht direkt 189
- 6.6 Rekonstruierte Szenen: Exakt, glaubwürdig und transparent 198
- 6.7 Falsche Reportage: Wenn die Situation nichts zu sagen hat 201
- 6.8 Checkliste: Szenisch erzählen 203

Inhalt

7 Wer spricht: Erzählhaltung entwickeln und umsetzen 207
7.1 Der Erzähler: Beyond the „German Narrator" 207
7.2 Aufgaben des Erzählers: Aktion präsentieren und kommentieren 210
7.3 Mindset des Erzählers: Erzählhaltung entwickeln 212
7.4 Ich oder lieber nicht 217
7.5 Schreiben fürs Erzählen 221
7.6 Live-Anmutung schaffen 226
7.7 Checkliste: Erzählhaltung 228

8 Inszenierung: Vom Skript zum Klang 233
8.1 Die gute Inszenierung dient der Geschichte 234
8.2 Der saubere O-Ton 238
8.3 Redaktion und Regie: Eine gute Geschichte besser machen 240
8.4 Arbeit im Studio I: Es gilt das gesprochene Wort 244
8.5 Musik-Einsatz mit Sinn und Gefühl 248
8.6 Arbeit im Studio II: Collage & Co 251
8.7 Checkliste: Inszenierung 259

9 Ethik und Grenzen der Narration: Das ist doch kein Journalismus! 263
9.1 Nachrichten-Faktoren vs. Story-Faktoren 263
9.2 Narrationen bilden nicht die Realität ab! 266
9.3 Narrationen setzen nur auf Emotionen! 269
9.4 Narrationen fehlt die journalistische Distanz! 269
9.5 Narrationen dienen journalistischen Gonzo-Egos! 271
9.6 Narrationen verdrängen alle anderen Formen! 272
9.7 Narrationen sind nicht zeitgemäß, oder?! 272

10 Praxis des narrativen Reporters 275
10.1 Der Pitch muss passen 275
10.2 Workflow zur Narration: Die sieben Phasen zum fertigen Produkt 277
10.3 Lösungen für die zehn häufigsten Story-Probleme 288

Danke! 293

Akustische Narration: Ein neuer Anfang 1

Zusammenfassung

Der amerikanische Podcast „Serial" war ein internationaler Erfolg und hat auch den deutschen Markt beeinflusst. Neue (Serien-)Formate sind entstanden. Sowohl in den Feature- und Hörspiel-Abteilungen der öffentlich-rechtlichen Sender als auch auf dem freien Podcast-Markt und bei privaten Radio-Stationen. Dabei stellt sich für alle eine zentrale Frage: Wie kann eine komplexe Geschichte spannend erzählt werden, von Anfang bis Ende? Dieses Kapitel schildert die aktuellen Entwicklungen nach „Serial", erklärt warum Menschen gewisse Geschichten lieber hören als andere und liefert die Grundlage für alle weiteren Abschnitte des Buches. Es definiert, was mit narrativem Audio und Storytelling gemeint ist. Und was eben auch nicht.

Schlüsselwörter

Serial, narrative Podcasts, Story-Typen, Feature, Storytelling, narratives Audio

1.1 Was bisher geschah: „Serial" und die Folgen

Es sind nur ein paar Klavier-Töne, dann ertönt eine Stimme vom Band: „This is a Global-Tel link prepaid call from..." Das ist der Beginn der ersten „Serial"-Staffel. Die amerikanische Podcast-Serie hat die Welt der Audio-Geschichten verändert. Uneinigkeit scheint nur darüber zu bestehen, wie genau Sarah Koenig und ihr Team das eigentlich gemacht haben: Wie hat „Serial" die Spannung über zwölf Folgen aufrechterhalten? Warum haben viele Menschen der nächsten Folge regelrecht entgegengefiebert? Die Antworten darauf sind wichtig, weil sie eine Idee davon geben, welche Techniken hilfreich sein können, um eine komplexe Geschichte fesselnd und emotional angemessen zu erzählen. Irritierend ist, wie viele verschiedene Antworten und Thesen kursieren. Beginnen wir mit einer Hitliste von „Serial"-Missverständnissen.

Missverständnis 1: Diese Geschichte erzählt sich ja von selbst. Ähm, nein. Schon diese erschreckend allgemeine Aussage zeigt eher Ignoranz als Einblick. Geschichten erzählen sich nie von selbst (wie war das mit erschreckend allgemeinen Aussagen?!). Dafür braucht es immer noch so etwas wie einen Erzähler. Sollte man als Autor jemals diesen Satz als Feedback bekommen, kann man sich dennoch glücklich schätzen: Offenbar war das Hören ein kurzweiliges Vergnügen. Doch Leichtigkeit ist leider fast immer harte Arbeit.

Missverständnis 2: Der Protagonist Adnan Syed ist perfekt. Wieder nein. Der Protagonist der Serie ist nicht Adnan Syed. Das zeigt schon das Wort Protagonist – was man etwa mit Haupt- oder Erst-Handelnder aus dem Altgriechischen übersetzen kann. Adnan handelt eher nicht. Er sitzt im Gefängnis, kann da nicht weg und hat kaum noch Möglichkeiten, aktiv für die Veränderung seines Zustandes zu kämpfen. Was richtig ist: Für Adnan steht viel auf dem Spiel, außerdem ist er vielschichtig und eine komplexe Persönlichkeit – das ist sicher gut für die Geschichte. Aber er ist eben nicht der Protagonist. „Serial" hat natürlich einen Protagonisten bzw. eine Protagonistin, dazu später mehr.

Missverständnis 3: Sarah Koenig ist einfach so sympathisch. Jein bzw. keine Ahnung. Dramaturgisch gesprochen ist dieser Satz nicht ganz präzise. Ob Sarah Koenig sympathisch ist oder nicht, wissen wir als Hörer*innen[1] nicht. Was wir aber wissen und spüren: Sarah Koenig inszeniert sich als sympathische Erzählerin. Vielleicht ist das nah an ihrer echten Persönlichkeit (das wäre irgendwie schön!). Sicher ist es aber eine inszenatorische Entscheidung, humorvoll, reflektiert und nicht perfekt zu erscheinen. Denn das dient der Geschichte. Es macht sie als Erzählerin glaubwürdig und gibt ihr die Möglichkeit zur Entwicklung. Gleichzeitig wird an ihr deutlich, welche Art von Erzähler*in wir als Hörer mögen.

---

[1] Ich habe versucht, einen Kompromiss zu finden zwischen Lesbarkeit, angemessenem Sprach-Gebrauch und sachlicher Richtigkeit. Auch wenn es nicht explizit dort steht, so sind doch immer alle Geschlechter gemeint.

Missverständnis 4: Die Amerikaner erzählen einfach emotionaler als wir Deutschen. Siehe dazu auch die Anmerkung zu allgemeinen Aussagen aus Missverständnis 1. Was stimmt: Diese Geschichte ist sehr emotional – und teilweise auch emotional erzählt. Was auch stimmt: Objektivität ist in vielen deutschen Redaktionen ein hohes Gut. Oder anders ausgedrückt: Auch in langen Erzählungen erscheint der Journalist oder Reporter nicht so prominent und emotional. Wie sehr das kulturell bedingt ist, ist dabei gar nicht wichtig. Entscheidend ist: Die Erzählweise hat eine bestimmte Aufgabe in der Geschichte und ist in „Serial" oft ganz bewusst eingesetzt. Damit ist es gut genutztes Erzähl-Handwerk, nicht mehr, nicht weniger.

Missverständnis 5: Die Geschichte ist so toll, weil sie einen echten Kriminalfall behandelt. Ist das so? Ist diese Geschichte in erster Linie eine true-crime-story? Oder eine investigative Recherche? Oder eine Beziehungs-Geschichte (zwischen Sarah und Adnan)? Oder alles gleichzeitig? Und ist das überhaupt wichtig (ja, es ist!)? Wäre es eine true-crime-story, müsste es im Kern darum gehen, dass Sarah Koenig den Mord an Hae Min Lee aufklären möchte. Das ist vielleicht etwas spitzfindig, aber das ist nicht Koenigs primäres Ziel. Koenig überprüft, ob Adnan wirklich der Täter ist. Wenn sie dabei den echten Täter findet, gut. Wenn nicht, dann ist das für die Geschichte nicht entscheidend. Das Problem: Versteht man „Serial" als true-crime-story, dann besteht die Gefahr, sich ebenfalls auf einen Kriminalfall zu stürzen. Mit dem Ziel, eine ähnlich fesselnde Geschichte zu erzählen.

Alle fünf Missverständnisse sind bewusst etwas überspitzt formuliert, um eines zu verdeutlichen: Die saubere Analyse ist wichtig, um die zentralen Erzählprinzipien zu erkennen. Die Argumente und Thesen sind ja nicht komplett aus der Luft gegriffen, aber eben doch nicht auf den Punkt gebracht. Die große Gefahr und häufig eben auch Folge: Wir kopieren als Redakteure, Reporter oder Autoren die Faktoren, die wir erkennen – oder zu erkennen glauben. Das sind aber vielleicht nicht die Entscheidenden. Das Ergebnis ist dann häufig etwas unbefriedigend.

```
Fallbeispiel: „Serial", Season I + II (one story, told week
by week, sort of)
„Serial" ist eine amerikanische Podcast-Serie und ein Spin-
Off der amerikanischen Sendung „This American Life". Bis-
lang wurden zwei Staffeln veröffentlicht. Staffel 1 erschien
wöchentlich von Oktober bis Dezember 2014 in zwölf Folgen
(zwischen 27 und 55 Minuten lang) – später gab es mehrere
Updates. Staffel 2 von Dezember 2015 bis März 2016 in elf
Folgen (zwischen 36 und 65 Minuten lang) – zwischendurch
```

wurde der wöchentliche Erzähl-Rhythmus unterbrochen. Erzählt werden beide Staffeln von der amerikanischen Journalistin Sarah Koenig. In der ersten Staffel versuchen Koenig und ihr Team herauszufinden, ob der verurteilte Mörder Adnan Syed möglicherweise zu Unrecht im Gefängnis sitzt. Syed soll 1999 seine Ex-Freundin umgebracht haben: Hae Min Lee. Sie war damals 18 Jahre alt und Schülerin der Woodlawn High-School in Baltimore, Maryland. Syed wurde im Februar 2000 wegen Mordes zu lebenslanger Haft verurteilt. Nach der „Serial" -Ausstrahlung entschied der „Maryland Court of Special Appeals" am 29. März 2018, dass Syed einen neuen Prozess bekommt. Die Begründung: Syed wurde von seiner Verteidigerin nicht angemessen vertreten. Unter anderem wurde eine Entlastungs-Zeugin nicht vorgeladen. Ein Termin für den neuen Prozess gibt es noch nicht.[2] In der zweiten Staffel recherchieren Koenig und ihr Team die Hintergründe eines Vorfalls im Afghanistan-Krieg. Der amerikanische Soldat Bowe Bergdahl war von Juni 2009 bis Mai 2014 Kriegsgefangener der Taliban. Bergdahl wurde von den Taliban gefangengenommen, nachdem er seinen Posten verlassen hatte. Koenig schildert in der zweiten Staffel, wie genau Bergdahl gefangengenommen wurde, wie er die Haft danach erlebt hat, wieder frei und schließlich in die USA zurückkam. Vor einem Militärgericht bekannte sich Bergdahl im Oktober 2017 schuldig. Ihm wurde Fahnenflucht und Fehlverhalten vor dem Feind vorgeworfen. Bergdahl wurde unehrenhaft aus der Armee entlassen und zu einer Geldstrafe verurteilt, er musste nicht ins Gefängnis.

„Serial" ist zu einem internationalen Referenzpunkt geworden. Für Staffel 1 hat die Produktion einen Peabody Award gewonnen. Der Preis zeichnet hervorragende Radio- und Fernsehproduktionen aus. Die Peabody-Nominierung nannte „Serial" einen „audio-game changer". Und das stimmt. Es scheint ein Vor-„Serial"- und ein Nach-„Serial"-Zeitalter zu geben. Auch auf dem deutschsprachigen Markt. Redaktionen und Autoren suchen nach Stoffen, um Serien zu erzählen. Geschichten sollen so spannend sein wie „Serial", so authentisch wie „Serial", so relevant

---

2 Stand: August 2018.

wie „Serial" und so erzählt wie „Serial". Der omnipräsente Vergleich bringt aber mindestens drei Probleme mit sich:

1. Der Vergleich ist wenig hilfreich, wenn nicht klar ist, welche dramaturgisch-handwerklichen Techniken in „Serial" genutzt wurden. Nur sie können dabei helfen, eine ähnlich gute Serie zu gestalten und zu erzählen.
2. Der Vergleich nutzt sich irgendwann ab. Oder er hängt wie eine drohende Wolke über der Produktion: Wehe, es wird nicht so gut wie „Serial". Aber kein Druck!
3. Der Dauer-Vergleich nimmt Gestaltungs-Freiheit. Muss jetzt alles wie „Serial" klingen und erzählt werden? Nein, natürlich nicht. Aber die Serie ist ein gutes Exemplar für eine herausragende, berührende und komplexe Geschichte. Und sie basiert auf gutem Handwerk. Das kann man verstehen, die Erzähl-Prinzipien herausfiltern und so neben dem großen Hörvergnügen auch noch etwas lernen. Die dahinterstehenden Prinzipien kommen natürlich auch bei anderen, spannenden Erzählungen zum Einsatz.

Sicher ist: „Serial" war kein Zufallstreffer, sondern das Ergebnis einer langen Entwicklung – oder ein weiterer Schritt auf diesem Weg. Man kann auch sagen: „Serial" ist eine logische Konsequenz aus dem amerikanischen Audio-Erzähl-Universum der vergangenen mindestens 20 Jahre. Denn es gibt zahlreiche amerikanische Programme und Produktionen, die sich auf narrative Podcasts und Storytelling spezialisiert haben.

Zu den bekanntesten und erfolgreichsten narrativen Radio- und Podcast-Formaten aus den USA gehören (die Links zu den genannten Produktionen finden sich – so weit es sie gibt – immer am Ende der jeweiligen Kapitel):

- „This American Life" (TAL) (seit 1995): Wöchentliches Magazin zu einem Oberthema oder Motto. Darin dann mehrere Geschichten. Moderator ist Mit-Begründer Ira Glass. Er war für „Serial" Editorial Advisor. Sarah Koenig arbeitet seit 2004 für „TAL".
- „Radiolab" (seit 2002): Widmet sich wissenschaftlichen und philosophischen Themen. Markenzeichen der Sendung sind unter anderem der aufwändige Sound und das Zusammenspiel der beiden Moderatoren Jad Abumrad und Robert Krulwich. Die Sendung wird in Staffeln gesendet. Im Juni 2016 kam mit „More Perfect" das erste Spin-Off von „Radiolab" auf den Markt. Die Podcast-Reihe kümmert sich um wichtige Entscheidungen des Supreme Courts.

- „Invisibilia" (seit 2015): Die Show kümmert sich um die unsichtbaren Kräfte, die unser Verhalten beeinflussen. Dazu gehören Werte, Glaubenssätze oder Emotionen. Bisher gab es vier Staffeln. Der Podcast wird präsentiert von Alix Spiegel, Lulu Miller und Hanna Rosen (ab der zweiten Staffel). „Invisibilia" ist eine Produktion von „National Public Radio" (NPR).
- „99 % Invisible" (seit 2010): Die Show kümmert sich vor allem um Design, um die 99 Prozent, die nicht sichtbar oder schwer zu greifen sind. Von Glückskeksen über das Stethoskop oder Skateboards bis Hundertwasser. Moderator der Sendung ist Gründer Roman Mars.
- „StoryCorps" (seit 2003): Ein besonderes Oral History Projekt. Die Idee: Zwei Menschen führen ein Gespräch miteinander – über die Themen, die sie wirklich bewegen. Ihre Beziehung, das Leben, ihre Ängste oder Hoffnungen. Dieses Gespräch wird aufgezeichnet. Gründer David Isay will so die Geschichte von Amerikanern festhalten und teilen – ein kollektives Audio-Gedächtnis.

Und das ist nur eine kleine und höchst subjektive Auswahl. Tolle Podcast- und Audio-Produktionen mit Storytelling-Fokus hat es in den USA also auch schon vor „Serial" gegeben. Die Sendungen wurden vielleicht nur nicht so sehr wahrgenommen – zumindest nicht in Europa oder Deutschland. Dabei sind die amerikanischen Storytelling-Shows auch Vorbilder für deutsche Formate. So hat Deutschlandfunk Nova (ehemals DRadio Wissen) mit der Sendung „Einhundert" (Motto: Radio wie im Film) ein Format entwickelt, das sich deutlich an „This American Life" anlehnt. Jede Sendung steht unter einem Oberthema und sammelt passend dazu persönliche Geschichten. 2016 ging zum Beispiel der Deutsche Radiopreis in der Kategorie „Beste Reportage" an Dominik Schottner – die Geschichte über seinen alkoholkranken Vater wurde zuerst in der „Einhundert" ausgestrahlt.

Dramaturgisch gesprochen war der „Serial"-Erfolg also ein auslösendes Ereignis. Auch deutsch-sprachige Redaktionen haben kurz darauf ähnliche Formate entwickelt und gesendet. Dabei haben sich die ersten Serien um reale Kriminalfälle gekümmert. Dazu gehören:

- Mehr als ein Mord (Jenni Roth, DLF Kultur, ab August 2015, neun Folgen zwischen 6 und 9 Minuten).
- Täter unbekannt (Anouk Schollähn und Thomas Ziegler, NDR, ab September 2015, acht Folgen zwischen 18 und 33 Minuten).
- Wer hat Burak erschossen? (Philip Meinhold, rbb, ab Oktober 2015, neun Folgen zwischen 17 und 34 Minuten).

1.1 Was bisher geschah: „Serial" und die Folgen

Wenn es nicht um einen Mord ging, dann sollte die zentrale Figur lebensmüde, verschollen oder tot sein. Und wenn das nicht möglich war, sollte es zumindest mit Verbrechen zu tun haben:

- Der Anhalter (Stephan Beuting und Sven Preger, Hörweiten-Produktion für WDR, ab Juni 2016, fünf Folgen zu je knapp 30 Minuten).[3]
- Der talentierte Mr. Vossen (Christoph Heinzle, NDR, ab September 2016, sieben Folgen zwischen 17 und 25 Minuten).
- Bilals Weg in den Terror (Philip Meinhold, rbb / NDR, ab Januar 2017, fünf Folgen zu je knapp 30 Minuten).
- Tod eines Stasi-Agenten (Lisbeth Jessen und Johannes Nichelmann, WDR, ab Juni 2017, sechs Folgen zu je knapp 30 Minuten).
- Cyber-Crime (Oliver Günther und Henning Steiner, HR, ab Juni 2017, neun Folgen zu je knapp 30 Minuten, eine zweite Staffel startet im September 2018).
- Dunkle Heimat – Der Fall Hinterkaifeck (Berni Mayer, Antenne Bayern, ab November 2017, acht Folgen zwischen 39 und 52 Minuten).

Häufig, wenn auch nicht immer, sind diese Produktionen in den Feature- und Hörspiel-Abteilungen des öffentlich-rechtlichen Rundfunks entstanden. Das ist kein Zufall: Denn diese Serien sind verhältnismäßig aufwändig und erfordern in Konzeptionierung und Umsetzung ein gewisses Knowhow. Das ist in den Redaktionen vorhanden. Gerade in Deutschland gibt es eine jahrzehntelange Tradition, Geschichten zu erzählen – in Feature und Hörspiel.[4] Dabei reicht diese Tradition bis in die 1920er Jahre zurück. Bis heute schlafen viele Kinder, Jugendliche und Erwachsene zu Hörspielen ein (was nichts über die Spannung aussagen soll!) – von den „???" bis zu „Professor van Dusen". Diese fiktiven Geschichten entführen uns in eine andere Welt, nach Rocky Beach oder nach Amerika und Europa zu Beginn des 20. Jahrhunderts. Hörspiele sind dabei mehr oder weniger klar definiert als fiktive Geschichten.

Das Feature hingegen entzieht sich fast ebenso traditionell einer klaren Definition. Das „ARD radiofeature" sagt zum Beispiel über sich selbst, es „ist Quali-

---

[3] Aus der „Anhalter"-Serie und etlichen anderen eigenen Produktionen zitiere ich im Buch Skript-Auszüge, um verschiedene Techniken und Strukturen zu verdeutlichen. Das geschieht an eigenen Beispielen, weil ich die Rechte an den Skripten besitze und sie hier abdrucken kann. Darüber hinaus gibt es natürlich zahlreiche andere tolle Produktionen.

[4] Zur Geschichte des Hörspiels vgl. Hans-Jürgen Krug: Kleine Geschichte des Hörspiels (Konstanz: UVK, 2003).

tätsjournalismus und Radiokunst zugleich."⁵ Wikipedia sagt: „Ein Radio-Feature verbindet unter anderem Elemente von Hörspiel, Dokumentation und Reportage."⁶ Und das Standard-Buch „Das Radio-Feature" zählt sieben verschiedene Merkmale „dieser schillernden Radioform" auf: darunter den Umgang mit realen Stoffen, eine kunstvolle dramaturgische Gestaltung, das Ausschöpfen aller gestalterischen Möglichkeiten und eine grundsätzlich subjektive Erzählhaltung. Als letztes Kriterium wird das Ganze dann nochmal zusammengefasst: „Das Feature kennt keine eindeutig vorgegebene Form: Jeder Stoff sucht sich seine Gestalt im übertragenen Sinne selbst, jede Sendung wird ‚neu geschaffen'. Es gibt keine allgemeingültigen Schablonen, keine beständige Ideologie, keine unsterbliche Schule."⁷

Über die Jahrzehnte haben sich aber wohl drei Kern-Merkmale herausgebildet, die für das Feature entscheidend sind:

- Erstens: Das Feature kümmert sich um dokumentarische Stoffe, nicht fiktionale. Es will also Wirklichkeit abbilden und deuten. So entstehen zum Beispiel herausragende Produktionen wie „Fallbeil für Gänseblümchen" (WDR 2011) von Maximilian Schönherr, in dem ein DDR-Spionageprozess im Original-Ton (O-Ton) zu hören ist. Auch zeitgeschichtliche Stoffe spielen eine große Rolle, wie etwa bei der Produktion „Papa, wir sind in Syrien" (rbb & WDR 2016, Autor ist Christian Lerch), in dem die Suche eines Vaters nach seinen beiden Söhnen dokumentiert wird. Die Söhne haben Deutschland Richtung Syrien verlassen, um sich dem Islamischen Staat anzuschließen. Ein anderes Beispiel ist das Feature „Nach dem Fest" von Lisbeth Jessen (ursprünglich eine Produktion für „Danmarks Radio" 2002, adaptiert vom WDR 2004). In dem Stück macht sich die Autorin auf die Suche nach Allan. Allan war mit einem Radio-Interview Mitte der 1990er Jahren die Inspiration für den ersten dänischen Dogma-Film „Das Fest". Allan hatte in der Radio-Sendung von einer Familienfeier erzählt, auf der er den jahrelangen Missbrauch innerhalb seiner Familie aufgedeckt hatte. Als der Dogma-Film ein großer Erfolg wird, fragt sich jeder: Wo ist eigentlich Allan? Und stimmt seine Geschichte überhaupt? Lisbeth Jessen macht sich auf die Suche.
Gerade diese dokumentarischen Produktionen zeigen: Das Feature ist das nicht-fiktionale Gegenstück zum Hörspiel und bildet in diesem Sinne ein eigenes

---

5 http://www.ard.de/home/radio/Was_ist_das_ARD_radiofeature_/2425436/index.html
6 https://de.wikipedia.org/wiki/Radio-Feature
7 Udo Zindel / Wolfgang Rein (Hrsg.): Das Radio-Feature (Konstanz: UVK, 2. Aufl., 2007), S. 22.

Genre. Dabei sind die Grenzen zwischen den beiden Formen fließend – das hat etwas mit dem nächsten Punkt zu tun.
- Zweitens: Im Feature ist das Wie genauso wichtig wie das Was. Tiefe Recherche und thematisches Verständnis sind genauso wichtig wie die akustische Inszenierung. Deshalb sind Produktionen wie die von Peter Leonhard Braun mit dem Titel „Hühner" (SFB & BR & WDR 1967) besonders bemerkenswert. Mit dieser Produktion ist die Stereophonie ins Feature eingezogen. Doch auch moderne Produktionen wie das Feature „Niemand kommt hier lebend wieder raus" von Albrecht Kunze (WDR 2011), in dem die Love-Parade-Katastrophe bearbeitet wird und sich Sprache und Techno-Musik zu einem Rhythmus verdichten, experimentieren immer wieder mit neuen Formen und Ideen. Im Idealfall passen Inhalt und Form zueinander. Sie ergeben eins.
- Drittens: Offenheit. In Thema und Machart. Es gibt kein Thema, das nicht auch zu einem Feature werden kann. Und keine akustische Umsetzung, die nicht ausprobiert werden darf. Auch deshalb sind die Grenzen zum Hörspiel fließend.

Diese recht offene Definition hat Vor- und Nachteile. Der Nachteil: Wenn alles möglich ist, fehlen manchmal Kriterien und gemeinsames Vokabular. Was macht denn nun eine spannende Geschichte aus? Was gehört in ein Konzept? Und was ist die Geschichte? Der große Vorteil: Nichts ist in Stein gemeißelt. Alles kann ausprobiert werden. Es gibt kein Muster, das abgearbeitet wird. Ein szenisches Feature mit einer sehr zurückgenommenen, bitter-bösen Kommentierung wie in Jens Jarischs Stück „Die K" (eine Produktion von rbb & Deutschlandfunk aus dem Jahr 2005) über den Berliner Drogenstrich an der Kurfürsten-Straße ist genauso möglich wie eine reine Erzählung ohne Original-Töne über den Mundgeruch von Ludwig XIV. Das Kurz-Feature von Hans Conrad Zander wurde im WDR-„ZeitZeichen" zum Geburtstag des Sonnenkönigs ausgestrahlt und von Hörern schon mal zum beliebtesten „ZeitZeichen" aller Zeiten gewählt. Diese „Alles-ist-erlaubt"-Tradition sorgt auch mit dafür, dass in Sachen Storytelling und Serien zurzeit viel ausprobiert wird. Und das ist gut.

Doch nicht nur in den großen Sendeanstalten ist etwas in Bewegung gekommen, sondern auch auf dem Podcast-Markt. Im Januar 2016 wurde mit Viertausendhertz eines der ersten Podcast-Labels in Deutschland gegründet (Motto: „Wir sind ein Label für spannende und inspirierende Geschichten zum Hören"). Auch hier entstehen unter anderem Serien, wie zum Beispiel „Kramer" von Hendrik Efert (ab Oktober 2017, vier Folgen zu je gut 15 Minuten). Ebenfalls 2016 haben sowohl Audible als auch der „Bayerische Rundfunk" aufgerufen, Konzepte für neue Formate einzureichen. Aus diesen Ideen-Wettbewerben sind unter anderem die Podcasts „Der Moment" bei Audible (darin erzählen Menschen von besonders einschneidenden Momenten in ihrem Leben) und „Ein Mann für Mama" (beim BR, darin sucht die Journalistin Magdalena Bienert zusammen mit ihrer Mutter nach einem neuen Freund für ihre Mama) entstanden. Darüber hinaus wurden zahlreiche weitere Podcasts unabhängig davon produziert: von der „Anachronistin" (die Journalistin Nora Hespers arbeitet hier ihre Familiengeschichte auf, ihr Opa war im Widerstand gegen den Nationalsozialismus aktiv) bis hin zu „Mutti und ich" (Motto: Geschichten aus dem Vorort. Erzählt von einer Tochter.). In den Produktionen geht es dabei eher um den ganz persönlichen Blick auf ein Thema als um aufwändig erzählte dokumentarische Geschichten. Ähnlich wie in den USA hat es auch in Deutschland natürlich schon vor der aktuellen Entwicklung eine Podcast-Szene gegeben. Bis heute scheinen die beiden Sphären Podcast und Feature in Deutschland aber immer noch deutlich stärker getrennt als in den USA, was nicht immer hilfreich ist.

Insgesamt ist es also eine Zeit des Aufbruchs, Ausprobierens und Experimentierens. Es entstehen neue Stoffe und Formate. Doch gleichzeitig scheinen die deutschen Produktionen nicht an die amerikanischen Erfolge anknüpfen zu können. Und das ist nicht nur ein Problem des Marketings (aber auch!). Auch die handwerkliche Verunsicherung scheint relativ groß zu sein. Aus der Unsicherheit entsteht manchmal sogar Ablehnung. Die zeigt sich dann in skeptischen Fragen: Ist das aus Amerika einfach auf Deutschland übertragbar oder sind die kulturellen Unterschiede doch zu groß? Will man das überhaupt? Muss jetzt alles gleich klingen? Brauchen wir nur noch Serien? Und: Ist dieses amerikanische Emotions-Gehabe überhaupt noch Journalismus? Die Debatte erinnert ein bisschen an die Auseinandersetzung um den New Journalism, der in den 60er und 70er Jahren in den USA die journalistische Bühne betrat. Die Idee: mit literarischen Techniken aufwändige Geschichten zu erzählen, die so spannend wie ein Roman sind, nur eben wahr. Der Gründer von „This American Life" Ira Glass hat sich von dieser Schule sehr inspirieren lassen.

Dieses Buch ist ein Buch gegen die Verunsicherung. Es gibt Antworten auf die handwerklichen Fragen. Um das zentrale Ziel zu erreichen: nämlich eine reale Geschichte so spannend wie möglich und dabei so angemessen wie möglich zu erzählen. Eine Geschichte, die nicht künstlich über-dramatisiert oder wichtige Aspekte vernachlässigt (nur weil diese vielleicht nicht ganz so gut in die Narration passen). Von Anfang bis Ende. Dabei geht es mehr um Erzählprinzipien als um Regeln. Das Buch zeigt, welche dramaturgischen Techniken helfen, diese Aufgaben zu erfüllen. Damit wendet es sich nicht gegen andere Formen des Erzählens. Wer die Techniken beherrscht kann auch erkennen, wo sie nicht weiterhelfen. Und wer Prinzipien und Regeln kennt, kann auch bewusst gegen sie verstoßen. Die Leitfragen dieses Buches sind die folgenden: Wie erzähle ich eine reale Geschichte von Anfang bis Ende spannend, berührend und angemessen? Welche dramaturgischen Techniken auch aus anderen Erzählformen wie Kino, Theater, TV oder Roman können mir dabei helfen?

Bei der Suche nach Antworten hilft eine grundlegende Erkenntnis: Wir Menschen waren schon immer begeistert von Geschichten und erzählen sie uns schon lange, am Lagerfeuer oder am Höhleneingang. Doch warum ist das eigentlich so? Wer das versteht, lernt etwas über die Grundhaltung von Geschichten-Erzählern. Und die ist Basis für jede gute Erzählung.

1.2 Story-Typen: Muss- und Lust-Geschichten

Wann haben Sie sich das letzte Mal auf eine Nachrichten-Sendung so richtig gefreut? Vielleicht am 14. Juli 2014. Weil Sie Fußball-Fan sind und wussten, dass in den Nachrichten noch einmal die besten Bilder (des total erschöpften Bastian Schweinsteigers) oder Töne (wie von Tom Bartels, der Mario Götze zuruft: „Mach ihn, mach ihn – er macht ihn...") des WM-Finales vom Vortag gesendet werden (nach dem Vorrunden-Aus bei der WM 2018 weiß man solche Momente ja noch mehr zu schätzen). Ansonsten schauen wir Nachrichten eher, weil wir auf dem Laufenden bleiben wollen, um zu wissen, was los ist. Die Vorfreude auf Berichte über den CDU-Parteitag oder die Aussprache im Bundestag hält sich in aller Regel in relativ überschaubaren Grenzen. Es sind Geschichten, die wir sehen, lesen oder hören, weil wir das für sinnvoll halten. Und das ist ein guter Grund. Dramaturgisch gesprochen sind es Muss-Geschichten. Wir konsumieren sie, weil es einen äußeren Grund gibt, der uns dazu bringt. Die Geschichten selbst ziehen uns durch ihre Machart nicht so sehr in ihren Bann. Dabei gibt es solche Geschichten auch: Es sind keine Muss-, sondern eher Lust-Geschichten.

Wenn wir an solche Geschichten denken, sind es ganz häufig fiktionale Stoffe: Filme, Bücher, Fernsehserien. Wir vermuten und finden sie seltener (aber auch) in Medien, die mit der Realität zu tun haben. In Tageszeitungen, Fernseh-Magazinen oder im Radio. Dabei gibt es diese Geschichten – und den Bedarf danach beim Publikum und in den Redaktionen. Weiche Nachrichtenfaktoren wie Gesprächswert, Augenhöhe zum Publikum etc. sind in den vergangenen Jahren deutlich wichtiger geworden (was allerdings nicht immer zu einer dramatischen Verbesserung der Programme geführt hat – eher im Gegenteil). Die eigentliche Botschaft dahinter: Wir wollen Geschichten liefern, die Leser, Zuschauer, Zuhörer oder User gerne konsumieren. Dieses Bemühen führt allerdings häufig zu eher schrägen Ansätzen. Ein Beispiel aus der Praxis zeigt, was ich damit meine: Da sollen Reporter auf jeden Fall und immer den einen emotionalen Moment in ihr Stück von 2:30 Minuten Länge einbauen (zum Beispiel, wenn der gebeutelte Ladenbesitzer nach der Überschwemmung das erste Mal in seinen Laden tritt und das ganze Ausmaß der Zerstörung zu sehen bekommt). Diese Momente wirken häufig voyeuristisch und aufgesetzt, im schlimmsten Fall sogar zynisch. Denn wir sind als Zuschauer oder Hörer diesem Menschen vorher nicht wirklich nahegekommen (meistens auch nicht als Reporter), wir vermissen echten Respekt. Wir erahnen: Redaktionen und Reporter nehmen diesen Menschen nicht wirklich ernst, sondern benutzen ihn als reines Vehikel. Das resultiert auch in den immer gleichen Formulierungen (nach dem Motto: „Nach diesem dramatischen Tag war für Heinz Müller nichts mehr wie vorher...!") – diese Aussagen sind häufig gespickt mit Adjektiven. Übrigens ein guter Hinweis auf den Verstoß gegen das alte Gebot „show, not tell", denn die Adjektive sollen mir als Rezipient sagen, welchen Eindruck ich von der Situation haben soll. Die Geschichte als solches vermittelt das offenbar nicht. Das Beispiel zeigt auch, warum Erzähl-Haltung so wichtig ist. Welche Einstellung bringt ein Journalist oder Geschichten-Erzähler seinem Thema und den Menschen darin gegenüber mit? Auch das spüren wir als Publikum.

Ein anderes Beispiel sind Radio-Moderationen, die versuchen, Gute-Laune-Programm mit aktuellen Katastrophen zu verknüpfen. Da wird dann schon mal auf das Musikbett des Pop-Songs sinngemäß moderiert: „Sie haben es gerade in den Nachrichten gehört. In Bayern sind sechs Jugendliche durch eine Vergiftung gestorben. Warum Kohlenmonoxid gefährlich ist - das gleich bei uns... und jetzt (stellen Sie sich einen Popsong Ihrer Wahl vor!)." In 20 Sekunden kann man eben keine tiefen Emotionen erzeugen. Wie Romane, Filme oder TV-Serien brauchen diese Geschichten auch bei realen Stoffen etwas Platz. Dann entfalten sie sich auf eine Art und Weise, die wir mögen. Wir konsumieren diese Art von Geschichten eben aus ganz bestimmten Gründen.

Lust-Geschichten nehmen uns mit in eine andere Welt. In der virtuellen Realität nennt man das Immersion – den Zustand, ganz in die Welt einzutauchen. Das hat zwei großartige Vorteile: Es lenkt uns ab (zum Beispiel von Stress, Ärger, Erkältung) und es lässt uns ganz im Jetzt sein. Wir vergessen alles um uns rum, kommen in den Flow. Wir sind so gebannt, dass wir noch nicht einmal aufs Klo gehen – auch wenn wir ganz dringend müssen. Erst wenn wir aus diesem Zustand wiederauftauchen oder aufwachen (weil wir beim Hörspiel eingeschlafen sind),

1.2 Story Typen: Muss- und Lust-Geschichten

merken wir häufig, dass wir durstig, hungrig sind oder, dass Zeit vergangen ist. Ein wunderbarer Zustand – bis uns bewusst wird, wie dringend wir aufs Klos müssen!

Lust-Geschichten können heilen – oder zumindest dafür sorgen, dass wir uns heile fühlen. Im Playback-Theater zum Beispiel gibt es eine leitende Grund-Idee: Eine Person aus dem Publikum erzählt eine Geschichte – dabei kann es sich um besondere Augenblicke wie den ersten Kuss oder einen (Alb-)Traum handeln. Dieser Augenblick wird dann von der Playback-Gruppe auf der Bühne in wesentlichen Bestandteilen aufgeführt. Es ist ein Zeichen der Wertschätzung. Die Botschaft: Deine ganz persönliche Geschichte ist so wichtig, dass wir sie aufführen. Der Geschichten-Erzähler hat so die Chance, das eigene Ereignis noch einmal zu erleben – diesmal als Zuschauer. Für viele Menschen ist das eine ganz besondere Erfahrung. Diese Art der Wertschätzung spielt auch bei den „StoryCorps"-Interviews eine entscheidende Rolle. Im Psycho-Drama wird Patienten sogar die Chance gegeben, ihre eigene Geschichte mit Unterstützung eines Therapeuten zu inszenieren. Das spontane Spiel soll helfen, sich von alten Rollenmustern zu distanzieren. Geschichten können uns also tatsächlich dabei helfen, zu heilen.

Lust-Geschichten liefern ein Erlebnis und lassen uns Emotionen spüren – sie berühren uns. Dabei kennen unsere Gefühle den Unterschied zwischen fiktionaler und nicht-fiktionaler Geschichte nicht. Egal ob wir mit Dr. John Watson trauern, wenn Sherlock Holmes vom Dach des St. Bartholomew Hospitals springt (in der BBC-Serie „Sherlock") oder geschockt sind, wenn wir am Ende der zweiten Folge von „S-Town" erfahren (Vorsicht Spoiler!), dass der bis dahin zentrale Charakter John B. McLemore sich das Leben genommen hat. Emotionen fühlen sich immer real an (auch wenn wir wissen, dass die eine Geschichte wahr ist, die andere nicht – das hilft, um die Emotionen zu sortieren und zu verändern). Und sie sind der Schlüssel, damit eine Geschichte in Erinnerung bleibt. Die Erinnerungs-Forschung zeigt: Wir erinnern uns besser, wenn mit einem Ereignis oder einer Geschichte Emotionen verbunden sind.[8] Das kann gerade für nicht-fiktionale Geschichten ein großes Dilemma sein. Denn einerseits wollen wir natürlich, dass unsere Geschichte in Erinnerung bleibt. Andererseits gibt es im Umgang mit Emotionen in journalistischen Produkten immer noch entweder starke Unsicherheit und immense Berührungs-Ängste (Stichwort: Objektivität!) oder unangemessene Sensations-Tendenzen. Beides ist nicht hilfreich. **In Lust-Geschichten geht es um eine angemessene Abbildung und Inszenierung der realen Ereignisse und**

---

8 Vgl. hierzu auch Julia Shaw: Das trügerische Gedächtnis (München: Carl Hanser, 2016).

Emotionen. Das bedeutet: Wer so eine Geschichten erzählen möchte, darf keine Angst vor Emotionen haben, sondern braucht einen souveränen Umgang mit ihnen.

Lust-Geschichten erklären und sortieren die Welt. Denn in ihnen steckt häufig eine tiefere Wahrheit, eine Erkenntnis hinter den Ereignissen. Diese Geschichten zeigen nicht nur, was passiert ist, sondern was es bedeutet. Sei es in Form einer Moral oder in Form von Glaubenssätzen oder Aussagen über die Welt. So transportiert die erste Staffel von „Serial" auch immer die Botschaft: Es lohnt sich, der Wahrheit nachzugehen und für Gerechtigkeit zu kämpfen. Diese Botschaften werden häufig nicht explizit formuliert, sondern transportieren sich im Subtext der Geschichte. Wenn reale Geschichten diese Art von Aussagen transportieren, dann entfalten sie eine besondere Kraft. Dann können sie die Welt sogar deutlich besser erklären als kurze Nachrichten, Beiträge oder zwanghaft ausgewogene Berichte (Partei A sagt, Partei B sagt, Partei C sagt, fertig), die letztendlich kaum etwas erklären und immer wieder ähnliche Stereotype reproduzieren. Etwas provokant formuliert: Zwanghaft ausgewogene Berichte sind häufig eben auch eine Rechtfertigung dafür, nicht zu recherchieren.

Eine gute Geschichte lässt dabei häufig Schlüssel-Momente entstehen, die auf uns größer, wahrer, echter wirken als das eigene Leben. Die eine Szene bleibt in Erinnerung, der eine Satz oder manchmal sogar nur das eine Wort (alle Fans der TV-Serie „Castle" wissen, wie wichtig das kleine Wort „always" sein kann). Die dritte Folge unserer fünfteiligen WDR-Doku-Serie „Der Anhalter" endet zum Beispiel mit einer Szene, in der wir als Reporter dem Psychiatrie-Geschädigten Heinrich Kurzrock dessen Familiengeschichte offenbaren wollen. Heinrich hatte uns – Stephan Beuting und mich – vorher darum gebeten, diese Hintergründe in Erfahrung zu bringen. Nach monatelanger Recherche fahren wir zu einem persönlichen Treffen, um Heinrich die Ergebnisse zu berichten – doch der will diese nicht hören. Mehrfach starten wir einen Versuch, doch Heinrich bleibt hart. Diese Szene trägt eine tiefere Botschaft hinter der eigentlichen Handlung: Jeder hat das Recht auf Nicht-Wissen. Das macht diese Szene so kraftvoll – plus die Spannungsfrage, die sich aus der Situation ergibt: Warum will er es eigentlich nicht wissen?

Vor ein paar Jahren hätte man an dieser Stelle vielleicht noch folgenden Absatz geschrieben: Schaut man sich die Mediennutzung an, dann gibt es ein Medium, das sich für diese Art von Lust-Geschichten am wenigsten eignet: das Radio. Seine Markenzeichen: Es ist schnell und lebt von kurzen, prägnanten Beiträgen. Feature und Dokumentationen hatten zwar immer schon feste Sendeplätze, wurden aber kaum mehr von der großen Masse wahrgenommen.

Dabei können Radio und Podcast so viel mehr leisten: nämlich, Geschichten wirklich erzählen. Gerade Audio-Formate scheinen der ideale Ort für die leisen, intimen Emotionen zu sein, die sich vorsichtig nähern, ganz behutsam, um so Kraft zu entfalten. Erst recht, weil wir diese Geschichten mobil mit uns herum tragen – auf dem Smartphone. Wir können jederzeit in sie eintauchen, zum Beispiel im Zug oder der Straßenbahn. Dann müssen wir nur aufpassen, dass wir unsere Haltestelle nicht verpassen.

Die Gründe, warum wir diese Lust-Geschichten hören, haben also alle etwas damit zu tun, dass wir Emotionen spüren, die Welt verstehen und unsere Verbundenheit zu ihr wahrnehmen wollen. Das hört sich vielleicht etwas pathetisch an – aber ganz häufig geht es genau darum. Diese Art von Erlebnis zu liefern, dabei helfen die Techniken des narrativen Audios.

1.3 Narratives Audio: Die Stärken des Mediums nutzen

Ein Wort hat in den vergangenen Jahren im Journalismus eine große Karriere hingelegt, mal wieder: Storytelling. Viele benutzen es: Reporter, Autoren, Regisseure, Redakteure. Manchmal mit begeistertem Unterton, manchmal mystisch-verklärend, manchmal ablehnend. Es ist ein Modewort (oder Retro-Wort, denn wirklich neu ist es ja nicht) genauso wie ein Sammelbegriff. Solche Begriffe haben häufig den Vorteil, dass man sie nicht allzu genau definieren muss. Das erschwert nur andererseits leider die gemeinsame Kommunikation – weil häufig nicht so ganz klar ist: Über was genau reden wir denn jetzt eigentlich?!

Was Storytelling eigentlich meint: dramaturgische Techniken einsetzen, um eine Geschichte zu erzählen. Damit ist weder gesagt, welche Technik eingesetzt wird – noch wie das geht. In diesen Kosmos gehören dann viele andere Begriffe: Spannung, Held, Protagonist, Entwicklungsbogen, Akt-Struktur, Plot Points, Heldenreise, Cliffhanger usw. Häufig gehen diese Begriffe bunt durcheinander. Um sie in den Griff zu bekommen, sollte am Anfang eine einfache Frage stehen: Was genau ist eigentlich eine Geschichte bzw. aus welchen Elementen besteht sie? Erst wenn das klar ist, können die entsprechenden Techniken dabei helfen, die Geschichte auch zu erzählen. Häufig wird der Begriff „Geschichte" im dokumentarischen Erzählen oder Journalismus mit Thema oder Küchenzuruf gleichgesetzt. Doch „Merkels Sicherheitspolitik" ist im dramaturgischen Sinne keine Geschichte, genauso wenig wie „Mann beißt Hund". Das eine ist ein Thema, das andere ein singuläres Ereignis. Im journalistischen Alltag läuft aber beides unter Geschichte.

Eine Geschichte besteht in aller Regel aus drei Basis-Elementen: aktiv-handelnde Person, Ziel, Widerstände. Etwas ausführlicher ausgedrückt: In einer Geschichte möchte der – nennen wir ihn mal etwas pathetisch – Held etwas erreichen, stößt aber auf Widerstände. Das ist der Ausgangspunkt. Sind diese Elemente nicht vorhanden, wird es schwer, die Art von Geschichte zu erzählen, über die wir hier reden. Damit es sich um eine Narration handelt, muss es sich darüber hinaus um eine szenische Schilderung handeln. Die Szenen sind das Rückgrat der Geschichte. Wir können also miterleben, was der Held erlebt – nicht umsonst bedeutet „Drama" ja auch Handlung. Für Journalisten bedeutet das, auf die eigene Geschichte neu zu schauen, den Stoff nicht nach Wichtigkeit, Relevanz, Neuigkeit oder thematischer Zugehörigkeit zu sortieren, sondern nach dramaturgischen Fragen. Aus einem Thema muss eine Geschichte werden. Das ist eine große Herausforderung, bei der die folgenden Fragen helfen können: Welche Szenen kann ich erzählen? Wie kann ich Spannung erzeugen? Welche Informationen halte ich noch zurück? Und vielleicht am wichtigsten: Wie kann ich ein Ereignis erfahrbar machen? So erfahrbar, dass jemand, der die Geschichte hört, sie nacherlebt.

Für viele journalistische Formate ergeben diese Fragen keine sinnvollen Antworten. Nachrichten leben häufig immer noch davon, dass die Neuigkeiten oder wichtigsten Ergebnisse direkt am Anfang genannt werden (auch wenn es mittlerweile Nachrichten-Formate gibt, die mit narrativen Techniken arbeiten wie zum Beispiel die Wissensnachrichten in Deutschlandfunk Nova). **Narratives Audio dagegen liefert ein Erlebnis.** Das widerstrebt allerdings der klassischen journalistischen Herangehensweisen. Denn normalerweise recherchieren Journalisten und präsentieren dann ihre Ergebnisse, in Form von Nachrichten, gebauten Beiträgen, Kollegengesprächen oder anderen Formen. Dem amerikanischen Autor und Pulitzer-Preis-Gewinner Cormac McCarthy wird das Zitat zugeschrieben: „Where all is known, no narrative is possible."[9] Wenn alles bekannt ist, ist keine Erzählung möglich. **Ziel einer Narration ist es also, den Hörer an einem Erkenntnis-Prozess teilhaben zu lassen.** Ihn in diesem Sinne auch an die Erzählung zu binden. Narratives Audio meint damit also eine dramaturgische Erzählung oder Geschichte.

Dabei ergibt es Sinn, die besonderen Stärken des Mediums zu berücksichtigen und zu nutzen. Der amerikanische Drehbuch-Experte Robert McKee beschreibt

---

9 Jack Hart: Story Craft (Chicago: The University of Chicago Press, 2011), S. 27.

in seinem Standard-Werk „Story" die entsprechenden medialen Unterschiede. „In unserer Zeit gibt es drei Medien, um eine Story zu erzählen. Prosa, Theater und die Leinwand."[10] Alle drei haben demnach ihre eigene, originäre Stärke beim Geschichten-Erzählen. Es hilft, sich darüber klar zu werden, welche das sind.

Die Prosa lässt uns am stärksten am Innenleben eines Charakters teilhaben. Häufig kommt hier der innere Monolog zum Einsatz. Dramaturgisch ausgedrückt wird der innere Konflikt eines Charakters am besten inszeniert. Wir können direkt in den Kopf von Harry Potter schauen. Wir wissen, welche Ängste er aussteht, als er sich am Ende zum finalen Duell Lord Voldemort nähert. Wenn wir ein tolles Buch zu Ende gelesen haben, legen wir häufig einen guten Freund zur Seite. Meistens mit einer Mischung aus Zufriedenheit, Trauer und Wehmut. Wir wollten zwar wissen, wie die Geschichte ausgeht – aber eigentlich sollte sie ja noch nicht vorbei sein.

Das Theater stellt eine Handlung vor den Augen des Publikums dar. Die Geschichte entfaltet sich live. Wenn sich der potenzielle Täter von hinten seinem Opfer auf der Bühne nähert, kann es passieren, dass aus dem Publikum schon mal eine geflüsterte Warnung durch das Theater schallt (zumindest in der Kindervorstellung): Pass auf, hinter dir! Dabei wissen wir spätestens seit Brecht, dass diese Wand der Illusion auch durchbrochen werden kann. Das Theater inszeniert vor allem den persönlichen Konflikt eines Charakters mit anderen Charakteren – Hauptmittel dafür ist der Dialog. Die Möglichkeiten des Bühnen-Bildes sind eben begrenzt.

Genau das ist die Stärke der Leinwand. Sie kann die Welt in all ihren Farben und Möglichkeiten zeigen. Dabei haben sich Kino und Fernsehen in den vergangenen Jahrzehnten deutlich angenähert wie viele Hochglanz-Serien zeigen (wie eben „Game of Thrones", „Sherlock", „Downton Abbey" oder „Breaking Bad"). Die Leinwand zeigt also am stärksten den Konflikt der Charaktere mit der Welt – den außerpersönlichen Konflikt, die Aktion und die Handlung (deswegen auch die vielen üppigen Verfolgungsjagden). Insofern ist es sogar konsequent, wenn Hauptcharakter Frank Underwood in der Serie „House of Cards" die Mauer zum Zuschauer durchbricht – er hat mit jedem einen Konflikt, auch mit denen, die ihm zuschauen!

Jedes Medium hat also seine ganz persönliche Stärke. McKee fokussiert dabei auf die drei Konflikt-Möglichkeiten (Konflikt mit den Vorschriften der Welt, Konflikt mit anderen Personen, Konflikt mit sich selbst, siehe zu den Konflikt-Ebenen Kapitel 4.2), weil sie der treibende Motor einer Geschichte sind. Diese Denkweise in der jeweiligen Medienlogik ist auch Journalisten nicht fremd. Manchmal gelten

---

10 Robert McKee: Story (Berlin: Alexander Verlag, 9. Aufl., 2014), S. 391.

Themen zum Beispiel eher als Print-tauglich. Eine Pressekonferenz liefert eben nur langweilige Bilder fürs Fernsehen. Das sind aber mehr pragmatische als dramaturgische Gründe.

Bemerkenswert ist: Was in der Analyse von Robert McKee fehlt, sind Audio-Erzählungen. Dabei haben auch Radio und Podcast besondere Stärken. Und wer sie kennt, kann sie gezielt nutzen. Deswegen ist es besonders wichtig, die Stärken des Mediums zu kennen. Mindestens fünf wichtige Alleinstellungsmerkmale bringt das Medium Audio mit.

1. **Audio liefert ein szenisches Sinnes-Erlebnis.** Die Handlung entfaltet sich direkt in den Ohren der Hörer. Die können dadurch schnell und ganz in die Szene eintauchen, sie sind nah am erzählten Geschehen. Und zwar mit mehr Sinneseindrücken als beim geschriebenen Text und direkter als bei bewegten Bildern. Der Hörer darf und soll seine Vorstellungskraft nutzen, um die Szene vor dem geistigen Auge zu erleben. Damit wird er in die Geschichte gesogen. Das funktioniert natürlich nicht mit der immer gleichen Straßenatmo aus dem Archiv, aber Möwengeschrei und Wellenrauschen können manchmal sogar stärker wirken ohne Bilder. In der zweiten Folge des Podcasts „S-Town" gibt es ein Telefonat zwischen Reporter Brian Reed und Charakter John B. McLemore. Mitten im Gespräch erzählt John, dass er gerade in die Spüle der Küche gepinkelt hat. Das Bild dazu wäre möglicherweise einfach zu viel des Guten.
2. **Audio erzeugt** Nähe und Intimität. Jeder von uns kennt wahrscheinlich seine innere Stimme. Sie quält uns manchmal, lässt uns nicht einschlafen oder kommentiert in unserem Kopf leise vor sich hin (oder habe ich das laut gesagt?!). Sie ist etwas ganz Eigenes, Nahes, Intimes eben. Audio-Geschichten kommen diesem Gefühl am nächsten. Erst recht, wenn wir sie mit Kopfhörern auf dem Smartphone hören. Wenn ganz besondere Stimmen direkt in unser Ohr dringen, können und wollen wir nicht abschalten. Die BBC hat 2013 den Roman „Neverwhere" von Neil Gaiman in eine 6-teilige Hörspiel-Serie verwandelt. Darin spielen unter anderem Natalie Dormer als Lady Door und Benedict Cumberbatch als Angel Islington mit. Was diese beiden Hörspieler allein mit ihrer Stimme vermögen, ist fantastisch!
3. **Audio erzählt wirklich.** Es hört sich so banal an, aber ein wesentliches Merkmal von Audio-Geschichten ist der Erzähler oder Host. Er führt uns durch die Geschichte, gibt ihr Halt. Wir tauchen dabei ganz in die Gedankenwelt des Erzählers und „seiner" Charaktere ein. Dabei können wir dem Innenleben und den inneren Konflikten der Charaktere genauso nahe kommen wie in einem Roman (zum Beispiel beim personalen Ich-Erzähler). Immer bauen wir als Hörer

eine Beziehung zum Erzähler oder Host auf. Er ist für uns Bezugspunkt und kann Identifikationsfigur sein. Sarah Koenig erfüllt das auf grandiose Weise als Erzählerin. Genauso wie Ira Glass bei „This American Life" oder Jad Abumrad und Robert Krulwich bei „Radiolab" als Hosts.
Nur wenige Geschichten verzichten komplett auf eine direkte Erzähler-Ebene. Selbst die weitgehend szenische Erzählung „Die K" von Jens Jarisch hat eine sehr zurückgenommene Erzählerin, die mit ihren rotzigen Kommentaren Kernbotschaften herausstellt oder für Humor sorgt. Auch in seinem Feature „Lifestyle. Warum Vietnamesen keine Adidas-Schuhe tragen" (rbb, DLF, SWR 2005) arbeitet Jarisch mit einer besonderen Erzähler-Ebene. Er kommentiert sich selbst. Zum Beispiel als er versucht, ohne Termin in der „Adidas"-Zentrale in Herzogenaurach einen Gesprächspartner zu finden. Dabei verkauft er sich bewusst unter Wert. Das ist beste Situations-Komik. Michael Moore fürs Radio. Jarisch lässt uns an seinen Gedanken und Sorgen in dem Moment teilhaben. Damit erleben wir parallel seinen inneren Konflikt und den Konflikt mit anderen Personen.
4. **Audio löst Raum und Zeit auf.** Es ist der Klassiker unter den medialen Vorteilen: In Erzählungen können alle Raum- und Zeit-Ebenen schnell miteinander verbunden oder gewechselt werden. Das sorgt nicht nur für mögliche Abwechslung, sondern schafft dramaturgisch noch bessere Möglichkeiten als auf der Leinwand. Unsere Charaktere können allem Vorstellbaren begegnen und damit in Konflikt geraten. Damit wird auch der Konflikt mit der äußeren Welt gut darstellbar.
5. **Audio liefert Realitäts-Erlebnisse.** Das hat etwas mit der Produktionslogik des Mediums zu tun. Selbst relativ hochwertige Aufnahmegeräte und Kopfhörer brauchen heutzutage keinen großen Platz mehr. Je früher Reporter sie als normalen Gegenstand in die Aufnahme-Situation einführen, desto größer ist die Chance, authentisches Material zu bekommen – weil Menschen vergessen, dass dieser komische Gegenstand ein Fremdkörper ist und alles aufzeichnet. Diese Chance ist vielleicht sogar größer als bei einem Block, auf dem ich Notizen machen muss, oder einer laufenden Kamera. Audio ist in diesem Sinne ein minimal-invasives Medium.[11]

Wer diese medialen Stärken des Audios kennt, kann sie nutzen. Sie zeigen, wie viele Möglichkeiten offenstehen. Nicht immer wird man bei realen Stoffen alle Stärken ausspielen können. Aber das ist auch nicht notwendig. Denn es gibt einen großen

---

11 Wenn ich das richtig in Erinnerung habe, war Sandra Müller (https://www.radio-machen.de/) die erste, die diesen Begriff in Zusammenhang mit dem „Anhalter" benutzt hat. Danke dafür!

Vorteil, den dokumentarische Stoffe im Vergleich zu fiktionalen Geschichten haben. **Bei realen Erzählungen haben die Hörer die ganze Zeit das wunderbare Gefühl: Das ist tatsächlich wahr und wirklich passiert! Und dieses Gefühl ist nicht zu unterschätzen.**

▶ Narratives Audio will mit zwei Ansätzen das Ziel erreichen, spannende Geschichten zu erzählen:

1. Dramaturgische Techniken werden auch aus anderen Medien und Bereichen auf akustische Narrationen übertragen.
2. Die Stärken des Mediums Audio werden bewusst genutzt.

Eine Narration ist dabei definiert als eine szenische Erzählung, die Realität erfahrbar macht. Sie liefert ein Erlebnis. Das Rückgrat der Narration oder der Geschichte bilden immer Szenen.

Wie der Weg zu einer solchen Narration und ihre Umsetzung funktioniert, das erläutern die kommenden Kapitel. Dabei nähern wir uns allen Elementen des Story-Kosmos': von Plot (Kapitel 3) über Charaktere (Kapitel 4), Spannungstechniken (Kapitel 5) und szenischem Erzählen (Kapitel 6) bis hin zu Erzählhaltung (Kapitel 7), Inszenierung im Studio (Kapitel 8) und Debatte ethischer Normen (Kapitel 9). Dabei werden auch die Entwicklungen ganzer Serien besonders berücksichtigt (Kapitel 3.10). Am Ende des Buches sind die wesentlichen Erkenntnisse für den Alltag des narrativen Reporters zusammengefasst (Kapitel 10). Der Arbeitsprozess des Reporters dient darüber hinaus als grober roter Faden des Buches. Am Anfang einer jeden größeren Geschichte stellen sich fast alle Reporter die folgenden Fragen (oder zumindest sollten sie das tun): Taugt mein Stoff überhaupt für eine Narration? Wie kann ich meinen Stoff entwickeln oder eine unübersichtliche Fakten-Lage in den Griff kriegen? Oder schlichtweg: Was ist meine Geschichte? Wie man Antworten auf diese Fragen findet, das klären wir jetzt!

Weiterführende Literatur

Jack Hart: Story Craft (Chicago: The University of Chicago Press, 2011).
Keith Johnstone: Improvisation (Berlin: Alexander Verlag, 11. Aufl., 2013).
Hans-Jürgen Krug: Kleine Geschichte des Hörspiels (Konstanz: UVK, 2003).
Robert McKee: Story (Berlin: Alexander Verlag, 9. Aufl., 2014).
Sandra Müller: Radio machen (Köln: Herbert von Halem Verlag, 2. Aufl., 2014).
Julia Shaw: Das trügerische Gedächtnis (München: Carl Hanser, 2016).
Tom Wolfe: The New Journalism (London: Picador, 1975).
Udo Zindel / Wolfgang Rein (Hrsg.): Das Radio-Feature (Konstanz: UVK, 2. Aufl., 2007).

Weiterführende Links

Podcast „Serial": https://serialpodcast.org
Podcast „This American Life": https://www.thisamericanlife.org/
Podcast „Radiolab": https://www.wnycstudios.org/shows/radiolab/
Podcast „Invisibilia": https://www.npr.org/podcasts/510307/invisibilia
Podcast „99 % Invisible": https://99percentinvisible.org/
Podcast „Story Corps": https://storycorps.org/
Reportage „Danke. Ciao!" von Dominik Schottner: https://www.deutschlandfunknova.de/beitrag/alkoholsucht-wenn-der-vater-am-alkohol-zu-grunde-geht
Podcast „Mehr als ein Mord": https://www.deutschlandfunkkultur.de/mehr-als-ein-mord.2522.de.html
Podcast „Täter unbekannt": https://www.ndr.de/ndr2/sendungen/taeterunbekannt/podcast4282.html
Podcast „Wer hat Burak erschossen": http://www.radioeins.de/themen/_/burak/
Podcast „Der talentierte Mr. Vossen": http://www.ndr.de/info/podcast4322.html
Podcast „Der Anhalter": http://www1.wdr.de/radio/wdr5/sendungen/tiefenblick/der-anhalter-dokuserie-100.html
Podcast „Der Stasi-Agent": https://www1.wdr.de/radio/wdr5/sendungen/tiefenblick/tod-eines-stasi-agenten-100.html
Podcast „Bilals Weg in den Terror": http://www.radioeins.de/themen/_/podcast-bilal/
Podcast „Cybercrime": https://www.hr-inforadio.de/podcast/cybercrime/index.html
Podcast „Dunkle Heimat": https://www.antenne.de/podcast/dunkle-heimat/
Feature „Die K – Szenen eines Drogenstrichs": http://www.yeya.de/radio/feature/die-k
„ZeitZeichen" Geburtstag Ludwig XIV: https://www.youtube.com/watch?v=cn584F5ChVs
Podcast-Label Viertausendhertz: http://viertausendhertz.de/
Podcast „Ein Mann für Mama": https://www.br.de/mediathek/podcast/ein-mann-fuer-mama/563
Podcasts bei Audible: https://www.audible.de/ep/audible-original-podcasts
Podcast „Mutti und ich": http://www.mutti-podcast.de/
Podcast „Die Anachronistin": https://www.die-anachronistin.de/
Podcast „S-Town": https://stownpodcast.org/
Feature „Lifestyle": http://www.yeya.de/radio/feature/lifestyle
Wer Radio macht, sollte Sandra Müller und ihre Homepage kennen: https://www.radio-machen.de/

Stoff-Prüfung und -Entwicklung: Eine gute Geschichte liefert ein Erlebnis

2

Zusammenfassung

Viele Autoren nehmen sich am Anfang der Recherche nicht genügend Zeit, ihren Stoff zu prüfen. Später kommt es dadurch immer wieder zu großen Problemen. Die kann man vermeiden. Dafür braucht es vor allem die richtigen Fragen: Erfüllt mein Stoff die zentralen Story-Prinzipien? Habe ich einen echten Erzählsatz? Funktioniert die Geschichte als Audio-Story? Dieses Kapitel liefert Kriterien für die Stoff-Prüfung und -Entwicklung. Ein berühmtes Motto aus dem Storytelling lautet ja: A good story well told. In diesem Kapitel geht es um die erste Hälfte dieses Satzes. Was ist überhaupt eine gute Geschichte?

Schlüsselwörter

One-Liner, Story-Prinzipien, Erzählsatz, Story-Motoren, Stoffprüfung

2.1 Mehr Drama: Aristoteles lesen heißt Aaron Sorkin verstehen

Manchmal lohnt es sich, in Redaktionskonferenzen eine Runde Bullshit-Bingo zu spielen. Das funktioniert wie ein echtes Bingo-Spiel. Nur anstelle der Nummern stehen in den, sagen wir 25 Kästchen (angeordnet in 5*5), die klassischen, eher wenig aussagekräftigen Phrasen einer typischen, aktuellen Planungskonferenz. Sobald eine der Phrasen fällt, darf das Kästchen durchgestrichen werden. Wer als erstes eine Reihe oder Diagonale geschafft hat, gewinnt. In den Kästchen könnten zum Beispiel die folgenden Formulierungen stehen: „Da brauchen wir noch einen regionalen Reflex!", „Das müssen wir auf Deutschland / Region / Stadt (je nach Sendung) runterbrechen!", „Was machen denn die anderen Sendungen / Zeitungen?" oder „Wir brauchen noch das Aufmacher-Thema!" Wir alle – mich auf jeden Fall eingeschlossen – haben diese Sätze wahrscheinlich schon gesagt. In Redaktionen, die sich mehr um Hintergrund-Berichterstattung kümmern, kommen zusätzlich solche Sätze hinzu wie: „Wir müssten mal was machen über (hier kann man dann latent aktuelle Themen einsetzen, von Erdbeer-Ernte über Europa bis Brexit)!" oder „Was steht denn nächstes Jahr an Großereignissen an?" Zu Bundestagswahlen oder Olympischen Spielen lassen sich schließlich langfristig Themen planen. Was diese Beispiele zeigen: Wir denken in Themen, nicht in Geschichten. Journalistisch betrachtet ergibt das Sinn, dramaturgisch leider nicht so viel. Diese Fragen und Gedanken sind ein Startpunkt für die Recherche, aber nicht mehr. Eine Richtungsvorgabe, wo wir nach Geschichten schauen wollen. Um es noch einmal klar zu sagen:

▶ Ein Thema ist keine Geschichte.

Häufig werden die beiden Begriffe aber immer noch gleichgesetzt.

Dieses grundlegende Missverständnis ist eine der größten Gefahren für nicht-fiktionale Erzählungen: Denn von Anfang an ist ein Maßstab etabliert, der uns den dramaturgischen Blick verstellt. Wir versuchen in der Folge, das Thema in den Griff zu kriegen, nicht die Geschichte. Deshalb stellen wir auch nicht die richtigen Fragen an den Stoff. Wir fragen: Stimmen die Fakten? Haben wir ausgewogen berichtet? Haben wir etwas übersehen? Das ist zwar notwendig, aber nicht hinreichend. Außerdem legen wir uns bei der Auswahl der Geschichten thematische Fesseln an. Themen aus „Spiegel Online", „Bild", „Süddeutsche Zeitung" und „Tagesschau" werden eher und schneller aufgegriffen, für die Recherche von eigenen Ansätzen bleibt kaum noch Zeit. Wir engen uns ein. Der Drehbuch-Autor und Regisseur Aaron Sorkin schreibt in seinem Workbook zum Online-Kurs „Masterclass Screenwriting": „The rules of drama are the only ones you need to be concerned with."[12] Natürlich redet Sorkin hier über fiktionale Stoffe.

▶ Doch die Regeln oder Prinzipien des Dramas gelten für dokumentarische Erzählungen genauso wie die journalistischen Prinzipien.

---

12 Aaron Sorkin: Rules of a story (Part 9, Workbook Masterclass Screenwriting), S. 16.

Und die Regeln des Dramas haben sich über die Jahrtausende kaum verändert. Sorkin zum Beispiel bezeichnet die „Poetik" von Aristoteles bis heute als die wichtigste Quelle. Was können wir also von Aristoteles und Aaron Sorkin lernen? Wir können lernen, die richtigen Fragen an unsere Themen-Idee zu stellen. Um so aus einem Thema eine Geschichte zu entwickeln.

2.2 Make it primal: Berührt es mich im Innersten?

Eine Kollegin von mir erzählt ab und zu die folgende Anekdote: Ein Kollege kommt zu ihr und erzählt begeistert und anschaulich von einem Stück, an dem er gerade arbeitet. Im Laufe des Tages hört sie das Stück dann on air – und nichts von der Begeisterung und den Emotionen findet sich darin wieder. Es ist schlichtweg langweilig. Alles andere würde ja auch gegen unseren journalistischen Objektivitäts-Grundsatz verstoßen. Und außerdem sind diese ganzen Emotionen ja ohnehin überflüssig, unangemessen und lenken außerdem vom Thema ab. Das einzige Problem: Der gesendete Bericht ist im Ergebnis leider so langweilig, dass wir ihn als Zuhörer möglicherweise gar nicht zu Ende hören. Und in Erinnerung bleibt so leider auch nichts. Schade.

Viele Story-Consultants, Drehbuch-Agenten oder andere Profis vertrauen in einer ersten Annäherung an einen Stoff ihrem Bauchgefühl. Als ich von dieser Herangehensweise zum ersten Mal gelesen habe, war mir das viel zu unkonkret und subjektiv. Heute ahne ich, was damit gemeint ist. Es geht schlichtweg darum, ob mich eine Geschichte berührt, also eine Emotion in mir erzeugt. Dabei ist erst einmal egal, ob es sich dabei um Freude, Wut, Überraschung, Lust, Trauer oder eine andere Emotion handelt. Nur oberflächlich sollte es nicht sein. Die x-te Comedy, die sich über Donald Trump lustig macht, lässt mich vielleicht noch schmunzeln – etwas Grundlegendes in mir rührt sie wahrscheinlich eher nicht an. Gleiches gilt für Ereignisse der Bundespressekonferenz (auch wenn Frauke Petry direkt nach der Bundestags-Wahl 2017 mitteilt, dass sie nicht in der AfD-Fraktion im neuen Bundestag sitzen wird), die aktuellen Stau-Meldungen (auch wenn es einen natürlich wahnsinnig machen kann, immer wieder im selben Stau zu stehen) oder Berichte über den UN-Sicherheitsrat. Für diese Art von Themen und Ereignisse sind Nachrichten und Berichte deswegen auch die angemessene Darstellungsform. Obwohl wir noch sehen werden, dass man Storytelling-Techniken auch für kurze Beiträge nutzen kann (siehe hierzu Kapitel 3.9).

Wahrscheinlich berührt es uns im Innersten auch eher, wenn es ein schlimmes Ereignis ist, etwas, das unsere Grundfesten erschüttert. Nicht umsonst gilt der Story-Grundsatz: Es muss auch immer um Leben und Tod gehen. Aristoteles drückt das in seiner „Poetik" etwas vornehmer aus. „Das schwere Leid ist ein verderbliches oder schmerzliches Geschehen, wie z. B. Todesfälle auf offener Bühne, heftige Schmerzen, Verwundungen und dergleichen mehr."[13] Wie jemand mit solch einschneidenden Ereignissen umgeht, ist für uns als Zuhörer ja auch deutlich lehrreicher als eine reine Erfolgs-Geschichte. Bei der WDR-Doku-Serie „Der Anhalter" haben mein Kollege Stephan Beuting und ich versucht, von Anfang an etwas Grundlegendes in den Hörern zu berühren. Der Ausgangspunkt der Geschichte (oder dramaturgisch ausgedrückt: das auslösende Ereignis): Wir haben beide unabhängig voneinander denselben Anhalter an einer Tankstelle im Kölner Süden getroffen (das ist natürlich schon eine Überraschung). Das allein würde aber noch nichts Grundlegendes berühren. Das wird erst der Fall, weil Heinrich Kurzrock (so heißt der Anhalter) auf seinem Weg nach Zürich zu „Dignitas" ist, wo er Sterbehilfe in Anspruch nehmen will. Zumindest erzählt er das. Stephan und ich helfen ihm jeweils. Als wir uns davon erzählen und feststellen, dass wir dieselbe Person mit etwa einem Jahr Abstand getroffen haben, machen wir uns auf die Suche...

„Make it primal" ist also kein ganz eindeutig definiertes Kriterium. Was die einen im Innersten berührt, mag anderen ganz egal sein. Deshalb sind zwei Faktoren wichtig:

1. Streng sein. Ist es wirklich etwas Grundlegendes? Und wenn ja: was? Je genauer ich das benennen kann, desto stärker kann ich es für meine Geschichte nutzen und damit arbeiten. In der ersten Staffel von „Serial" sitzt Adnan Syed möglicherweise zu Unrecht im Gefängnis, lebenslang. Wenn ich mit diesem Leitthema arbeiten will, ist es entscheidend, dass ich erfahrbar mache, was das für Adnan bedeutet. Genau das tut Sarah Koenig. Wir lernen zum Beispiel immer wieder die Restriktionen seines Alltags kennen (etwa durch die ständig unterbrochenen Telefonate).
2. Dem eigenen Bauchgefühl trauen und es reflektieren. Berührt mich die Geschichte tatsächlich (oder behaupte ich das nur, weil ich sie gerne umsetzen möchte)? Was daran berührt mich? Oder was eben auch nicht? Eine Antwort auf die letzte Frage kann mir einen Hinweis darauf geben, was ich vielleicht noch stärker herausarbeiten müsste – so lange es der Realität angemessen ist. Allein die Tatsache, dass Adnan möglicherweise zu Unrecht im Gefängnis sitzt,

---

13 Aristoteles: Poetik (Stuttgart: Reclam, 2014), S. 37.

ist mir möglicherweise egal. Ist mir die Person aber sympathisch, kann sich das schnell ändern. Sarah Koenig ist sich dabei offenbar bewusst, dass verurteilte Mörder nicht unbedingt die vertrauensvollsten und sympathischsten Personen für die Zuhörer sind. Deshalb etabliert sie sich selbst als emotionalen Anker in der Geschichte. Wir mögen Sarah, vertrauen ihr und wollen hören, was ihre Recherchen ans Tageslicht bringen. Dabei haben ihre Nachforschungen möglicherweise ganz konkrete Auswirkungen. Das bringt uns zum nächsten Punkt.

2.3 High stakes: Was steht auf dem Spiel?

Frage: Was ist schlimmer als ein Straftäter, der ungeschoren davonkommt? Antwort: Ein Mensch, der unschuldig verurteilt wurde. Stellen Sie sich einen Moment lang mal vor: Adnan Syed hat seine High-School-Liebe Hae Min Lee nicht getötet. Er sitzt zu Unrecht im Gefängnis. Lebenslänglich. Nicht Deutschland-lebenslänglich, sondern USA-lebenslänglich. Also wirklich bis zum Tod. Alle seine Wünsche, Träume, Pläne – dahin. Dieses Gedankenspiel ist natürlich ein schmaler Grat. Erstens: Adnan ist rechtskräftig verurteilt. Zweitens: Was soll Hae Min Lee dazu sagen bzw. ihre Familie? Doch Sarah Koenig hat sich entschieden, nicht die Familie von Hae in den Mittelpunkt von „Serial" zu stellen, sondern die Zweifel an Adnans Schuld. Ethisch ist das übrigens eine nicht ganz einfache Position, in die sich Sarah Koenig da begibt. Denn sie verschafft mit ihrer Arbeit einem eigentlich abgeschlossenen Prozess erneuerte Aufmerksamkeit – möglicherweise mehr Aufmerksamkeit als bislang überhaupt. Das bedeutet auch, dass alle Beteiligten inkl. der Familie von Hae erneut mit den Erinnerungen konfrontiert werden – und den Anfragen von Sarah Koenig und anderen Journalisten. Gerechtfertigt scheint das nur, wenn Koenig und ihr Team nach aufwändigen Recherchen tatsächlich zu der Einschätzung kommen, berechtigte Zweifel an Adnans Schuld zu haben (zur ethischen Debatte siehe auch Kapitel 9). Dramaturgisch ist es wichtig, dass Sarah Koenig es schafft, schnell und plausibel zu etablieren, was auf dem Spiel steht. Das tut sie: Adnan ist möglicherweise zu Unrecht verurteilt.

Die Frage ist also nicht, ob etwas auf dem Spiel steht. Sondern was auf dem Spiel steht. Und hier gilt ausnahmsweise mal die Regel: Viel hilft viel. Je mehr auf dem Spiel steht, desto besser für die Geschichte. Dabei muss es glaubwürdig und überzeugend sein – wie eben in Adnans Fall. Wichtig ist, es darf sich dabei nicht um etwas Abstraktes handeln. Sondern es muss konkret sein. Im „Anhalter" etablieren wir von Anfang an die Möglichkeit, dass ein großes Unrecht ungesühnt ist. Anhalter Heinrich erzählt sowohl Stephan als auch mir von seiner Kindheit in einer Kinder- und Jugendpsychiatrie, in der er angeblich missbraucht wurde. Das etablieren wir direkt am Anfang der Serie und gehen dem nach. Schnell ist klar: Sollte es diese Art von Unrecht wirklich gegeben haben, dann gibt es zahlreiche Opfer, die bis heute keinerlei Anerkennung oder Entschädigung erhalten haben.[14] Damit ist auch der große Bogen der Serie bereits gespannt.

Das bedeutet, drei Faktoren sind wichtig, um zu zeigen, dass etwas auf dem Spiel steht:

1. Es muss etwas Konkretes sein. Geld, Gesundheit oder ein Leben in Freiheit.
2. Dieses Etwas muss nachvollziehbar, plausibel und glaubwürdig sein.
3. Dieses Etwas muss sehr früh im Stück etabliert werden.

Der Hörer sollte also fühlen und verstehen, was auf dem Spiel steht. Fehlt dieses Etwas, fehlt eine wichtige dramatische Komponente. Dem Hörer ist nicht klar, um was eigentlich gekämpft wird bzw. warum er sich auf diese Geschichte einlassen soll. Und auch dem Autor hilft dieses Wissen, um sein Stück zu layouten und den Plot zu entwerfen. Wenn klar ist, was auf dem Spiel steht, ist auch klar, worauf die Geschichte zulaufen muss. Im „Anhalter" musste es zum Ende der Serie also auch um die Frage der Anerkennung und Entschädigung gehen. Darüber hinaus gilt: Ist klar, was auf dem Spiel steht, kann meistens eine logische Verknüpfung zum dritten wichtigen Story-Prinzip hergestellt werden.

2.4 Bigger idea: Was steckt hinter der Geschichte?

Für „This American Life"-Geschichten ist es ein Muss. Das beschreibt „TAL"-Gründer Ira Glass. Für die Redaktion ist das Suchen nach den großen Ideen hinter der Geschichte ein wichtiger Teil des Auswahl-Prozesses: „(...) if the story doesn't lead to some interesting idea about how the world works, then it doesn't work for radio."[15] Anders ausgedrückt: Die Geschichte muss über sich selbst hinausweisen, etwas Größeres offenbaren. So wird das Bedürfnis des Hörers danach befriedigt, etwas zu lernen. Die Geschichte um Adnan Syed zum Beispiel ist als solche schon tragisch genug, aber sie weist außerdem über sich hinaus. Denn sie behandelt

---

14 Der Heimkinderfonds I hatte Kinder aus Psychiatrien nicht berücksichtigt.
15 Ira Glass: Harnessing luck as an industrial product. In: John Biewen & Alexa Dilworth: Reality Radio (Durham: The University of North Carolina Press, 2. Aufl., 2017), S. 70.

2.4 Bigger idea: Was steckt hinter der Geschichte?

neben der einen konkreten Frage (Gibt es Zweifel an seiner Schuld?) eine andere, grundsätzlichere: Was sagt es über das Justizsystem der USA aus, wenn Unschuldige verurteilt werden? Dabei gibt es zwei Arten von „bigger ideas": Die eine Art bezieht sich eher darauf, einen Einblick zu bekommen und etwas zu verstehen, was für die Gesellschaft funktional und wichtig ist (wie eben das Justizsystem der USA). Die andere Art bezieht sich eher auf die Debatte von Werten, die für eine Gesellschaft relevant sind – losgelöst von konkreten Institutionen. Im „ZeitZeichen" vom 6. Juni 2017 über den ersten Interkontinentalflug mit einem Solarflugzeug schildert Bertrand Piccard zunächst die großen Widerstände, die er überwinden musste, um sein Vorhaben (mit einem Solarflugzeug einmal um die Welt zu fliegen) zu realisieren. Schließlich verdeutlicht er, warum das Projekt über sich hinausweist: Für ihn geht es um „Leadership", also um die Frage danach, welche Vorbilder wir für unsere Gesellschaft brauchen und wie wir mit Träumen und großen Zielen umgehen.

Die größere Idee liefert also die gesellschaftliche Relevanz. Damit ist es nicht nur eine Kategorie, die dramaturgisch Sinn ergibt, sondern auch journalistisch. Das müsste uns bekannt vorkommen. Denn in vielen journalistischen Erzählungen gibt es die berühmte Stelle, an der vom Einzelfall auf die allgemeine Ebene übergeleitet wird. Häufig mit dem vielleicht etwas überstrapazierten Satz: „Das Schicksal von Frau, Herrn oder Familie soundso ist kein Einzelfall…" Die Idee dahinter ist ganz ähnlich: Die Dimension eines Problems soll deutlich werden. Oder anders ausgedrückt: die gesellschaftliche Relevanz. Dabei gibt es einen entscheidenden Unterschied: Allein die Dimension verdeutlicht noch nicht, was inhaltlich genau der Kernpunkt und damit die „bigger idea" ist. Ein Beispiel: Es gibt eine „Radiolab"-Geschichte mit dem Titel „On the edge". Darin wird die Geschichte der Eiskunstläuferin Surya Bonaly erzählt, die ihr ganzes aktives Sportlerinnen-Leben damit kämpfen musste, nicht ganz zur Vorstellung der eleganten, filigranen Eiskunst-Läuferin zu passen. Bonaly war athletisch und kräftig. Die Geschichte fängt deshalb sinngemäß mit der Frage an: Wenn du in irgendetwas der Beste sein willst – deine Vorstellung davon, was das Beste ist, aber nicht zur Vorstellung derjenigen passen, die dich beurteilen – was tust du? „Radiolab" beginnt also direkt mit der großen Frage und verdeutlicht sie dann an der Geschichte von Surya Bonaly. Selbst im begleitenden Online-Text wird ausdrücklich auf diese Dimension der Geschichte hingewiesen: „This week, we lace up our skates and tell a story about loving a sport that doesn't love you back, and being judged in front of the world according to rules you don't understand."[16]

Die Idee hinter der Geschichte hilft also auf drei Weisen:

---

16 http://www.radiolab.org/story/edge/

1. Sie bedient das Bedürfnis des Hörers, etwas zu lernen. Er hat nach dem Hören der Geschichte etwas besser verstanden, wie die Welt funktioniert.
2. Sie schafft eine zusätzliche Relevanz-Dimension. Die Geschichte weist also über sich hinaus.
3. Sie liefert ein argumentatives Leitmotiv und damit Struktur. Die größere Idee hilft nämlich dabei auszuwählen, welche Teile der Geschichte stärker hervorgehoben bzw. erzählt werden. Geschickt konstruiert kann die eigentliche Geschichte so immer wieder an spannenden Stellen unterbrochen werden, um die größere Idee zu debattieren. Die Wahrscheinlichkeit ist groß, dass der Hörer dranbleibt. Denn er will ja wissen, wie die Geschichte weitergeht (zu Plotentwurf und Spannungstechniken kommen wir noch ausführlich in den Kapiteln 3 und 5).

Dieses Story-Prinzipien-Trio aus innerer Berührung, hohem Einsatz und größerer Idee hilft in doppelter Weise. Einerseits sind es sozusagen die operationalisierten Kriterien dafür, warum wir Geschichten hören. Andererseits schärft es den Fokus für alle Beteiligten. Das Story-Trio hilft somit, Antworten auf die Frage zu finden, was genau wie erzählt werden soll. Bei realen Geschichten sind diese Faktoren gerade am Anfang des Arbeitsprozesses besonders wichtig, weil sie dabei helfen, aus den vielen recherchierten Fakten, Ereignissen und Gesprächspartnern die Wesentlichen herauszufiltern. Für fiktionale Geschichten wird das Trio häufig noch um ein viertes Story-Prinzip ergänzt, das in zwei Formen auftauchen kann: der Prämisse oder tieferen Moral. Dabei sind die Begriffe eigentlich von unterschiedlichen Perspektiven aus gedacht. Die Moral wird uns häufig am Ende der Geschichte klar. Sie ist die Take-Home-Message. In Fabeln kommt sie oft belehrend daher. Die Prämisse dagegen hilft eher dabei, eine Geschichte Stück für Stück zu entwickeln, zum Beispiel im Theater. In seinem Standardwerk „Dramatisches Schreiben" schreibt Lajos Egri: „Jedes gute Stück muss eine sorgsam formulierte Prämisse haben."[17] Dabei besteht die Prämisse aus drei Elementen: Charakter, Konflikt, Auflösung. Für Shakespeares Tragödie „Romeo und Julia" könnte demnach die Prämisse lauten: Die große Liebe (weist auf den Charakter der zentralen Figuren hin) trotzt (weist auf den Konflikt hin) sogar dem Tod (weist auf das Ende bzw. die Auflösung hin). Das ganze Stück dient dann dazu, die Prämisse zu belegen. Diese Vorgehensweise ist gerade für Journalisten schwierig. Denn es besteht die Gefahr, nicht mehr die Realität angemessen abzubilden, sondern nur die Geschichte zu erzählen, die man erzählen will.

---

17 Lajos Egri: Dramatisches Schreiben (Berlin: Autorenhaus, 2011), S. 24.

Doch auch reale Stoffe kann man darauf überprüfen, ob eine Prämisse herauszufiltern ist, die dann wiederum dabei hilft, die Geschichte zu erzählen. Im Fall der ersten „Serial"-Staffel könnte die Prämisse lauten: Hartnäckigkeit führt zu besonderer Verantwortung. Sarah Koenig ist schließlich so tief in die Geschichte eingetaucht, dass sie sich nicht einfach wieder abwenden kann. Sie hat Verantwortung, auch für Adnan, übernommen – auf einer moralisch-menschlichen Ebene. Das wird für sie zu einem zentralen Konflikt. Das Beispiel zeigt aber auch, dass Prämissen für reale Geschichten nicht immer hilfreich sind. Denn „Serial" ist so viel mehr als diese eine, wenn auch wichtige Aussage. Beide Elemente, Moral und Prämisse, beinhalten auch die Gefahr, dass sie schnell von oben herab präsentiert werden. Nach dem Motto: Hier kommt die Botschaft für dich, lieber kleiner Hörer. Diese Haltung kann Ablehnung erzeugen.

Natürlich können reale Stoffe nicht immer all diese Faktoren (innere Berührung, hoher Einsatz, größere Idee, Prämisse oder Moral) komplett erfüllen, aber sie geben uns eine dramaturgische Perspektive auf unseren Stoff. Sie lassen uns erkennen, was wir brauchen und was eben auch nicht. Und sie helfen uns dabei, die eigene Geschichte in einen Pitch zu verwandeln, der klar und eindeutig ist und damit schlichtweg für freie Reporter die Chance erhöht, dass Redaktionen, Produktionsfirmen, Label oder Verlage den Vorschlag einkaufen. Wer seine Story-Prinzipien klar und überprüft hat, der sollte in der Lage sein, seine Geschichte in nur wenigen Sätzen zusammenzufassen.

2.5 One-Liner: Hook und Pitch in einem Satz

Viele Themenangebote oder -vorschläge in Redaktionen sind leider wenig überzeugend. Sie sind entweder unspezifisch („Ich habe da folgende Zutaten..."), ein bisschen durcheinander („Dann können wir ja noch das, das und das berücksichtigen...") oder noch vorsichtig ausgedrückt etwas unausgegoren („Wir können ja mal was zu dem und dem machen!"). Auch die Tipps aus der Redaktion helfen nicht immer weiter, sondern wirken eher wie ein kleiner Wissens-Marathon („Was mich noch an dem Thema interessiert ist das, das und das...!"), nach dem Motto: Was ich auch noch weiß. Die hier geschilderten Beispiele und Sätze sind natürlich übertrieben, zugespitzt und würden sich so niemals in einer Redaktion abspielen. Podcaster wiederum müssen sich einer anderen Herausforderung stellen: Sie arbeiten meistens immer noch allein. Mit allen Vor- und Nachteilen. Sie haben viele Freiheiten, aber auch kaum jemanden, der mitdenkt oder ein kritischer Spiegel sein kann. Für alle gibt es da ein einfaches Hilfsmittel, das uns unter anderem aus Hollywood erreicht hat: den One-Liner.

Der One-Liner oder die Logline fasst in einem oder wenigen Sätzen die Geschichte zusammen und gibt einen Eindruck vom Verlauf oder Plot. Die Idee: Wer seine Geschichte so klar auf den Punkt bringen kann, hat nicht nur eine größere Chance, andere davon zu überzeugen, sondern auch Klarheit für sich gewonnen. Die wiederum kann dabei helfen, die eigene Geschichte in den Griff zu bekommen und zu entwickeln. Der Drehbuch-Autor Blake Snyder hat vier Funktionen der Logline entwickelt:

1. Die Logline bringt Überraschung zum Ausdruck oder zieht zumindest emotional in die Geschichte hinein. Sie funktioniert als Appetitanreger, um den Eindruck zu erzeugen: Von der Geschichte würde ich gerne mehr sehen oder hören. Die Logline ist das, was man klassischerweise den Hook nennt. Sie ködert mich als Zuschauer und sorgt dafür, dass die Geschichte mich schneller am Haken hat als ich es merke.
2. Die Logline gibt ein überzeugendes Bild der Geschichte. Ich kann mir vorstellen, worum es in der Geschichte geht, wie ein möglicher Plot aussehen kann und was in der Geschichte passiert.
3. Die Logline liefert eine Vorstellung vom Ziel-Publikum und den Kosten. Das ist vor allem für Autoren oder Produzenten wichtig, die ihr Thema verkaufen wollen. Aber es schadet sicherlich auch nie, davon eine Idee zu haben. Denn die Vorstellung des Zielpublikums beeinflusst schließlich auch die Haltung, mit der ich die Geschichte erzähle (zur Erzählhaltung vgl. Kapitel 7).
4. Die Logline liefert als Sahnehäubchen einen Hammer-Titel – oder zumindest einen überzeugenden Arbeitstitel. Dann hat die Geschichte schon mal ein vernünftiges Label.[18]

Snyder hat diese Elemente natürlich vor allem auf die Bedürfnisse von Hollywood zugeschnitten. Der One-Liner ist elementarer Bestandteil dessen, was man „High Concept" nennt. Die Idee: Ein Film lässt sich mit wenigen Worten oder Sätzen zusammenfassen. Gerne verbunden mit der Frage „Was wäre, wenn...?" Plot und mögliche Marketingstrategie werden unmittelbar erkennbar: Was wäre zum Beispiel, wenn wir Dinosaurier wirklich klonen könnten? „Jurassic Park". Was wäre, wenn ein unkonventioneller Lehrer an ein traditionsbewusstes Jungen-Internat kommt

---

18 Vgl. hierzu Blake Snyder: Save the Cat (Los Angeles: Michael Wiese Productions, 2005), S. 16f.

und die Schüler begeistert? „Der Club der toten Dichter". Oder was wäre, wenn ein Stasi-Hauptmann bei einer Bespitzelung Sympathie und Verständnis für die Menschen entwickelt, die er abhört? „Das Leben der Anderen". Klassischerweise grenzt sich das „High Concept" aus Hollywood, das Pitch, Plot, Publikum und Vermarktungsmöglichkeiten stark in den Mittelpunkt rückt, von Filmen ab, die eher auf die Charakter-Entwicklung schauen (sie werden auch mit dem Begriff „Low Concept" umschrieben). Für eine gute Geschichte braucht es am besten beides.

Die Idee des One-Liners ist weder ganz direkt auf Deutschland noch auf Audio-Erzählungen übertragbar. Außerdem ist es auch fraglich, ob Hollywood immer und überall ein so erwünschtes und sinnvolles Vorbild ist. Aber die Idee dahinter ist entscheidend: Der One-Liner zwingt uns, die Geschichte zu durchdenken und klar auf den Punkt zu bringen – ohne sie dabei zu verfälschen oder zu sehr zu vereinfachen. Journalisten, die auch im Aktuellen arbeiten, tun sich damit übrigens erfahrungsgemäß etwas leichter als Autoren, die ausschließlich Geschichten für lange Formate erzählen.

Insbesondere für Podcasts sind gute Loglines und Titel entscheidend. Ein gutes Beispiel dafür ist wiederum die „Radiolab"-Geschichte über Surya Bonaly. Die Logline könnte ungefähr lauten: Eine Eiskunstläuferin will die Beste der Welt werden, wird aber von den Jurys nicht anerkannt. Das motiviert sie einerseits zu einem ganz persönlichen Stil, treibt sie aber auch an den Abgrund. Der Titel der Geschichte ist passenderweise: On the edge. Dabei deutet die Logline bereits eine Komplikation der Geschichte an, verdeutlicht durch das Wort „aber" – und das bringt uns zu einem Element, das für dokumentarische Erzählungen noch wichtiger als die Logline ist. Wenn uns die Logline eine Vorstellung von der Geschichte gibt, dann geht dieses Element noch einen Schritt weiter. Es hilft uns als Reporter dabei, unsere Geschichte zu entwickeln.

2.6 Der Erzählsatz: Vier Elemente für eine Geschichte

Normalerweise läuft das so ab: Als Reporter legen wir ein Thema fest, arbeiten die verschiedenen Aspekte dazu ab (meistens mit der Hilfe von mehr oder weniger tauglichen Menschen, die wir gerne Experten oder Protagonisten nennen, wobei beides übrigens meistens nicht ganz korrekt oder zumindest übertrieben ist), suchen dann die besten O-Töne raus (was auch immer genau das meint) und beginnen dann, darum den Reporter-Text zu bauen. Das Resultat: Es fällt uns schwer, beim

Schreiben den Fokus zu halten, wir gestalten lange Erklärpassagen (weil die Infos ja rein müssen und außerdem wichtig sind) und der ganze Prozess fühlt sich irgendwie zufällig und mühselig an. Doch das muss nicht sein.

Es gibt ein Mittel, das hilft, den Fokus jederzeit zu bewahren: den Erzählsatz.
Er ist sozusagen eine Erweiterung der Logline, vielleicht etwas weniger zugespitzt, dabei aber eindeutig. Er hilft uns zu entscheiden, ob eine Geschichte wirklich als Geschichte erzählbar ist. Er gibt allen Beteiligten Orientierung während des gesamten Arbeitsprozesses. Ira Glass beschreibt diesen Erzählsatz für „This American Life" in dem wundervollen Comic „Out on the wire". Für ihn besteht er aus drei Elementen: „Somebody does something (A character in motion. Doing something.) because (A motivation for doing that thing.), but (A challenge to overcome.).[19] Das möchte ich gerne etwas ergänzen und differenzieren, damit es noch besser dabei hilft, eine Vorstellung von der Geschichte zu entwickeln und einen Maßstab für die Erzählung zu gewinnen.

Der hier eingeführte Erzählsatz besteht aus vier Elementen. Drei davon sind ein Muss, das vierte ein sinnvolles Extra:

1. Der Protagonist. Dabei sollte es sich um einen echten Protagonisten handeln. Nur weil irgendjemand zur Arbeit fährt, Brötchen holt oder ihm irgendetwas passiert, ist er noch kein Protagonist (vgl. hierzu auch Kapitel 4.1). Ein Protagonist ist dabei aktiv. Denn er verfolgt:
2. Ein Ziel oder eine Absicht. Der Protagonist will irgendetwas. Damit ist auch der große Story-Bogen gespannt. Wenn jemand etwas will, dann ist klar, wovon die Geschichte handeln wird. Nämlich von dem Weg zu seinem Ziel (oder dem Versuch, es zu erreichen). Wichtig dabei ist: Je konkreter das Ziel ist, desto besser lässt sich der Storybogen Richtung Höhepunkt spannen. Das ist allerdings relativ langweilig, wenn nicht ein weiteres Element hinzukommt:
3. Die Hindernisse. Unser Protagonist verfolgt eine Absicht, stößt dabei aber auf Hindernisse. Erst dadurch entstehen Konflikt und Spannung. Würde die Eiskunstläuferin Surya Bonaly von Sieg zu Sieg eilen und immer die besten Noten der Jury bekommen, wäre es eine reine Erfolgsgeschichte, die wir schnell als langweilig empfinden würden. Spannend wird sie erst, weil Bonaly auf Hindernisse stößt. Tiefe bekommt die Geschichte dann, wenn außerdem ein viertes Element deutlich wird:
4. Die Motivation des Protagonisten. Warum tut jemand das, was er tut? Je mehr wir uns für eine Person interessieren, desto mehr wollen wir ihre Motive ver-

---

19 Jessica Abel: Out on the wire (New York: Broadway Books, 2015), S. 52.

stehen. Denn dann können wir uns ihr nah fühlen und noch besser mit ihr identifizieren. Oder umgekehrt: Wenn uns klar ist, warum jemand handelt wie er handelt, haben wir Verständnis dafür – selbst wenn wir anders handeln würden oder die Handlung nicht billigen. Nicht immer ist die Motivation des Protagonisten von Anfang an klar. Aber irgendwann sollte die Motivation, wenn sie recherchierbar ist, deutlich werden.

▸ Ein Erzählsatz kommt also in folgender Form daher: A (der Protagonist) will B (seine Absicht / sein Ziel), weil er C (die Motivation), stößt aber auf D (Hindernisse). Diese Hindernisse muss der Protagonist überwinden, oder es zumindest versuchen. Der Erzählsatz ist damit der Kompass, an dem sich die Geschichte ausrichtet.

Für die „Radiolab"-Geschichte „On the edge" sieht der Erzählsatz also ungefähr so aus: Die Eiskunstläuferin Surya Bonaly (A) will die Beste der Welt und deswegen Olympiasiegerin werden (B so konkret wie möglich), doch sie hat immer wieder Experten und Jurys der Eiskunstlauf-Welt gegen sich (D). Die Geschichte zeigt, wie Surya Bonaly die Hindernisse nach und nach überwindet oder Rückschläge erleidet – bis es zum alles entscheidenden Wettbewerb kommt. Warum sie das tut und all die Belastungen und Rückschläge auf sich nimmt, kann verschiedene oder mehrere Gründe haben. Vielleicht ist sie besonders ehrgeizig, von ihren Eltern unter Druck gesetzt oder hat einfach Spaß am Wettbewerb (C). Je länger wir der Geschichte folgen, desto stärker drängt sich die Frage nach der Motivation auf: Wir wollen verstehen, warum zum Teufel Surya Bonaly all diese Entbehrungen und Belastungen auf sich nimmt. Und ob sie ihr Ziel erreichen wird. Und genau auf diese Fragen liefert die Geschichte Antworten.

Der Erzählsatz ist also die Antwort auf die Frage: Was ist die Geschichte? Fehlt der Erzählsatz, ist es eben (noch) keine Geschichte. Natürlich wirkt das insgesamt etwas formelhaft und reguliert. Nach dem Motto: Wir müssen immer und alles über Protagonisten erzählen. Ein Argument gegen den Erzählsatz könnte sein: Manche abstrakten oder komplexen Sachverhalte haben erstmal keine handelnden Personen (wie vielleicht die Debatte um die Abwägung zweier Grundrechte) oder verlangen nach einem Abstraktions-Niveau jenseits von konkreten Ereignissen oder Menschen (wie vielleicht die Frage nach verschiedenen Abstufungen der Unendlichkeit in Georg Cantors Mengenlehre). Dabei haben viele, auch noch so abstrakte Debatten meistens einen konkreten Realitätsbezug. Entweder, weil bestimmte Ereignisse oder Personen die Debatte ausgelöst haben (lassen sich zum Beispiel zwei Fußball-Nationalspieler mit dem Präsidenten eines anderen Landes fotografieren, kann daraus eine Debatte um das Verhältnis von Spitzensport und Politik entstehen). Oder weil die Debatte im Ergebnis konkrete Auswirkungen auf die Realität hat. Der Erzählsatz ist also kein Plädoyer gegen abstrakte Argumentationen. Ganz im Gegenteil: Wer den Erzählsatz beherzigt, öffnet einen Raum, um genau solche Debatten zu führen und die Hörer dafür zu begeistern – dazu kommen wir gleich bei der „Leiter der Abstraktion".

Was der Erzählsatz nicht will: Menschen als leere Hüllen und reine Platzhalter behandeln. Das passiert leider sehr häufig. Wir zeigen Menschen nur in ganz bestimmten Situationen und Rollen (gerne als Opfer, Aufmüpfige, Unterdrückte etc.). Dadurch wirken viele journalistische Produkte stereotyp und wenig glaubwürdig. Auch deswegen ist die Motivation der Protagonisten so wichtig. Sie bildet die Person in ihrer Komplexität ab, wodurch diese glaubwürdiger und realer wirkt. Das Problem: Das erlebbar zu machen, kostet Zeit.

Bleibt noch eine entscheidende Frage: Was mache ich, wenn ich den Erzählsatz nicht erfüllen kann? Weil ich mich zum Beispiel mit den aktuellen Entwicklungen rund um das Freihandelsabkommen TTIP oder den Folgen eines Hurrikans in Florida beschäftige? Wenn es nicht den einen Protagonisten gibt, der natürlicherweise durch die Geschichte führt? Ganz einfach: Dann wird der Erzähl-Satz entsprechend angepasst. Der entscheidende Unterschied: Aus dem Protagonisten wird das Thema. Und aus der Motivation wird die Begründung – was fast dasselbe ist. Dabei gibt es neben der eher klassischen Protagonisten-Narration zwei weitere Narrationsformen:

▶ Eine erklärende oder analysierende Narration beschreibt, wie etwas funktioniert. Eine argumentative Narration exploriert eine These.

Dazu jeweils ein Beispiel. Eine erklärende Narration könnte sich zum Beispiel um die Frage kümmern, wie Bananen aus Südamerika nach Europa kommen. Als Veranschaulichung, um den globalen Handel, CO_2-Fußabdrücke und Warenströme zu erklären. Der Erzählsatz könnte dann zum Beispiel so aussehen: Bananen aus Kolumbien (A, die Bananen nehmen den Platz des Protagonisten ein) sollen im perfekten Reifegrad Europa erreichen (B, das Ziel), weil das den besten Preis erzielt (C, die Begründung), dafür müssen aber viele Prozesse perfekt ineinandergreifen (D, die Hindernisse, sie sind hier wie gehabt die einzelnen Etappen auf dem Weg zum Ziel). Mit diesem Erzählsatz bekommt man eine sehr gute Vorstellung davon, wie die Geschichte laufen wird. Von Etappe zu Etappe. An jeder Etappe gibt es neue Hindernisse, die überwunden werden müssen. Daraus generieren sich Handlung und

Spannung. Angereichert durch die Story-Prinzipien (was steht zum Beispiel auf dem Spiel, wenn eine Ladung nicht im perfekten Reifegrad auf dem europäischen Markt ankommt?), entsteht eine spannende Geschichte in Form einer erklärenden Narration.

Für eine argumentative Narration kann ein Erzählsatz zum Beispiel so aussehen: Die SPD (A, sie nimmt den Platz des Protagonisten ein) wird bei der kommenden Bundestags-Wahl abgestraft (B, das Ziel ist also als Behauptung bzw. These formuliert, die nun begründet werden muss), weil sie die falschen Berater hat, nicht zu sich selbst steht, schlecht geführt wird etc. (C, die Motivation wird also zu verschiedenen Argumenten, die in Summe die These begründen), erkennt das aber nicht oder weiß keinen Ausweg (D, die Hindernisse). In der argumentativen Narration gibt es also eine Verschiebung: es gibt nicht nur mehrere Hindernisse, sondern vor allem mehrere Argumente für die formulierte These (deswegen nenne ich es argumentative Narration).

Auch für erklärende und argumentative Narrationen gilt: Das Rückgrat der Geschichte bleiben die Szenen. Sie sorgen für Aktion und Spannung. Dann wird die These erfahrbar. Beide Formen stellen also hohe Anforderungen an den Reporter. Eine rein abstrakte, analytische Schilderung reicht für eine Narration nicht aus (vgl. zu den Struktur-Modellen dieser Narrationen Kapitel 3.8). Bei dem Bananen-Beispiel braucht es also auf jeder Etappe (bei der Ernte, beim Umschlag im Hafen, auf hoher See etc.) eine spannende Szene mit entsprechenden Figuren, die versuchen, die Hindernisse zu überwinden und so die Geschichte vorantreiben. Und im SPD-Beispiel sollte jedes Argument durch eine Szene belegt werden bzw. sich das Argument aus einer Szene ergeben.

Für alle Narrationen gilt also: Der Erzählsatz hilft dabei, mir und anderen zu verdeutlichen, was ich eigentlich erzählen will – er ist wie ein Kompass während des gesamten Arbeitsprozesses.

Das Festlegen des Erzählsatzes ist außerdem ein Meilenstein in der Zusammenarbeit, wenn verschiedene Personen an einem Produkt beteiligt sind. Es ist der Übergang zwischen einer ersten Idee hin zu einem konkreten Vorhaben. Als Autor sollte ich zum Beispiel so weit recherchieren, bis ich einen Erzählsatz formulieren kann, bevor ich die Geschichte einer Redaktion anbiete oder ganz tief in die Arbeit einsteige. Als Auftraggeber, Redakteur oder Lektor erwarte ich, dass ein Autor mir diesen Erzählsatz liefern kann. Das schützt beide Seiten. Sind sich Autor und Auftraggeber nicht einig über diesen Satz, verkompliziert es die komplette weitere Zusammenarbeit. Herrscht hingegen Einigkeit, ist die Wahrscheinlichkeit viel höher, dass es zum Beispiel in der Abnahme des Skriptes keine bösen Überraschungen gibt.

Um einem verbreiteten Missverständnis vorzubeugen: Der Erzählsatz verengt meinen Blick nicht, sondern er schärft ihn. Deswegen ist es dramaturgisch so wichtig, die Geschichte zumindest soweit recherchiert und im Griff zu haben, dass der Erzählsatz auch tatsächlich plausibel und umsetzbar ist. Es bedeutet nicht, dass ich die ganze Geschichte bereits komplett recherchiert und alle Aufnahmen gemacht haben muss. Für die Serie „Der Anhalter" haben Stephan Beuting und ich tatsächlich zunächst mehrere Wochen recherchiert, um sicher zu gehen, dass wir die Geschichte auch tatsächlich erzählen können und richtig einschätzen. Zwei Faktoren waren entscheidend: Einerseits mussten wir den Anhalter wiederfinden. Und andererseits mussten wir so weit wie möglich beweisen, dass seine Kindheits-Erzählungen (Missbrauch in der Psychiatrie) wahr sind. Erst als wir diese beiden Punkte abgehakt hatten, sind wir an Redaktionen herangetreten. Das bedeutet aber auch: Wir sind als Reporter deutlich in Vorleistung getreten. Wie genau der Arbeitsablauf für eine aufwändige Erzählung sinnvoll zu organisieren ist, das klären wir noch (vgl. hierzu Kapitel 10.2). Einen großen Vorteil hat diese Art der Vorarbeit aber: Ich habe als Autor einen Eindruck davon, was mein Stoff liefern kann. Ich weiß zum Beispiel auch, ob er die beiden wesentlichen Elemente enthält, um Handlung und Überraschungen zu erzeugen. Um die geht es jetzt.

2.7 Die Motoren einer guten Geschichte: Aktion und Enthüllung

Die fünfte Folge der ersten „Serial"-Staffel trägt einen Titel, der gar nicht so viel Aktion verspricht: Route Talk. Trotzdem gehören die Szenen aus dieser Folge mit zu denen, an die man sich wahrscheinlich am besten erinnern kann. Denn Sarah und ihre Kollegin Dana überprüfen ein entscheidendes Detail des Falls: Ist es möglich, vom Parkplatz der Woodlawn High-School mit dem Auto zum Einkaufszentrum „Best Buy" in 21 Minuten zu gelangen – direkt nach dem Ende des Unterrichts? Also fahren die zwei Journalistinnen die Route ab, die Adnan mit seinem Freund Jay angeblich am 13. Januar 1999 genommen hat, am Tag des Mordes an Hae Min Lee. Als Hörer sitzt man mit Sarah und Dana im Auto, wie sie sich vom Schulparkplatz mit den anderen Schülern runter quälen, wie sie den Weg abfahren und sich schließlich dem Parkplatz des Einkaufszentrums nähern. Nebenbei läuft die Uhr immer mit: Werden die beiden es in 21 Minuten schaffen oder nicht? Adnan behauptet, das sei nicht möglich. Die Frage ist wichtig für die Abläufe an dem Tag und damit für Adnans Schuld. Die Relevanz der Frage ist also etabliert und nun will man als Hörer wissen: Schaffen die beiden es oder nicht? Dieses kleine Experiment ist natürlich kein gerichtsfester Beweis, aber es funktioniert. Es sind keine Szenen wie aus einem Action-Movie, aber Situationen, in denen wirklich etwas passiert. Die beiden Reporterinnen stoßen auf Hindernisse und gewinnen Erkenntnisse, die Sarah wiederum mit Adnan besprechen muss. Die Geschichte erhält so Dynamik.

So funktioniert der erste der beiden Story-Motoren: Aktion. Schon während der Recherche für den Erzählsatz überprüfe ich als Reporter also gezielt, ob es Aktionen gibt, die meine Geschichte vorantreiben. Die müssen natürlich etwas mit dem Ziel des Protagonisten, dem zu erklärenden Phänomen oder der zu beweisenden These zu tun haben. Sonst ergibt die Situation ja keinerlei Sinn, sondern wirkt eher befremdlich (zur großen Gefahr der falschen Reportage siehe auch Kapitel 6.7). Die Antwort am Ende des Experiments sorgt außerdem für Zufriedenheit beim Hörer. Wir haben gemeinsam etwas verstanden, was vorher unklar war. Das „Serial"-Beispiel zeigt darüber hinaus bereits auf, wie ich als Reporter damit umgehen kann, wenn mein Stoff von sich aus nicht unendlich viele Szenen anbietet, die ich aufnehmen und senden kann. In diesem Beispiel handelt es sich um einen speziellen Fall der rekonstruierten Szene (vgl. hierzu auch Kapitel 6.6).

Der andere wichtige Story-Motor ist die Enthüllung, die auch in Form einer Erkenntnis daherkommen kann. Der amerikanische (Drehbuch-)Autor William Goldman soll das berühmte Zitat, das Charles Dickens zugeschrieben wird („Make them laugh, make them cry, make them wait."), noch einmal zugespitzt haben: „Make 'em laugh, make 'em cry, but most of all, make 'em wait."[20] Die Idee dahinter: Nicht alle Informationen müssen sofort geliefert und präsentiert werden. Je mehr sich eine Frage im Zuhörer formt, desto mehr sehnt er die Antwort herbei. Die Geduld soll dann irgendwann auch belohnt werden. Besonders befriedigend kann es dabei sein, wenn der Hörer zusammen mit dem Journalisten auf dem gleichen Wissens-Stand ist und die Enthüllungen miterlebt. Ein Beispiel: Am Ende der zweiten „Anhalter"-Folge erhält Heinrich Einblick in das Aufnahmebuch der Kinder- und Jugend-Psychiatrie in Marsberg. Aus diesem Aufnahmebuch geht tatsächlich hervor, dass Heinrich als Kind in der Klinik gewesen ist. Uns hat er immer erzählt, er sei bereits als Säugling nach dem Tod seiner Eltern dort eingeliefert worden. Doch auf der Akte steht das Aufnahmedatum: Daraus geht hervor, dass Heinrich bereits acht Jahre alt gewesen ist, als er hierherkam. Irgendetwas stimmt hier also nicht. Diesen Moment der Erkenntnis lassen wir den Hörer zusammen mit uns erleben. Dadurch entfaltet die Information deutlich mehr Kraft als durch eine reine Schilderung des Sachverhalts.

---

20 Zitiert nach Karl Iglesias: Writing for emotional impact (Livermore: Wing Span Press, 2005), S. 94.

Die Szene ist eine Mischung aus Enthüllen und Erkennen. Wir enthüllen die Tatsache, dass es wirklich noch Informationen über Heinrichs Zeit in der Klinik gibt (zwar keine ganze Krankenakte, aber immerhin noch das Aufnahmebuch), außerdem erkennen wir den Widerspruch zwischen Heinrichs Erzählung und den Fakten des Aufnahmebuches. Im Ergebnis lernen wir etwas, was uns zu neuen Fragen bringt. Die Geschichte erhält Dynamik und nimmt ihren Lauf.

Beide Story-Motoren sind also darauf ausgelegt, dass die Handlung vorankommt und überraschende Wendungen entstehen. Im Idealfall ist sowohl eine Szene für sich spannend als auch das Ergebnis. Wir lernen etwas beim Zuhören. Deshalb scheint es in vielen Produktionen zurzeit auch eine beliebte Methode zu sein, den recherchierenden Journalisten als roten Faden zu benutzen. Lernt der Journalist etwas, lernt der Hörer etwas. So lange das in Form einer stringenten Geschichte passiert, ist dagegen nichts zu sagen. Doch diese Vorgehensweise birgt die große Gefahr, sich selbst als Journalist zu sehr in den Mittelpunkt zu stellen und/oder den Hörer mit Details zu langweilen, die eigentlich nichts mit der Geschichte zu tun haben. Der Lerneffekt ist in einem Krimi zum Beispiel meistens ziemlich hoch, nach jeder Szene sind wir ein bisschen schlauer. Das Problem hierbei ist allerdings häufig die nicht vorhandene Aktion. Oftmals finden nur mehr oder weniger spannende Gespräche an irgendwelchen Orten statt. Viele Krimis wirken daher statisch und langweilig. Von einem Verdächtigen oder Zeugen geht es zum nächsten. Hinzu kommt, dass man bei fiktiven Audio-Geschichten leicht der Versuchung erliegt, die üblichen Orte akustisch typisch zu inszenieren (Detektei des Privatermittlers, die düstere Bar, Polizei-Revier, die hippe Bar, Verhörraum im Polizei-Revier usw.) – da ist es schwer, neue Höreindrücke zu erschaffen. Wer Inspiration sucht, sollte hier unbedingt die fiktiven Fälle von „Professor van Dusen" hören (auch wegen des Einsatzes von Musik, darüber reden wir noch in Kapitel 8.5), die ab 1978 erst im RIAS und ab 1994 im Deutschlandradio ausgestrahlt wurden. Dabei ist die große „Van Dusen"-Chronik eine Ausnahme. In vielen anderen Detektiv-Geschichten oder Krimis sind häufig nicht nur die Orte, sondern auch die Dialoge eher langweilig. Dann schläfert die Geschichte besser ein als das Lieblingshörbuch. Dagegen helfen natürlich ein paar zusätzliche Story-Wachmacher wie die folgenden.

2.8 Story-Pfeiler: Erzählerisches Change-Management

Eine alte Story-Weisheit lautet: Der Held muss es nicht schaffen, aber er muss es versuchen. Scheitert er, ist es halt eine Tragödie. Worauf dieser Merksatz noch hinweist: Am Ende einer Geschichte sollte etwas anders sein als am Anfang. Geschichten sind sozusagen Change-Management. Herbeigeführt durch zwei mögliche Wege: Entscheiden und Handeln. Das sind die beiden Standbeine der Veränderung. Deswegen lohnt es sich schon während der Recherche seinen Stoff auf folgende Elemente abzusuchen:

1. Hindernisse: Wenn es ein Ziel gibt, dann sollte es nicht zu einfach zu erreichen sein – siehe Erzählsatz. Gut ist es außerdem, wenn die Hindernisse mit der Zeit nicht kleiner, sondern größer werden. Dann gibt es eine gute Chance, dass die ganze Handlung auf einen Höhepunkt zuläuft – wie diese eine Kür bei Eiskunstläuferin Surya Bonaly.
2. Höhepunkte oder besondere Situationen: Gibt es Szenen, in denen etwas Wichtiges für die Geschichte deutlich wird? Dann sollten wir sie für unsere Narration nutzen und erlebbar machen.
3. Entwicklung: Von wo nach wo entwickelt sich die Geschichte? Die erste Staffel von „Serial" erzeugt Veränderung in uns als Hörer. Am Ende halten wir es für möglich, dass ein verurteilter Mörder tatsächlich zu Unrecht im Gefängnis sitzt. Etwas unbefriedigend ist, dass Adnan trotzdem noch dort sitzt. Doch die Veränderung für ihn zeichnet sich ab. Mittlerweile steht fest: Er bekommt einen neuen Prozess.
4. Wandel: die Manifestation von Entwicklung. Filmisch gesprochen: Wenn man die erste und die letzte Einstellung der Geschichte nebeneinanderlegt – was hat sich verändert? Erinnern Sie sich zufällig noch an den letzten Satz im „Herr der Ringe" (gibt es ja auch als große Audio-Produktion!)? Zumindest im Buch wird dieser Satz von Samwise Gamgee gesprochen, Frodos engstem Freund. Als er am Ende der Abenteuer zurück nach Hause kommt, sagt er: „Well, I'm back." Und wir wissen, das Zuhause ist zwar vielleicht noch dasselbe, aber Sam ist es nicht mehr. Er hat sich verändert. Dadurch endet die Geschichte auf einer sehr weisen, melancholischen Note.

Diese Elemente sollen unseren Blick dafür schärfen, was wir brauchen, um eine spannende und zufriedenstellende Geschichte zu liefern. Diese Sichtweise stellt keinen Widerspruch zu journalistischen Nachrichten- und Qualitätsfaktoren dar, sondern ist eine andere Perspektive. Die wir leider nur selten einnehmen. Das hängt auch mit unserem journalistischen Selbstverständnis zusammen: Wir sind es gewohnt, Dinge zu recherchieren und eher die Ergebnisse unserer Recherche mitzuteilen. Doch wer so denkt, kann nie einen Prozess erlebbar machen. Das bedeutet natürlich auch, nicht immer als allwissender Journalist dazustehen, sondern auch damit zu leben, einmal nicht souverän zu erscheinen. In der ersten „Anhalter"-Folge gibt es diese Szene im Auto zwischen meinem Kollegen Stephan Beuting und mir: Wir haben den „Anhalter" tatsächlich gefunden und sind unterwegs zu einem Treffen. Wir besprechen gerade die Erwartungen an das Treffen, wenige Minuten bevor wir da sind. Und ich bin überzeugt, dass es Heinrich eigentlich nicht darum geht, Geld von uns zu erhalten. Das sage ich auch. Vorsichtig ausgedrückt: Ich werde da noch mehrfach eines Besseren belehrt. Doch es war mein Wissens-Stand oder meine Hoffnung in diesem Moment.

2.9 Zusammenfassende Beispiel-Analyse: Stoff-Prüfung „Serial"

Die erste Staffel von „Serial" war sicherlich aus mehreren Gründen erfolgreich. Die Geschichte um Adnan Syed hat einen Nerv getroffen, die lange Darstellungsform über zwölf Folgen war sehr ausführlich und neu – und die Geschichte trifft möglicherweise auch den Zeitgeist in den USA. Schließlich geht es um die großen Fragen nach Recht, Gerechtigkeit und einen angemessenen Umgang miteinander. Ein Grund war aber auch die gute Dramaturgie. Dabei haben Sarah und ihr Team vorher nicht die gesamte Serie gelayoutet, also den ganzen Plot entworfen (weder für die ganze Serie noch für die einzelnen Folgen, vgl. hierzu Kapitel 3.10), sondern teilweise im laufenden Prozess entwickelt – week by week eben. Diese Vorgehensweise ist eigentlich nicht ideal, sondern erschwert die Arbeit deutlich. Wir werden noch sehen, dass der Spannungsbogen besser gestaltbar ist, wenn die gesamte Storyline auf einmal entwickelt werden kann. Dieses Kapitel hat sich der Frage gewidmet: Taugt mein Stoff überhaupt für eine Narration? Habe ich hier eine echte Geschichte vorliegen? Und da überzeugt die erste Staffel von „Serial" auf ganzer Linie:

Serial, Staffel 1: Stoff-Prüfung für Erzählsatz und Story-Prinzipien
- Erzählsatz: Sarah Koenig (als humorvolle, selbstironische und sehr reflektierte Protagonistin) will überprüfen, ob Adnan Syed schuldig ist (ihr Ziel), stößt

2.9 Zusammenfassende Beispiel-Analyse: Stoff-Prüfung „Serial"

dabei aber auf zahlreiche Hindernisse (es gibt ein rechtskräftiges Urteil, es ist lange her, nicht alle Beteiligten wollen mit ihr reden etc.). Sie tut es aus mehreren Gründen – zumindest werden die über die Serie hinweg transparent. Am Anfang ist sie neugierig, vielleicht reizt sie auch die potenziell investigative Geschichte. Je länger sie daran arbeitet, desto deutlicher wird: Sie hält es auch für das Richtige, diese Geschichte zu recherchieren. Hier wird sogar noch ein größeres Leitmotiv angelegt: Es lohnt sich, für das Richtige zu kämpfen. Damit gibt es sogar eine Prämisse oder Moral.

- Story-Prinzip „Make it primal": Adnan sitzt möglicherweise zu Unrecht in Haft. Damit ist es auf jeden Fall für ihn essentiell. Gleichzeitig berührt seine Geschichte den Gerechtigkeitssinn und die Angst von vielen Menschen (Kann ich auch zu Unrecht verurteilt werden?) und damit etwas im Inneren von uns Hörern.
- Story-Prinzip „Hoher Einsatz": Es steht eine ganze Menge auf dem Spiel. Vor allem für Adnan. Schließlich geht es um seine Freiheit bzw. die vage Hoffnung darauf, sie zurückzugewinnen oder endgültig ein Leben hinter Gittern akzeptieren zu müssen. Am Startpunkt der Geschichte ist Adnan Syed verurteilt. Das heißt: Sarah Koenig muss damit leben, möglicherweise falsche Hoffnungen zu wecken. Damit droht zusätzlich eine große menschliche Enttäuschung. Das wird am Ende der Serie auch thematisiert – in einem langen Telefonat zwischen Adnan und Sarah. Damit ist auch klar: Je länger die Geschichte dauert, desto wichtiger wird auch die Beziehung zwischen Adnan und Sarah. Und Sarah kann sich nicht einfach von der Geschichte abwenden.
- Story-Prinzip „Bigger idea": Wenn jemand möglicherweise zu Unrecht verurteilt ist, dann sagt das auch etwas über das Justizsystem der USA aus. Damit lernen wir als Hörer jenseits vom Fall etwas über einen wesentlichen Bestandteil einer modernen Gesellschaft. Die ganze Staffel gibt immer wieder einen detaillierten Einblick in die Arbeitsweise des US-Justizsystems.
- Story-Prinzip „Prämisse/Moral": Wer sich engagiert, übernimmt auch Verantwortung. Mit allen Vor- und Nachteilen. Das ist eine mögliche Prämisse. Eine Moral könnte lauten: Es lohnt sich immer, für das Gute zu kämpfen, auch wenn es anstrengend ist. Wir finden also sowohl Elemente einer Prämisse als auch einer Moral. Dabei vermitteln sich diese Botschaften subkutan und werden nicht explizit benannt oder belehrend von oben herab formuliert.
- Story-Motor „Aktion": Von der Ausgangslage des Stoffes her hat „Serial" hier eher schwierige Startbedingungen. Denn Adnan Syed sitzt schließlich bereits im Gefängnis, als verurteilter Mörder. Von dort aus kann er kaum aktiv werden. Auch deshalb ist es eine gute und richtige Entscheidung, Sarah Koenig zur Hauptfigur der Serie zu machen. Sie kann aktiv werden und tut das auch.

Immer wieder lässt sie uns dabei Teil ihrer Recherchen werden. Um Aktion in die Geschichte zu bringen, führt sie zum Beispiel das bereits geschilderter Experiment in der Folge „Route Talk" durch. Sie und ihr Team haben erkannt, dass sie auf dieser Ebene arbeiten müssen – und haben das getan.
- Story-Motor „Enthüllungen/Entdeckungen": Koenig leitet uns so gut durch die Geschichte und ihre Recherchen, dass uns als Hörer die Relevanz ihrer Entdeckungen und Enthüllungen stets bewusst sind. Wir wissen, warum diese Information eine Rolle für die Geschichte spielen – und welche. Dadurch erzeugt Sarah nicht nur Spannung, sondern auch eine emotionale Wirkung. Wir erleben die Geschichte regelrecht mit: von der Entdeckung der Leiche über die Verhöre mit Adnan bis hin zum Prozess.
- Story-Pfeiler „Change Management": Hindernisse gibt es genug (siehe Erzählsatz oben), ebenso Veränderungen der Protagonistin und der Hörer (mal halten wir Adnan für unschuldig, mal für schuldig) sowie Entwicklungen (die Beziehung zwischen Sarah und Adnan wird erst enger, dann wieder distanzierter usw.). Diese Veränderungen sorgen dafür, dass wir uns als Hörer fragen: Was passiert wohl als nächstes?
- Audio-Faktoren: Zum Schluss der Stoff-Prüfung (wahrscheinlich passiert es in der Praxis eher nebenbei und laufend) muss man natürlich abschätzen, ob die Umsetzung als Audio-Geschichte gut möglich ist. Dabei spielt vor allem eine Frage eine Rolle: Habe ich die O-Töne, die ich als Reporter brauche, oder habe ich zumindest eine realistische Chance darauf. „Serial" hat. Dabei kommt es der Serie zugute, dass in den USA sowohl Verhöre als auch Gerichts-Prozesse mitgeschnitten werden und von Journalisten benutzt werden dürfen. Das Material erzeugt höchst authentische Situationen und Szenen. Darüber hinaus sind die regelmäßigen Telefonate zwischen Sarah und Adnan sehr persönlich und intim. Sie offenbaren nicht nur zwei Persönlichkeiten, sondern auch die Dynamik ihrer Beziehung (das ist übrigens etwas, was bei der zweiten Staffel von „Serial" fehlt. Es gibt keinen direkten Zugang zu Bowe Bergdahl). Damit kann „Serial" besonders bei den Audio-Vorteilen „Nähe" und „szenisches Erlebnis" punkten. Dabei spielt die technische Audio-Qualität (die häufig vorsichtig ausgedrückt nicht optimal ist) keine so negative Rolle, wie man vielleicht glauben mag. Die besondere Erzählweise von Sarah Koenig ist darüber hinaus ein schlagender Audio-Faktor.

Der „Serial"-Stoff als solcher bringt also alles mit, was eine große, akustische Narration braucht. Und wo der Stoff es nicht von allein hergibt, entwickelt das „Serial"-Team bewusst Strategien, um diese Faktoren zu bedienen. Und genau darum

2.9 Zusammenfassende Beispiel-Analyse: Stoff-Prüfung „Serial"

geht es: Bei realen Stoffen werden nie alle Elemente perfekt erfüllt sein. Aber die Stoff-Prüfung gibt einem die Möglichkeit, die Stärken und Schwächen der eigenen Geschichte zu erkennen. Sie liefert Hinweise darauf, woran dramaturgisch gearbeitet werden sollte und was gut genutzt werden kann. Man muss „Serial" nicht mögen (weil einem vielleicht die Geschichte einfach nicht gefällt), doch handwerklich ist das Produkt gut umgesetzt. Die Stärken der Geschichte sind nicht nur erkannt, sondern auch genutzt. Dabei bildet die Geschichte die Realität stets angemessen ab und dramatisiert nicht unangemessen oder gar falsch. Zumindest, soweit wir das als Hörer beurteilen können.

Noch ein anderes Beispiel, was den Sinn und Zweck der Stoff-Prüfung veranschaulicht. Beim „ZeitZeichen" stehen die Autoren immer wieder vor der Herausforderung, wie genau sie ihre Geschichte erzählen. Jeden Tag erinnert das 15-minütige „ZeitZeichen" (ausgestrahlt im WDR, NDR und SR) an eine Figur oder ein Ereignis der Vergangenheit. Anlass dafür ist das Datum (der Geburtstag, der Todestag oder das Ereignis selbst) vor fünf, 50, 500 oder 5000 Jahren (wenn datierbar) – manchmal geht es auch noch weiter zurück, zum Beispiel bis zum Aussterben der Dinosaurier (dann natürlich ohne exaktes Datum!). Manchmal legt ein Ereignis eine Dramaturgie schon nahe (wie beim Absturz des Luftschiffs Hindenburg). Doch häufig müssen die Autoren die Dramaturgie erst gestalten. Wie bilde ich das Leben des Schriftstellers Michael Ende oder des Physikers Stephen Hawking genau ab? Nach der ersten Recherche-Phase des Jagens und Sammelns (Bücher, Zeitschriften, Archivarbeit etc.) hilft die Stoff-Prüfung auch dabei, das Material in den Griff zu kriegen (die Entscheidung, sich dem Thema zu widmen, ist ja bereits gefallen). Beim „ZeitZeichen" über den österreichischen Arzt Johannes Bischko habe ich zum Beispiel den Erzählsatz einigermaßen einfach bilden können. Er lautet in etwa: Der Mediziner Johannes Bischko will die Akupunktur in Österreich einführen, weil er von ihr überzeugt ist, stößt aber auf Widerstände (seiner Profession, der Universität etc.). Problematisch war aber zum Beispiel die Frage nach dem hohen Einsatz: Was steht für Bischko auf dem Spiel? Er hat einen sicheren Job, ist selbst gesund etc. Die Antwort: Seine Reputation. Er hat sich schließlich für die Akupunktur stark gemacht. Ist sie ein Misserfolg, ist sein Ruf dahin. Also beginnt das Stück mit einer Szene, in der genau das verdeutlicht und thematisiert wird – Bischko versucht vor Live-Publikum eine Operation durchzuführen, bei der die Narkose allein durch Akupunktur gewährleistet wird.

▶ Die Stoff-Prüfung zeigt also einerseits, ob sich ein Stoff grundsätzlich eignet. Und andererseits gibt sie Hinweise darauf, welche Elemente besonders heraus zu arbeiten sind.

Was die Stoff-Prüfung aber noch nicht leistet: Sie gibt keine Antwort darauf, wie lang das Stück idealerweise sein sollte (mal abgesehen von Formatvorgaben) oder wie genau der Plot verläuft. Das zeigt das nächste Kapitel!

Weiterführende Literatur

Jessica Abel: Out on the wire (New York: Broadway Books, 2015).
Aristoteles: Poetik (Stuttgart: Reclam, 2014).
John Biewen & Alexa Dilworth: Reality Radio (Durham: The University of North Carolina Press, 2. Aufl., 2017).
Lajos Egri: Dramatisches Schreiben (Berlin: Autorenhaus, 2011).
Karl Iglesias: Writing for emotional impact (Livermore: Wing Span Press, 2005).
Robert McKee: Story. Die Prinzipien des Drehbuchschreibens (Berlin: Alexander Verlag, 2000).
Blake Snyder: Save the Cat (Los Angeles: Michael Wiese Productions, 2005).

Weiterführende Links

Masterclass „Aaron Sorkin teaches Screenwriting" (kostenpflichtig): https://www.masterclass.com/classes/aaron-sorkin-teaches-screenwriting
„Radiolab"-Folge „On the Edge" über Surya Bonaly: http://www.radiolab.org/story/edge/
„ZeitZeichen" über den ersten Interkontinentalflug mit einem Solarflugzeug: https://www1.wdr.de/radio/wdr5/sendungen/zeitzeichen/solar-flugzeug-100.html
„ZeitZeichen" über den österreichischen Arzt Johannes Bischko: https://www1.wdr.de/mediathek/audio/zeitzeichen/audio-johannes-bischko-pionier-der-akupunktur-geburtstag-102.html

Ohne Struktur keine Geschichte: Plot-Entwicklung

3

Zusammenfassung

Noch immer fangen viele Audio-Autoren irgendwann einfach an zu schreiben – ohne sich vorher viele Gedanken über den Lauf der Geschichte zu machen. Der wird sich dann irgendwie schon ergeben. Und genauso hören sich viele Geschichten dann auch an. Ohne Struktur kann es keine spannende Geschichte geben. Struktur und Plot geben der Geschichte Halt, Entwicklung und helfen Autoren dabei, den eigenen Stoff in den Griff zu kriegen. Dabei dienen Struktur und Plot der Geschichte, nicht umgekehrt. Bei der Suche nach der passenden Struktur für eine Geschichte unterstützen die Struktur-Möglichkeiten. Dazu gehören u. a. Akt-Struktur, Plot Points, Heldenreise sowie weitere Struktur-Merkmale. Dieses Kapitel zeigt, wann welche Mittel helfen. Dabei gilt: Struktur schränkt die Kreativität nicht ein, sie fördert sie. Denn ohne Prinzipien und Regeln ist eine Geschichte häufig nicht besonders kreativ, sondern eher beliebig. Dieses Kapitel hilft also der eigenen Kreativität!

Schlüsselwörter

Leiter der Abstraktion, Plot, Akt-Struktur, Heldenreise, Plot-Point-Paradigma, Meta-Strukturen für Audio-Narrationen, Serials, Storyboard

3.1 Wer Zuhörer will, muss plotten

Es gibt kaum einen Satz, den ich für so wahr halte, wie den von Story-Consultant John Truby: „Plot is the most underestimated of all the major storytelling-skills."[21] Ich bin der festen Überzeugung: Da hat der Mann einfach recht! In kürzeren Audio-Beiträgen lösen wir das Problem häufig ziemlich einfach: Bei einem Aufsager ohne O-Töne arbeiten wir das Thema mehr oder weniger nachrichtlich ab. Das Aktuelle nach vorne, dann die Reaktionsebene, Schilderung der verschiedenen Meinungen zum Thema, Genese des Themas und Ausblick. So lassen sich ein bis vier Minuten füllen. Das Ganze funktioniert natürlich auch mit O-Tönen. Wenn ich alle Fraktionen im Bundestag befrage, kann schon die Einschätzung der Parteien das Stück gut in die Länge ziehen. Alternativ suchen wir uns als Reporter die drei, vier oder fünf O-Töne zusammen, die wir brauchen oder die wir für die Besten halten, und stricken unser gebautes Stück drum herum. Mit einer dieser Methoden kommt am Ende auf jeden Fall etwas Sendbares heraus. Das macht ja schließlich jeder so und hat jahrzehntelang gut funktioniert – warum also ändern? Mindestens zwei Gründe sprechen für die Änderung: Erstens helfen die dramaturgischen Handwerks-Regeln auch bei kurzen Beiträgen und zweitens funktioniert dieses Vorgehen nicht mehr wirklich, wenn ich eine längere Erzählung angehe. Damit keine Missverständnisse entstehen: Natürlich komme ich auf dem klassischen Weg auch zu einem sendefähigen und journalistisch sauberen Ergebnis. Das Problem dabei ist nur: Die Stücke hören sich dann häufig auch an wie längere Kurzbeiträge und sind schlichtweg langweilig. Oder – um es etwas freundlicher zu formulieren – langweiliger als notwendig.

Je länger und komplexer meine Geschichte wird, desto weniger helfen die erprobten Strategien für Kurzbeiträge. Autoren versinken im Material, lassen die Geschichte beim Schreiben irgendwie entstehen und strukturieren den Ablauf der Geschichte rein thematisch. Entsteht der Plot erst, wenn ich die Recherche beendet habe (nach dem Motto: ich gehe erstmal los, hole die Töne und dann schaue ich mal…) oder beim Schreiben des Manuskriptes (nach dem Motto: dann wollen wir doch mal sehen…), dann ist es meistens viel zu spät, dann entsteht der Plot nicht gezielt, sondern er passiert irgendwie.

▶ Der erste Plot-Entwurf entsteht nach dem Abschluss der Basis-Recherche. Es ist der erste Schritt, nachdem der Erzählsatz feststeht.

---

21 John Truby: The Anatomy of Story (New York: Farrar, Straus and Giroux, 2007), S. 258.

3.1 Wer Zuhörer will, muss plotten

Das häufigste Gegenargument: Das ist doch viel zu früh. Ich kann doch noch gar nicht wissen, wie meine Geschichte abläuft. Außerdem bin ich als Journalist nicht mehr offen, sondern festgelegt. Das Vorgehen ist journalistisch also nicht sauber. Das stimmt – bis auf zwei Kleinigkeiten. Erstens steht da: „nach Abschluss der Basis-Recherche" – die Erfahrung zeigt, dass viele Autoren selbst bei langen Geschichten erstmal loslaufen, Aufnahmen machen und gerne auch O-Ton-Interviews für eine umfangreiche Recherche nutzen. Das verlängert nicht nur ungemein die Länge des Interviews, sondern manifestiert auch die Art von O-Tönen, die ich erhalte (vgl. hierzu auch Kapitel 6.5). Und zweitens wird meine Offenheit nicht wirklich eingeschränkt. So kann ich als Autor zum Beispiel wissen, dass ein antizipiertes Ereignis in meinem Plot auftaucht, ich weiß aber nicht, wie es ausgeht. Dafür bin und bleibe ich als Autor natürlich offen. Ein Beispiel, um zu verdeutlichen, was ich meine: Stellen Sie sich eine Geschichte über einen Patienten vor, der ein neues Herz benötigt und darauf wartet. Diese Geschichte wird sich an irgendeinem Punkt in der Zukunft definitiv weiterentwickeln. Kommt der entscheidende Anruf für ein neues Organ, dann kann die Operation gelingen, misslingen oder es ergeben sich Komplikationen. Bleibt der Anruf komplett aus, wird dem Patienten irgendwann bewusstwerden, dass er kein Organ bekommt (sei es durch eigene Reflektion, dem Gespräch mit Angehörigen, Freunden oder einem Arzt) – so tragisch es dann auch ist. Ich weiß also nicht genau, was passieren wird und wie die Menschen damit umgehen. Aber ich kann für meinen Plot-Entwurf plausibel annehmen, dass es ein entscheidendes Ereignis in der Zukunft geben wird. Wichtig ist es, diesen Punkt zu erkennen, an dem die Geschichte eine neue Richtung einnimmt. Sonst verliere ich die Hoheit über mein Material, nicht ich habe mein Material im Griff, sondern mein Material hat mich im Griff.

Wenn ich den Plot einer Geschichte nicht frühzeitig plane, verliere ich genau diese Kontrolle. Es läuft dann leider ganz häufig so, dass Autoren irgendwann beginnen (müssen), ein Manuskript zu schreiben. Sie sitzen dann vor stundenlangen Aufnahmen und einem weißen Blatt und wissen nicht so recht, wie sie anfangen sollen. Ein sehr unbefriedigender Augenblick. Dabei ist das vielleicht nicht präzise beschrieben: Häufig findet man nämlich irgendwann einen Anfang (Puh, was für eine Erleichterung!). Die ersten ein, zwei oder drei Minuten einer längeren Erzählung sind ein kleines Feuerwerk. Doch wenn das erlischt (meistens zu erkennen an einer aus- und etwas nachhallenden Musik), dann beginnt das große Problem. Wie geht es jetzt weiter? Aus Ermangelung an Ideen (ich habe ja gerade auch schon einen tollen Einstieg hinbekommen) kommt dann meistens erstmal ein gepfefferter Infoblock, nach dem Motto: Hier kommen die wichtigsten Namen, Zahlen, Daten, Fakten und Nominaldefinitionen. Damit der Hörer auch erstmal richtig versteht, um was es genau geht. Das sind ja auch zulässige Überlegungen – sie machen die Stücke nur sehr vorhersehbar und relativ schwer verdaubar. Außerdem ist es immens schwierig, den Weg zurück in die Geschichte zu finden. Viele Infoblöcke (insbesondere am Anfang von Geschichten) sind übermäßig lang, sie ziehen sich über Minuten und präsentieren mir als Hörer alle erdenklichen Informationen. Auch die, die ich an dieser Stelle vielleicht noch gar nicht benötige. Die Informationen tauchen dennoch häufig auf, weil sie thematisch irgendwie hierher passen. Das Stück wirkt wie ein Lexikon-Eintrag. Damit dieser Eindruck hier nicht zu stark wird, schauen wir uns jetzt auch nur die wichtigsten Nominaldefinitionen und Merkmale eines Plots an!

3.2 Audio-Plot: Logische Abfolge von Szenen

Der Gründer von „This American Life", Ira Glass, drückt es relativ einfach aus: „There's the plot, where a person has some sort of experience."[22] Der Plot ist also die Handlung – das, was eine Person erlebt. Etwas ausführlicher formuliert: **Wenn eine Audio-Narration eine szenische Erzählung ist, in der jemand aus bestimmten Gründen etwas will und auf Hindernisse stößt, dann legt der Plot die kausale Abfolge der Szenen fest.** Um es noch einmal klar zu sagen und damit gegen ein bestehendes Missverständnis anzuarbeiten: Ein Plot ist nicht die Abfolge von Themenblöcken – so logisch sie auch aufeinander aufbauen mögen. Die Themen- und Infoblöcke müssen sich dem Plot unterordnen – Fakten werden in die Geschichte gewoben, an der Stelle, an der sie der Geschichte dienen. Die eigentliche Struktur der Geschichte, der kausale Ablauf, der Plot, wird durch Szenen gestaltet. Dabei helfen die drei folgenden Richtlinien:

1. Der Plot ist die Abfolge der Szenen. Er beschreibt, wie die Handlung sich weiterentwickelt. Diese Maxime ist mit dafür verantwortlich, dass die meisten Geschichten immer noch chronologisch nach vorne erzählt werden. Filme wie „Memento", die eine andere zeitliche Reihenfolge nutzen, dürften im Radio nur sehr schwer umzusetzen sein, weil der Hörer nur die Akustik hat, um sich zeitlich und räumlich zu orientieren. Das heißt natürlich nicht, dass nur mit einer Zeitlinie gearbeitet werden kann. Die fiktive Serie „Homecoming" von „Gimlet Media" arbeitet in der ersten Staffel mit zwei Zeitlinien. Zum einen wird erzählt, wie sich Hauptcharakter Heidi Bergman in einer Einrichtung um

---

22 Ira Glass: Harnessing luck as an industrial product. In: John Biewen & Alexa Dilworth: Reality Radio (Durham: The University of North Carolina Press, 2. Aufl., 2017), S. 70.

Kriegs-Veteranen kümmert, offenbar in Form einer Gesprächstherapie. Darüber hinaus gibt es eine zweite Zeitlinie, in der wir Heidi als Kellnerin erleben. Die zweite Zeitlinie ist offenbar Jahre später – beide Linien sind miteinander verknüpft und für die Geschichte absolut notwendig. Nach und nach setzt sich durch beide Stränge ein stimmiges Bild zusammen. Und beide Stränge vereinen sich schließlich auch, sie sind Bestandteile ein und derselben Geschichte.

An diesem Beispiel lässt sich auch kurz der Umgang mit Flashbacks debattieren, also der kurze zeitliche Rücksprung zu einem vorherigen Ereignis. Ein häufiger Fehler bei der Arbeit mit Flashbacks: Die zeitlichen Rücksprünge werden nur genutzt, um Informationen nachzuliefern, die noch nicht untergebracht sind. So eingesetzt nutzen Flashbacks dramaturgisch kaum, sie bremsen die Geschichte. Flashbacks ergeben dann Sinn, wenn sie die Antwort auf eine Frage liefern, die sich langsam im Hörer aufgebaut hat. In Filmen wird diese Technik immer noch häufig genutzt, um ein Schlüssel-Erlebnis der Vergangenheit endlich zu zeigen, das besondere Bedeutung für die Hauptfigur hat. Oder wenn das Erinnerungs-Vermögen einer Person schließlich zurückkommt (zu Flashbacks vgl. Kapitel 5.10).

2. Der Plot folgt dem Prinzip „Ursache und Wirkung", nicht dem Zufall. Ein immer wieder zitiertes Beispiel verdeutlicht, was damit gemeint ist. „Erst starb der König, dann starb die Königin." – dieser Satz ist allein eine chronologische Abfolge der Ereignisse. Der folgende Satz verknüpft diese Ereignisse logisch: „Erst starb der König, aus Gram darüber verstarb kurz darauf die Königin." Die beiden Ereignisse sind nun durch Ursache und Wirkung miteinander verbunden. Das leistet der Plot. Diese logische Verknüpfung ist auch deshalb so wichtig, weil sie uns entscheiden lässt, ob wir eine Szene wirklich für unsere Geschichte brauchen oder nicht! Wenn die Szene nicht logischer Bestandteil der Narration ist, kommt sie auch nicht in die Geschichte.

3. Der Plot ist eine Einheit. Das ist ein etwas schwierig umzusetzendes Prinzip, aber trotzdem gut zu veranschaulichen. Es hat unter anderem mit Tschechows Gewehr zu tun. Dem russischen Schriftsteller Anton Tschechow wird der Satz zugeschrieben: „Wenn im ersten Akt ein Gewehr an der Wand hängt, dann wird es im letzten abgefeuert." Was er damit meinte: Alles, was auf der Bühne vorkommt, hat auch einen Platz oder Sinn in der Geschichte. Es gibt nichts Überflüssiges. Übertragen auf den Plot bedeutet das: Alles, was in der Geschichte vorkommt, muss auch mit der Geschichte zu tun haben, die erzählt wird. Der Plot stellt in diesem Sinne eine Einheit dar. Was Tschechow damit eigentlich nicht meinte, ist die dramaturgische Technik des Andeutens (siehe hierzu Kapitel 5.5). Dabei kann man das Beispiel mit dem Gewehr auch in diesem Sinne verstehen: Ich

ahne als Zuschauer schon, dass das Gewehr irgendwann zum Einsatz kommt, wenn es seit Beginn des Stücks prominent auf der Bühne gezeigt wird. Schon aus Aristoteles' Poetik kann man die Forderung nach Einheit von Handlung, Zeit und Ort herauslesen: „Ferner müssen die Teile der Geschehnisse so zusammengeführt sein, dass sich das Ganze verändert und durcheinandergerät, wenn irgendein Teil umgestellt oder weggenommen wir. Denn was ohne sichtbare Folgen vorhanden sein oder fehlen kann, ist gar nicht Teil des Ganzen."[23] Die Vereinheitlichung des Plots ist eine Art Kompass: Was zur Narration gehört, kommt rein. Was nicht, nicht. Deshalb ist der Erzählsatz so wichtig. Er hilft, diese Entscheidung zu treffen. Für mich ist dieses Prinzip auch immer wieder beim Überarbeiten von Manuskripten besonders hilfreich. Es zeigt mir auf, welche Stellen ich noch kürzen kann – so wertvoll oder spannend ich sie auch finde. Aber, hey: kill your darlings!

3.3 Standpunkt wählen und wechseln: Die Leiter der Abstraktion

Viele Menschen haben den persönlichen Tonfall von Sarah Koenig in „Serial" sehr geliebt: die Art und Weise wie sie erzählt – und damit verbunden, das Gefühl an ganz persönlichen Gedanken von Sarah teilzuhaben. Das hat etwas Persönliches, Intimes. Häufig gibt es in „Serial" minutenlange Passsagen, in denen Sarah das Erlebte reflektiert und mit sich und anderen debattiert. Diese Passagen strahlen eine ähnliche erzählerische Kraft aus wie die Passagen, in denen die eigentliche Handlung vorangetrieben wird. Und das ist kein Zufall, sondern klassische „This American Life"-Schule. Das Zitat von Ira Glass vom Beginn des vorigen Abschnitts geht nämlich noch weiter: „There's the plot, where a person has some sort of experience. And then there are moments of reflection, where this person (or another character in the story or the narrator) says something interesting about what's happened."[24]

Genau dieser Wechsel zwischen Erlebnis- und Reflektions-Ebene lässt sich durch die Leiter der Abstraktion verdeutlichen. Je konkreter ein Ereignis, desto mehr spielt es sich auf den unteren Sprossen der Leiter ab. Je abstrakter etwas ist, desto weiter oben befindet es sich (vgl. hierzu Abbildung 3.1 „Leiter der Abstraktion"). Was Ira

---

23 Aristoteles: Poetik (Stuttgart: Reclam, 2014), S. 29.
24 Ira Glass: Harnessing luck as an industrial product. In: John Biewen & Alexa Dilworth: Reality Radio (Durham: The University of North Carolina Press, 2. Aufl., 2017), S. 70.

Glass also vorschlägt, ist ein laufender Wechsel zwischen den unteren und den oberen Sprossen, zwischen den konkreten Ereignissen, die den Plot voranbringen, und den Debatten um das, was Ira Glass Reflektion oder größere Idee nennt. Wer bewusst hinhört, wird in vielen „This American Life"-Geschichten diese Struktur erkennen.

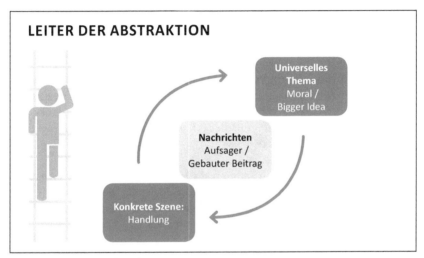

Abb. 3.1 Leiter der Abstraktion

Für Geschichten-Erzähler ist die Leiter der Abstraktion darüber hinaus ein gutes Mittel, den eigenen Standpunkt festzulegen. Wie nah komme ich der Geschichte? Oder wie viel Distanz baue ich auf? Je weiter unten ich mich auf der Leiter platziere, desto mehr tauche ich in die Situation ein, desto mehr Emotionen entfalten sich und desto mehr bilde ich den Prozess ab und liefere dem Hörer ein Erlebnis. Je weiter oben ich mich platziere, desto distanzierter bin ich, desto mehr fasse ich Ergebnisse zusammen. Normalerweise platzieren wir uns als Journalisten und Reporter instinktiv in der Mitte: Wir reden über ein Thema, präsentieren Ergebnisse und erwecken den Eindruck objektiver Distanz, wir sind nicht zu nah dran, und nehmen das Ganze aber auch nicht zu wichtig. Wir bilden ja nur das Ereignis ab. Das ist für Nachrichten, Aufsager, Berichte und gebaute Beiträge eine sehr gute Lösung. Aber für eine Narration ist das der falsche Standpunkt. Der amerikanische Redakteur und Autor Jack Hart spricht in diesem Zusammenhang auch von zwei verschiedenen Arten der Narration, die sich auf den Sprachgebrauch des Reporters direkt auswirken: „When the distance is great, when you step way back from the action, you write in *summary narrative*. When you shrink the distance, you shift into *scenic narrative*."[25] Das eine liefert Ergebnisse (wie in Nachrichten), das andere liefert ein Erlebnis (wie in einer Geschichte).

Das Problem: Wir denken als Autoren oder Reporter meistens aber eben nicht über unsere Position nach und platzieren uns automatisch dort, wo wir uns immer platzieren: in der Mitte. „Usually, choosing stance isn't rocket science. The important thing is that you do *choose*."[26] Denken Sie einfach daran: Kein Film wird nur in der Halbtotalen erzählt! Wenn überhaupt, ist diese Zwischenstufe ein Übergang – halten Sie sich dort nicht zu lange auf. Es ist der langweiligste Ort. Allein der bewusste Wechsel meines Standpunktes gibt mir die Möglichkeit, immer wieder auch journalistisch-angebrachte Distanz zu meiner Geschichte aufzubauen, über das Erlebte zu reflektieren bzw. die größeren Ideen hinter der eigentlichen Geschichte zu debattieren. Im Idealfall ergibt sich aus dieser Debatte ein neuer Gedanke, der in eine Szene mündet, die wiederum die Handlung vorantreibt, woraus sich neue Fragen und Gedanken entwickeln usw.

Die große Herausforderung für Autoren: die Sprünge auf der Leiter der Abstraktion. Es ist das, was ich die narrative Transmission nenne. Die sollte so natürlich und zügig wie möglich vonstattengehen, ohne Bruch. Im Idealfall ergibt sich die größere Frage direkt aus der Szene, der Hörer stellt sich die Frage schon, bevor es auf der Leiter der Abstraktion nach oben geht. Ein Beispiel: Die erste Staffel von „Serial" beginnt mit der moderierten Umfrage von Sarah Koenig (übrigens ein gutes Beispiel für den Umgang mit einer Vox Pop, siehe hierzu Kapitel 6.5): Sie will wissen, ob sich Jugendliche daran erinnern, was sie vor sechs Wochen an einem bestimmten Tag getan haben: „Now imagine you have to account for a day that happened six weeks back. Because that's the situation in the story I'm working on in which a bunch of teenagers had to recall a day six weeks earlier. And it was 1999, so they had to do it without the benefit of texts or Facebook or Instagram. Just for a lark, I asked some teenagers to try it."[27] Die Umfrage beginnt. Mit viel Humor macht Koenig erfahrbar, wie schlecht man sich erinnern kann. Die Überleitungen, also die narrativen Transmissionen, die Sprünge von der konkreten auf die abstrakte Ebene und zurück auf die konkrete Ebene, gelingen schnell und zügig. Wie hier von der Umfrage über die daraus gewonnene Erkenntnis hin zum eigentlichen Fall:

---

25 Jack Hart: Story Craft (Chicago: The University of Chicago Press, 2011), S. 54.
26 Ebd., S. 52.
27 Zitiert nach: https://genius.com/Serial-podcast-episode-1-the-alibi-annotated

„One kid did actually remember pretty well, because it was the last day of state testing at his school and he'd saved up to go to a nightclub. That's the main thing I learned from this exercise, which is no big shocker, I guess. If some significant event happened that day, you remember that, plus you remember the entire day much better. If nothing significant happened, then the answers get very general. I most likely did this, or I most likely did that. These are words I've heard a lot lately. Here's the case I've been working on."[28] In nur wenigen, knappen Sätzen fasst Koenig die Lehren aus der Umfrage zusammen und ordnet sie ganz nebenbei ein („which is no big shocker, I guess"), um dann die Frage anzugehen, die sich in den Hörern aufgebaut hat: „Warum ist das wichtig für die Geschichte?" Koenig kommt wiederum mit einer sehr knappen Überleitung zum Punkt: „Here's the case I've been working on." Dieses Muster wird sich durch die ganze Geschichte ziehen und zeigt, wie konkrete Szenen und abstrakte Debatten immer wieder sinnvoll miteinander verknüpft werden. So wird über eine lange Erzählung das Gefühl einer dichten Geschichte gestaltet. Dabei wird der Hörer immer wieder kaum merklich auf der Leiter der Abstraktion rauf und runter geführt. Es entsteht Flow. Sollte sich ein Übergang mal nicht von selbst dynamisch ergeben, gilt der Merksatz: Schlechte Überleitungen sollten schnell sein. Wer durch aufwändige und lange Formulierungen noch bewusst auf die eigenen Schwachstellen hinweist, ist selbst schuld.

Die Leiter der Abstraktion ist also ein einfaches Hilfsmittel, um den Plot detaillierter zu entwerfen. Eine erste Annäherung. Sie hilft aber nicht dabei, festzulegen, in welcher Reihenfolge denn genau welche Szenen angelegt werden und warum. Dafür sind etwas komplexere Hilfsmittel und Modelle notwendig, in die wir die Leiter der Abstraktion integrieren können.

3.4 Akt-Struktur: Ordnung schaffen

Jede Geschichte braucht einen Anfang, eine Mitte und ein Ende. Dieser Satz ist zwar richtig, aber vielleicht zu häufig benutzt und noch zu allgemein. Deswegen ist er nicht besonders hilfreich. Etwas besser ist es mit dem folgenden Satz: Am

---

28 Ebd.

Anfang wird der Konflikt angelegt, in der Mitte entfaltet sich die Konfrontation, am Ende wird der Konflikt gelöst. Aber richtig konkret ist das auch noch nicht. Als Autor habe ich jahrelang vor allem eine Frage mit mir rumgetragen: Wie bekomme ich es hin, dass meine Geschichte von Anfang bis Ende spannend bleibt? Irgendwann habe ich gemerkt: Ich bin nicht allein mit dieser Frage. Im Gegenteil: Dieses Problem ist sogar so bekannt, dass es fast ein eigenes Sprichwort bekommen hat: Wer mit drei Akten arbeitet, kennt die Hölle des zweiten Aktes. Oh ja! Denn immerhin macht der zweite Akt etwa die Hälfte der Geschichte aus, je ein Viertel gehen auf Anfang und Ende, also ersten und dritten Akt.

Die Drei-Akt-Struktur (um mit diesem Struktur-Modell anzufangen) kann uns vor allem dabei helfen, unsere Geschichte grob zu ordnen. Sie unterstützt uns dabei, unseren Stoff zu sortieren, Inhalten und Situationen einen Platz in der Geschichte zuzuweisen. Ein Akt ist dabei ein in sich geschlossener Abschnitt, in der eine Teil-Etappe oder ein Zwischen-Ziel (auf dem Weg zum großen Ziel) erreicht wird. Jeder Akt beinhaltet damit einen kleinen Höhepunkt. Nehmen wir uns mal ein konkretes 15-minütiges „ZeitZeichen" als Beispiel (in Wirklichkeit sind die „ZeitZeichen" immer zwischen 13 und 14 Minuten lang, hinzu kommen An- und Absage sowie etwas Luft für die Sendungen drumherum). Diese Länge eignet sich auch deshalb gut als Beispiel, weil die einzelnen Akte eine Länge erreichen, die uns wiederum sehr von kürzeren Beiträgen bekannt ist. Bei einer knappen Viertelstunde ist der erste Akt etwa dreieinhalb Minuten lang, der dritte Akt auch, und für den zweiten Akt bleiben etwa noch einmal rund sieben Minuten. Wir zerteilen den größeren Stoff also in Portionen, die wir gut handhaben können. Das Thema bzw. der Anlass ist in unserem Beispiel der Geburtstag (5. August 1922) des österreichischen Mediziners Dr. Johannes Bischko (Sendedatum: 5. August 2017). Zur Erinnerung noch einmal der Erzählsatz (siehe hierzu Kapitel 2.6.): Der Mediziner Johannes Bischko will die Akupunktur in Österreich einführen, weil er von ihr überzeugt ist, stößt aber auf Widerstände (seiner Profession, der Universität etc.). Die Drei-Akt-Struktur hilft uns nun, den Stoff in den Griff zu kriegen:

Erster Akt (angepeilte Länge etwa 3:30 min): Exposition. Das bedeutet: Im ersten Akt müssen alle wesentlichen Elemente der Geschichte angelegt sein. Sowohl die handelnden Personen als auch der zentrale Konflikt. Gleichzeitig sollte dem Hörer ein Grund gegeben werden, zuhören zu wollen. Da es ja eine Narration werden soll, sollte es eine szenische Einführung geben, in der der Hörer Bischko und den zentralen Konflikt erlebt. Die Recherchen und Interviews zum Thema haben dafür vor allem eine Szene nahegelegt: Den Versuch, eine Operation (die Entfernung von Mandeln) unter Akupunktur-Narkose durchzuführen. Ursprünglich war

3.4 Akt-Struktur: Ordnung schaffen

die Operation als geheime Angelegenheit geplant, aber irgendwer hat geplaudert. Bischko vollführt diese Operation also in einem Hörsaal voller Journalisten. Das große Problem für Reporter: Es gibt keine Aufnahmen, weder Video noch Audio, dieser Situation. Die Szene muss also komplett rekonstruiert werden (zu echten und rekonstruierten Szenen vgl. auch Kapitel 6.1). Das geschieht hier über einen engen Freund von Bischko, der die Szene nacherzählt. Der Beginn liest sich also so:

> Musik: treibend, underscore.
> Autor   Manche Ideen hören sich verrückt an: Eine Operation ohne klassische Narkose.
> O-Ton   (Manfred Richart, Studio) Es stand natürlich ein Anästhesist bereit für den Notfall. Das ist überhaupt kein Thema. Aber Bischko hat das vorher nicht geübt.
> Autor   Mandeln entfernen ist für einen Chirurgen ja auch keine schwierige Operation. Selbst wenn dabei etliche Journalisten zuschauen.
> Atmo: Blitzlicht. Dazu Stimmengemurmel.

Ein weiteres Problem: Es gibt nur sehr wenige O-Töne von Johannes Bischko. Trotzdem soll er ja für den Hörer erlebbar werden – deswegen muss ein O-Ton, der eigentlich wenig mit der Szene zu tun hat, in die Situation eingebunden werden. Dies geschieht hier durch eine kurze Öffnung der Szene, um die größere Idee des Stücks zu etablieren. Direkt hinter dem O-Ton wird zurück in die Szene geführt. So ist Bischko als Figur eingeführt und erfahrbar gemacht:

> Atmo: Blitzlicht. Dazu Stimmengemurmel.
> O-Ton   (Manfred Richart, Studio) Das Ganze sollte prinzipiell geheim bleiben, man weiß bis heute nicht, wie's durchgesickert ist. Plötzlich waren riesen Schlagzeilen in den Zeitungen: In Wien wird die erste Mandel-Operation stattfinden.
> Autor   Und zwar eine Mandel-Operation wie es sie in der westlichen Welt noch nie gegeben hat. Dr. Johannes Bischko will 1972 in Wien wagen, was hier undenkbar erscheint.
> O-Ton   (Johannes Bischko, Archiv) Weil der Europäer von Angst überlagert ist und von dem Geschehen rund um die Operation nicht gern etwas wissen will. Das heißt: Die Leute fürchten sich vielleicht nicht einmal so vor dem Schmerz, sondern vor dem ganzen Drumherum einer Operation.
> Autor   Erst recht bei so viel Publikum.
> Atmo: Blitzlicht.
> O-Ton   (Manfred Richart, Studio) Man konnte das damals nicht mehr im Operations-Saal machen, weil eine derartige Flut an Journalisten sich angesagt hat, dabei zu sein, dass man das damals im Hörsaal der allgemeinen Poliklinik gemacht hat.
> Autor   Scheitern ist jetzt keine Option mehr. Nervenflattern fehl am Platz. Das ist zum Glück eh nicht Bischkos Problem, erzählt sein langjähriger Mitarbeiter und enger Freund Manfred Richart.

O-Ton	(Manfred Richart, Studio) Niemals. Bischko hat niemals Angst gehabt. Er war sich seiner Sache so sicher und hat niemals Angst vor etwas gehabt.
Autor	Gutes Selbstbewusstsein oder Show? Bischko will einem Patienten die Mandeln entfernen. Allein die Akupunktur soll die Schmerzen ausschalten. Klappt es, ist es der mögliche Durchbruch für eine neue Methode. Geht es schief, steht nicht nur Bischko am Pranger, sondern auch die Akupunktur.
Musik Ende.	

Die Szene wird also nur bis zu dem Punkt geführt, an dem klar wird, was hier passieren soll. Ob Bischko es wirklich schafft – das wird natürlich noch nicht erzählt. Bis hierher sind etwa 1:40 Minute vorbei. Es ist also genug Zeit, eine weitere zentrale Frage zu etablieren, die aus journalistischer Sicht in diesem Zusammenhang wichtig erscheint: Wirkt die Akupunktur? Wie funktioniert sie? Ist sie evidenzbasiert? Es sind die Fragen, die hinter dem Versuch von Johannes Bischko stehen. Und es gibt keinen Grund, die Antworten auf diese Fragen nicht auch szenisch zu gestalten. Im Manuskript liest sich das dann so:

O-Ton	(Valerie Arrowsmith, Behandlungszimmer) Also, die Größe ist eher klein.
Autor	Behandlungszimmer in Bonn.
O-Ton	(Valerie Arrowsmith, Behandlungszimmer) Dann jetzt die Farbe. Da sieht man eindeutig, dass sie sehr blass ist.
O-Ton	(Sven Preger, Zunge rausgestreckt, Behandlungszimmer) Aha…
Autor	Und ich darf Valerie Arrowsmith die Zunge…
O-Ton	(Valerie Arrowsmith, Behandlungszimmer) Einfach rausstrecken! Ok, und wieder rein.
Autor	Das habe ich als Kind schon gerne gemacht. Und Dr. Valerie Arrowsmith achtet auf andere Dinge als mein Kinderarzt. Denn sie ist nicht nur Allgemeinmedizinerin, sondern hat ein Zusatzstudium in Akupunktur und traditioneller chinesischer Medizin absolviert.
O-Ton	(Sven Preger, Zunge rausgestreckt, Behandlungszimmer) Und?
O-Ton	(Valerie Arrowsmith, Behandlungszimmer) Und…
Autor	Und meine Zunge spricht zu ihr.
O-Ton	(Valerie Arrowsmith, Behandlungszimmer) Die ist ein bisschen verquollen. Und wenn das nicht wäre, dann wäre sie wahrscheinlich eher klein.
O-Ton	(Sven Preger, Behandlungszimmer) Ich habe eine verquollene Zunge…
O-Ton	(Valerie Arrowsmith, Behandlungszimmer) Ja…

3.4 Akt-Struktur: Ordnung schaffen

Autor	Ich bin hier wegen des schmerzlindernden Effekts der Akupunktur. Verspannungen, Nackenschmerzen, die manchmal bis in die Schläfen ziehen. Die habe ich immer wieder, seit Jahren. Seit 2007 ist die Akupunktur bei chronischen Rücken- und Knieschmerzen unter bestimmten Bedingungen eine Kassen-Leistung. Mitverantwortlich dafür waren die deutschen Akupunktur-Studien. Ein Ergebnis: bei chronischen Knie- und Kreuzschmerzen war die Akupunktur besser als die Standardtherapie. Die Nadeln helfen. Und die Akupunktur ist eine von insgesamt 5 Säulen der traditionellen chinesischen Medizin, die den Menschen ganzheitlich erfassen will.
O-Ton	(Valerie Arrowsmith, Behandlungszimmer) Das Befinden des Patienten steht im Vordergrund, nicht so sehr der Befund.

Beide Handlungs-Stränge sind also angelegt: Bischkos konkrete Herausforderung, ob er die Operation wirklich meistern wird. Und die journalistisch-notwendigen Fragen rund um die Akupunktur. Beide Stränge sollten am Ende zusammengeführt werden. Die Personen und ihre Ziele sind eingeführt (Johannes Bischko will die Operation schaffen, ich will als Reporter meine Beschwerden loswerden und Valerie Arrowsmith will mir helfen), die Konflikte zeichnen sich ab. Ende erster Akt. Zeit bis hierher: ca. drei Minuten.

Zweiter Akt (angepeilte Länge zwischen sieben und acht Minuten): Konfrontation. Das bedeutet, der zweite Akt ist bestimmt von dem Versuch, die angelegten Ziele zu erreichen. Hindernisse tauchen auf und müssen überwunden werden. Im Idealfall werden diese Hindernisse mit der Zeit größer, so dass ich als Hörer das Gefühl habe, die Geschichte verdichtet sich. Dramaturgisch gesprochen gibt es beim „ZeitZeichen" ein Problem, das sich in ähnlicher Weise in vielen langen Audio-Erzählungen wiederfindet: Die Person oder das Ereignis soll angemessen wiedergegeben werden – mit all den dazugehörigen Informationen. Im „ZeitZeichen" über Johannes Bischko bedeutet das zum Beispiel: Im zweiten Akt sollten auch alle Informationen auftauchen, die für sein Leben und seine Arbeit wichtig sind, damit ein angemessenes Abbild seiner Person und seiner Arbeit entsteht. Etwas überspitzt ausgedrückt steht die journalistische Angemessenheit der Geschichte also ein bisschen im Weg. Um trotzdem alle notwendigen und wichtigen Informationen unterzubringen, muss der Plot entsprechend spannend entworfen werden.

Als erstes werden also die Hindernisse etabliert. Für Johannes Bischko gibt es mindestens die folgenden drei:

- Erstens: Sein stark ausgeprägtes Selbstvertrauen (von außen könnte es fast wie Arroganz aussehen). Geht die geplante Operation schief, kann es sein, dass

sich seine Reputation davon nicht wieder erholt. Dieses Charakter-Hindernis ist auch schon in der Exposition angelegt. Das ergibt dramaturgisch auch deshalb Sinn, weil es deutlich macht, wo die Entwicklungs-Chancen für den Hauptcharakter liegen.
- Zweitens: Das Militär. Bischko wird als junger Mann eingezogen und kann erstmal nicht studieren. Dieses Hindernis eignet sich besonders gut, um die wichtigsten biografischen Daten von Bischko (Geburtsdatum, Elternhaus etc.) zu vermitteln, denn das Hindernis spiegelt die Umstände der damaligen Zeit gut wider. Die Brücke zu Bischkos biografischen Informationen und Stationen ist also gut möglich.
- Drittens: Die geplante Operation. Hier gibt es sogar gleich mehrere Unter-Hindernisse: Die eigentlich geheime Operation wird öffentlich gemacht. Außerdem findet Bischko zunächst keinen freiwilligen Patienten. Und: Bischko kann den Eingriff vorher nicht üben. Er muss beim ersten Mal funktionieren.

Mit all diesen Hindernissen lässt sich dieser Strang des zweiten Aktes gut gestalten und gleichzeitig das Leben von Bischko angemessen abbilden. Gleichzeitig lässt sich erahnen, worauf der finale Konflikt im dritten Akt hinauslaufen wird.

Dasselbe geschieht nun mit dem zweiten Strang „Selbstversuch Akupunktur", der sich den Fragen rund um Wirkweise und Erfolg der Akupunktur kümmern soll und gleichzeitig den Bogen ins Heute schlägt. Zwei große Hindernisse gibt es hier:

- Erstens: Die Nackenschmerzen des Reporters, die besser werden sollen – mit Hilfe von Valerie Arrowsmith. Auch dieser Konflikt ist bereits im ersten Akt angelegt. Was der Hörer aber noch nicht weiß: Es gibt da ein weiteres Hindernis, das in der Person des Reporters begründet liegt.
- Zweitens: Der Reporter, also ich, mag die kleinen, spitzen Nadeln nämlich nicht besonders. Das erschwert die Behandlung natürlich. Kann Akupunktur unter diesen Umständen überhaupt funktionieren? Gleichzeitig gibt dieses Hindernis genau die Möglichkeit, über Funktionsweise und Erfolg von Akupunktur zu sprechen. Damit liefert auch dieser Erzählstrang wesentliche Informationen. Auch hier ist angelegt, worauf er hinausläuft. Genau wie der übergeordnete Erzählstrang geht es also um eine hoffentlich erfolgreiche Behandlung. Dadurch gibt es auch immer wieder die Möglichkeit, zwischen beiden Strängen zu wechseln – am besten natürlich, wenn dadurch ein kleiner Cliffhanger etabliert wird.

Ende zweiter Akt. Zeit bis hierher: ca. zehn Minuten (also etwa sieben Minuten für den zweiten Akt).

3.4 Akt-Struktur: Ordnung schaffen

Dritter Akt (angepeilte Länge etwa 3:30 Minuten): finale Konfrontation, Höhepunkt und Lösung. Auf den dritten Akt läuft alles zu. Er enthält die finale Konfrontation bzw. den Höhepunkt und die Lösung des Konflikts, in die eine oder andere Richtung. Geht es schlecht aus, handelt es sich eher um eine Tragödie. Etwas schwammig sind immer wieder Begriffe wie „Finale Konfrontation" bzw. „Höhepunkt". Was sie meinen: Die Narration läuft auf ein zentrales Ereignis zu (das kann eine Wahl, eine Hochzeit oder ein Boxkampf sein). Dieses Ereignis findet im dritten Akt statt. An diesem Ereignis entscheidet sich, ob die Geschichte gut oder schlecht ausgeht, ob der Protagonist sein Ziel erreicht oder scheitert.

Für die Planung einer Geschichte bedeutet das: dieses Ereignis muss so früh wie möglich festgelegt werden – am besten in der Konzeptionierungs-Phase. Sonst kann ich als Reporter die Geschichte nicht sauber darauf ausrichten. Am Beispiel des „ZeitZeichens" über Johannes Bischko: der Haupt-Erzählstrang läuft auf die Frage hinaus: Klappt die bereits erwähnte Operation? Ein freiwilliger Patient ist schließlich gefunden (ein Kollege Bischkos aus einer anderen Abteilung), ebenso ein Ort, an dem die Journalisten die Operation verfolgen können (der Hörsaal der allgemeinen Poliklinik) – es kann also losgehen. Wir tauchen mit Bischkos engem Freund Manfred Richart in die Szene ein. Die schließlich zu Ende geführt wie, genauso wie der zweite Erzählstrang.

Musik-Wechsel zu Spannungs-Thema.

O-Ton	(Manfred Richart, Studio) Es war dann so, dass natürlich man ehrlich gesagt kaum Patienten gefunden hat, die sich freiwillig einer solchen Geschichte unterziehen wollten. Man hat dann an der HNO-Abteilung einer Poliklinik – hat sich ein Kollege, ein Arztkollege, zur Verfügung gestellt, sich unter dieser Akupunktur-Schmerz-Ausschaltung seine Mandeln entfernen zu lassen.
Autor	Und die internationale Presse schaut live zu.
O-Ton	(Manfred Richart, Studio) Man muss sich vorstellen: Heute gibt es für so etwas Geräte, die also mit elektrischem Strom die Nadeln stimulieren. Damals musste während der gesamten Operation, saß auf jeder Seite ein Akupunkteur, Bischko auf der einen Seite, ein Kollege auf der anderen Seite, musste während der gesamten Operation die Nadeln mit einer Auf- und Ab- und gleichzeitigen Links- Drehbewegung stimulieren. Die Operation hat ca. 40 Minuten gedauert. Also man kann sich vorstellen, wenn man händisch 40 Minuten die Nadeln stimuliert, was das für eine Anstrengung war.
Autor	Bischko hält durch.
O-Ton	(Manfred Richart, Studio) Es hat funktioniert, der Patient war schmerzfrei während der gesamten Operation.

Musik-Akzent und -Wechsel.

O-Ton	(Valerie Arrowsmith, Behandlungszimmer) (kommt rein) So, Herr Preger, wie geht es Ihnen. Wie fühlen Sie sich?
O-Ton	(Sven Preger, Behandlungszimmer) Es fällt mir leichter, selbst in diesen paar Minuten jetzt loszulassen. Was machen wir jetzt?
O-Ton	(Valerie Arrowsmith, Behandlungszimmer) Ok… jetzt nehme ich die Nadeln raus, ganz vorsichtig.
Autor	Tatsächlich geht es mir ganz gut. Trotz oder wegen der Nadeln in meinem Körper.
O-Ton	(Valerie Arrowsmith, Behandlungszimmer) Aber ich finde das gut, dass Sie so offen sind und sagen: diese Anspannung mit den Nadeln. Das gibt mir dann auch nochmal ein paar Hinweise, worauf ich bei der nächsten Behandlung achten muss. Sie sollen ja nicht hierhin kommen und angespannt sein und voller Angst. Sie sollen gerne hierhin kommen und sich wohlfühlen.
Autor	Das wissen viele Menschen zu schätzen. Sich Zeit nehmen, zuhören, ganzheitlich. Zwei Stunden sind an diesem Nachmittag schnell vorbei. Am Abend fühlen sich meine Schultern tatsächlich leichter an.

Auch dieser Erzählstrang kann zu einem positiven Ende geführt werden. Wichtig ist: Die Enden müssen glaubwürdig sein. Sie dürfen nicht nur positiv enden, weil das eben das schönere Ende gestaltet. Das kann schnell unglaubwürdig wirken. Der letzte Textabsatz in dem gerade zitierten Auszug leitet darüber hinaus die Lösung ein. Der zentrale Konflikt ist geschafft. Würde das Stück nun jedoch enden, würde es unvermittelt abreißen. Es braucht noch einen Nachklang, ein Fazit, eine tiefere Bedeutungsebene und eine Zusammenführung der beiden Erzählebenen (die ja hier nicht wirklich einen gemeinsamen Plot ergeben). Damit sie aber glaubwürdig zusammenwirken, müssen sie logisch aufeinander bezogen sein, Fragen beantworten, die im anderen Teil auftauchen. Besonders die Überleitungen müssen stimmig sein. Dabei sei noch einmal daran erinnert: Gibt es keine wirklich gute Überleitung, dann sollte sie zumindest schnell passieren. Jedes zusätzliche Wort würde noch extra auf die Schwachstelle hinweisen und den Hörer irritieren. Die finale Zusammenführung, soweit hier möglich, geschieht also in den letzten Abschnitten der Geschichte:

Autor	Das wissen viele Menschen zu schätzen. Sich Zeit nehmen, zuhören, ganzheitlich. Zwei Stunden sind an diesem Nachmittag schnell vorbei. Am Abend fühlen sich meine Schultern tatsächlich leichter an.
O-Ton	(Valerie Arrowsmith, Behandlungszimmer) Insgesamt ist es schon erfüllender oder zufriedenstellender, wenn ich mehr Zeit für den einzelnen Patienten habe, was mir die TCM erlaubt. Und ich insgesamt immer mehr dahingehe, dass ich ganzheitliche Methoden anwende. Trotzdem würde ich nicht sagen, dass ich komplett auf die Schulmedizin verzichten möchte.

3.4 Akt-Struktur: Ordnung schaffen

O-Ton	(Manfred Richart, Studio) Bischko hat immer postuliert, jede Methode hat Möglichkeiten, aber auch Grenzen. Und für diese Grenzen hat er nach alternativen Methoden gesucht, die vielleicht die Schulmedizin sinnvoll unterstützen können.
Autor	Das kann man sich zu Nutze machen. Und versuchen, das Beste aus zwei Welten zu verbinden. Schulmedizin und ergänzende Methoden. Die Debatte geht bis heute.
Musik: tragend-melancholisch.	
Autor	Im November 2004 besucht Manfred Richart seinen engen Freund das letzte Mal.
O-Ton	(Manfred Richart, Studio) Und wir haben dann noch ein paar Zigarettchen geraucht, ein paar Gläschen Wein getrunken. Dann bin ich letztlich, ich glaube es war so vier oder fünf, habe ich mich verabschiedet. Und da ist etwas passiert, was eigentlich sonst nie war, wenn ich ihn besucht habe. Ließ sich mit dem Rollstuhl noch hinausführen und winkte mir zu, bis ich im Aufzug war.
Autor	…wenige Stunden später ist Johannes Bischko tot. Er wird 82 Jahre alt. Ein Leben lang hat Bischko dafür gekämpft, dass die Akupunktur von der Schulmedizin in Österreich akzeptiert wird. Und genau das schafft er. 1986 erkennt der Oberste Sanitätsrat die Akupunktur als wissenschaftliche Heilmethode an.

Durch die direkte Aufeinanderfolge von Valerie Arrowsmith und Manfred Richart wird die Verbindung der beiden Erzählebenen hergestellt. Was Valerie Arrowsmith formuliert, passt genau zu Johannes Bischkos Philosophie. Die Brücke zu heute ist geschlagen. Im Ausklang des Stückes wird das Leben von Johannes Bischko nun zu Ende erzählt. Dies kann der enge Freund Manfred Richart durch eine sehr persönliche Sichtweise und Anekdote übernehmen. Der abschließende Fakt, dass die Akupunktur als Heilmethode anerkannt wird, ist Bischkos Lebensleistung in einem Satz. Das Stück könnte hier vorbei sein, ich wollte aber gerne auf einer heiteren Note enden – schließlich ging es im Stück auch um meine Angst vor dem Moment, wenn die Akupunktur-Nadeln zustechen:

Autor	…wenige Stunden später ist Johannes Bischko tot. Er wird 82 Jahre alt. Ein Leben lang hat Bischko dafür gekämpft, dass die Akupunktur von der Schulmedizin in Österreich akzeptiert wird. Und genau das schafft er. 1986 erkennt der Oberste Sanitätsrat die Akupunktur als wissenschaftliche Heilmethode an.
O-Ton	(Valerie Arrowsmith, Behandlungszimmer) Tief einatmen und aus.
O-Ton	(Sven Preger) Ah!
O-Ton	(Valerie Arrowsmith, Behandlungszimmer) Die kann sehr intensiv sein!
O-Ton	(Sven Preger) Ach ja?!
O-Ton	(Valerie Arrowsmith, Behandlungszimmer) Sage ich Ihnen jetzt… (lacht).
Musik Ende.	

Ende dritter Akt. Gesamtzeit: 13:54 Minuten. Der dritte Akt hat knapp vier Minuten gedauert. Ist also ein bisschen länger als der Einstieg. Das halte ich häufig für eine gute Lösung. Schnell vorne in das Thema starten. Wenn der Hörer einmal in die Geschichte eingetaucht ist und bis zum Ende dabei ist, darf die Geschichte etwas langsamer ausklingen. Außerdem braucht es gerade für den Höhepunkt im dritten Akt auch immer etwas Zeit. Wird die entscheidende Szene zu schnell erzählt, fühlt sie sich für den Hörer häufig leer an.

Die Akt-Struktur hilft uns also dabei, unser Material zu ordnen, Widerstände zu sortieren und auf ein Ziel hin auszurichten. Vor allem für Anfang und Ende ist das Modell dabei sehr hilfreich. Je länger ein Stück allerdings wird, desto länger werden die Akte und einzelnen Abschnitte natürlich. Dann kann es Sinn ergeben, weitere Akte einzuschieben und auf vier oder fünf Akte zu erweitern.

Diese Erweiterung auf mehr Akte setzt dabei voraus, dass in den realen Geschichten klare, weitere Zwischen-Ziele und -Schritte vorhanden sind. Bei Bischko hätte zum Beispiel die Suche nach einem freiwilligen Patienten dafür taugen können. Doch nicht immer sind so viele Informationen und dazu passende Szenen vorhanden, die wirklich einen weiteren Akt ermöglichen. Arbeitet man mit einer Fünf-Akt-Struktur, dann ist der zweite Akt klassischerweise die Verschärfung der Situation, also das Zuspitzen der Konflikte. Der vierte Akt hingegen verzögert die finale Katastrophe und wirkt als retardierendes Moment – in Bezug auf das Bischko-„ZeitZeichen" hätte zum Beispiel die Suche nach einem geeigneten Operations-Raum (in dem das Publikum auch untergebracht werden kann) ein solches Moment liefern können. Doch für beide Ideen, Zuspitzung und Verzögerung, waren nicht genug Szenen und Töne recherchierbar. Es wäre also an der Umsetzung gescheitert. Manchmal ist das dichte, aber kürzere Stück eben auch das spannendere. Länger heißt nicht automatisch besser. Aus persönlicher Erfahrung finde ich drei Akte bis zu einer Länge von 30 Minuten ausreichend und gut handhabbar. Alles, was länger ist, benötigt eine etwas feinere Struktur.

Robert McKee nennt zwei weitere Argumente gegen die Fünf-Akt-Struktur: „Erstens: Die Vervielfachung von Akt-Höhepunkten verführt zu Klischees."[29] So viele Höhepunkte gibt es bei realen Stoffen meistens schlichtweg nicht. „Zweitens: Die Vervielfachung von Akten verringert die Wirkung von Höhepunkten und läuft auf Wiederholung hinaus."[30] Das kann schnell unglaubwürdig oder langweilig wirken – oder beides. Gibt es Stoffe, die so viele Akte hergeben, kann das

---

29 Robert McKee: Story (Berlin: Alexander Verlag, 9. Aufl., 2014), S. 240.
30 Ebd., S. 241.

Fünf-Akt-Modell genauso hilfreich und kraftvoll wie das Drei-Akt-Modell sein. Es kann auch dabei helfen, den langen zweiten Akt zu zerlegen und so besser in den Griff zu bekommen. Es gibt aber ein anderes Modell, was uns noch einen anderen (strukturellen) Zugang zu unserem Stoff ermöglicht. Es darf in keinem Dramaturgie-Buch fehlen. Erst recht nicht, wenn es um Erzählungen geht – denn dieses Modell beruht auf den Erzählungen und Mythen dieser Welt.

3.5 Die Heldenreise: Von alten Erzählungen lernen

Kann das wirklich sein? Gibt es eine Struktur, die jeder Geschichte innewohnt? Der amerikanische Mythologe Joseph Campbell hat sich diese Frage gestellt und die Mythen der Welt miteinander verglichen. Seine Antwort: Ja, diese Meta-Struktur gibt es. Campbell hat ihr einen Namen gegeben: der Monomythos oder die Heldenreise. Wenn es also ein Erzählmodell gibt, das uns gerade beim Geschichten erzählen unterstützen kann, dann müsste es eigentlich die Heldenreise sein. Schon der Titel von Campbells Standardwerk „Der Heros in tausend Gestalten"[31] antwortet auf eine der häufigsten Nachfragen in Bezug auf die Heldenreise: Müssen nun alle Geschichten gleich erzählt werden? Natürlich nicht! Genau wie die Akt-Struktur soll die Heldenreise dabei helfen, den Stoff in den Griff zu kriegen, in eine Reihenfolge zu bekommen, einen Plot zu gestalten. So wie Sprache immer aus Grammatik und Vokabeln besteht, so bestehen Geschichten vielleicht immer aus Elementen der Heldenreise. Mal sind sie alle vorhanden, mal nur ein paar. Gerade bei realen Erzählungen wird es nicht immer möglich sein, alle Elemente abzubilden. Und das ist auch nicht notwendig.

---

31 Joseph Campbell: Der Heros in tausend Gestalten (Berlin: Insel Verlag, 2011).

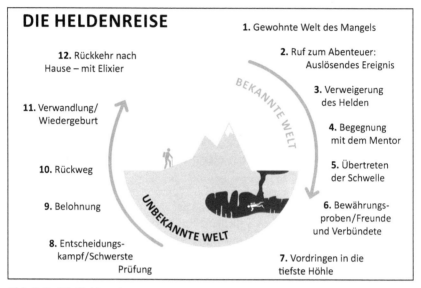

Abb. 3.2 Die Heldenreise

Die Heldenreise ist zweierlei: ein Struktur-Modell und eine Lebens-Philosophie. Diese Doppelfunktion unterstützt dabei, den eigenen Stoff zu ordnen. Das Struktur-Modell hilft, die Ereignisse und Gedanken in eine dramaturgisch-sinnvolle Reihenfolge zu bringen. Und die Lebens-Philosophie lässt uns erkennen, welche Aspekte für die Charakter-Entwicklung besonders wichtig sind. Wer sich die Stufen der Heldenreise anschaut, bekommt einen Eindruck davon, was gemeint ist. Campbell hat ursprünglich 17 Stufen einer Geschichte markiert. Der amerikanische Drehbuchschreiber und Autor Christopher Vogler hat daraus später zwölf gemacht.[32] Sie sind die, die bis heute üblich sind. Verdeutlichen wir sie passenderweise an einem 15-minütigen Radio-Feature über Joseph Campbell (gesendet am 30. Oktober 2017 zum 30. Todestag Campbells im „ZeitZeichen"):

Stufe 1: Gewohnte Welt des Mangels. Zwei Kerngedanken stecken hier drin. Erstens: Jede Geschichte muss irgendwo anfangen. Damit kann jeder Ort, jeder Augenblick ein Startpunkt sein. Aber was spürbar werden muss: Irgendetwas fehlt. Der Held ist mit dem Hier und Jetzt nicht zufrieden:

---

32 Christopher Vogler: The writer's journey (Studio City: Michael Wiese Productions, 1998).

3.4 Akt-Struktur: Ordnung schaffen

Autor	Joseph Campbell wird einigermaßen unspektakulär geboren. Am 26. März 1904 in White Plains, New York. Seine Eltern sind irisch-katholisch und ziehen bald darauf aufs Land.
O-Ton	(Martin Weyers, Wohnung) Wo er als kleiner Junge eben Pfeile gesucht hat, von Indianern, und so begeistert war, dass er dann erst die ganzen Bücher der Kinderbücherei studiert hat. Und war so begeistert, dass er sozusagen da zum Forscher geworden ist, wie er das später mal erzählt hat.

Diese Passage schildert eine Welt, die dem jungen Joseph Campbell offenbar nicht genug ist.

Stufe 2: Ruf zum Abenteuer. Die Idee hier: In der geschilderten Welt des Mangels passiert etwas, das die ganze Geschichte ins Rollen bringt. In anderen Dramaturgie-Modellen wird es auch das auslösende Ereignis genannt. Für Campbell war es der erste Kontakt zu mythischen Geschichten – das deutet sich ja bereits im O-Ton oben an, der direkt vor dieser Passage steht:

Autor	Es sind Campbells erste Mythen, erzählt Martin Weyers. Weyers ist bildner Künstler und arbeitet mit der Joseph Campbell Foundation zusammen. Campbell ist fasziniert von den Geschichten der indigenen Völker Amerikas – auch wenn das nicht ganz dem Zeitgeist entspricht.
O-Ton	(Martin Weyers, Wohnung) Wo er damals als kleiner Junge im Kino war bei so einem Western…

Stufe 3: Weigerung des Helden. Ein kurzes verzögerndes Moment, ein Innehalten des Helden: Soll ich mich wirklich trauen und meine gewohnte Welt verlassen? Ein Gefühl, das vielen von uns vertraut ist und den Helden menschlich macht. Und genau so geht es auch Joseph Campbell in seinem Leben:

Autor	Vielleicht spürt Campbell hier schon, dass ihm Mythen und Geschichten Energie geben und mehr interessieren als alles andere. Trotzdem studiert er erst mal Mathematik und Biologie. Das stellt ihn allerdings auf eine harte Probe. Denn mit seiner Erziehung lässt sich das nicht vereinbaren, was er da lernt.
O-Ton	(Martin Weyers, Wohnung) Bei ihm war das eben der Zusammenbruch dieses religiösen Glaubens eigentlich. Man sieht plötzlich: Es gibt eine ganz andere biologische Schöpfungsgeschichte oder Evolutionsgeschichte.
Autor	Campbell wechselt zur Columbia University. Und beginnt dort ein neues Studium: englische Literatur.

Lange darf diese Weigerung natürlich nicht dauern – sonst geht die Geschichte ja nicht weiter. Aber vielleicht darf dem Helden etwas nachgeholfen werden.

Stufe 4: Begegnung mit dem Mentor. Die Idee: Wir müssen nicht alles allein schaffen. Da draußen gibt es Menschen, die uns inspirieren oder Rat geben. Sie können uns dabei unterstützen, unseren Weg (ins Abenteuer) zu finden. Dabei muss es nicht gleich Jedi-Meister Yoda sein, es können auch kürzere Begegnungen mit anderen Persönlichkeiten sein. Für Campbell gab es eine solche Begegnung:

Autor	1924 nimmt ihn seine Familie mit nach Europa. Auf dem Rückweg trifft Campbell einen Mann, der ihn sehr inspirieren wird. Den indischen Philosophen Jiddu Krishnamurti. Dieser begeistert Campbell für indische Philosophie, für die Geschichten und Symbole. Zurück in den USA beginnt Campbell ein Master-Studium in mittelalterlicher Literatur.

Stufe 5: Übertreten der Schwelle in eine neue Welt. Jetzt beginnt das Abenteuer richtig. Der Held bricht auf – für ihn ist es eine neue Welt, in die er eintaucht. In fiktionalen Geschichten ist dies häufig durch eine räumliche Veränderung markiert. Der Hogwarts Express bringt Harry Potter nach Hogwarts, der Zug bringt Katniss Everdeen und Peeta Mellark in den „Tributen von Panem" ins Capitol und die Titanic legt ab und beginnt ihre Atlantik-Überfahrt. Auch Joseph Campbell übertritt diese Schwelle – bei ihm mehr im übertragenen Sinne. Er betritt eine neue Studienwelt der Mythen. Und was er dort erreichen will, zeichnet sich bereits ab:

Autor	Und so langsam reift in ihm eine Idee, was er eigentlich mit all diesen Mythen und seinem Leben anstellen will:
O-Ton	(Martin Weyers, Wohnung) Er wollte die Mythen wieder lesbar, verstehbar, erlebbar machen. Und diese Entdeckung zu teilen, ich glaube, das ist der rote Faden durch sein Werk.
Autor	Mythologie als etwas Konkretes…

Stufe 6: Bewährungsproben, Freunde & Verbündete. Sobald der Held in die neue Welt eingetaucht ist, muss er sich dort erst einmal zurechtfinden. Wer ist sein Freund? Wer ist sein Feind? Und wie kann er seinem Ziel näherkommen. Ähnliche Fragen kennen wir aus dem zweiten Akt, wenn es um Hindernisse geht. Je nachdem, wie ernst die ersten Hindernisse sind, kann dies auch ein durchaus schneller und humorvoller Part sein. Blake Snyder spricht in diesem Zusammenhang vom „Fun & Games"-Teil.[33] Auch Campbell versucht sich in der neuen Studienwelt zurechtzufinden und wird mit zahlreichen Herausforderungen konfrontiert:

---

33 Vgl. hierzu Blake Snyder: Save the Cat (Los Angeles: Michael Wiese Productions, 2005), S. 80f.

3.4 Akt-Struktur: Ordnung schaffen

Autor	Campbells Geschichte geht in Europa weiter – mit Hilfe eines Stipendiums seiner Universität. Er studiert die Archetypen von C.G. Jung und die Werke von Thomas Mann – dafür lernt er sogar Deutsch. Als er in die USA zurückkommt, hat er einen Plan: Er will eine Doktorarbeit verfassen. Doch das lässt die Fakultät nicht zu. Dafür hält die Weltgeschichte mal wieder eine unangenehme Überraschung bereit: im Jahr 1929.

Stufe 7: Vordringen in die tiefste Höhle. Sobald der Held sich einmal Orientierung in der unbekannten Welt verschafft hat, weiß er, welchen Weg er einschlagen muss, um sein Ziel zu erreichen. Auf diesem Weg wartet ein letztes großes Hindernis. Und damit das Ganze etwas spannender ist, wird der Weg dorthin extra in die Länge gezogen. Campbell hat räumlich gesprochen zwar nur einen kurzen Weg vor sich, doch zeitlich muss er sich auf eine lange Durststrecke einrichten:

Autor	…Als er in die USA zurückkommt, hat er einen Plan: er will eine Doktorarbeit verfassen. Doch das lässt die Fakultät nicht zu. Dafür hält die Weltgeschichte mal wieder eine unangenehme Überraschung bereit: im Jahr 1929.
O-Ton	(Martin Weyers, Wohnung) Da war ja der große Börsencrash. Das heißt: Man hatte einfach überhaupt kein Geld mehr. Und er ist dann fünf Jahre lang in den Wald gegangen. In die Nähe von Woodstock.
Autor	Zu tun gibt es hier nicht ganz so viel. Und einen Job hat Campbell auch nicht…

Stufe 8: Entscheidungskampf, die schwerste Prüfung. Der Held ist vom langen Weg schon sehr erschöpft und muss sich trotzdem noch einmal aufrappeln, um seine größte Prüfung zu bestehen. Natürlich sieht es so aus, als ob er diese nicht bestehen kann. Für Campbell ändert sich über Jahre nichts in seinem Leben. Er muss einsehen, dass er keinen Penny zur Verfügung hat – und sich das auch auf absehbare Zeit nicht ändert. Die Situation erscheint aussichtslos. Die größte Prüfung für ihn ist es also, diese Situation anzunehmen. Und zu versuchen, trotzdem das Beste aus dem Leben zu machen:

Autor	…Also verbringt er seine Zeit einfach weiter mit Lesen.
O-Ton	(Martin Weyers, Wohnung) Und dann hat er dort jahrelang gelebt. Und wenn das Leben eben so ist, dass es mir im Moment kein Geld zuspielen will. Oder die Umstände so sind, dass ich vielleicht nicht in Stanford studieren kann, dann gehe ich eben in den Wald, ohne fließendes Wasser und ohne Strom, und dann kann ich Bücher lesen. Das ist vielleicht nicht schön oder das, was man sich willentlich aussuchen würde, aber man muss aus jeder Situation das Beste machen. Und das kann auch so manche Hippie-Zeit sein, die kann uns genauso viel beibringen wie ein Studium in Stanford.

Stufe 9: Belohnung. Wer so lange durchhält und den Entscheidungskampf gegen sich oder andere gewinnt, der darf mit einer Belohnung rechnen. Dabei kann es sich sowohl um materielle Güter (Geld, Schwert etc.) als auch ideelle Güter (Liebe, Erkenntnis etc.) handeln. Meistens ist es beides. Campbell wird dreifach belohnt – mit einem Job, einer Partnerin und einer Antwort:

Autor	Denn Campbell nutzt sein umfassendes Wissen schließlich, um einer besonderen Frage nachzugehen:
O-Ton	(Uwe Walter, Wohnung) Kann es sein, dass in all diesen Religionen, in all diesen Helden vielleicht überall dieselben Kerne drin sind? Vielleicht sogar ein Urkern?
Autor	Campbell findet tatsächlich eine Antwort. Zuvor kehrt er aber aus dem Wald zurück in die Zivilisation. Ab 1934 unterrichtet er am Sarah Lawrence College, einer privaten Hochschule für Mädchen. 1938 heiratet er eine ehemalige Studentin: Jean Erdman.

Stufe 10: Rückweg. Wer als Held so erfolgreich in der fremden Welt war, muss oder darf irgendwann den Rückweg antreten – Richtung Heimat. Für Campbell bedeutet das, einen Platz in der akademischen Welt zu finden, indem er sein wohl wichtigstes Buch schreibt:

Autor	Und so findet Joseph Campbell eine Antwort auf seine Frage. Aus der ganzen Welt vergleicht er Mythen und sucht nach einem Muster, das allen Erzählungen innewohnt. Diese Meta-Struktur beschreibt er schließlich in seinem Buch: The Hero with a thousand faces – der Heros in tausend Gestalten. Diese Grundstruktur aller mythischen Erzählungen bekommt einen Namen. Der Monomythos oder die Heldenreise. Für Uwe Walter ist es keine Erfindung, sondern eine Entdeckung.

Stufe 11: Verwandlung, Wiedergeburt. Auf dem Rückweg dämmert dem Helden die Erkenntnis. Nach all den Erlebnissen ist das Leben nicht mehr so wie es war. Es hat sich tatsächlich etwas verändert. Diese Veränderung wird dem Helden nicht nur bewusst, sondern er kann sie für sich nutzen. Campbell hat mit seinem Buch das Geschichten-Erzählen verändert. Später wird ein Regisseur und Drehbuch-Autor die Heldenreise als Blaupause für eine Geschichte benutzen, an der er gerade arbeitet. Die spielt in einer weit entfernten Galaxis und kommt schließlich in die Kinos. Der Name des Regisseurs: George Lucas. Der Name seiner Geschichte: Star Wars. Campbell hat nicht nur andere inspiriert, sondern auch verstanden, was ihm im Leben wichtig ist:

3.4 Akt-Struktur: Ordnung schaffen

Autor	Campbell hat sich entwickelt und neu erfunden. Ihm war es immer wichtig, ganz im Hier und Jetzt zu sein. Das ist auch der Grund, warum er immer wieder Vorlesungen hält – wie bei dieser Aufnahme der Joseph Campbell Foundation aus dem Jahr 1970 – aus New York. Zum Abschluss seines Vortrags über Mythen und Kängurus erzählt er eine weitere mythische Geschichte aus dem Hinduismus – von einem Guru und einem jungen Schüler...

Stufe 12: Rückkehr nach Hause – mit Elixier. No place like home. Deswegen kehrt der Held am Ende seiner Abenteuer auch gerne nach Hause zurück. Aber meistens stellt sich nicht das Gefühl von früher ein – denn der Held hat sich verändert. Das Elixier, was er von seiner Reise mitbringt, kann symbolisch, materiell oder ideell sein – oder alles zusammen. Denken Sie noch einmal an einen der berühmtesten Heimkehrer – Samwise Gamgee. Als engster Freund von Frodo darf er am Ende von „Herr der Ringe" nicht mit zu den grauen Anfurten aufbrechen. Er bleibt in Beutelsend. Und sagt eben diesen berühmten letzten Satz: „Well, I'm back."[34] Joseph Campbell gibt kurz vor seinem Tod ein langes, mehrteiliges Interview, das kurz darauf im amerikanischen Fernsehen ausgestrahlt und viele Menschen bewegen wird. Doch das bekommt Campbell nicht mehr mit:

O-Ton	(Martin Weyers, Wohnung) Er begann gerade erfolgreich zu werden und ist dann eigentlich gerade kurz vor seinen großen Erfolgen, bevor er in den USA einem Millionenpublikum bekannt wurde, ist er eben gestorben. Übrigens bestmöglich eigentlich für den Helden: auf dem Weg vom Bett zum Schreibtisch. Er wollte gerade sich an die Arbeit machen und ist tot umgefallen.
Autor	Joseph Campbell stirbt am 30. Oktober 1987 auf Hawaii. Er wird 83 Jahre alt. Seine große Liebe, Jean Erdman, lebt heute noch. Sie ist mittlerweile 101.
Musik blendet auf.	
Autor	Joseph Campbell hat Mythen erforscht. Zusammenhänge gesehen und verstanden, dass Geschichten uns Mut machen, die Welt erklären, vielleicht sogar heilen. Die Heldenreise hat Campbell auch auf das reale Leben übertragen.
O-Ton	(Martin Weyers, Wohnung) Und das geht in einem so fort und irgendwann ist, glaube ich, das Klügste aufzugeben und nicht mehr sich zu überlegen: Ich kann irgendwann die Helden-Reise geschafft haben, sondern einfach sich zu überlegen: Es ist gar nicht so schlecht, die Heldenreise immer wieder neu zu machen. Denn so lange wie wir Probleme haben, sind wir noch lebendig.
Autor	Die zwölfte und letzte Stufe ist deswegen auch die Rückkehr nach Hause. Etwas klüger als vorher und bereit für ein neues Abenteuer.
O-Ton	(Uwe Walter, Wohnung) Und ich glaube, dass die Heldenreise nie aufhört.
Musik Ende.	

---

34 J.R.R. Tolkien: The Lord of the Rings (London: Harper Collins Publisher, 1991), S. 1069.

Die **Heldenreise betont also vor allem die Entwicklung des Helden**, seinen Weg und sein persönliches Wachsen. Diese Perspektive ist immens hilfreich, um die großen Bögen einer Geschichte zu spannen: Worauf läuft die Geschichte hinaus? Wie verändert sich der Held? Wodurch? Das Modell der Heldenreise ist also in Abgrenzung zum Aktmodell etwas stärker Helden- als Plot-zentriert. Im Vergleich zeigt sich aber, dass wesentliche Elemente in beiden Modellen auftauchen.

Abb. 3.3 Heldenreise und Akt-Struktur

Für Audio-Erzählungen ist die Heldenreise besonders nützlich, weil sie dabei hilft, die Erzählperspektive zu finden. Und, weil sie den Plot in kleinere Abschnitte unterteilt. Damit kann das Problem des langen zweiten Aktes bewältigt werden. Im Idealfall habe ich als Hörer das Gefühl, die Geschichte fließt die ganze Zeit – eines ergibt sich aus dem anderen. Um das zu erreichen, muss ich als Autor auf besondere Stellen achten: die Übergänge. Sei es bei den Übergängen von Akten untereinander oder von Stufen der Heldenreise. Die gute Nachricht: Es gibt ein Modell, das auf diese Elemente zusätzliches Augenmerk legt. Das uns dabei hilft, immer wieder für Überraschungen und besondere Augenblicke in unseren akustischen Erzählungen zu sorgen, auch wenn es aus der Drehbuch-Schule kommt.

3.6 Drehbuch-Paradigma: Dynamische Übergänge gestalten

Jede Geschichte braucht diese Momente, in denen sich der Plot weiterentwickelt. So entstehen Dynamik und Tempo. Der Hörer sollte spüren: Jetzt ist etwas Besonderes passiert. Wie in dem folgenden Auszug aus dem „ZeitZeichen" über den englischen Astro-Physiker Stephen Hawking: „Im Oktober 1962 beginnt Hawking in Cambridge – er studiert moderne Kosmologie, Mathematik und die Relativitätstheorie. Ihn fasziniert die Idee, eine Formel für alles zu finden, das ganz Große und das ganz Kleine. Doch es geht ihm gesundheitlich nicht gut. In den ersten Weihnachtsferien muss er sich untersuchen lassen. Und erhält eine niederschmetternde Diagnose: ALS, amyotrophe Lateralsklerose, eine nicht heilbare Erkrankung des Nervensystems. Dabei werden die Nervenzellen geschädigt, die die Muskeln steuern. Da ist Hawking gerade 21 Jahre alt. Die Ärzte geben ihm noch zwei oder drei Jahre. Und was macht er? Er schreibt: Wenn ich schon sterben muss, dann kann ich noch was Gutes tun. Also macht er sich an seine Doktorarbeit." Die Diagnose ist nicht nur ein dramatisch-einschneidendes Erlebnis im Leben von Stephen Hawking, sondern dramaturgisch betrachtet ein klassischer Plot Point. Ich habe schon darauf hingewiesen, dass man schwache Übergänge am besten schnell gestaltet. Die Plot Points bieten eine noch bessere Möglichkeit: sie gestalten Übergänge dynamisch und treiben die Geschichte voran. Es entsteht kein Bruch in der Erzählung, sondern Tempo.

Die Definition eines Plot Points ist nicht so ganz einfach oder eindeutig. Das zeigt schon eine erste, schnelle Online-Recherche. Laut deutscher Wikipedia ist ein Plot Point „eine Überraschung einer im Lauf dadurch komplizierten Handlung."[35] Der englische Wikipedia-Eintrag zum Plot Point ist sogar noch weiter gefasst: „In television and film, a plot point is a significant event within a plot that spins the action around in another direction."[36] Die Einschränkung auf Fernsehen und Film hat etwas mit dem Ursprung der Plot-Point-Theorie zu tun. Der amerikanische Sachbuch-Autor Syd Field hat sie zum ersten Mal in die Film- und Fernsehtheorie eingebracht. Für ihn ist der Plot Point ein zentrales Instrument. „Denn ein Plot

---

35 https://de.wikipedia.org/wiki/Plot_Point
36 https://en.wikipedia.org/wiki/Plot_point

Point greift in die Handlung ein und gibt ihr eine andere Richtung. Er ist ein Ereignis oder Zwischenfall, der die Story vorbewegt."[37] Dabei können wir Plot Points natürlich auch für Audio-Erzählungen nutzen. Sie helfen uns, lange Geschichten besser zu strukturieren und die Übergänge der verschiedenen Phasen zu gestalten – zumindest teilweise. Mir persönlich hilft die Definition, die der amerikanische Dramaturgie-Berater und Autor Karl Iglesias vorgenommen hat: „The two most powerful categories of change in stories, and in our lives, are discoveries, which are changes in knowledge, and decisions, which are changes in actions. In a story, these moments are plot points."[38] Für mich muss ein Plot Point drei Merkmale erfüllen:

1. Kraftvoll: Was auch immer dieses Ereignis ist, es muss Eindruck machen. Zum Beispiel emotional, wie die ALS-Diagnose für Stephen Hawking. Und weil es Konsequenzen nach sich zieht. Nach einem Unfall oder einem Trennungs-Gespräch geht das Leben anders weiter als zuvor. Das Ereignis selbst kann sowohl von außen kommen (wie ein Unfall) oder von innen (etwa in Form einer Entscheidung). Die Auswirkung ist dabei noch wichtiger als das Überraschungs-Element. Ein Plot Point kann sich auch ankündigen (wie ein Krisen-Gespräch, ein Arzt- oder Gerichts-Termin). Das Ereignis ist natürlich stärker, wenn es mit Erwartungshaltungen bricht. Die Überraschung bezieht sich dann eher auf das „Wie" des Ereignisses, weniger auf das „Ob". Manchmal ist es beides.
2. Plotbezogen: Ein Plot Point ist nur ein Plot Point, wenn er sich auch auf den Plot bezieht. Das hört sich erstmal trivial oder selbstverständlich an, ist es aber nicht unbedingt. Es gibt sicherlich zahlreiche herausragende Ereignisse in Stephen Hawkings Leben (wie die Geburt seiner Kinder, seine Hochzeiten, Scheidungen oder seine Treffen mit verschiedenen Päpsten). Alle diese Ereignisse waren sicherlich kraftvoll und wichtig für ihn und vielleicht sogar überraschend und prägend. Doch welches davon taugt zum Plot Point? Alle? Keins? Die Antwort: Das hängt vom Plot der Erzählung ab. Oder anders ausgedrückt: vom Erzählsatz. Der legt schließlich fest, welche Geschichte (und damit auch welchen Plot) ich erzählen möchte. Im hier zitierten „ZeitZeichen" lautet der Erzählsatz etwa: „Stephen Hawking will die allumfassende Weltformel finden, weil er vom Universum fasziniert ist. Er wird jedoch krank – die Ärzte geben ihm mit Anfang 20 nur noch wenige Jahre zu leben." Der Plot bezieht sich also auf die Herausforderung, die Weltformel zu finden. In Bezug auf dieses Ziel muss das ausgewählte Ereignis ein kraftvolles und überraschendes Ereignis

---

37 Syd Field: Drehbuch schreiben für Fernsehen und Film (Berlin: Ullstein, 4. Aufl., 2006), S. 76.
38 Karl Iglesias: Writing for emotional impact (Livermore: Wing Span Press, 2005), S. 83.

3.6 Drehbuch-Paradigma: Dynamische Übergänge gestalten

sein. Das wäre etwa der Fall, wenn die Papst-Begegnung dazu führen würde, dass Stephen Hawking fortan an Gott glaubt und deshalb sein ursprüngliches Ziel nicht weiterverfolgt (was nicht der Fall war!). Der Erzählsatz ist also der Maßstab für die Beurteilung des Plot Points.

3. Irreversibel: Hinter den Plot Point kann die Handlung nicht zurück. Auch das hört sich erstmal banal an. Was irreversibel meint: Erfahre ich, dass mein Partner mich betrogen hat, ein geliebter Mensch gestorben ist oder verstehe ich, dass tief in mir die Sehnsucht nach Anerkennung sitzt – dann kann ich hinter diese Erkenntnis nicht mehr zurück. Ich kann sie nicht ignorieren, sondern nur integrieren. Fällt eine Lampe vom Nachttisch und zersplittert in tausend Teile, dann kaufe ich mir eine neue – ist diese Lampe aber ein altes Familien-Erbstück mit einer hohen Bedeutung für mich, dann muss ich damit leben, sie zerstört zu haben. Stephen Hawking kann seit einem Luftröhrenschnitt 1985 nicht mehr sprechen – seitdem benutzt er seinen Sprachcomputer. Das ist irreversibel.

Syd Field hilft uns mit seinem Plot-Point-Modell insbesondere dabei, die Übergänge dynamisch zu gestalten. Dabei greift er gezielt auf die Drei-Akt-Struktur zurück und erweitert diese:

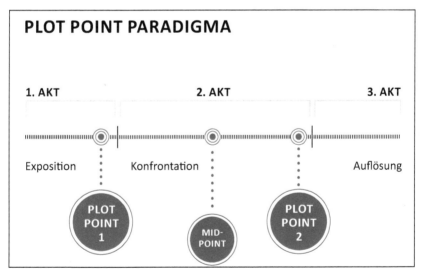

Abb. 3.4 Plot Point Paradigma

Die Plot Points sind in diesem Modell kurz vor dem Übergang in die nächsten Akte positioniert. Sie leiten die Akt-Übergänge ein. Field führt außerdem den Mid Point ein, eine Art Höhepunkt in der Mitte der Geschichte, nicht zu verwechseln mit der finalen Konfrontation oder Lösung des Konflikts im dritten Akt. Der Midpoint ist der Moment der tiefsten Krise – das kennen wir schon von Stufe acht der Heldenreise. In fiktionalen Geschichten ist es der Moment, in dem der Charakter merkt, dass er bislang nach Zielen gestrebt hat, die ihm nicht guttun. Er erkennt seine wahren Ziele, die er fortan erreichen will. Im Englischen spricht man von der Entwicklung von „what a character wants" zu „what a chracter really needs". Field sorgt mit diesem Midpoint dafür, dass der zweite Akt nicht langweilig wird.

Ein Beispiel: In der Doku-Serie „Der Anhalter" erzählt mein Kollege Stephan Beuting mir im ersten Akt der ersten Folge von seinem Erlebnis mit Anhalter Heinrich. Und wir stellen fest: Ich kenne diese Person ebenfalls und habe sie auch schon einmal mitgenommen, allerdings etwa ein Jahr vor Stephan. Das ist der erste Plot Point. Infolgedessen treffen wir eine Entscheidung: Wir wollen Anhalter Heinrich suchen und machen uns an die Arbeit. Damit beginnt der zweite Akt. In ihm folgen wir allen Spuren systematisch. Dabei merken wir während der Recherche im zweiten Akt: Möglicherweise sind Heinrichs Erzählungen über den Missbrauch in einer Kinder- und Jugendpsychiatrie wahr. Fortan geht es nicht mehr darum, einen Anhalter zu finden und zu überprüfen, ob er sich wie angekündigt umgebracht hat, sondern auch darum, möglicherweise einen größeren Skandal aufzudecken. Die Geschichte erhält also eine leicht neue bzw. konkretere Richtung – das ist der etwas frühe Midpoint. Zum Ende unserer umfangreichen Suche klingelt schließlich das Telefon: Anhalter Heinrich ruft zurück (das ist der zweite Plot Point). Wir vereinbaren einen Termin und zusammen machen Stephan und ich uns auf den Weg zu Heinrich (Beginn dritter Akt) – zum Storyboard des „Anhalters" siehe auch Kapitel 3.10.

Insbesondere für lange Erzählungen sind Plot Points von überragender Bedeutung. Sie geben Struktur, Überraschung und treiben vor allem die Handlung voran! So kann keine Langeweile aufkommen.

Alle drei Modelle (Akt-Struktur, Heldenreise, Plot-Point-Paradigma) wählen einen aus meiner Sicht leicht anderen Fokus auf einen Stoff. Alle drei Modelle sind für den Umgang mit fiktionalen Erzählungen entwickelt worden, für unterschiedliche Medien. Alle drei Modelle können uns dabei helfen, reale Erzählungen spannend zu gestalten: Die Akt-Struktur schafft Ordnung, die Heldenreise spannt den Entwicklungsbogen und das Plot-Point-Paradigma sorgt für Dynamik und gestaltet die Übergänge. Wenn man sie übereinanderlegt, erkennt man auch, dass es etliche Gemeinsamkeiten gibt:

3.6 Drehbuch-Paradigma: Dynamische Übergänge gestalten

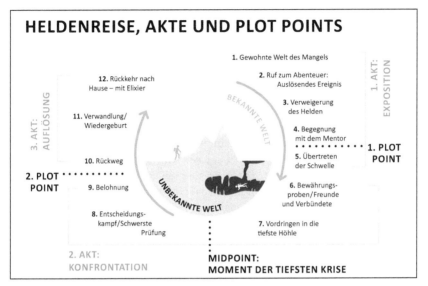

Abb. 3.5 Heldenreise, Akte und Plot Points

Darüber hinaus gibt es zahlreiche weitere Modelle, für vier oder acht Akte, die ursprüngliche Heldenreise mit 17 Stufen oder John Trubys 22 Stufen einer Geschichte.[39] Sie sind teilweise für bestimmte Formate entwickelt worden, etwa die typische amerikanische TV-Serien-Folge in 45 Minuten (vier oder acht Akte) oder einen großen Kinofilm. Sie alle verfolgen zwei Ziele: Sie wollen der Geschichte einen Spannungsbogen und Struktur geben. Sie tun dies nur mit unterschiedlichen Perspektiven. Für mich haben sich die folgenden Elemente und Prinzipien am ehesten bewährt – sie sind eine Mischung, Abwandlung und Ergänzung aus verschiedenen Modellen. Optimiert, um für akustische Narrationen den Plot zu entwerfen.

---

39 Vgl. hierzu John Truby, a. a. O., S. 267f.

3.7 Akustische Narrationen: Prinzipien und Kernelemente

Wir sind nun also mitten in der Struktur-Arbeit. Doch wie genau entwerfe ich den Plot? Am besten in zwei Schritten. Als erstes rufe ich mir ein paar Prinzipien in Erinnerung und durchforste mit ihrer Hilfe mein Material. Um in einem zweiten Schritt dann elf konkrete Plot-Elemente zu formen. Beginnen wir mit den Prinzipien:

1. **Erzählsatz ausdeklinieren.** Der Erzählsatz ist der Maßstab für den Lauf der Geschichte. Was zum Satz passt, kommt in die Geschichte. Was nicht, wird gestrichen. Dass ich als Reporter beweisen will, was ich mir alles an Wissen angeeignet habe, ist kein Grund für ein langweiliges Skript. Nur Bruchteile der Recherche schaffen es on air. Wenn ich das Gefühl habe: Alles, was ich weiß, ist auch Bestandteil meines Stücks, dann stimmt wahrscheinlich etwas nicht. Es ist wie mit dem Eisberg. Die Recherche ist viel umfangreicher, ermöglicht uns dadurch aber präzise Sätze und Formulierungen, die sonst nicht möglich wären.
2. **In Szenen denken.** Das ist mit die größte Herausforderung für Journalisten – siehe die Leiter der Abstraktion in Kapitel 3.3. Wir sind es gewohnt, Ergebnisse mitzuteilen und allwissend bzw. neutral zu wirken. Das müssen wir für eine Narration aufgeben. Suchen Sie nach Szenen, die Ihre Geschichte voranbringen. Wo handelt Ihr Held? Wo tauchen Hindernisse auf? Während der Grundrecherche notiere ich mir zum Beispiel starke Situationen oder Szenen, die mir beggnen. Ein Teil davon schafft es immer auch ins Stück. Das bedeutet: Jeder Stoff wird zweimal erarbeitet, erst thematisch sortiert (journalistisch), dann szenisch geplottet (dramaturgisch). So stelle ich auch sicher, dass alle wichtigen journalistischen Infos und Argumente in meiner Geschichte auftauchen.
3. **Spannungsbogen entwickeln.** Wo läuft die Geschichte hin? Das ist eine hilfreiche Frage, um die Geschichte vom Ende her zu plotten. Denn ich habe als Autor das Ziel fest im Blick. Dabei immer wieder daran denken: Spannung ist definiert als die offene Frage: Wie geht es weiter? Das sollte sich der Hörer fragen, sonst wird er gerade bei langen Geschichten irgendwann aussteigen (zu Spannungstechniken und szenischem Arbeiten vgl. auch Kapitel 5 und 6).
4. **Entwicklungsbogen spannen.** Wie entwickelt sich der Hauptcharakter oder Held? Was ist seine Aufgabe, was seine Herausforderung? Welche Hindernisse stellen sich ihm in den Weg. Je früher die Entwicklung bereits angelegt ist, desto glaubwürdiger ist sie (um die Charakter-Entwicklung kümmern wir uns auch noch ausführlich in Kapitel 4).
5. **Subplots entwickeln.** Wenn möglich. Eine hilfreiche Frage dafür: Gibt es jenseits der zentralen Herausforderungen weitere Handlungsstränge. Bei Kino-Filmen ist es zum Beispiel das, was man „love interest" nennt. „Avatar" wäre als reiner

Science-Fiction-Film und Dystopie vielleicht auch erfolgreich gewesen. Doch die Liebesgeschichte zwischen Jake Sully und Neytiri vertieft die Geschichte immens und wird mit der berühmten Schluss-Szene schließlich sogar zum Hauptplot (Augen auf bei der Partnerwahl!). Für reale Erzählungen sind Sub-Plots nur sehr schwer zu realisieren, weil sie von einem komplexen Charakter-Netzwerk leben. Bei längeren Serien aber beachtenswert.

6. **Liste der Enthüllungen anfertigen.** Tauchen bei der Recherche Informationen auf, die das Thema in einem neuen Licht erscheinen lassen? Bei denen man selbst als Reporter überrascht oder bewegt ist, wenn man sie zum ersten Mal wahrnimmt. Diesen Moment auf jeden Fall notieren. Diese Liste der Enthüllungen hilft dabei, die richtigen Plot Points festzulegen. Bei Stephen Hawking weiß man aller Wahrscheinlichkeit nach, dass er schwer krank war und möglicherweise auch, dass es sich bei der Erkrankung um eine schwere Nervenkrankheit handelte. Was man aber vielleicht nicht weiß ist, wann genau er die Diagnose bekommen hat und dass die Ärzte ihm nur noch wenige Jahre gegeben haben. Dramaturgisch wichtig ist in diesem Zusammenhang die Frage: Wann entfalten Informationen die größte dramatische Wirkung? Meistens ist das eine bestimmte Stelle in der Geschichte – und die ist nicht vorne. Das heißt, wir halten Informationen länger zurück oder platzieren sie ganz bewusst. Dabei kann es unter bestimmten Bedingungen auch mal Sinn ergeben, Informationen aus dramaturgischen Gründen bereits früh im Stück zu erwähnen. Im „ZeitZeichen" über den ersten Interkontinentalflug mit einem Solarflugzeug wird schnell klar, dass Bertrand Piccard die Hauptfigur ist. Er ist das Mitglied einer Entdecker-Familie. Sowohl sein Großvater Auguste (erster Ballonflug in die Stratosphäre 1931) als auch sein Vater Jacques (erster Tauchgang auf die tiefste Stelle des Meeres im Marianengraben 1960) waren große Abenteurer und Pioniere. Diese Information kann man an vielen Stellen in einer 15-minütigen Narration einfließen lassen. Die entscheidende Frage: Wo entfaltet die Information am meisten Kraft in Bezug auf die Narration. Die Antwort in diesem Fall: tatsächlich weit vorne. Denn es erhöht den Druck auf Bertrand Piccard. Er ist Mitglied einer großen Pionier-Familie. Scheitern ist für ihn also keine Option. Diese Information wird also genutzt, um dramaturgisch gesprochen den Einsatz zu erhöhen. Deshalb taucht sie weit vorne auf.

Wer diese Prinzipien berücksichtigt, hat die Möglichkeit, einen spannenden, konkreten Plot zu entwerfen. Der kann dann aus folgenden elf Elementen bestehen:

1. Fesselnde Einstiegs-Szene: Es geht direkt los. Keine großen Vorreden. Die erste Szene zieht den Hörer in die Geschichte. In ihr darf gerne etwas passieren.

Lieber dynamisch als statisch. In der ersten Szene lerne ich auch direkt den Hauptcharakter der Geschichte kennen. Ich erlebe ihn in Handlung – das vermittelt einen direkten Eindruck. Das „ZeitZeichen" über Johannes Bischkos beginnt zum Beispiel nahezu direkt am Operationstisch.

2. Das auslösende Ereignis: Ist in die erste Szene eingebettet oder schließt sich daran an (je nachdem, wie lang mein Stück insgesamt ist). Die Geschichte kommt ins Rollen. Joseph Campbell lernt seine ersten Mythen kennen, Bertrand Piccard beschließt, ohne Treibstoff um die Erde zu fliegen. Das auslösende Ereignis zeigt den Pfad auf, auf dem sich die Geschichte abspielt. Das auslösende Ereignis ist immer ein konkretes Ereignis, kein Sammelsurium aus Eindrücken. Bis heute beginnen viele lange Erzählungen immer noch mit einer Collage von verschiedenen O-Tönen. Die Begründung: Das macht ja so schön den Kosmos auf. Den Hörer verwirrt das zumeist. Er kennt den Kosmos noch gar nicht und lernt ihn durch Schnipsel auch kaum kennen. Die Collage wirkt manchmal wie die übriggebliebene Idee, weil einem sonst nichts eingefallen ist. Natürlich gibt es auch Erzählungen, bei der die Collage am Anfang Sinn ergibt, erst recht, wenn sie als moderierte Collage (also mit zusätzlich eingeworfenen kurzen Sätzen) daherkommt – diese Form kann viel stärker leiten und Orientierung geben als die reine Collage. Davon zu unterscheiden ist die Catch-Up-Collage („Previously on…" oder „Bisher beim Anhalter…"), also die Collage am Anfang von Serien-Folgen, die kurz zusammenfasst, was bisher geschah und an welchem Punkt bzw. Konflikt die Geschichte geradesteht.

3. Charakter-Einführung: Save the Cat. In der Einstiegs-Szene und im auslösenden Ereignis lerne ich die Hauptfigur der Erzählung in Aktion kennen. Blake Snyder fordert, dass der Hauptcharakter uns irgendwie sympathisch sein soll, indem er etwas allzu Menschliches tut – wie zum Beispiel eine Katze retten. Snyder nennt das die „Save the Cat"-Funktion. Seitdem die Anti-Helden die Leinwände und Fernsehbildschirme erobert haben, hat sich das möglicherweise ein wenig gewandelt. Der Hauptcharakter muss mir nicht sympathisch sein, aber ich muss seine Handlungen nachvollziehen können. Er muss es aus Sicht der Zuschauer oder Hörer zumindest verdienen, sein Ziel zu erreichen. Wir können es nachvollziehen und halten es für gerechtfertigt: Empathie ist also wichtiger als Sympathie. Don Draper in „Mad Men" und Walter White in „Breaking Bad" sind dafür nur zwei Beispiele. Ich finde die Idee, den Hauptcharakter so darzustellen, dass zumindest ein Anteil auch wirklich gemocht werden kann – und zwar von Anfang an – weiterhin sehr hilfreich. Dies kann häufig auch über etwas Humor geschehen, was den Vorteil hat, dass die Geschichte auch noch Leichtigkeit ausstrahlt. Etwas, was gerade in journalistischen Produkten immer noch viel zu häufig fehlt.

4. Erzählsatz aussprechen: Keine Angst vor dem Expliziten. Am Ende des ersten Aktes oder der Exposition sollte der Hörer wissen, worum es in der Geschichte geht. Die Aufgabe oder das Ziel darf gerne explizit genannt werden. Das ergibt sich idealerweise direkt aus der ersten oder zweiten Szene. Das hilft auch dabei, den Übergang in den zweiten Akt zu markieren. Um bis zu diesem Punkt alle Fakten genannt zu haben, die der Hörer braucht, um das Setting der Geschichte zu verstehen (noch nicht mehr!) hilft ein Trick, den Drehbuch-Autor und Regisseur Aaron Sorkin gibt. Am Anfang einer jeden Geschichte sollte es eine Person geben, die stellvertretend für das Publikum steht. Diese Person ist genauso ahnungslos und hat jedes Recht, alle Fragen zu stellen. In einem Workplace-Drama wird diese Funktion häufig von Praktikanten oder neuen Kollegen übernommen. Diese Idee ist auch auf reale Geschichten übertragbar. „Radiolab" zum Beispiel arbeitet mit dieser Aufgabenteilung zwischen den beiden Moderatoren Jad Abumrad und Robert Krulwich. Einer der beiden hat am Anfang der Geschichte meistens keine Ahnung und darf alle notwendigen Fragen stellen. Ein guter Trick, um Sorkins Idee auf reale Geschichten zu übertragen.
5. Plot Point 1: Hier kommt die Liste der Enthüllungen ins Spiel. Kann sie ein einschneidendes, vielleicht sogar überraschendes Ereignis oder eine Erkenntnis liefern, die als Plot Point fungieren kann? Dann gerne nutzen. Der Plot Point ist gleichzeitig Auslöser für den Übergang zum zweiten Akt.
6. Sich steigernde Krisen: Suchen Sie die Hürden, die der Hauptcharakter auf seinem Weg zum Ziel überwinden muss. Versuchen Sie Szenen zu finden, die diese Hürden verdeutlichen. In denen wir den Hauptcharakter als Handelnden erleben. Bringen Sie nun die Hürden in eine Reihenfolge: von einfach über mittel bis schwer. Nun arbeiten Sie sie nacheinander ab, wenn möglich. Die Geschichte spitzt sich also zu. Manchmal ist das für reale Geschichten recht herausfordernd, weil die Geschichte chronologisch erzählt werden soll, sich die schwersten Hürden aber recht früh in den Weg des Helden stellen. Dann muss man abwägen: Behalte ich die Chronologie bei und kann die Geschichte so logisch nach vorne erzählen oder finde ich eine Struktur, in der sich die Konflikte zuspitzen? Die sollte dann aber nicht zu verwirrend sein, etwa weil sie zu viele Sprünge in der zeitlichen Dimension enthält. Meistens entscheidet man sich dann wahrscheinlich doch für die chronologische Erzählung.
7. Moment der Krise / Erkenntnis: In fiktionalen Erzählungen ist es die Situation, in der dem Hauptcharakter klar wird, was er eigentlich braucht. Häufig wird diese Erkenntnis durch eine tiefe Krise ausgelöst. Für reale Erzählungen finde ich die Frage hilfreich: Wann war der Held am weitesten von seinem Ziel weg? Wann war die Hoffnung darauf, das Ziel zu erreichen, am geringsten? Diesen

Moment baue ich bewusst in den zweiten Akt ein! Das hilft auch dabei, den längsten Akt besser in den Griff zu kriegen.
8. Plot Point 2: Wieder kann die Liste der Enthüllungen helfen, um den Übergang zum dritten Akt zu markieren. Die Anzahl möglicher Plot Points gibt häufig auch eine gute Idee davon, wie lang ein Stück werden kann, ohne Dynamik und Spannung zu verlieren. Das ist gerade für das Plotten von Serien besonders wichtig (vgl. hierzu Kapitel 3.10.).
9. Höhepunkt / Besonderer Augenblick: Es ist der Moment, in dem sich entscheidet: Erreicht der Held sein Ziel oder nicht? Es ist die letzte Auseinandersetzung. Wenn der Erzählsatz schildert, worum es in der Geschichte geht, dann legt der Höhepunkt das Ergebnis der Geschichte fest. Im „ZeitZeichen" über Johannes Bischko ist es zum Beispiel der Ausgang der Operation. Wenn eine Geschichte keinen klaren Höhepunkt hergibt, dann kann es für mich auch ein ganz besonderer Augenblick sein. Jedes Stück sollte so einen haben. In einer Radio-Doku über den Flugpionier Hugo Junkers habe ich zum Beispiel den folgenden Moment eingebaut. Ein Team aus verschiedenen Gewerken hat eine alte „Ju 52" (ein altes Flugzeug-Modell, das unter anderem im Zweiten Weltkrieg eingesetzt wurde, um Kranke zu transportieren) wieder zusammengebaut. Der verantwortliche Ingenieur schildert in einer kommentierten Collage, welche Arbeitsschritte dafür alle notwendig waren. Schließlich ist die Arbeit erledigt, der Moment ist gekommen, die „Ju 52" soll wieder fliegen. Auf entsprechende Atmo und Musik sagt der verantwortliche Ingenieur Harald Claasen schließlich: „`Ich hab' also da den Sprechfunk mit abgehört, wo mein Kollege dann sagte: ‚Ju 52' ready for Take-off for the first time.`" Dieser Augenblick passiert, nachdem etwa drei Viertel der Erzählung vorbei sind. Es ist der emotionale Höhepunkt. Gibt es diese Momente, in denen Leben so verdichtet dargestellt werden kann, entsteht beim Hörer oftmals der Eindruck, gerade etwas ganz Besonderes erlebt zu haben. Im Englischen spricht man auch davon, dass eine Szene ‚greater than life' ist.
10. Neues Gleichgewicht / Fazit / Wrap-Up: Der Moment des Durchatmens und Bilanz-Ziehens am Ende der Geschichte. Der Höhepunkt hallt nach und wir erkennen als Zuhörer die Veränderung. In Audio-Erzählungen sind das häufig die letzten, zusammenfassenden Sätze. Hier kann auch noch einmal die tieferliegende Idee auftauchen.
11. Rausschmeißer / Cliffhanger: Gibt es eine Information, eine Anekdote oder ein Ereignis, das symbolisch die ganze Geschichte noch einmal zusammenfasst? Bei Serien ist dies der Platz für den Cliffhanger. Wichtig: Ein Teaser (nach dem Motto: nächste Woche behandeln wir dann den und den Aspekt unseres The-

3.7 Akustische Narrationen: Prinzipien und Kernelemente

mas) ist kein Cliffhanger. Ein Cliffhanger ist eine Tür, von der ich wissen will, was dahinter ist. Es ist eine konkrete Frage, die ich gerne beantwortet hätte. Im Gegensatz zur Bilanz geht es hier noch einmal um eine konkrete Situation oder ein Erlebnis. Das „ZeitZeichen" über Stephen Hawking endet mit einem klassischen Rausschmeißer, schließlich ist es ein Einteiler, keine Reihe oder Serie. Das Ende ist eine Art Zitat, das versucht, das Leben und Werk Hawkings noch einmal in einer Anekdote zusammenzufassen, ihm ein letztes Mal nahe zu kommen und den Hörer mit einem Schmunzeln zurückzulassen: „Ob er Zeitreisen für möglich hält, wird er oft gefragt. Darauf würde er keine Wette eingehen, hat Hawking mal geschrieben. Denn der andere könnte ja den Vorteil haben, die Zukunft zu kennen."

Ganz klar: In den aller-seltensten Fällen lassen sich alle elf Elemente des Erzähl-Plots in realen Stoffen finden. Aber es geht um die Perspektive. Wer nicht sucht, wird diese Elemente auch nicht finden – oder ihre dramatische Wirkung verschenken. Wichtig dabei ist: All diese Elemente fundieren auf einer gründlichen journalistischen Recherche.

▶ Es geht darum, ein angemessenes Abbild der Realität zu inszenieren. Oder anders ausgedrückt: Erzählen Sie eine wahre und wahrhaftige Geschichte. Tell a true story.

Die hier geschilderten elf Elemente beziehen sich am ehesten auf eine rein szenische oder eine szenisch-refelektierende Narration (den Meta-Plots widmen wir uns sofort). Es ist das, was sich wie eine echte Geschichte anfühlt. Bleibt auch hier die Frage: Was tue ich, wenn ich journalistisch etwas transportieren möchte und nicht den einen, herausragenden Protagonisten habe? Stirbt dann mein Thema? Und wieder heißt die Antwort: Nein, natürlich nicht. Das würde ja den Blick auf die Welt zu sehr verengen und ein absolutes Zerrbild (also noch mehr als sowieso schon) hervorrufen. Je nach Thema und Angang kann ich die Struktur anpassen und trotzdem narrative Techniken nutzen. Dabei helfen die folgenden fünf Struktur-Modelle, die ich narrative Meta-Plots nenne.

3.8 Die fünf narrativen Meta-Plots

Meta-Strukturen haben den großen Vorteil, dass sie Orientierung geben. Sie weisen auf die wichtigen Aspekte einer Narration hin. Gleichzeitig werden sie für die eigene Erzählung nie die ideale Vorlage liefern. Im Detail sind gerade nicht-fiktionale Erzählungen zu unterschiedlich. Die folgenden fünf Meta-Strukturen habe ich nach und nach entwickelt. Sie helfen mir dabei, das Wesentliche einer Narration im Blick zu halten:

Die rein szenische Narration: die echte Geschichte. Mit Protagonist, Herausforderungen, Plot Points und Endkampf. Es ist die Geschichte, in die wir als Hörer am stärksten eintauchen können, von Szene zu Szene. Die dänische Podcast-Produktionsfirma „Third Ear" arbeitet sehr stark mit dieser Form. Zum Beispiel in der Geschichte „Ringbindsattentatet" (übersetzt etwa „Das Aktenordner-Attentat") von Tim Hinman und Krister Moltzen.

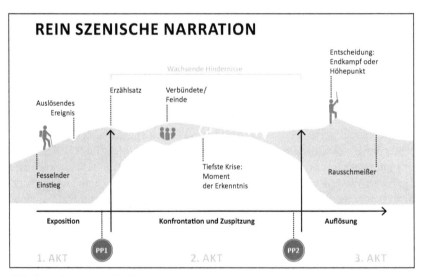

Abb. 3.6 Rein szenische Narration

Die szenisch-reflektierende Narration: auch eine echte Geschichte. Ebenfalls mit Protagonist, Herausforderungen, Plot Points und Endkampf. Die notwendigen Informationen zum Verständnis sind wie gehabt in die Szenen eingewoben. Zwischen den Szenen ergeben sich außerdem immer wieder längere Reflektions-Passagen,

3.8 Die fünf narrativen Meta-Plots

in denen die größeren Ideen hinter der Geschichte debattiert werden. Hier dürfen auch die Hintergrund-Informationen Platz finden, die für die Geschichte wichtig sind. Strukturell findet also ein ständiger Wechsel auf der Leiter der Abstraktion (vgl. hierzu Kapitel 3.3) statt, zwischen konkreter Szene und reflektierender Debatte. Daher der Name dieser Form. Als grobe Orientierung hilft mir meine selbst auferlegte 50:50-Regel. Ich versuche also, das Verhältnis zwischen Szenen und Reflektion in etwa ausgeglichen zu gestalten. Wird der szenische Anteil kleiner, dann wird die Gefahr für den Hörer bestehen, aus der Geschichte herauszufallen und zu sehr den Eindruck eines Lexikon-Eintrags zu gewinnen. Wie weit die Geschichte über die Reflektions- und Informations-Passagen trägt, hängt auch daran, wie spannend die szenische Handlungs-Ebene ist – und an der Stärke der Cliffhanger. Produktionen wie „Serial" oder auch „Der Anhalter" sind in dieser Form gestaltet. Dabei ist der Reflektions-Anteil bei „Serial" etwas stärker ausgestaltet, der szenische Anteil dafür beim „Anhalter".

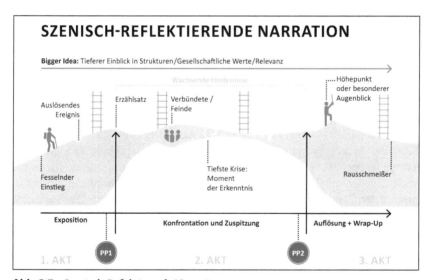

Abb. 3.7 Szenisch-Reflektierende Narration

Die erklärende oder analysierende Narration: Stellen wir uns vor, Sie wollen sich einem komplexen Phänomen nähern. Eher einem Thema als einer Geschichte. Deswegen müssen Sie noch lange nicht auf narrative Techniken und Strukturen verzichten. Das größte Problem mit dieser Art von Narrationen: Es gibt nicht den einen Protagonisten, dessen Herausforderung durch die Geschichte führt. Trotzdem benötigen Sie für eine spannende Geschichte die klassischen Elemente wie auslösendes Ereignis, Plot Points, Szenen etc. Wie eben bei dem Bananen-Beispiel (siehe dazu Kapitel 2.6). Hier lautete der Erzählsatz: Bananen aus Kolumbien (die Bananen nehmen den Platz des Protagonisten ein) sollen im perfekten Reifegrad Europa erreichen (das Ziel), weil das den besten Preis erzielt (die Begründung), dafür müssen aber viele Prozesse perfekt ineinandergreifen (die Hindernisse). Es handelt sich hierbei um eine erklärende Narration. Die große Herausforderung: Wie ankern Sie das Thema beim Hörer? Auch das muss über eine starke Einstiegs-Szene geschehen, aus der sich Ihre Leitfrage unmittelbar ergibt, hier etwa: Wie kommen die Bananen denn aus Südamerika nach Europa? Und in dieser Szene braucht es auch handelnde Personen, die als Identifikations-Fläche fungieren – auch wenn ich diese Personen dann nicht weiterverfolge. Das bedeutet: Sie brauchen an jeder Stelle einer neuen Etappe oder eines neuen Abschnitts wiederum Szenen und handelnde Personen, die die zu vermittelnden Inhalte erfahrbar machen. Das können in dem Bananen-Beispiel Mitarbeiter von Plantagen, Logistik-Unternehmen, Reedereien oder Lebensmittel-Märkten sein. Sie brauchen also nicht einen starken Protagonisten, der komplett durch die Geschichte führt, sondern Sie brauchen viele einzelne Charaktere, die an den jeweiligen Etappen Probleme lösen – sie alle sind im Idealfall in der Lage, Empathie zu erzeugen. Das ist eine große Herausforderung.

Ein Beispiel für eine herausragende erklärende Narration ist die „Invisibilia"-Folge „The Culture Inside", die sich der folgenden Frage widmet: „Is there a part of ourselves that we don't acknowledge, that we don't even have access to and that might make us ashamed if we encountered it?"[40] Konkret geht es um die Frage, wie stark Rassismus in jedem von uns verankert ist und was wir dagegen tun können. Eine extrem facettenreiche und komplexe Frage. Die große Herausforderung ist es, die verschiedenen inhaltlichen Aspekte zu verbinden und gleichzeitig erfahrbar zu machen. Der Plot der Erzählung folgt deshalb immer starken Szenen. Die Geschichte beginnt zum Beispiel in einem Krankenhaus. Dort liegt eine Frau, die sich wegen ihrer Epilepsie hat operieren lassen. Auf einmal kann die Patientin eine Hand nicht mehr kontrollieren. Die Hand entwickelt ein Eigenleben. Diese Szene wird als eine Art Vergleich genutzt, um die Leitfrage des Stücks zu entwickeln: Gibt es etwa einen unbewussten Teil in uns, den wir nicht anerkennen und akzeptieren? Damit wird die Brücke zum Thema Rassismus geschlagen. Immer wieder schafft es die Geschichte, verblüffende und spannende Szenen zu eröffnen. So zum Beispiel auch in der Mitte der Geschichte, etwa nach einer guten halben Stunde. Es geht gerade um das, was man „implicit bias" nennt, also die Art von Voreingenommenheit oder Vorurteilen,

---

40 https://www.npr.org/programs/invisibilia/532950995/the-culture-inside

die uns nicht bewusst sind. Aus der vorherigen Szene hat sich die Frage ergeben, was wir als Menschen gegen diese Voreingenommenheit tun können. Wie werden wir unser Bias los? Die Geschichte springt daraufhin in eine neue Szene. Darin hören wir, wie eine Frau offenbar eine Gruppe von Menschen begrüßt. Es hört sich nach Tagung, Seminar oder Gruppensitzung an. Kurz darauf erfahren wir: Es ist das wöchentliche Treffen einer Gruppe, die sich „Racist Anonymous" nennt, es ist eine Selbsthilfegruppe. Es sind Menschen, die sich ihren Vorurteilen stellen wollen. Und natürlich bleiben wir als Hörer dran und wollen erfahren: Was sind das für Leute? Die Geschichte wechselt also ständig die Ebenen: Szene und Reflektion. Dabei ist dieser Wechsel nicht beliebig, sondern ergibt sich logisch auseinander. Eine Szene führt zu einer Frage, die debattiert wird. Diese Debatte führt zu einer neuen Frage oder einem neuen Phänomen und damit in eine neue Szene. Und immer so weiter. So kann eine erklärende oder analysierende Narration entstehen. Eine tolle, aber auch komplexe und herausfordernde Dramaturgie.

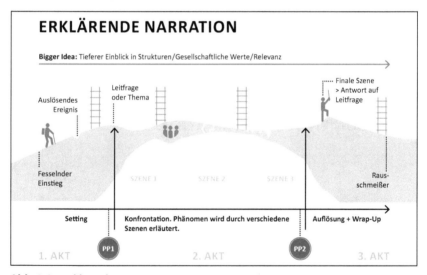

Abb. 3.8 Erklärende Narration

Die argumentative Narration: Sie ist strukturell sehr eng verwandt mit der erklärenden Narration. Nur geht es jetzt nicht um ein Thema oder Phänomen, das erklärt wird, sondern um eine These, die exploriert wird. Wenn zum Beispiel ein Fußball-Verein immer wieder die nationale Meisterschaft gewinnt (rein fiktives

Beispiel), dann wird es dafür Gründe geben. Die kann ich entweder erforschen (dann ist es eher eine analysierende Narration) oder eine These dazu aufstellen und diese dann ausdeklinieren (dann ist es eher eine argumentative Narration). Es ist also eine unterschiedliche Perspektive, mit der man auf ein Thema schaut. Tauchen Themen zum ersten Mal auf oder sind verhältnismäßig neu, dann bietet sich eher eine erklärende Narration an, sind Themen schon länger auf dem Markt, wirkt häufig eine argumentative Narration angemessener. Das hängt aber auch stark von Publikation und Publikum ab.

Die argumentative Narration kämpft mit den gleichen Herausforderungen wie die erklärende Narration. Der große Spannungsbogen (die Leit-These) muss beim Hörer verankert werden – am besten als Resultat aus einer starken Einstiegs-Szene. Danach braucht es für jedes neue Argument Szenen, die diese Argumente erfahrbar machen. Häufig arbeiten Geschichten im Nachrichtenmagazin „Der Spiegel" auf diese Art und Weise. Am Anfang wird eine These formuliert, die dann belegt wird – durch Debatten und Szenen. Ein großes Problem für solche Arten von Narrationen ist häufig der Erzählfluss. Die Versuchung ist sehr groß, zum Beispiel am Beginn eines neuen Abschnitts inhaltlich einfach irgendwo neu anzusetzen. Das Resultat sind dann leider Brüche in der Erzählung. Auch deswegen ist eine Plot-Planung wichtig. Als Meta-Struktur finden sich zwischen erklärender und argumentativer Narration viele Ähnlichkeiten:

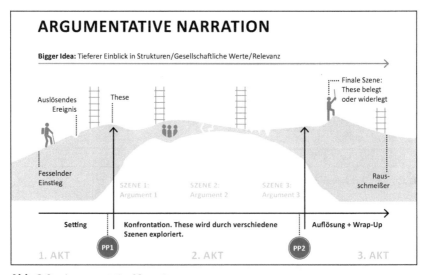

Abb. 3.9 Argumentative Narration

3.8 Die fünf narrativen Meta-Plots

Die narrative Anekdote: Sie ist die verkürzte rein szenische oder szenisch-reflektierende Narration. Der Einakter, der anhand eines Ereignisses ein Phänomen aufzeigt oder erzählt. Häufig entwickeln diese Geschichten nicht die Tiefe wie große Narrationen, es steht zum Beispiel nicht ganz so viel auf dem Spiel. Aber es sind Alltags-Geschichten, die trotzdem auf ein wichtiges Phänomen oder Problem hinweisen. Häufig hat man das Gefühl: Da hat jemand wirklich etwas gut beobachtet, um anhand einer Alltags-Begebenheit oder eines Erlebnisses einen etwas tieferen Einblick in die Gesellschaft zu geben. Insofern vermittelt sich die bigger idea eher im Subtext. Strukturell besteht die narrative Anekdote häufig aus nur einem Akt. Mein Kollege Stephan Beuting hat zum Beispiel einmal sein Zelt an Bauarbeiter verliehen. Diese teilten sich zu sechst ein Zwei-Personen-Zelt und Stephan wollte helfen. Was dann geschah, erzählt er in einer zwölfminütigen „Einhundert"-Geschichte mit dem Titel „Mein Zelt ist weg". Die Geschichte dreht sich um Hilfsbereitschaft und Vertrauen im Alltag und zeigt beispielhaft auf, wie Stephan mit seinem inneren Konflikt umgeht: auf der einen Seite will er helfen, auf der anderen Seite muss er Vertrauen fassen, einen Gegenstand zu verleihen, der ihm persönlich wichtig ist. Daraus entsteht eine sehr gelungene narrative Anekdote, in deren Zentrum ein zentrales Ereignis steht (hier eben das Verleihen des Zeltes).

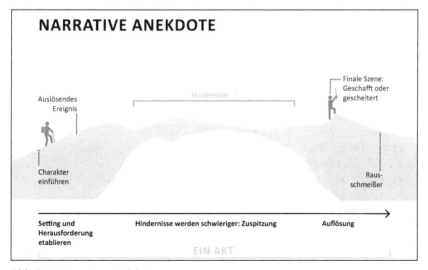

Abb. 3.10 Narrative Anekdote

3.9 Storytelling für Kurzbeiträge und Kollegengespräche

Diese Meta-Strukturen helfen dem Autor dabei, zu fokussieren. Sie zeigen außerdem, dass viele narrative Techniken auch kürzeren Beiträgen helfen können. Das gilt insbesondere für die aktuelle Berichterstattung. Unter Zeitdruck ist jeder Reporter von vielen Zufällen und pragmatischen Lösungen abhängig. Deshalb kann niemand darauf warten, alles zusammen zu suchen, was eine perfekt durchdeklinierte Geschichte braucht. Doch selbst in den Kurzbeiträgen wollen Redakteure und Reporter häufig zu viel (illustrierende Beispiele, kurzweilige Umfrage, Reaktionsebene, Ausblick, Service – und das alles in 2:30 Minuten, inklusive An- und Abmod versteht sich). Deshalb hilft es auch beim Erstellen von Kurzbeiträgen, zu fokussieren. Dabei ist es für mich häufig wichtig, als erstes zu erkennen, welche Art von Beitrag oder Kollegengespräch ich plane. Ich unterscheide dabei drei Arten:

- Ereignis abbilden. Das umfasst alle klassischen Nachrichtenlagen bei aktuellen Ereignissen. Irgendwo ist irgendwas passiert und ein Reporter bildet das Ereignis ab. Die Nacherzählung des Ereignisses bis zum jetzigen Zeitpunkt kann dabei den roten Faden bilden. Größte Schwierigkeit: Die Anmoderation oder die ersten Sekunden des Beitrags fassen meist das Ergebnis bereits zusammen. Dann besteht die Gefahr, dass ich als Hörer danach nicht mehr zuhören muss. Deshalb: Nicht alle Informationen sofort erzählen. Es kann helfen, das vorher explizit mit Redakteuren und Kollegen abzusprechen, weil diese Art der Erzählung übliche Gewohnheiten durchbricht. Erläutert der Beitrag oder das Gespräch auch, was das Ereignis bedeutet, ist eine Kurzform der erklärenden Narration möglich.
- Aufgabe abarbeiten. Diese Erzählform ist sehr nah an der rein szenischen Narration. Es gibt einen echten Protagonisten, der sich einer Herausforderung stellt. Die Geschichte erzählt, wie er sich dabei anstellt und ob er erfolgreich ist. Vorsicht: Ein Bäcker, der seit 30 Jahren Brötchen backt, ist allerdings kein Protagonist für ein Stück über den Beruf des Bäckers (zu Protagonisten vgl. Kapitel 4.1). Vielleicht eignet er sich als Protagonist für eine andere Geschichte, weil er seinen Laden nun an die nächste Generation weitergeben will, aber keinen Nachfolger findet. Dann hat er eine echte Herausforderung.
- Explorieren einer These. Das ist die Kurzform der argumentativen Narration. Der Beitrag oder das Kollegengespräch exploriert dabei zum Beispiel die These: Eine Stadt X ist besonders Fahrrad-unfreundlich.

Häufig wirken kurze Beiträge oder Kollegengespräche vor allem deshalb langweilig, weil die Absprachen zuvor nicht präzise waren. Der Auftrag lautet eher: Mach doch mal was zur Situation der Radfahrer in unserer Stadt. Das erschwert für alle

Beteiligten den Arbeitsprozess, auch in der Besprechung von Skript oder Produkt später. Hinzu kommt natürlich, dass sich im Aktuellen nicht alle Story-Ideen umsetzen lassen. Dafür ist der Zeitdruck viel zu hoch. Aber es gibt ein paar Aspekte und Fragen, die dabei helfen, auch Kurzbeiträge im Aktuellen narrativ aufzuwerten:

Checkliste für Kurzbeiträge & Kollegengespräche

- Kann ich einen echten Prozess abbilden? Ein Prozess heißt: Aufgabe, Hindernisse, Ziel. Das ergibt in der Summe Veränderung. Am besten transportierbar über handelnde Personen. Wenn das nicht geht: Habe ich dann zumindest einen klaren Fokus? Sind Leitfrage, These oder Aufgabe etabliert und werden abgearbeitet? So bekommen auch kurze Stücke eine bessere Struktur.
- Kann ich eine Szene erfahrbar machen? Dabei meint eine Szene mehr als ein bloßes Beispiel. Eine Szene besteht aus einer Absicht und aus Hindernissen, also einer Mini-Story (vgl. hierzu auch Kapitel 6). Vielleicht eignet sie sich für den Einstieg.
- Habe ich nicht nur einzelne, freistehende, sondern szenische O-Töne oder sogar echten Dialog? Dialog ist das sprachliche Mittel, um Konflikte auszutragen. Deshalb entwickeln dialogische O-Töne so viel Kraft (vgl. hierzu Kapitel 6.5). Der Dialog kann auch zwischen O-Ton-Geber und Reporter stattfinden – wenn es für die Geschichte Sinn ergibt. Wenn es kein szenischer oder dialogischer O-Ton ist, kann es auch ein anderer Ton sein – der einen wahrhaftigen oder besonderen Moment abbildet. Solche Töne eignen sich auch gut für den Einstieg. Sie können zum Beispiel schon vom Moderator in die Anmod eingebaut werden.
- Gibt es einen echten Protagonisten? Ein Protagonist ist dabei mehr als ein illustrierendes Beispiel. Er braucht eine echte Herausforderung. Was auch häufig hilft: ein „Save-the-Cat"-Moment für Protagonist oder andere O-Ton-Geber. Menschen wirken dadurch viel nahbarer.
- Gibt es überraschende Informationen? Häufig erahnen Hörer schon zu Beginn des Beitrags, wie dieser verläuft und endet. Das ist leider langweilig. Ein Mittel dagegen: Informationen, die nicht erwartbar sind. Wer sie als Reporter gezielt einsetzt, schafft Dynamik. Wer sie ans Ende seines Stücks packt, stellt sicher, dass die Geschichte besser in Erinnerung bleibt und auf einer Pointe endet.
- Läuft mein Stück auf ein echtes Ende zu? Steht etwas auf dem Spiel, wenn die Aufgabe nicht erledigt wird oder die These des Stücks sich als falsch erweist? Häufig plätschern selbst Kurzbeiträge oder Kollegengespräche im Aktuellen irgendwie aus. Nach den üblichen Themenblöcken aus Ereignis-Abbildung,

Reaktionsebene und Service kommt noch der klassische Ausblick („bleibt abzuwarten") – auch das ist eher langweilig! Wer aber zu Beginn des Stücks eine Aufgabe oder These etabliert, muss am Ende Stellung beziehen: Ist die Aufgabe gelöst? Stimmt die These? Damit erhalten auch kurze Beiträge ein echtes Ende. Alternativ: Gezielt einen Ton, eine Information, eine kleine Enthüllung oder Szene als Rausschmeißer zurückhalten und ans Ende packen.
- Weist die Geschichte über das bloße Ereignis hinaus? Wenn im Stück ein tieferes Problem oder Muster verdeutlicht wird, thematisieren Sie es. So bekommt die Geschichte mehr Relevanz und Tiefe.

Außerdem hilft es auch im Aktuellen, mit Perspektive und Form zu experimentieren: Aufsager, Umfrage/Vox Pop, Alleingang, Kollegengespräch mit oder ohne O-Töne und alle Formen dazwischen. Dabei gilt: Nicht spielen um des Spielen willens. Die Form muss der Geschichte dienen. Andersherum funktioniert es meistens nicht, sondern stiftet mehr Verwirrung als alles andere. Denken Sie außerdem daran: Die Anmod ist elementarer Bestandteil der Geschichte. Wenn sie alle Ergebnisse vorwegnimmt, wird die Geschichte kaum Spannung entwickeln können. **Eine gute Anmod nimmt keine Ergebnisse vorweg, sondern endet zum Beispiel auf dem auslösenden Ereignis** – nach dem Motto: „Am Dortmunder Borsigplatz ist ein Bettler ohnmächtig geworden. Passanten haben einen Krankenwagen gerufen. Doch der hat den Bettler nicht mitgenommen." Und dann beginnt der Beitrag oder es folgt die erste Frage.

▶ Als Cliffhanger oder Hook funktioniert in der Anmoderation häufig das auslösende Ereignis.

Strukturen im Griff zu haben, bedeutet die eigene Kreativität frei zu entfalten. Dabei gibt es eine ganz besondere strukturelle Herausforderung, den Mehrteiler. Für ihn gilt alles, was auch für einteilige Narrationen gilt. Und noch mehr. Deshalb lohnt sich ein gesonderter Blick auf das, womit das Geschichten-Erzählen einen neuen Schwung bekommen hat: Serial(s).

3.10 Serials: Spannung in Serie

Normalerweise sind solche Sätze von Redakteuren keine angenehmen Sätze für Autoren. Die WDR-Redakteurin der Doku-Serie „Der Anhalter", Leslie Rosin, meldete sich während der Ausstrahlungsphase des „Anhalters" bei uns und sagte sinngemäß diesen Satz, den Autoren in aller Regel nicht so gerne hören: „Hörer haben sich wegen des ‚Anhalters' bei der Hotline gemeldet und beschwert." – „Jaaaa? – „Dass sie eine weitere Woche auf die nächste Folge warten müssen!" Puh! Diese Momente sind sehr rar. Deshalb haben wir ihn sehr genossen.

Im Idealfall erzeugt man mit einer Audio-Serie genau dieses Gefühl beim Hörer: Ich möchte jetzt ganz dringend die nächste Folge hören. Ich will aus dem Kosmos der Geschichte gar nicht weg. Ich persönlich bin bei der ersten Staffel „Serial" zum Beispiel während der Erst-Ausstrahlung eingestiegen. Das heißt, ich konnte die ersten Folgen am Stück hören und musste dann warten. Das war eine Mischung aus Quälerei und Vorfreude. Bemerkenswert: „Serial" war nicht komplett durchstrukturiert und geplottet. „That structure wasn't completely by design", sagt Sarah Koenig. „We plotted out a bunch of episodes, anywhere between, I don't know, eight or nine?"[41] Am Ende sind es dann zwölf Folgen geworden. „We really, truly did not know where we were going to end up until we got there."[42] Genau dieses Gefühl hat auch viele Hörer, die „Serial" zur Zeit der Erst-Ausstrahlung verfolgt haben, mit in den Bann gezogen: Was würden Sarah und ihr Team in nur einer Woche noch herausfinden? Dabei fasst Mit-Produzentin Julie Snyder ein wesentliches Erfolgsgeheimnis zusammen, das auch für Audio-Serien gilt: „Well, I just think that serialized storytelling is very popular because people like consuming stories in this way. You know, coming back to the same characters, with an intimacy and a deeper understanding. And more nuances and contradictions, that kind of stuff."[43] Menschen lieben es, in Geschichten einzutauchen und in den (Sound-)Kosmos der Story zurückzukehren. Die ganz große Chance dabei: Solche Geschichten können Hörer auf besonders tiefe Weise erreichen und berühren. Wenn Hörer einer Geschichte über mehrere Teile lang hinweg gefolgt sind, dann sind ihnen die Charaktere höchstwahrscheinlich nicht mehr egal. Die Chance, einen emotionalen Eindruck zu hinterlassen, ist damit größer als in einteiligen Narrationen. Dabei sind Serien besonders erfolgreich, wenn sie mir als Hörer neben einer spannenden Geschichte Antworten auf ganz persönliche Fragen liefern. „Serial" berührt zum Beispiel unser Gerechtigkeits-Empfinden und „Der Anhalter" erzeugt von Anfang an die Frage: Wie hätte ich mich Heinrich gegenüber verhalten? Möglicherweise hört, liest oder schaut man bestimmte Geschichten in einem bestimmten Lebensalter besonders

---

41 John Biewen & Alexa Dilworth: One Story, week by week. An interview with Sarah Koenig and Julie Snyder. In: John Biewen & Alexa Dilworth: Reality Radio (Durham: The University of North Carolina Press, 2. Aufl., 2017), S. 77.
42 Ebd., S. 79.
43 Ebd., S. 78.

gerne. Bestimmte Narrationen sind auch deshalb besonders erfolgreich, weil sie eine gerade gesellschaftlich akute Frage beantworten. Der amerikanische Podcast „More Perfect" ist zwar keine Serie, sondern eine Reihe. Aber er beschäftigt sich mit den Grundfragen von Gerechtigkeit und Recht in einer Zeit, in der viele Amerikaner genau das in Frage stellen. Das ist besonders für mehrteilige Formate eine Chance und ein besonderes Qualitätsmerkmal.

Formal ergibt es Sinn, drei Formate voneinander abzugrenzen:

- Serien. Das Hauptmerkmal: Ein Haupt-Plot wird weiterverfolgt und entwickelt. Hierzu gehören zum Beispiel fiktive Audio-Produktionen wie „Neverwhere". Stärker in diese Kategorie fallen auch „Der Anhalter", „S-Town" und „Serial". Dabei steht „Serial" formal sozusagen ein wenig auf der Kippe. Die Folgen sind stark thematisch orientiert (das spricht eigentlich für eine Reihe) – dabei wird aber durchgehend die Hauptfrage verfolgt: Ist Adnan schuldig? Außerdem wird auf vorherige Erkenntnisse Bezug genommen. Wenn Sie als Hörer zurück zum Anfang müssen, um von vorne zu hören, spricht es eher für eine Serie.
- Reihen. Das Hauptmerkmal: Ein Oberthema, zerteilt in mehrere Unterthemen oder Facetten. Im WDR 5 „Tiefenblick" laufen regelmäßig solche Reihen, zum Beispiel die Vierteiler „Sportstress" oder „Megacities". Jede Folge steht dabei eher für sich und geht einer Facette des Themas intensiv nach. Ich muss nicht jede Folge von der ersten an gehört haben, um eine andere Folge zu verstehen. Hierzu gehören auch Produktionen wie „Invisibilia" oder eben „More Perfect".
- Serielle Reihen. Hauptmerkmal: Jede Folge widmet sich stärker einem bestimmten Teilaspekt. Die Folgen sind keine ganz eindeutigen Fortsetzungen eines großen Hauptplots. Trotzdem wird zu den Leitfragen immer wieder zurückgekehrt. Zu diesem Format zählen zum Beispiel deutsche Produktionen wie „Der talentierte Mr. Vossen" vom NDR, „Wer hat Burak erschossen?" oder „Bilals Weg in den Terror" (beide rbb). Aus dem Fernsehen gehört zum Beispiel der „Tatort" dazu. Jeder Fall ist neu, aber die Entwicklung der Charaktere geht kontinuierlich weiter.

Das Format sagt dabei nichts über die Qualität aus. Das eine ist nicht besser oder schlechter als das andere – und die Grenzen bzw. Übergänge sind fließend. Reihen und serielle Reihen sind dabei stärker journalistisch-thematisch gedacht. Nach dem Motto: Folge eins – das Ereignis/die Einführung, Folge zwei – die Reaktionen, Folge drei – die Genese usw. Echte Serien folgen einem Hauptplot: Ist Adnan unschuldig? Kann Anhalter Heinrich Gerechtigkeit widerfahren? Die stärkste dramaturgische Kraft, den Sucht-Faktor, dürfte wahrscheinlich die echte Serie entfalten – sie zieht den Hörer immer tiefer in die Geschichte rein. Dabei muss eine solche Narration mehrere Merkmale erfüllen, um diese Kraft zu entfalten:

- Ein einzigartiger (Sound-)Kosmos. Der Hörer taucht mit der Serie in eine Welt ein, zu der er sonst keinen Zugang hat. Dieses Erlebnis wird auch durch den Sound getragen. Der Podcast „S-Town" erfüllt das zum Beispiel auf überzeugende Art und Weise. Schon die ersten Minuten der Geschichte sagen uns auf allen Ebenen (Sprache, Musik, O-Töne) als Hörer: Hier kommt eine Welt auf dich zu, die etwas schräg oder abseitig ist.
- Jede Folge ist eine Story. Sarah Koenig formuliert das für „Serial" so: „And then, like with any single radio story, it was just building an internal arc, an internal narrative for each episode."[44] Dabei muss jede Folge den großen Handlungsbogen vorantreiben und sich dem Ziel nähern. Am Ende der Folge darf sich ganz logisch ein Cliffhanger und die Leitfrage für eine neue Folge ergeben. Bis schließlich die letzte Folge auch die ganz große Frage der gesamten Serie beantwortet. Jede Folge für sich braucht also immer einen eigenen Spannungsbogen, mit auslösendem Ereignis, Plot Points, Komplikationen und finaler Konfrontation (siehe unten einen Auszug aus dem Storyboard vom „Anhalter"). Jede Folge liefert dabei den Einblick in einen neuen Teil des Kosmos, der vorher nicht erkennbar war. Es ist wie die nächste Schicht einer Zwiebel. Die Anzahl der geschichteten Einblicke gibt Ihnen auch einen Hinweis darauf, wie viele Folgen für eine Serie möglicherweise Sinn ergeben.
- Ein Protagonist allein ist nicht genug. Das bedeutet nicht, dass Sie als Autor einen zweiten oder dritten Protagonisten brauchen. Sondern, dass für eine Serie ein komplexes Charakter-Netzwerk notwendig ist: Gegenspieler, Liebes-Beziehungen, Freunde, Shapeshifter (also Personen, die mal eher Freund, mal eher Gegner sind) usw. Und diese Charaktere müssen mit dem Protagonisten interagieren, die Beziehungen müssen sich entwickeln. So entstehen Subplots, die neben dem Hauptstrang herlaufen. Es entsteht eine komplexe Geschichte, die über mehrere Folgen trägt.
- Der Sound vermittelt die Geschichte. Das Sound-Design muss der Geschichte angemessen sein. Wer eine komplexe Serie über mehrere Teile erzählt, benötigt ein Sound-Design, das dazu passt. Man kann das Klavier von „Serial" mögen oder nicht, aber es ist ein Sound-Signatur-Element, das Wiedererkennung schafft. Eines der aufwändigsten musikalischen Sound-Designs in den vergangenen Jahren hat der Podcast „S-Town" erschaffen. Der Soundtrack wurde extra von Daniel Hart komponiert. Der Titelsong „Bibb County" legt mit seinen teilweise verspielten, teilweise schrägen Streichern den Sound für die Serie fest.[45] Beide Sound-Elemente – Klavier bei „Serial" und Streicher bei „S-Town" – werden

---

44 Ebd., S. 79.
45 https://stownpodcast.org/music

außerdem benutzt, um einen echten Opener zu kreieren. Dieser bildet das Gateway, den Wiedereinstiegs-Punkt in die Serien, der die Hörer aus ihrer Welt in die Welt der Geschichte führt. Der Opener ist dabei ein akustisches Erzählversprechen, welchen Charakter die Serie haben wird.

Die Gestaltung der Wiedereinstiege wird dabei immer ein Kompromiss sein – für verschiedene Hör-Situationen. Er sollte den Hörern genug Orientierung geben, die zum Beispiel Woche für Woche (wie bei „Serial" oder beim „Anhalter") die Erstausstrahlung verfolgen. Gleichzeitig darf er die Hörer nicht langweilen, die später die Serien durchhören, wenn alle Teile veröffentlicht sind. In der Regel werden das in der Summe die meisten Hörer sein. Deshalb gilt der Grundsatz: Langweile deine Binge-Listener nicht. Beim Podcast „S-Town" brauchte es diesen Kompromiss nicht – alle Teile wurden auf einmal veröffentlicht. Beim „Anhalter" zum Beispiel haben wir den Einstieg bzw. Opener aus vier Elementen gebaut:

- Erstens: Bisher beim Anhalter.
- Zweitens: Übergang zur ersten Szene der neuen Folge mit Ende auf Akzent oder Cliffhanger.
- Drittens: Ansage der Serie und jeweiligen Folge.
- Viertens: Fortführung der ersten Szene.

Diese Elemente sollten zusammen immer maximal 90 Sekunden dauern, um schnell und zügig wieder einzusteigen. Dabei ist der Teil „Bisher beim Anhalter" immer neu gestaltet, um genau auf dem zentralen Konflikt der Folge zu landen, die nun zu hören sein wird. Wir haben innerhalb dieser Collagen außerdem Elemente eingebaut, die bereits in die erste Szene überführen, um mehr Sog zu erzeugen. Dazu gehören etwa ein Feuerzeug- oder ein Telefon-Geräusch (zur Sound-Gestaltung vgl. auch Kapitel 8).

Wie findet man nun die beste Form für eine Serie? Wie viele Teile oder Folgen sind angemessen? Wie lang sind die einzelnen Folgen? An welchem Punkt kann ich das wie entscheiden? Ein paar Aspekte helfen, um Antworten zu finden:

- Fragen Sie sich: In wie viele kleinere Spanungsbögen lässt sich der große Spannungsbogen zerlegen? Seien Sie dabei streng. Auch die kleineren Spannungsbögen müssen echte Geschichten ergeben, sonst verliert die Geschichte sehr schnell an Dynamik und Kraft. Die Anzahl der Spannungsbögen gibt eine Orientierung für die Anzahl der Folgen.

3.10 Serials: Spannung in Serie

- Übertreiben Sie es nicht mit der Anzahl der Folgen. Lieber weniger gute Folgen als viele mittelmäßige Teile. Länger und mehr ist nicht besser.
- Finden Sie die Szenen und Plot Points zu den Spannungsbögen. Die Anzahl der Plot Points zeigt ihnen ungefähr die Anzahl der Akte (zwei Plot Points = drei Akte usw.). Die Akte wiederum brauchen Szenen. Der zweite Akt in einem Drei-Akter sollte pro Hindernis zum Beispiel eine Szene beinhalten.
- Denken Sie vom Ende her. Es ist ein alter und immer noch hilfreicher Tipp. Wenn Sie für jede Folge eine Situation identifizieren können, auf die die jeweilige Folge zuläuft, dann ist dramaturgisch viel gewonnen. Diese Szene sollte die Leitfrage der Folge oder den Leitkonflikt lösen und gleichzeitig eine neue Frage aufwerfen.
- Identifizieren Sie Cliffhanger. Im Idealfall haben Sie am Ende einer jeden Folge einen echten, starken Cliffhanger, der den Hörer in die nächste Folge zieht. Auf natürliche Art und Weise. Wenn Cliffhanger künstlich herbei-konstruiert sind, wirken sie leer und aufgeblasen. Denken Sie dran: Ein Cliffhanger ist eine konkrete Frage, die sich der Hörer stellt, und kein Themenhinweis.
- Gestalten Sie die Erzählhaltung. Eine Serie braucht eine echte Erzählhaltung (vgl. hierzu Kapitel 7). Ein allwissender, distanzierter Präsentator ist keine erfolgversprechende Wahl. Der Erzähler ist neben dem Protagonisten die wichtigste Figur (wenn es nicht sogar dieselbe ist). Er leitet durch die Geschichte und bindet mit seiner Persönlichkeit den Hörer an die Geschichte.

Es ist sehr schwirig, das alles in exakten Minuten, Längen, Folgen-Anzahl auszudrücken. Vorausgesetzt, Sie haben überhaupt die Wahl und sind nicht ohnehin an die Länge eines konkreten Sendeplatzes gebunden. Aber ganz, ganz grob gibt folgende Serien-Formel eine Orientierung: Anzahl der Spannungsbögen = Anzahl der Folgen. Anzahl der Plot Points = Anzahl der Akte in den Folgen. Anzahl der Szenen zu den Akten (wenn Sie mal mit einer durchschnittlichen Länge von vier bis fünf Minuten pro Szene rechnen) = Länge der Folge. Immer vorausgesetzt, es passt auch alles zusammen: die kleinen Spannungsbögen zum großen Spannungsbogen, die Plot Points zu den einzelnen Spannungsbögen, die Szenen zu den Akten usw. Das alles zeigt zwei wesentliche Aspekte für die Entwicklung von nicht-fiktionalen Serien:

- Sie benötigen Planung. Je mehr davon, desto besser. Work in progress ist für Serien ein sehr schwieriges Unterfangen. Die erste Staffel von „Serial" war da eine Ausnahme. Die auch funktioniert hat, weil Sarah Koenig als Erzählerin und Sympathieträgerin so stark war, dass man mit ihr mitgefiebert hat, was sie wohl in nur einer Woche wieder herausgefunden hat (auch das zeigt einmal mehr, dass Sarah die Protagonistin ist). Zu welchen Problemen diese Vorgehensweise führen kann, zeigt dann wiederum die zweite Staffel von „Serial". Grundsätzlich gilt: Ohne Storyboard keine Serie. Anhand dessen lassen sich in einem Autoren-Team auch die Aufgaben klar verteilen. Sonst kriegen Sie kaum sortiert, wer sich um welche Szenen, Inhalte, Abschnitte und die damit verbundenen O-Töne kümmert.

- Je ausführlicher das komplette Storyboard, desto besser. Je klarer Sie den Verlauf der gesamten Geschichte vor sich haben, desto besser können Sie dramaturgische Spannungstechniken einsetzen – zum Beispiel früh etwas andeuten, was Sie später nutzen möchten. Wenn Sie nicht wissen, dass Sie ein Detail, eine Info oder einen Gegenstand brauchen, werden Sie diese Dinge nicht einführen oder andeuten. Das bedeutet auch: erst gibt es die Erzählsätze für die gesamte Serie und die einzelnen Folgen. Daran richten sich die Detail-Recherche und die Feldarbeit aus. Sind die so gut wie abgeschlossen, wird das finale Storyboard erstellt. Erst dann beginnt die Skript-Arbeit (zum Narrations-Workflow vgl. auch Kapitel 10.2).

Um das an einem Beispiel zu verdeutlichen, hier ein Auszug aus dem Storyboard des „Anhalters". Das Storyboard verdeutlicht dabei den Lauf der Geschichte, dazu gehören Szenen genauso wie die wesentlichen dramaturgischen Elemente des Plots. Das Storyboard des „Anhalters" ist hier auf die wesentlichen Aspekte reduziert und um Kommentare bereinigt, die wahrscheinlich nur uns als Autoren etwas sagen würden:

Folge **Länge** **ca. 30 Min**	**1: Letzte Ausfahrt Zürich**	**2: Geschlossene Anstalt**
Zentraler Konflikt / Leitfrage	Finden wir Heinrich?	War Heinrich wirklich in Marsberg und hat dort das erlebt, was er behauptet?
Opener / Bisher beim Anhalter…	Szene: Stephan trifft Heinrich am Verteilerkreis (Leitmotive etablieren: Existenzialität / Hilfe / Wahrheit vs. Lüge). Endet auf Frage: Dann musst du dem doch helfen, oder?	Leitmotive: Suizid-Absicht / Wahrheit vs. Lüge / Moralischer Konflikt für uns. Handlung endet auf: Wir finden Heinrich.
Akt 1 Leitfrage entwickeln	Stephans und Svens Begegnungen mit Heinrich als Parallel-Montage aus realen und rekonstruierten Szenen (Leitmotive: Marsberg / Hilfe / Wahrheit vs. Lüge).	Heinrich erzählt seine Geschichte (rekonstruierte Szenen so weit möglich). Aus seinen Erzählungen ergibt sich Frage: Was davon stimmt und ist beweisbar?

Plot Point 1	Stephan & Sven erkennen: Sie haben denselben Anhalter getroffen, mit einem Jahr Abstand. Daraus folgt Entscheidung: Sie wollen ihn suchen.	Stephan & Sven entscheiden: Sie wollen beweisen, dass Heinrich in Marsberg war. Und zeigen, dass seine Berichte wahr sind (so weit das nachweisbar ist).
Akt 2 Hindernisse bei Beantwortung der Leitfrage	Hindernisse und Orte bei Suche: u. a. Behörden (Telefon-Szene), Netz, Tankstelle (Besuchs-Szene), JVA, Dignitas, Bahnhofsmission etc. Behörden-Spur taucht an mehreren Etappen auf. Diese Spur führt schließlich zum Erfolg.	Hindernisse und Orte bei Beweissuche: u. a. Suche nach Zeitzeugen und Verantwortlichen, Besuch bei Forschern (Szene in Archiv), Akten-Anfrage, Schützenfest (so weit möglich).
Plot Point 2	Durchbruch. Heinrich lebt und meldet sich. Szene: Heinrich ruft Sven an => Treffen vereinbaren.	Durchbruch: Nachricht aus Archiv => Akteneinsicht möglich.
Akt 3 Leitfrage beantworten	Szene: Stephan und Sven fahren zum Treffpunkt. Zusammenfassung, Erwartungen, Sorgen.	Szene: Akteneinsicht LWL-Archivamt Münster.
Cliffhanger Neue Frage entwickeln	Szene: Ankunft Treffpunkt. Auftritt Heinrich: Da seid ihr ja! Cliffhanger: Wir wollen seine Geschichte hören, nächstes Mal…	Aufnahme-Datum in Akte später als erwartet => Wieso ist Heinrich nach Marsberg gekommen? Dritte Folge geht Heinrichs Familien-Geschichte nach.

Die Übersicht zeigt den Plot-Entwurf. Daran haben wir uns entlang gehangelt. Der Plot-Entwurf zeigt nicht, wann wir welche Charaktere einführen (wie zum Beispiel die Psychologin Angela Müller) oder Andeutungen machen. In ein ausführliches Storyboard gehört beides hinein! Das habe ich aus Gründen der Übersichtlichkeit hier rausgelassen. Der Plot-Entwurf soll so gestaltet sein, dass man stets weiß, was zu tun ist – und wie die Geschichte läuft. An diesem Anspruch kann sich orientieren, wie detailliert der Plot-Entwurf bzw. das Storyboard angelegt ist. Was das Storyboard auch zeigt: Aktion. Es zeigt, an welchen Stellen welche Szenen auftauchen und wann wir als Reporter welche Entscheidungen gefällt und welche Aktionen sich daraus wiederum ergeben haben. So wird sichergestellt, dass sich die Geschichte vorwärtsbewegt.

Es gibt also im Großen und Ganzen zwei Arten, sich dramatischen Geschichten zu nähern. Über den Plot oder über die zentralen Figuren. Die Figuren sind dabei Träger des Plots. Sie sind ein zentraler Bestandteil von Geschichten. Ihnen gehört gleich das nächste Kapitel. Doch zunächst noch eine präzise und schnelle Hilfe, um die passende Darstellungsform so schnell wie möglich zu finden.

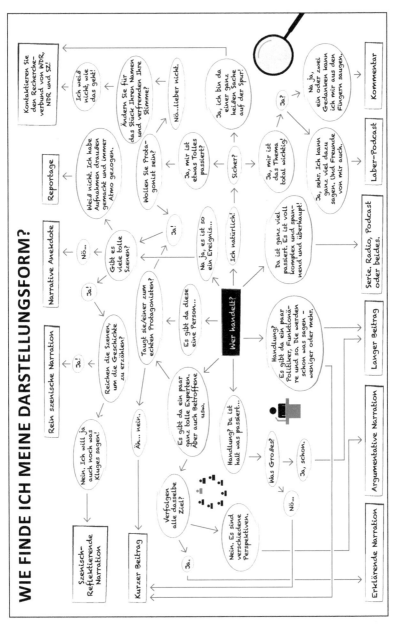

Abb. 3.11 Wie finde ich meine Darstellungsform?

3.11 Wie finde ich meine Darstellungsform?

Die Struktur-Modelle sollen dabei helfen, den eigenen Stoff in den Griff zu kriegen und Herr des Verfahrens zu bleiben. Zusammen mit den Story-Prinzipien aus Kapitel 2 lässt sich also prüfen: Zu was taugt mein Stoff? Und welche Struktur bekommt er? Wem das zu mühselig ist, der kann auch einfach die Flow-Chart auf der vorherigen Seite benutzen. Ganz wichtig: Man muss sich auf jeden Fall an das Ergebnis halten. Alles andere gilt nicht!

Weiterführende Literatur

Aristoteles: Poetik (Stuttgart: Reclam, 2014).
John Biewen & Alexa Dilworth: One Story, week by week. An interview with Sarah Koenig and Julie Snyder. In: John Biewen & Alexa Dilworth: Reality Radio (Durham: The University of North Carolina Press, 2. Aufl., 2017).
Joseph Campbell: Der Heros in tausend Gestalten (Berlin: Insel Verlag, 2011).
Syd Field: Drehbuch schreiben für Fernsehen und Film (Berlin: Ullstein, 4. Aufl., 2006).
Ira Glass: Harnessing luck as an industrial product. In: John Biewen & Alexa Dilworth: Reality Radio (Durham: The University of North Carolina Press, 2. Aufl., 2017).
Jack Hart: Story Craft (Chicago: The University of Chicago Press, 2011).
Karl Iglesias: Writing for emotional impact (Livermore: Wing Span Press, 2005).
Robert McKee: Story (Berlin: Alexander Verlag, 9. Aufl., 2014).
J.R.R. Tolkien: The Lord of the Rings (London: Harper Collins Publisher, 1991).
John Truby: The Anatomy of Story (New York: Farrar, Straus and Giroux, 2007).
Christopher Vogler: The writer's journey (Studio City: Michael Wiese Productions, 1998).

Weiterführende Links

Der Sound vom Podcast „S-Town": https://stownpodcast.org/music
Podcast-Folge „The Culture Inside" von „Invisibilia": https://www.npr.org/programs/invisibilia/532950995/the-culture-inside
Homepage zum Buch „Reality Radio": http://realityradiobook.org/
Podcast „Homecoming": https://www.gimletmedia.com/homecoming
„ZeitZeichen" über Johannes Bischko: https://www1.wdr.de/mediathek/audio/zeitzeichen/audio-johannes-bischko-pionier-der-akupunktur-geburtstag--102.html
„ZeitZeichen" über Stephen Hawking: http://www1.wdr.de/radio/wdr5/sendungen/zeitzeichen/stephen-hawking-physiker-100.html
„ZeitZeichen" über Hugo Junkers: https://www1.wdr.de/mediathek/audio/zeitzeichen/audio-hugo-junkers-flugzeugingenieur-todestag--100.html

„Einhundert"-Geschichte „Mein Zelt ist weg": https://www.deutschlandfunknova.de/beitrag/hilfsbereitschaft-entt%C3%A4uschtes-vertrauen

Formatideen für Storytelling in Kurzbeiträgen: https://medium.com/audio-storytelling-winter-2017/short-form-audio-storytelling-10-format-ideas-c593187351d6

Das Ringordner-Attentat von „Third Ear": http://thirdear.dk/arkiv/ringbindsattentatet1/

WDR 5 Tiefenblick: https://www1.wdr.de/radio/wdr5/sendungen/tiefenblick/index.html

Podcast „Serial": https://serialpodcast.org

Skript „Serial" (erste Folge, erste Staffel): https://genius.com/Serial-podcast-episode-1-the-alibi-annotated

4 Charakter-Entwicklung: Wer handelt, treibt die Geschichte voran

> **Zusammenfassung**
>
> Menschen führen durch Geschichten. Insbesondere, wenn diese thematisch anspruchsvoll sind und eine gewisse Länge umfassen. Der Protagonist dient dabei als Identifikations-Figur. Die Beziehung zwischen Hörer und Protagonist und anderen Figuren ist entscheidend. Dabei gilt: Je mehr Figuren auftauchen, desto wichtiger ist es, sie wiedererkennbar zu gestalten. Sie werden als Charaktere der Geschichte in Szene gesetzt. Um dieses Ziel zu erreichen und die dafür notwendigen O-Töne zu erhalten, muss sich die Zusammenarbeit zwischen Reporter und Figuren anders gestalten als bei klassischen Berichten. Zentrales Element dafür ist in der Praxis das Story-Interview. Tritt der Reporter selbst als Protagonist auf, gelten für ihn dieselben Regeln wie für andere Protagonisten. Dieses Kapitel zeigt, was echte Protagonisten ausmacht, wie die Zusammenarbeit mit realen Menschen zu guten O-Tönen und damit zu wiedererkennbaren Charakteren in Narrationen führen kann.

> **Schlüsselwörter**
>
> Protagonist, Charaktere inszenieren, Bedürfnis-Pyramide, Konflikt, Maximalkapazität, Status-Detail, 3D-Beziehung, Story-Interview, Ich-Reporter

4.1 Der Protagonist: Aktiv, zielgerichtet und nicht perfekt

Daniels Leben verändert sich schon sehr früh. Er ist gerade etwa ein Jahr alt, da müssen ihm beide Augen entfernt werden. Diagnose: Retinoblastom, ein bösartiger Tumor in der Netzhaut. Er hat Augenkrebs. Wenn wir von so einem Schicksal hören, läuft bei vielen von uns sofort ein eigener Film ab. Nennen Sie zum Beispiel aus dem Bauch heraus nun drei Dinge, die Daniel wahrscheinlich niemals in seinem Leben machen kann. Vielleicht gehören dazu: einen Sonnenaufgang sehen, berühmte Bilder bestaunen und Fahrrad fahren. Doch genau das schafft er – letzteres zumindest. Und das liegt nicht daran, dass Daniel geheilt werden konnte. Er ist bis heute blind. Doch schon als Junge bringt er sich bei, Fahrrad zu fahren. Indem er mit seiner Zunge klickt und auf das Echo hört. Experten nennen das menschliche Echoortung. Daniels Geschichte erzählen die beiden Reporterinnen Lulu Miller und Alix Spiegel in der ersten Staffel ihres Podcasts „Invisibilia" von 2015 in der Folge „How to become Batman".[46] Daniel Kish ist ein gutes Beispiel für einen Protagonisten. Denn er vereinigt die wesentlichen Merkmale auf sich, die für eine Hauptfigur in einer Geschichte wichtig sind:

1. **Aktiv.** Wer nichts tut, kann die Geschichte nicht vorantreiben. Es passiert nichts. Weder Spannung noch Entwicklung sind möglich. Das Resultat: Die Geschichte wirkt statisch und ist schnell langweilig. Das ist bis heute ein großes Problem vieler langer Erzählungen. Es passiert einfach nicht genug in ihnen. Allein eine ausführliche Ansammlung und verständliche Präsentation von Fakten macht noch keine Geschichte – das hält Hörer nur bedingt lange gefesselt. Der Held muss also aktiv sein. Daniel Kish zum Beispiel bringt sich als Junge selbst das Fahrradfahren bei – das läuft natürlich nicht ganz ohne Zwischenfälle ab. Doch er steht immer wieder auf und probiert es, bis er es geschafft hat. Er ist aktiv! Ab und zu liest oder hört man mal vom passiven Helden. Was damit gemeint ist: Während der aktive Held Veränderung herbeiführt, kämpft der passive Held dafür, dass der bestehende Zustand erhalten bleibt. Er wehrt sich also aktiv gegen Kräfte von außen, zum Beispiel gegen gesellschaftliche Veränderung oder technischen Fortschritt. Auch er kämpft damit – eben nur nicht für, sondern gegen etwas. Machthaber, die Gefahr laufen, ihre Position zu verlieren, sind häufig also passive Helden (wobei das Wort Held hier rein dramaturgisch gemeint ist!).

---

46 Zur Philosophie von „Invisibilia" vgl. Alix Spiegel: Variations in tape use and the position of the Narrator. In: John Biewen & Alexa Dilworth: Reality Radio (Durham: The University of North Carolina Press, 2. Aufl., 2017), S. 42ff.

4.1 Der Protagonist: Aktiv, zielgerichtet und nicht perfekt

2. **Zielgerichtet.** Wir erleben den Helden in der Erzählung als handelnde Figur, die ein Ziel verfolgt. Diese Figur wird nicht einfach nur beschrieben, sondern wir erleben mit, wie sie mit Situationen umgeht, wie sie sich verhält und Probleme löst. So bekommen wir als Hörer einen echten Eindruck vom Charakter des Helden – wir lernen ihn als Person kennen. Mit Daniel Kish zum Beispiel erleben wir Schlüssel-Situationen seines Wegs. So kommt er uns nahe. Es gilt der Satz: Handlungen enthüllen Charakter. Erst recht, wenn sie auf ein Ziel ausgerichtet sind, das dem Helden wichtig ist.
3. **Nicht perfekt.** Wie soll der Held wachsen, wenn er schon perfekt ist? Der Held braucht eine charakterliche Schwäche, um wachsen zu können. Damit kann auch die Akzeptanz einer nicht änderbaren Situation gemeint sein. Daniel Kish muss seine Blindheit akzeptieren. Davon lässt er sich jedoch nicht unterkriegen und schafft es schließlich sogar, Fahrrad zu fahren.

Die Verwirrung aus Begriffen ist meistens recht hoch: Protagonist, Held, Hauptfigur, Hauptcharakter etc. Auch ich habe bislang diese verschiedenen Bezeichnungen benutzt. Hinter diesem freien Mix stehen zwei Gedanken: Einerseits werden viele Schlagwörter im redaktionellen Alltag eingesetzt – ohne dass immer ganz klar ist, was darunter verstanden wird. Viele Redaktionen sprechen davon, am besten einen oder gleich mehrere Protagonisten in jedem Stück hören zu wollen. Dabei werden auch ganz normale Alltagspersonen, Experten, Täter oder Opfer als Protagonisten bezeichnet. Das ist nicht präzise und damit wenig hilfreich. Ein Ladenbesitzer, dessen Lokal von einem Fluss-Hochwasser überschwemmt wurde, ist erstmal ein Opfer, kein Protagonist (das soll sein erfahrenes Leid natürlich nicht schmälern). Hat er sich bei dem Hochwasser gegen die Flut gewehrt (Sandsäcke aufgeschichtet, wertvolle Gegenstände in Sicherheit gebracht, sich und andere gerettet) oder kämpft nun für eine Kompensation durch die Versicherung (durch Antragstellung, vielleicht sogar Gerichts-Prozesse) – dann wird er zum Protagonisten. Es scheint vielleicht etwas spitzfindig, aber diese Unterscheidung macht einen großen Unterschied, weil sie unseren Blick dafür schärft, welche Geschichte wir durch wen erzählen wollen.

Andererseits erzeugen manche Begriffe in manchen Redaktionen regelrecht Ablehnung, nach dem Motto: „Ewig dieser Zwang zum Protagonisten. Ich muss doch auch mal in Ruhe 30 Minuten lang den Unterschied zwischen privater und gesetzlicher Krankenkasse erklären dürfen. Ohne ständig irgendwelche Alltags-Menschen oder Opfer zu Wort kommen zu lassen." Dieses Zitat ist natürlich frei erfunden, aber es weist auf ein Problem hin. Gewisse Wörter sorgen für Widerstand, aus ganz verschiedenen Gründen. Sobald jemand zum Beispiel „Protagonist" sagt, sagt ein anderer „Wollen und brauchen wir nicht". Es ist deswegen entscheidend, einmal zu definieren, was diese Begriffe meinen.

Der Protagonist ist vom Wort her dem Altgriechischen entlehnt und meint eigentlich: der Haupt- oder Erst-Handelnde. Die Idee kommt aus dem griechischen Drama (woher auch sonst?!). Der Erst-Handelnde war die Hauptfigur. Zwei wichtige Botschaften stecken also in dieser Bezeichnung: Einerseits ist der Protagonist aktiv, er handelt, und andererseits spielt er die zentrale Rolle für die Geschichte – soweit keine Überraschung. Etwas weiter gedacht steckt vielleicht noch ein anderer Aspekt in dem Begriff. Wenn der Protagonist der Erst-Handelnde ist, dann könnte damit auch eine Handlung gemeint sein, die dieser Mensch bislang noch nie durchgeführt hat, die für ihn also wirklich neu ist. In diesem Sinne muss seine Handlung eine echte Herausforderung sein. Vielleicht hat der Ladenbesitzer noch nie seine Versicherung verklagt oder überhaupt je einen Gerichts-Prozess angestrengt? Das bedeutet: Jemand, der zwar etwas aktiv angeht, dabei aber Handlungen vollzieht, die für ihn normaler Alltag sind, ist noch kein Protagonist. Ein Bäcker, der 40 Jahre Brötchen backt, und dies auch an dem Morgen wieder tut, als ein Reporter dabei ist, ist ein Beispiel, kein Protagonist. Erst wenn die Handlung etwas Neues beinhaltet, sprechen wir von einem echten Protagonisten. Dieser Gedanke ist uns auch schon mehrmals bei den dramaturgischen Strukturmodellen begegnet, wenn es zum Beispiel um den Entwicklungsbogen des Protagonisten geht: Nur wenn es eine echte Herausforderung gibt, ist Entwicklung möglich. Für den Mythologen Joseph Campbell zum Beispiel gehören Entwicklung und Veränderung zu den wichtigsten Merkmalen des Helden. Das Mittel, um Entwicklung und Veränderung zu erreichen, ist seine Reise.

Der Held oder Heros ist in diesem Sinne also jemand, der eine außergewöhnliche Tat vollbringt oder Reise antritt. Auch hier finden wir wieder die beiden Merkmale „aktiv" und „echte Herausforderung". Außerdem ist dieses Verständnis nah an unserem Alltagsverständnis. Aus meiner Erfahrung werden Begriffe wie „Protagonist" oder „Held" für reale Geschichten häufig abgelehnt, weil zwei Sorgen dahinterstecken: Einerseits die Angst vor übertriebener, sprich unangemessener Dramatisierung. Andererseits die Angst, dass die ausgewählte Figur dem so angelegten Maßstab nicht gerecht wird – schließlich kommen beide Begriffe aus der Welt der fiktionalen Geschichten. Beide Sorgen sind zwar berechtigt, sollten aber nicht dazu führen, sich mit weniger zufrieden zu geben. Wenn die Idee eines Helden hilft, fiktionale Geschichten zu erzählen, dann können wir doch auch etwas für reale Erzählungen daraus lernen.

▶ Egal, ob man von Protagonist, Held, Hauptcharakter oder zentraler Figur spricht – die beschriebene Person sollte im Idealfall vier Merkmale auf sich vereinigen:

Sie verfolgt ein konkretes Ziel. Sie ist aktiv. Sie vollführt Handlungen zum ersten Mal oder auf neue Art und Weise. Dabei ist die Person nicht perfekt.

Reale Erzählungen sollten dabei alle vier Merkmale sichtbar gestalten. Wie das geht? Lesen Sie weiter!

4.2 Charaktere statt Menschen inszenieren

Diese Idee aus der Welt der fiktionalen Geschichten eröffnet einen komplett neuen Umgang mit realen Personen. Aaron Sorkin fasst sie in seiner Masterclass so zusammen: „The properties of characters and the properties of people have very little to do with each other."[47] Die Idee dahinter: Der Charakter eines Menschen zeigt sich in der Art und Weise, wie jemand sein Ziel erreichen will, welche Handlungen er vollzieht und welche Problemlösungs-Strategien er anwendet. Die Eigenschaften, die in diesen Situationen sichtbar werden, definieren den Charakter. Sorkins Sichtweise ist eine ideale Ergänzung des Erzählsatzes. Zur Erinnerung: Ein zentrales Element des Erzählsatzes sind die Hindernisse. Und die Art und Weise wie jemand diese Hindernisse überwindet, zeigt eben den Charakter. Je größer der Konflikt für die Figur, desto deutlicher wird der Charakter. Fiktionale Charaktere wie Francis Underwood aus der „Netflix"-Serie „House of Cards" beweisen ihren wahren Charakter vor allem unter Druck. Wenn Underwood seine Macht nur mit den äußersten Mitteln erhalten kann, schreckt er auch davor nicht zurück.

Übertragen auf reale Erzählungen bedeutet das: Es kommt darauf an, jemanden in den Situationen zu zeigen, in denen er auf Hindernisse stößt – denn dort wird er sein reales Gesicht zeigen. In Konflikten sind wir als Menschen mit unseren inneren Werten, Überzeugungen und Moral-Anschauungen konfrontiert. Ist es zum Beispiel in Ordnung, Menschen anzulügen, um sein Ziel zu erreichen? Wie weit darf man gehen? All diese Fragen werden in Konflikt-Situationen beantwortet – durch das Verhalten der Figuren. Ein Beispiel: Mein Kollege Stephan Beuting und ich sind beide unabhängig voneinander „Anhalter" Heinrich begegnet, in einer ähnlichen Situation. Er hat uns beide an derselben Tankstelle angesprochen. Auf eindringliche Art und Weise hat er uns beide mit seiner Geschichte regelrecht bedrängt und uns damit herausgefordert. Wie reagieren wir? Beide waren wir eigentlich auf dem Weg woanders hin. Doch beide helfen wir – auf unterschiedliche Art und Weise. Stephan gibt ihm Geld und interviewt ihn sogar kurz (die dabei entstandenen Aufnahmen

---

47 Aaron Sorkin: Rules of a story (Part 5, Workbook Masterclass Screenwriting), S. 10.

mit dem Smartphone werden wir später noch gut gebrauchen können, um den Beginn der Geschichte zu gestalten). Ich hingegen nehme Heinrich ein Stück mit und setze ihn in einen Zug zu seinem angeblichen Ziel (das Zugticket dafür bezahle ich ihm). Die Szenen offenbaren deutlich einen Teil unseres Charakters – besser als jede Beschreibung dies könnte. Was dieses Beispiel auch zeigt: Orte helfen, um Geschichten zu erzählen. Oft besuchen wir als Reporter ja mit zentralen Figuren bestimmte Orte wieder, um dort über bestimmte Themen oder Erinnerungen zu sprechen. Wenn wir uns vorher überlegen, was genau die Szene eigentlich zeigen soll (welche Hindernisse, Aktionen, Verhaltensweisen etc.), hilft dies meistens der Geschichte – vorausgesetzt der Inhalt entspricht der Realität.

Die folgenden Prinzipien helfen dabei, auch in realen Erzählungen zentrale Figuren besser erkennbar werden zu lassen:

1. Absicht und Bedürfnis voneinander getrennt inszenieren. Es ist die alte Unterscheidung zwischen „What a character wants" (die Absicht) und „What a character needs" (das Bedürfnis). Die Absicht ist das erklärte Ziel, das Bedürfnis der dahinter liegende Grund – es ist oft eng verbunden mit der Motivation von Personen. Nicht immer ist einer Person ihr eigenes tiefer liegendes Bedürfnis bewusst. Das Bewusstwerden kann Teil der Entwicklung sein. „Anhalter" Heinrich bettelt zum Beispiel nahezu jeden Menschen um Geld an. Seine Absicht ist es also, seine Einkünfte zu verbessern. Dahinter liegt aber auch das große Bedürfnis nach Nähe und Anerkennung seiner Leidensgeschichte.

Dramaturgisch ergibt es also Sinn, mit der Absicht zu beginnen. Im Laufe der Erzählung erkennt der Held dann, dass er eigentlich etwas anderes braucht. Dieser Moment der Erkenntnis ist in vielen fiktionalen Geschichten der Midpoint, auch Moment der tiefsten Krise genannt (etwa auf der Hälfte der Erzählung). Der Held erkennt, dass seine bisherigen Strategien und Absichten nicht wirklich zielführend sind. Er erkennt, was er wirklich braucht und wie er es erreichen kann. Um diese Unterscheidung zwischen „Absicht" und „Bedürfnis" in reale Geschichten zu integrieren, benötigt man nicht nur einen echten Protagonisten, sondern muss mit diesem auch viel Zeit verbringen – sonst besteht die große Gefahr, nicht mehr die Realität, sondern das eigene Wunschdenken zu inszenieren. Wenn es aber gelingt, diese Elemente realitätsgetreu abzubilden, kann daraus ein sehr kraftvolles Element der Geschichte werden. Dabei gilt als Merksatz: Eine Absicht ist eher etwas Konkretes (Geld, schnelles Auto, großes Haus etc.), ein Bedürfnis ist eher etwas Abstraktes (Anerkennung, das Gefühl dazuzugehören etc.). Die Absicht ist meistens einfacher zu erkennen als das Bedürfnis, weil Menschen die Absicht häufig besser benennen können oder sie unmittelbar einsichtig ist.

4.2 Charaktere statt Menschen inszenieren

Was dabei helfen kann, das Bedürfnis zu erkennen: die Bedürfnis-Pyramide des amerikanischen Psychologen Abraham Maslow. Etwas verkürzt ausgedrückt beschreibt sie, was uns Menschen antreibt und was unsere Bedürfnisse sind – daher auch der Name.[48] Ursprünglich umfasst die Pyramide fünf Ebenen, die aufeinander aufbauen:

- Grundbedürfnisse: hierzu gehören unter anderem Nahrung, Hygiene usw.
- Sicherheit: hierzu gehören materielle Sicherheit, eine Wohnung, aber auch Religion – denn Glaubens-Ordnung bringt Sicherheit.
- Sozialbedürfnis: hierzu gehören Freunde, ein Partner, ein Platz in der Gesellschaft usw.
- Individualbedürfnisse: hierzu gehören vor allem Anerkennung, Wertschätzung, aber auch individuelle Stärke und Freiheit.
- Selbstverwirklichung: darunter versteht Maslow das Streben, das eigene Potenzial voll auszuschöpfen.

Es gilt: Erst wenn die Bedürfnisse einer Stufe erfüllt sind, werden die Bedürfnisse der nächsten Stufe geweckt. Dabei sind die Grenzen bzw. Übergänge fließend. Außerdem sind kleine und große Rückschritte möglich, je nach Lebens-Situation. Die Bedürfnis-Pyramide hilft mir als Autor also dabei, zu erkennen, welches Bedürfnis ein Charakter in einer Geschichte gerade befriedigt haben möchte.

Um noch einmal das Beispiel vom überfluteten Ladenlokal aufzugreifen: Die Absicht des Besitzers kann zum Beispiel der Wiederaufbau des Ladens sein. Damit ist eine dramaturgisch gute Geschichte erzählbar. Möglicherweise braucht der Ladenbesitzer für den Wiederaufbau aber Geld der Versicherung, die nicht zahlen will. In diesem Konflikt kann es nun um mehr als nur um Geld gehen – möglicherweise geht es dem Ladenbesitzer auch um die gesellschaftliche Anerkennung: „Ja, dir ist Schlimmes widerfahren und du hast Anrecht auf Hilfe." Das muss nicht so sein, kann aber – auf jeden Fall ist es sinnvoll, diese Hypothese zu überprüfen. Wenn sie stimmt, kann sich eine tiefe Geschichte ergeben. Dieser Gedankengang korrespondiert auch mit der Idee, nach einer tieferliegenden Idee hinter der Geschichte zu suchen – diesmal eben auf Ebene des Charakters. Das gilt zum Beispiel für die Eiskunstläuferin Surya Bonaly. Sie hat ihr ganzes Sportlerleben versucht, andere Sportler, Trainer und Zuschauer zu beeindrucken und es den Jurys recht zu machen. Bis sie an einen Punkt kommt, an dem sie erkennt: darum geht es vielleicht

---

48 Vgl. hierzu Abraham H. Maslow: Motivation und Persönlichkeit. (Reinbek bei Hamburg: Rororo, 1981).

nicht. Es ist wichtiger, sich selbst treu zu bleiben. Diese Erkenntnis führt zu einem Sprung in ihrer vielleicht wichtigsten Kür, den vor ihr niemand vollführt hat – und der bis heute ihren Namen trägt.

2. Mangel des Protagonisten etablieren. Das haben wir ja schon beim Plotentwurf gesehen. Ein Charakter-Mangel ist wesentlich, damit der Held sich entwickeln kann. Außerdem erhöht ein Mangel die Glaubwürdigkeit des Charakters – niemand ist perfekt, ausschließlich gut oder böse.

3. Konflikte zuspitzen: mit der Welt, mit anderen, mit sich. Wenn der Protagonist mit einem Mangel ausgestattet ist, kann das zu einer inneren Zerrissenheit führen – bewusst oder unbewusst. Der britische Drehbuch-Autor und Erschaffer der BBC-Writer's Academy John Yorke drückt es so aus: „Whether real or imagined, great characters are consciously or subconsciuosly at war with themselves."[49] Es ist der ständige Kampf, den vorhandenen Mangel entweder zu überwinden oder ihn zu überspielen – sich selbst und anderen gegenüber. Den wahren Charakter eines Menschen erkennen wir eben häufig nicht sofort. Jeder von uns wahrt eine Fassade: „A character's façade, then, is an outer manifestion of an inner conflict."[50] Im Laufe einer Erzählung wird es immer schwieriger und anstrengender, diese Fassade aufrecht zu erhalten. Wer unter Druck steht, wird schließlich seinen wahren Charakter zeigen. Deswegen ist es auch so wichtig, dass der Druck im Laufe der Geschichte zunimmt. Wir kommen damit dem wahren Charakter immer näher. Das zeigt zum Beispiel die Charakter-Enthüllung von Adnan Syed in der ersten „Serial"-Staffel. Wir lernen immer neue Facetten von ihm in den Gesprächen mit Sarah kennen, auch weil sie ihn in immer schwierigere Debatten verwickelt – am Ende sind wir sowohl Adnans als auch Sarahs wahrem Charakter nähergekommen. Es gibt also innerhalb der Erzählung eine Entwicklung: weg von der Fassade, hin zum wahren Charakter. Eine Entwicklung, die zum Beispiel auch Partnerschaften und Freundschaften durchleben – deshalb ist uns dieses Muster so vertraut.

Damit der Zuhörer das Gefühl hat, dass sich die Konflikte zuspitzen – wie bei den Hindernissen – hilft es, dem folgenden Drei-Stufen-Modell zu folgen. Stufe 1: Konflikte mit der Welt (zum Beispiel mit gesellschaftlichen Normen bis hin zu Gesetzen). Stufe 2: Konflikte mit anderen Menschen (wie den Eltern, engen Freunden oder Partnern). Stufe 3: Konflikt mit sich (von einer ersten Ahnung über

---

49 John Yorke: Into the Woods. How stories work and why we tell them (UK: Penguin Books, 2014), S. 128.
50 Ebd., S. 141.

das Eingeständnis bis hin zur Konfrontation mit dem eigenen Mangel). Alle drei Konfliktstufen lassen sich auch noch in sich steigern und können sich dabei in einer Erzählung überlappen. Dabei ist es wichtig, die Definition eines Konfliktes klar zu haben:

▸ Ein Konflikt ist die Wahl zwischen zwei gleich guten oder gleich schlechten Möglichkeiten.

Die Mutter, die sich für ein Kind entscheiden muss, weil nur noch ein Platz im Flüchtlings-Boot frei ist, erlebt einen existenziellen Konflikt.

4. Das Maximum anpeilen. In jedem dieser Konflikte sollte der Protagonist dabei so gut wie ihm nur irgend möglich agieren. Der amerikanische Autor James N. Frey hat dafür einen passenden Begriff geprägt, auch wenn er sich auf fiktive Figuren bezieht: „Homo fictus agiert immer auf dem Niveau seiner Maximalkapazität, und es entspricht nicht der maximalen Kapazität einer dramatischen Figur, nichts zu tun, wenn sie mit einem Problem oder einer Herausforderung konfrontiert wird, es sei denn, der Mangel an Initiative wird komödiantisch genutzt."[51] Im realen Leben agieren wir natürlich nur höchst selten mit Maximalkapazität. Alles andere wäre auch kaum aus- und durchhaltbar. Als Autor hilft dieser Gedanke, um die entscheidenden Szenen und Situationen zu erkennen. So wird verdichtete Realität erfahrbar. Ein Beispiel: In der sehr berührenden Folge „Entanglement" der ersten „Invisibilia"-Staffel treffen die beiden Reporterinnen Alix Spiegel und Lulu Miller eine Frau namens Amanda, die ein sehr seltenes Empfinden hat: die Spiegel-Berührungs-Synästhesie. Das bedeutet: Amanda spürt körperlich, was Menschen um sie herum wiederum körperlich spüren. Das gilt für Schmerzen, aber auch für Emotionen wie Freude oder Angst. Dieses Phänomen ist erst bei sehr wenigen Menschen beschrieben. Amanda kann kaum aushalten, unter Menschen zu sein und hat ein starkes Vermeidungsverhalten entwickelt. Die letzte Szene der Geschichte zeigt Amanda, wie sie trotzdem die Schulabschluss-Feier ihrer Tochter besucht. „For many parents going to a graduation would be unremarkable, but for her it represented a heroic act of love. In other words, the last scene shows Amanda – like the rest of us – struggling to be her best self."[52] Sie handelt also an der Grenze zur eigenen Maximalkapazität.

---

51 James N. Frey: Wie man einen verdammt guten Roman schreibt (Köln: Druckhaus Köthen, 2016), S. 41.
52 Alix Spiegel: Variations in Tape Use. In: John Biewen & Alexa Dilworth: Reality Radio (Durham: The University of North Carolina Press, 2. Aufl., 2017), S. 53.

5. Die Figuren in Beziehung zu anderen setzen und inszenieren. Menschen sind nicht isoliert. Sie haben Freunde, Helfer, vielleicht sogar Gegenspieler und Menschen, von denen sie nicht so ganz wissen, wie sie zu ihnen stehen (dramaturgisch heißen diese Figuren auch „Shapeshifter", also etwa Gestaltwandler). Ausgehend vom Erzählsatz der Geschichte kann man sich als Reporter überlegen, welche Beziehungen besonders relevant sind. Und wie sie sich entwickeln. Auch für diese Beziehungs-Entwicklung braucht es Auslöser, Gründe oder Hindernisse. Zugegeben: Ein großer Cast (also viele Mitwirkende) ist fürs Radio immer schwierig – da bei zu vielen Beteiligten und Stimmen die Wiederkennbarkeit deutlich leidet. Aber zentrale Beziehungen sind für eine gute Geschichte wichtig. Häufig tendieren wir als Reporter immer noch dazu, Menschen allein und isoliert zu interviewen. In der Hoffnung, so besonders „saubere" O-Töne zu erhalten. Doch so kann kaum Interaktion entstehen.[53] In der letzten „Anhalter"-Folge gibt es eine Szene, die es erst relativ spät ins Storyboard geschafft hat. Stephan und ich treffen uns mit Heinrich in der sozialen Wohnstätte, in der Heinrich lebt. Dort lassen wir uns von einem Mitarbeiter, Wilfried Karrer, die Einrichtung zeigen. Schon bald zeigt sich: Heinrich Kurzrock und Wilfried Karrer haben ein gutes Verhältnis. Heinrich respektiert Wilfried Karrer, der wiederum ein großes Interesse an Heinrich hat und ihm helfen will, seine Tricks aber zur Genüge kennt. Weil wir das in der ganzen Zeit immer so gemacht haben, lassen wir das Aufnahmegerät laufen. Auch als wir uns zu viert zum abschließenden Kaffee-Trinken zusammensetzen. Es entsteht eine Situation, die von der Dynamik der Personen getragen ist. Wilfried Karrer fordert Heinrich auf, uns nicht länger anzulügen (zum Beispiel in Bezug auf seinen Gesundheits-Zustand). Was folgt ist eine große Aussprache, die schließlich zur letzten Szene der gesamten Serie geworden ist, weil sich unser Verhältnis zu Heinrich an diesem Nachmittag noch einmal deutlich weiterentwickelt (ein Auszug aus dem Skript mit dieser Szene findet sich in Kapitel 6.1).

6. Wiedererkennbarkeit erzeugen. Wie beschreibe ich eine Person im Radio oder Podcast so, dass beim Hörer nicht nur ein Bild vor dem geistigen Auge entsteht, sondern dieses Bild so stark ist, dass es jederzeit wieder hervorgerufen werden kann? Dabei sollte das Bild so einzigartig sein, dass es nicht zu Verwechslungen mit anderen Personen in der Geschichte führt. Das ist eine Aufgabe, die für uns Audio-Menschen deutlich schwieriger zu meistern ist als für die Kollegen in TV, Online oder Print. Denn alle können – wenn sie wollen – mit echten Bildern arbeiten. Um diese Aufgabe zu lösen, gibt es in vielen Reportage-Kursen zum Bei-

---

53 Je länger eine Erzählung ist, desto wichtiger wird das Charakter-Netzwerk. Vor allem für Serien spielt es eine große Rolle. Vgl. hierzu Kapitel 3.10.

4.2 Charaktere statt Menschen inszenieren

spiel immer wieder den Tipp: Schildere, was die Person trägt und wie sie aussieht. Manche Redaktionen haben sogar die ausdrückliche Vorgabe: Jede Person, die vorkommt, wird mitsamt ihrer Kleidung beschrieben. Doch wie hilfreich ist die folgende Beschreibung: 186 cm, braune Haare, braune Augen, blaue Jeans und ein gelbes Polohemd. Oder: schwarzer Anzug, schwarze Lederschuhe, weißes Hemd. Zugegeben, das waren recht lieblose Beschreibungen. Doch die große Gefahr ist real: Kleidung und Aussehen können etwas beliebig wirken und der Vorstellungskraft des Hörers nicht unbedingt helfen. Ich will damit nicht sagen, dass es falsch ist, auf diese Dinge zu achten. Die entscheidende Frage ist allerdings: Inwiefern steht Kleidung, Frisur oder Schmuck für den Charakter einer Person? Oder anders ausgedrückt: Welche Charaktereigenschaft möchte ich durch die Beschreibung herausstellen?

Der amerikanische Autor Tom Wolfe (ja, DER Tom Wolfe, der Gentleman des New Journalism, der mit den immer gutsitzenden weißen Anzügen samt passender Krawatte und Einstecktuch, der im Mai 2018 verstorben ist) hat einmal zum genauen Beobachten und Wiedererkennen von Menschen folgenden Gedanken aufgeschrieben: „This is the recording of everyday gestures, habits, manners, customs, styles of furniture, clothing, decoration, styles of traveling, eating, keeping house, modes of behaving towards children, servants, superiors, inferiors, peers, plus the various looks, glances, poses, styles of walking and other symbolic details that might exist within a scene. Symbolic of what? Symbolic, generally, of people's *status life*, using that term in the broad sense of the entire pattern of behavior and possessions through which people express their position in the world or what they think it is or what they hope it to be."[54] Diesen Gedanken finde ich recht hilfreich! Das Status-Symbol oder Status-Detail, schließlich kann es sich auch um eine Kleinigkeit handeln, ersetzt vielleicht nicht die ganze restliche Beschreibung, aber es ergänzt sie und kann beim Wieder-Erkennen helfen. Status-Details können außerdem der Geschichte besonders tiefe Momente schenken. In Aaron Sorkins TV-Serie „The Newsroom" gibt es zum Beispiel den Chef der Nachrichten-Sektion von „Atlantic Cable News", Charlie Skinner. Skinner trägt immer Fliege, sie ist sein Markenzeichen, ein Status-Detail. Als Skinner zum Ende der Serie stirbt, gibt seine Witwe auf der Beerdigung eine der Fliegen an einen Mitarbeiter von Charlie Skinner. Nach dem Motto: Charlie wollte, dass du sie erhältst. Der Ziehvater hinterlässt seinem Redaktions-Sohn ein Zeichen der Anerkennung und Nähe. Es ist der Moment, in dem das Status-Detail sehr viel größer wird und noch mehr Bedeutung bekommt.

Dieser Einsatz des Status-Details ist in realen Erzählungen sicher nur selten möglich, aber die Leitfrage dahinter ist wichtig: Welches Detail sagt am meisten

---

54 Tom Wolfe: The New Journalism (London: Picador, 1975), S. 47.

über einen Charakter aus? Die Fliege, die Uhr oder die Abwesenheit von Mode-Konventionen (der Hoodie in der Anwalts-Kanzlei). Im „Anhalter" haben wir uns ganz bewusst zwei Status-Details ausgesucht: Heinrichs Krücke und seine Kappe (auch seine Trucker-Weste hätte sich geeignet). Beide Elemente stehen für Heinrichs Beziehung zu dieser Welt. Auf den ersten Blick führt die Krücke zum Beispiel nur vor Augen, dass Heinrich schlecht laufen kann. Doch sie sagt auch etwas über sein Selbst-Verständnis aus: Die Krücke ist sichtbares Symbol dafür, dass sich Heinrich als Opfer sieht. Schau her Welt, was du mir angetan hast. Bemerkenswert ist, dass es zahlreiche Situationen gibt, in denen Heinrich offenbar ganz ohne Krücke ganz prima laufen kann. Mit seiner Kappe geht Heinrich offensiver um. Sie verdeckt normalerweise eine doch recht große Beule auf seinem Kopf. Mehrmals, so haben wir es zumindest erlebt, setzt er die Kappe genau in dem Augenblick ab, in dem Menschen zum Beispiel gerade in ein Brötchen beißen wollen. Ein kleiner Schock-Moment, den Heinrich immer mal wieder herbeiführte.

Und dann gibt es natürlich noch etwas, was wir Audio-Erzähler besser nutzen können als alle anderen Medien, um jemanden wiedererkennbar werden zu lassen: seine Stimme und die Art und Weise, wie jemand spricht. Doch: Wir nutzen diese Möglichkeit viel zu wenig. Wir sortieren viele potenziellen Gesprächspartner aus, weil uns Stimme oder Sprechweise nicht sendefähig erscheinen (aus welchen Gründen auch immer). Ein Gegenbeispiel dazu ist der liebevolle und extrem kurzweilige „Stichtag" (das ist eine vierminütige historische Sendung auf WDR 2) von Ralph Erdenberger, der zum ersten Mal am 6. Januar 2005 gesendet wurde: zum 350. Geburtstag des Schweizer Mathematikers Jakob Bernoulli. Dafür hat Erdenberger den Professor für Stochastische Analysis von der TU Dresden, Volker Nollau, interviewt. Nollau hat lange in Dresden gelebt und gelehrt und so spricht er auch. Der regionale Einschlag ist nicht überhörbar. Für Menschen in Nordrhein-Westfalen (der WDR produziert „ZeitZeichen" und „Stichtag") klingt der sächsische Dialekt möglicherweise etwas einfältig (so wie für viele andere Menschen in Deutschland der Einschlag aus dem Ruhrgebiet, sagen wir mal, weniger intellektuell klingt). Erdenberger nutzt das ideal aus, in dem er Humor zum tragenden Element seines Stücks macht! Er arbeitet in diesem Sinne nicht gegen seinen Experten an, sondern nutzt das, was dessen Stimme anbietet – ohne respektlos zu werden.

Dabei gibt es natürlich Grenzen der Verständlichkeit. Wenn ich jemanden nicht verstehe oder die technische Qualität einer Stimm-Aufnahme so schlecht ist, dass ich nichts mehr hören kann, dann werde ich dieses Material als Reporter kaum benutzen können. Wenn es dagegen mal einen Moment dauert, sich auf eine neue Stimme einzulassen – gut so. Wichtig ist: Derjenige muss etwas Spannendes zu sagen haben. Das ist auch der Grund, warum wir in „Serial" immer wieder akustisch recht schlechte Telefon-Aufnahmen akzeptieren. Ja, man muss sich einhören (das hängt nicht nur damit zusammen, dass Englisch für uns eine Fremdsprache ist), doch wir akzeptieren die Tonqualität schließlich. Mehr noch: Wir mögen die Intimität dieser Momente.

Um die Wiedererkennbarkeit von Stimmen zu erhöhen, sollten wir auch darauf achten, Sprechweisen nicht zu sehr zu glätten. In vielen Audio-Produktionen werden die O-Töne immens „gesäubert" oder „geglättet", das heißt: Versprecher, „ähms" und „ähs" werden rausgeschnitten, Pausen verkürzt, scheinbar Unwichtiges entfernt, teilweise sogar Atmer rausgeschnitten. Jede Sekunde zählt schließlich. Das Ergebnis sind höchst künstlich und gleich klingende Töne. Dieses Vorgehen hängt natürlich auch damit zusammen, was wir eigentlich für einen guten O-Ton halten, inhaltlich und formal (siehe dazu auch Kapitel 6.5). Im Sinne der Wiedererkennbarkeit ist das aber eher kontra-produktiv. Wenn jemand einen Moment braucht, um einen Gedanken zu entwickeln oder zum Beispiel bestimmte Formulierungen immer wieder benutzt (so was wie: „ich sage ja immer" oder „am Ende des Tages"), dann erkennen wir denjenigen schnell wieder. Außerdem transportieren diese Halbsätze etwas über den Charakter dieser Person. Na klar, auch hier gibt es Grenzen. Der Ton muss verständlich bleiben (es sei denn, ich will genau zeigen, dass jemand nicht verständlich spricht oder keine Ahnung hat), außerdem soll auch niemand vorgeführt werden.

▶ Es geht also darum, dass Charakteristische der Stimme und Sprechweise hörbar zu machen!

Die Charakterisierung von Menschen ist wichtig, um sie erkennbar und unverwechselbar zu gestalten. Das heißt aber noch nicht, dass wir diese Figuren auch mögen oder als Hörer eine Beziehung zu ihnen aufbauen können. Dabei ist gerade das für längere Erzählungen unbedingt notwendig.

4.3 3D-Beziehung zwischen Hörer und Charakter

Versuchen Sie mal, andere Menschen zu beschreiben. Häufig greifen wir dann auf Standards zurück: neben Aussehen sowie Kleidung sind das Name, Lebens- oder Geburts-Ort und Alter. Vielleicht ergänzt um Hobbies, Ausbildungswege und den aktuellen Beruf. Das ist natürlich nicht falsch, um einen Eindruck oder ein erstes

Bild von einem Menschen zu erzeugen, aber es reicht meistens nicht aus, um eine Verbindung zwischen Hörer und Charakter zu entwickeln. Der amerikanische Story-Consultant und Autor Karl Iglesias liefert die Begründung dafür: „But it doesn't necessarily make us care about or create empathy for them, which is the key factor in holding the reader's attention from beginning to end."[55] Iglesias spricht hier zwar vom Leser, aber das gilt ganz genauso für Zuhörer. Das Ziel: eine dauerhafte emotionale Verbindung aufbauen. Das kann unter anderem über die folgenden drei Faktoren gelingen:

1. Empathie. Empathie ist grob beschrieben die Fähigkeit, Emotionen, Gedanken, Motive oder Persönlichkeitsmerkmale in anderen zu erkennen und nachzuvollziehen. Empathie lässt uns spüren, was der andere fühlt (Mitleid hingegen sorgt dafür, dass der andere uns leidtut und wir möglicherweise helfen wollen). Nicht jeder von uns ist gleich empathisch. Und nicht immer ist es einfach, die Gefühle oder Motive des Gegenübers zu erspüren. Als Geschichten-Erzähler wissen wir nicht, wie empathisch unsere Hörer sind. Das bedeutet: Wir sollten regelmäßig Angebote an ihre Empathie-Fähigkeit machen. Empathie funktioniert dabei häufig über das Gefühl der Wiedererkennung: Ah, so wie die Person sich jetzt fühlt – das kenne ich. So bauen sich Verbindungen auf. Am Anfang der ersten Staffel von „Serial" führt Sarah Koenig den Fall der Serie zum Beispiel mit einem wichtigen Detail ein: „For the last year, I've spent every working day trying to figure out where a high school kid was for an hour after school one day in 1999 – or if you want to get technical about it, and apparently I do, where a high school kid was for 21 minutes after school one day in 1999."[56] Und danach gibt es diesen Satz von ihr, der inhaltlich eigentlich gar nicht notwendig ist: „This search sometimes feels undignified on my part. I've had to ask about teenagers' sex lives, where, how often, with whom, about notes they passed in class, about their drug habits, their relationships with their parents."[57] Den ersten Satz aus diesem zweiten Zitat könnte man streichen, wenn man allein auf den Inhalt schaut. Doch das Entscheidende, was Sarah Koenig hier schafft, ist eine Verbindung zwischen sich und dem Hörer. Sie gibt zu, dass sie nicht die souveräne, alles-wissende Journalistin ist. Die Formulierung „undignified on my

---

55 Karl Iglesias: Writing for emotional impact (Livermore: Wing Span Press, 2005), S. 50.
56 Zitiert nach: https://genius.com/Serial-podcast-episode-1-the-alibi-annotated
57 Ebd.

part" offenbart darüber hinaus eine gute Prise Humor – sie nimmt sich selbst nicht zu ernst. Sie schlägt zwei Fliegen mit einer Klappe: Sie knüpft an unsere Erfahrung an, dass es als Erwachsener schwierig sein kann, eine Verbindung zu Teenagern aufzubauen. Erst recht, wenn es um Themen geht wie Sex und Drogen. Viele Menschen haben diese Erfahrung wahrscheinlich selbst gemacht. Empathie funktioniert eben über Wiedererkennen. Und Koenig nimmt sich selbst nicht so wichtig. Das finden wir in aller Regel sympathisch. Und schon nach 30 Sekunden mögen wir diese Sarah!

2. Faszination. Clive Owen als Dr. John Thackery in der TV-Serie „The Knick", Emma Watson als Hermione in „Harry Potter" und natürlich Benedict Cumberbatch als moderner Sherlock Holmes. Sie alle haben eines gemeinsam: Sie faszinieren uns. Oder zumindest sind ihre Charaktere so angelegt. Sie alle sind genial auf ihre eigene Art und Weise. Thackery als drogenabhängiger Arzt, Hermione als fleißige Schülerin und Sherlock als Soziopath (auch bei ihm spielen Drogen eine Rolle). Wenn uns Charaktere faszinieren, mögen wir sie. Zumindest bis zu einem gewissen Punkt. Thackery kann ab und zu etwas wahnsinnig werden, Hermione übertreibt es manchmal vielleicht etwas mit dem Streben nach guten Noten und Sherlock wirkt hier und da vielleicht etwas arrogant und wenig empathisch. Es gibt eine feine Linie: Die Kehrseite von Faszination ist Ablehnung. Deshalb ist es gut, wenn diese Charaktere mit einem Mangel ausgestattet sind. Dieser macht sie interessanter und glaubwürdiger. Eine spannende Frage lautet deshalb zum Beispiel: Wovor hat mein Protagonist am meisten Angst? Für reale Erzählungen ist das ein entscheidender Faktor: Denn häufig stellen wir als Reporter Protagonisten oder Helden als zu positiv, zu faszinierend oder zu perfekt dar. In Geschichten wie über den ersten interkontinentalen Flug mit einem Solarflugzeug ist es wichtig, dass Bertrand Piccard nicht nur als jemand erkennbar wird, dem alles gelingt. Wir müssen von seinen Rückschlägen erfahren und spüren, was sie für ihn bedeuten. Er möchte zeigen, wozu erneuerbare Energien im Stande sind. Außerdem will er zeigen, was ein Piccard alles leisten kann (sein Vater und sein Großvater waren große Entdecker und Ingenieure). Erleben wir Piccards Ängste, Sorgen und Rückschläge, dann können wir seine große Leistung nicht nur akzeptieren, sondern schätzen sie später umso mehr. Das gilt auch für sein Durchhaltevermögen.

3. Geheimnis. Wenn mir jemand sympathisch ist, dann möchte ich ihn gerne verstehen – um mich der Person nah zu fühlen. Was genau ist denn jetzt mit den Eltern von Harry Potter passiert? Wichtig: Das Geheimnis muss etwas mit der Geschichte zu tun haben. Ist das nicht der Fall, kann es sehr enttäuschend wirken, wenn es schließlich gelüftet wird. Für reale Erzählungen finde ich die Frage hilfreich: Gibt es etwas, dass der Protagonist meiner Erzählung zurück-

hält? In dem tollen ARD-Radiofeature „Willy, dringend gesucht" (Radio Bremen 2015) geht es um den Holländer Willy, der auf der Flucht ist, weil er Landwirte um Millionen betrogen haben soll. Sein Versprechen: Schlüsselfertige Milchviehanlagen in den USA – ganz ohne bürokratische, europäische Strukturen. Unter anderem deutsche und niederländische Bauern sind darauf reingefallen. Feature-Autor Rainer Kahrs reist in die USA, um sich ein Bild zu machen und Willy zu suchen. Mit dabei ist Bärbel, eine geschädigte Landwirtin. Irgendwann gesteht der Erzähler, dass diese Bärbel seine Schwester ist. Ein wunderbarer Moment und die Enthüllung eines tollen „Geheimnisses", das viel weniger Kraft entwickelt hätte, wäre es uns von Anfang an bekannt gewesen.

All diese Faktoren helfen dabei, die Beziehung zwischen Hörer und Protagonist oder anderen Figuren zu gestalten. Manchmal reagieren wir ganz direkt als Zuhörer: Wir leiden mit Menschen, die ungerecht behandelt werden. Wir bewundern Menschen, die unter Druck oder in Konfliktsituationen das moralisch Richtige tun und sich human verhalten und wir schauen zu Menschen auf, die (scheinbar) erstrebenswerte Charakterzüge haben: begeistert, klug, humorvoll, aber auch oberflächlichere Eigenschaften wie sportlich oder attraktiv.

Es gibt einen sehr großen Vorteil von realen im Vergleich zu fiktionalen Figuren: Reale Menschen sind immer schon von sich aus dreidimensional bzw. komplex. Diese alte Unterscheidung zwischen zweidimensionalen und dreidimensionalen Figuren und Geschichten ist immer wieder hilfreich. Zur Erinnerung: Zweidimensionale Figuren sind Figuren, die als bloße Typen fungieren – ohne Entwicklung. Sie sind das Klischee der Kellner, Taxi-Fahrer, Vorstandsvorsitzenden etc. Dreidimensionale Figuren haben Tiefe, sind komplexer und damit viel interessanter. Ein großes Problem: Häufig werden reale Personen lediglich als zweidimensionale Figuren gezeigt, als armer Ladenbesitzer, bemitleidenswertes Opfer einer Straftat oder als böser Täter. Das ist nicht nur ein unangemessenes Abbild der Realität, sondern verstärkt möglicherweise ohnehin bestehende Vorurteile.

▸ Reale Figuren sind immer schon dreidimensional. Wir müssen sie nur noch als solche zeigen.

Und zwar vom ersten Augenblick an.

4.4 Der Auftritt: Charaktere einführen

Wann haben Sie sich das letzte Mal bewusst Gedanken darüber gemacht, wie Sie eine Person zum ersten Mal in Ihrer Erzählung auftauchen lassen? In welcher Situation? Mit welchem O-Ton? Welcher erste Eindruck soll beim Hörer entstehen? Nehmen wir als Beispiel den folgenden, rein fiktiven Auszug aus einem beliebigen Manuskript – sagen wir über die Kriminalstatistik in einem Landkreis. Angefangen hat das Stück mit einer armen, alten gebrechlichen Frau (nennen wir sie Elfriede Meier), bei der eingebrochen wurde. Die Zahlen für Einbrüche sind natürlich seit dem vergangenen Jahr gestiegen (weshalb in der Anmod auf jeden Fall von „immer mehr Einbrüchen" die Rede sein muss, auch wenn das statistisch Unsinn ist. Eine Steigerung von x auf y ist schließlich noch keine Steigerung der Wachstumsrate, wie der Ausdruck „immer mehr" andeutet. Aber was soll's...). Frau Meier hat leider einen Schock erlitten und kann nicht mit den Medien sprechen. Also bleibt nur eine Lösung: Es muss natürlich die Polizei zu Wort kommen:

Autor	...doch Elfriede Meier ist kein Einzelfall. Das weiß auch der Pressesprecher der Polizei, Martin Schmitt:
O-Ton	(Martin Schmitt, Polizeipräsidium) Leider ist Frau Meier kein Einzelfall. Im vergangenen Jahr hatten wir in unserem Landkreis 1.268 Einbrüche zu verzeichnen. Das sind 3,79 Prozent mehr als im Vorjahr. Mit dieser Steigerungsrate liegen wir aber bundesweit im Durchschnitt.

Dieses Beispiel ist wie gesagt rein fiktiv und würde so natürlich niemals über den Sender gehen. Oder etwa doch? Im Aktuellen haben Reporter oft schlichtweg nicht die Wahl oder die Gestaltungsmöglichkeiten, besondere Situationen oder sogar Szenen herzustellen. Und gerade Pressesprecher von Behörden sprechen eben häufig – nun ja – wie Pressesprecher von Behörden (Wer hat Ihnen das eigentlich beigebracht? Und warum glauben sie, dass es gut ist und dieses Verhalten das Vertrauen in ihre Behörde stärkt? Aber ich schweife ab...).

Was aber fast immer möglich ist – auch im Aktuellen: Einführen einer Person über den Inhalt, nicht über die Funktion. Wer bewusst zum Beispiel Sendungen von „This American Life" hört, wird darin ganz häufig Passagen finden, in denen O-Töne auf O-Töne geschnitten sind. Diese Passagen brechen nicht nur den langweiligen Rhythmus von Text-O-Ton-Text etc. auf, sondern eignen sich auch bestens, um eine Person einzuführen, wie die Geschichte aus der Folge „Entanglement" aus dem NPR-Podcast „Invisibilia" zeigt. Es ist die Geschichte von Amanda, der Frau mit Spiegel-Berührungs-Kinästhesie. Amanda will erklären, wie sich diese spezielle Form der Kinästhesie für sie anfühlt und erzählt gerade, wie sie in einem Einkaufsladen ein Kind beobachtet hat, das auf den Hinterkopf fällt:

Tape, Amanda:	And I'm just like, this child, he needs help! And my head hurt so bad that I basically was crawling to try to get to the kid. Like, it was bad.
Tape, Husband:	I think there may be a lot of people who hear this sort of thing and think it's basically bullshit.
Alix:	That's her husband again.
Tape, Husband:	But, I mean, I see it, and there's something to this.
Tape, a person with a british accent:	Certainly. Yeah, no totally.
Lulu:	Alix, were you not just thinking it was about time for a British scientist?
Alix:	I was yearning for the authority of a British person right now.
Lulu (laughing):	Well, here we've got one, this one's name is Michael Banissy, and he is a neuroscientist at Goldsmith's, University of London.[58]

Beide Male werden die Charaktere (wieder-)eingeführt über ihren Inhalt – erst danach werden sie vorgestellt bzw. daran erinnert, wer sie sind. Nämlich Ehemann und Neurowissenschaftler. Letzterer kommentiert zum Beispiel als erstes das, was der Ehemann gerade gesagt hat. So entsteht beim Hörer automatisch die Frage: Wer spricht da gerade? Und wer kann offenbar bestätigen, dass an dem geschilderten Phänomen tatsächlich etwas dran ist? Wir müssen auch nicht lange auf die Antwort warten und erfahren nun Name und Funktion. Außerdem nutzen die Autorinnen hier den britischen Akzent des Wissenschaftlers, um ihn leicht und ein bisschen humorvoll einzuführen – eine positive Note, die die Geschichte an dieser Stelle gut vertragen kann. Wieder wird deutlich: Es hilft, sich das zu Nutze zu machen, was der Gesprächspartner in Stimme und Sprechweise anbietet, hier eben den britischen Akzent.

Diese Art von direkter Antwort oder Kommentierung von etwas gerade Gesagtem ist eine von mindestens vier Strategien, die ich identifiziert habe, um Personen direkt und dynamisch einzuführen. Die anderen drei sind: Szenisch, mit starker These oder als Co-Erzähler. Szenisch meint: Es gibt eine Situation, die vom Autoren eingeführt wird. Zum Beispiel könnte uns der Erzähler mit in ein Lehrerzimmer

---

58 Zitiert nach Alix Spiegel: Variations in Tape Use. In: John Biewen & Alexa Dilworth: Reality Radio (Durham: The University of North Carolina Press, 2. Aufl., 2017), S. 50.

4.4 Der Auftritt: Charaktere einführen

nehmen, und zwar in der großen Pause. In dieser Situation taucht nun eine Figur auf, naheliegender Weise ein Lehrer. Dieser stürmt gerade ins Lehrerzimmer, weil er dort noch schnell ein paar Kopien für die Stunde nach der Pause machen will. Der Auftritt der Figur ergibt sich also organisch aus der Situation. Auch unsere Serie „Der Anhalter" beginnt mit dieser Methode:

Stephan	Wenn einer vor dir steht, völlig verzweifelt...
O-Ton	(Heinrich Kurzrock, Verteilerkreis) Zum Schreien ist mir. Ja, zum Schreien ist mir.
Stephan	...und der will mit seinem Leben Schluss machen...
O-Ton	(Heinrich Kurzrock, Verteilerkreis) ...wenn ich wüsste, dass das mein letzter Tag wäre, dann würde ich innerlich das Halleluja schreien.
Stephan	...und er bittet dich um einen letzten Gefallen, für seine allerletzte Reise...
O-Ton	(Heinrich Kurzrock, Verteilerkreis) Ich habe keine Erwartungen mehr. Der Weg nach Zürich ist geebnet, jetzt brauche ich nur noch ein paar kleine Sandsteine oder Sandkiesel, damit meine ich jetzt Geld zum Überleben bis Zürich und Ende. Mehr brauche ich nicht mehr.
Stephan	Dann musst du dem doch helfen, oder?

Die Einführung über eine starke These kann häufig nach einem Kapitelschnitt benutzt werden, um einen neuen Akt oder Abschnitt zu beginnen. Die These muss dabei wirklich stark, prägnant oder provokant und darauf angelegt sein, dass sie weiter ausgeführt wird. Im „ZeitZeichen" über Joseph Campbell wird knapp vor der Hälfte – wir sind gerade in der Krise von Joseph Campbells Leben – der Dramaturgie-Coach Uwe Walter eingeführt, der dabei helfen soll, den Aspekt zu beleuchten, warum Menschen überhaupt von Geschichten fasziniert sind. Gerade waren wir noch mit Campbell in einer Waldhütte, ohne Geld. Von dort bewegt sich die Geschichte nun auf der Leiter der Abstraktion zielstrebig nach oben:

Autor	Campbell liest und lernt. Er versucht das umzusetzen, was er später einmal mit einem seiner berühmtesten Sätze beschreiben wird: Follow your bliss. Man kann es etwa übersetzen mit: Folge deinem Glück, deiner Berufung oder dem, was dich erfüllt. Darauf kommt es Campbell an, in Geschichten und im echten Leben.
Musik Ende.	
O-Ton	(Uwe Walter, Wohnung) Wir lieben die besten Sportler. Wir lieben den Wettbewerb. Wir lieben den Nobelpreis. Wir lieben es, wenn Menschen was aus sich machen.
Autor	Uwe Walter hat ursprünglich Regie an der Hochschule für Fernsehen und Film in München studiert und ist heute einer der wichtigsten Dramaturgie-Trainer in Deutschland. In seinen Seminaren kann man lernen, Geschichten zu erzählen.

Uwe Walter wird hier also mit einer starken These eingeführt, nämlich: Wir lieben es, wenn Menschen was aus sich machen. Damit wollen wir als Hörer sowohl diesen Menschen näher kennenlernen, der so etwas sagt. Als auch dessen These verstehen.

Die Einführung über eine Art Co-Erzähler funktioniert vor allem, wenn die Figur selbst eine Anekdote oder ein Beispiel erzählt oder erklärt. Sie übernimmt in diesem Moment die Führung in der Erzählung. Im WDR 2 „Stichtag" über den Begriff „Telegramm" taucht nach einem Einstiegsbeispiel (Wolf Biermann erzählt, warum er von seiner Mutter Telegramme in die DDR geschickt bekommen hat) die eigentlich zentrale Figur des Stücks auf. Mit nur einem Satz versuche ich die Brücke von Biermann zu ihr zu bauen:

Autor	Telegramme. Sie waren gerade in der DDR sehr beliebt und notwendig.
O-Ton	(Heidi Thoms, Studio) Ja sicher, wir hatten ja kein Telefon. Und dann wurde halt, wenn jemand kommen wollte: „Mein Zug kommt eben dann und dann." Oder eben Glückwunsch-Telegramme. Und alle so wichtige Nachrichten, die schnell da sein mussten, wurden halt per Telegramm geschickt.
Autor	In wenigen Minuten oder maximal Stunden sollte die Nachricht beim Empfänger sein. Abgerechnet wurde nach Wort-Anzahl. Deswegen war es eine geldsparende Kunst, kurz zu formulieren. Auch Namen.
O-Ton	(Heidi Thoms, Studio) Sagen Sie Heidi, eigentlich heiße ich Adelheid, aber das finde ich furchtbar, also Heidi bitte.

In diesem Fall stellt sich die zentrale Figur auch noch selbst vor. Etwas, was der amerikanische Podcast „Radiolab" zum Beispiel regelmäßig nutzt. Die Idee dahinter: Wie sich jemand selbst vorstellt, offenbart etwas über seine Person, sein Selbstverständnis, sein Verhältnis zu sich und seiner Rolle. Den entsprechenden O-Ton kann man am Anfang eines jeden Interviews immer leicht abfragen, nach dem Motto: „Wenn Sie sich kurz selbst vorstellen, mit ganzem Namen, Titel und Funktion – dann habe ich das auf jeden Fall alles korrekt." Ob man die Aufnahme dann nutzt oder nicht, kann man hinterher immer noch entscheiden.

Natürlich ist auch eine Kombination aus diesen vier Varianten denkbar. Wichtig ist:

- Die Einführung der Charaktere wird durch den Fluss der Geschichte bestimmt.

4.5 Arbeit mit Charakteren: Das Story-Interview

Wie bereiten Sie ein Interview vor? Damit meine ich kein Interview als Moderator, das live ausgestrahlt oder aufgezeichnet wird, sondern ein O-Ton-Interview. In meiner Erfahrung gibt es mehr oder weniger drei Typen von Interview-Vorbereitern: den Spontan-Offenen, den Detaillierten und den Strukturierten. Natürlich ist das auch wieder ein bisschen überspitzt, aber es ist etwas Wahres dran.

Den Spontan-Offenen findet man meistens im Aktuellen. Hier regiert das Pragmatische, anders würde keine tägliche Sendung je fertig werden. Oft genug ist der Reporter froh, überhaupt einen O-Ton-Geber zu finden. Fragen werden auf dem Weg zum Interview oder auch gerne während des Interviews entwickelt. Die Vorbereitung war schon ausführlich, wenn Zeit genug war, drei oder vier Stichpunkte auf einem Zettel zu notieren. Vielen Autoren, die hauptsächlich im aktuellen Journalismus arbeiten, fällt es schwer, diese Arbeitsweise zu verändern, wenn sie ein längeres Stück erzählen. Warum sollten sie ihr Vorgehen auch ändern? Die Erfahrung zeigt ja: am Ende kommt immer etwas Sendefähiges heraus. Leider hören sich die längeren Stücke dann auch häufig so an – eben wie längere, aktuelle Stücke.

Der Detaillierte geht meistens sehr gut vorbereitet in Interviews. Oftmals mit vielen, komplett ausformulierten Fragen. So kann man auch nichts vergessen. Dagegen ist auch erstmal gar nichts zu sagen. Es bringt aber zwei Probleme mit sich. Erstens: Die Grenze zwischen Recherche-Interview und O-Ton-Interview verschwimmt. Ein Teil der Fragen sind häufig Faktenfragen – die Antworten werden es später kaum ins Stück schaffen. Warum ist das ein Problem? Es erzeugt mehr Audiomaterial als notwendig. Als Autor muss ich also mehr abhören, mehr transkribieren, mehr sortieren. Das ist gerade bei langen Erzählungen ein nicht zu unterschätzender Faktor – denn die Arbeit ist ohnehin eine Materialschlacht. Und zweitens festigt diese Art von Interview meiner Ansicht nach den Gesprächspartner in seiner Rolle als Funktionsträger. Wenn Menschen vor allem nach Fakten, Namen, Daten gefragt werden, legen sie schnell einen bestimmten Habitus an den Tag. Genau das macht es schwer, sie als Charakter erkennbar zu machen. Sie sind im Gespräch dann häufig nicht in der Lage, in einen anderen Modus zu wechseln. Der Tonfall des Gesprächs ist festgelegt und Versuche, den Gesprächspartner zu ein paar authentischen Antworten zu bewegen, führen dann oft ins Leere.

Deswegen ist die strukturierte Vorgehensweise zielführend. Eine gute Idee ist die Unterteilung in Cluster – also verschiedene, gröbere Abschnitte. Zu jedem dieser Cluster kann es ein Interview-Ziel oder eine Leitfrage geben, die dann mit dem Gesprächspartner erörtert wird. Häufig passiert aber auch beim strukturierten

Interview ein großer Fehler. Das Interview wird rein thematisch vorbereitet – die benutzten Cluster sind die klassischen thematischen Kategorien: Aktuelle Entwicklungen, Genese/Vorgeschichte/Hintergrund, Vor- und Nachteile, Probleme, Lösungen, Einschätzungen, Ausblick, fertig. Das Problem hierbei: Die O-Töne sind alle mehr oder weniger thematisch. Das muss natürlich nicht schlecht sein. Und sie können sogar Emotionen transportieren – zum Beispiel eine leidenschaftliche Argumentation. Aber sie lassen einen großen Teil unbeachtet, der für die Erzählung elementar ist: Szenen, Beispiele, Motivation, bigger idea etc. Es kann natürlich sein, dass der Gesprächspartner das von sich aus trotzdem anbietet – Glück gehabt! Aber die Erfahrung zeigt: Ist erstmal ein gewisser Tonfall im Interview etabliert, wird sich der nur schwer verändern.

Deswegen brauchen Audio-Narrationen andere Interviews und damit auch andere Interview-Vorbereitungen und -Führungen. Denn sonst habe ich hinterher als Autor schlichtweg nicht das notwendige O-Ton-Material, um die Geschichte so zu erzählen, wie ich es möchte. Die Vorbereitung auf ein Story-Interview kann sich gut an den folgenden vier Schritten orientieren:

1. **Interview-Ziel festlegen.** Die Basis für das Story-Interview ist der Erzählsatz. Damit ist mir als Autor klar, welche Rolle mein Gesprächspartner in meiner Erzählung erfüllen soll und was ich von ihm „brauche". Der Story-Prinzipien-Check hat mir außerdem verdeutlicht, welche größere Idee in meinem Stück wichtig wird – auch darauf kann ich mich entsprechend vorbereiten. Oder in den Worten von Ira Glass: „It's best to try to figure out the potential Big Ideas in any story before you go out interviewing people."[59]
2. **Interview-Cluster bilden.** Darauf aufbauend werden die Cluster für das Interview festgelegt – anders als bisher orientieren sich die Cluster nicht am Thema, sondern an der Geschichte. Das heißt nicht, dass nicht auch Themen und Fakten im Interview vorkommen, aber sie dienen der Geschichte. Die Cluster ergeben sich dabei logisch aus der Meta-Struktur der Erzählung. Interviewe ich als Reporter zum Beispiel den Protagonisten und habe als Struktur eine rein szenische oder eine szenisch-reflektierende Narrationen gewählt, können sich die folgenden Cluster ergeben: Auslösendes Ereignis, tieferliegende Idee (hierzu gehören sowohl die gesellschaftliche Relevanz als auch Lehren aus dem Erlebten), besondere Ereignisse (hierzu können Überraschungen für die Plot Points, Hindernisse, Krisen und Höhepunkt gehören), Reaktionen von Freunden und Familie. Es

---

59 Ira Glass: Harnessing luck as an industrial product. In: John Biewen & Alexa Dilworth: Reality Radio (Durham: The University of North Carolina Press, 2. Aufl., 2017), S. 71.

4.5 Arbeit mit Charakteren: Das Story-Interview

sind also Interviews, die nach Szenen suchen und diese explorieren. Die dazugehörigen Fakten, Lehren, Bedeutungen werden natürlich trotzdem debattiert (für den reflektierenden Teil der Narration). Ergänzt werden diese Cluster um das charakterliche Cluster, das ich gerne „Persönliches" nenne (dazu gehören zum Beispiel Motivation und Grundüberzeugungen). Die Cluster müssen im Interview natürlich nicht streng nacheinander abgearbeitet werden. Auch im Interview gilt: follow the flow. Die Frage nach den Lehren aus dem Erlebten bietet sich wohl eher Richtung Ende des Interviews an. Aber mir helfen die Cluster, das Interview auf die Geschichte hin zu führen (vgl. hierzu auch Abbildung 4.1).

Um Gesprächspartner mit diesen Begriffen nicht zu irritieren oder sogar abzuschrecken, können sie je nach Situation und Gesprächspartner in passendere Begriffe übersetzt werden. Aus „auslösendem Ereignis" kann zum Beispiel „Ursprung" oder „Erste Idee" werden. Aus „Höhepunkt" kann „Besonderes Ereignis" oder unter Umständen auch „Ziel" werden etc. Ziel dieser Art von Interview ist es, den Gesprächspartner immer wieder ins Erleben oder in das Wechselspiel aus Erleben und Reflektieren zu führen.

3. **Briefing.** Diese Art von Informationen kann ich dem Gesprächspartner auch als Vorbereitung auf das Interview zur Verfügung stellen, nach dem Motto: Über folgende Aspekte würde ich gerne mit Ihnen sprechen...! Und dann kommen die Cluster, möglicherweise ergänzt um zwei oder drei Stichworte, die beweisen, dass ich mich als Reporter mit dem Thema bereits auseinandergesetzt habe. Das erhöht immens meine Glaubwürdigkeit und damit die Chance, dass mein Gesprächspartner sich auf mich und meine Interview-Führung einlässt. Außerdem sorgt schon die Vorbereitung dafür, dass keine unterschiedlichen Vorstellungen davon herrschen, was das Interview leisten soll. In den meisten Situationen ist es unproblematisch und angemessen, Menschen auch vorher über die geplante Geschichte und ihre darin geplante Rolle ins Bild zu setzen (es gibt natürlich Ausnahmen!). Wichtig: Bitte keine ausformulierten Fragen vorher schicken. Menschen legen sich Antworten zurecht, lernen sie auswendig, lesen sie vorbereitet vor oder haben das Gefühl, sich zwanghaft an irgendetwas halten zu müssen. Es geht auf jeden Fall auf Kosten des Interviews!

4. **Situationen schaffen.** Wenn das möglich ist. Das Ziel der Narration ist es, die Geschichte erfahrbar zu machen. Das wirkt sich natürlich auch auf das Interview aus. Wann immer möglich und sinnvoll, sollten deshalb für das Interview Situationen geschaffen werden. Sinnvoll heißt: In diesen Situationen passiert auch tatsächlich etwas und sie spielen für die Geschichte eine Rolle (zur großen Gefahr der falschen Reportage siehe Kapitel 6.7) oder sie helfen den Gesprächspartnern, sich an eine bestimmte Begebenheit aus der Vergangenheit besser zu erinnern. Stephan Beuting und ich treffen uns zum Beispiel

zusammen mit „Anhalter" Heinrich mit einem anderen ehemaligen Patienten der Kinder- und Jugendpsychiatrie zum Mittagessen. Das Gespräch bringt auf beiden Seiten Erinnerungen hervor.

Diese vier Punkte helfen natürlich nur, wenn ich das Interview dann auch zielgerichtet, respektvoll und souverän führe – also wirklich führe. Menschen bei Ereignissen zu begleiten oder in Erinnerungen zu führen, ist eine sehr sensible Angelegenheit, die immer wieder eine Mischung aus Nähe, Distanz, emotionalem Aushalten und Reflektion benötigt.[60] Rein pragmatisch versuche ich persönlich, in ein Interview nicht mehr als eine oder maximal zwei Seiten Vorbereitung mitzubringen. Das macht einen souveränen Eindruck und lässt mich das Interview noch vernünftig handhaben. Stift in der einen Hand, um Notizen zu machen. Andere Hand am Regler des Aufnahme-Gerätes (das geht natürlich nur, wenn das Mikrofon auf einem Stativ steht). Im Feld habe ich den Zettel in der Tasche – dann kann ich zumindest sicherstellen, dass ich noch einmal draufschaue, bevor ich den Aufnahme-Ort verlasse (wichtig bei Reportagen ist vor allem das szenengetreue Aufnehmen, siehe dazu auch Kapitel 6.4). Bei der Vorbereitung für ein Story-Interview können die folgenden Master-Cluster helfen. Dann brauche ich nur noch die passende Haltung für das Interview. US-Moderator Ira Glass empfiehlt, sich wieder in eine nicht-wissende Position zu versetzen, wenn das irgendwie geht: „I don't want to sound dumb on the air, but I'm willing to sound dumb during an Interview."[61]

---

60 Zum Interview-Führen vgl. auch Mario Müller-Dofel: Interviews führen (Wiesbaden: Springer VS, 2017).
61 Ira Glass: Harnessing luck as an industrial product. In: John Biewen & Alexa Dilworth: Reality Radio (Durham: The University of North Carolina Press, 2. Aufl., 2017), S. 75.

4.5 Arbeit mit Charakteren: Das Story-Interview

STORY-INTERVIEW: 7 MASTER-CLUSTER

CLUSTER „START" (Auslösendes Ereignis)
> Wann hat alles angefangen?
> Wann haben Sie sich entschlossen, Ihr Vorhaben anzugehen?
> Wie kam es dazu?
> Was war Ihr Ziel?

CLUSTER „GESELLSCHAFTLICHE BEDEUTUNG UND REFLEKTION" (Bigger Idea)
> Was zeigt Ihre Geschichte? Warum ist sie wichtig?
> Welches Problem oder Phänomen wird daran deutlich?
> Was denken Sie darüber?
> Was haben Sie im Prozess (über sich) gelernt?

CLUSTER „BESONDERE EREIGNISSE"
(Plot Points, Hindernisse, Krisen, Höhepunkte)
> Welche Probleme mussten Sie lösen? Wie?
> Wann hat sich etwas verändert? Wie?
> Wann drohte Ihr Vorhaben zu scheitern?
> Gibt es weitere Meilensteine, besondere Ereignisse oder Entscheidungs-Momente? Welche?
> Wann wussten Sie, dass Sie es schaffen würden?

CLUSTER „PERSÖNLICHES" (Motivation & Beliefs)
> Was treibt Sie an? Warum?
> Was hilft Ihnen, Probleme zu lösen?
> Wie sorgen Sie für sich?
> Was ist Ihnen wichtig im Leben? Warum?

CLUSTER „REAKTIONEN" (Freunde & Feinde)
> Wie haben Freunde und Familie reagiert?
> Wie ist das Verhältnis zu ihnen heute?
> Haben Sie Hilfe oder Unterstützung bekommen?
> Von Wem? Wie?

CLUSTER „X"
> Haben wir etwas Wichtiges vergessen?
> Gibt es noch etwas, dass Sie sagen möchten?
> Ausblick?

CLUSTER „META-EBENE" (im Gespräch beachten)
> Art und Weise der Kommunikation?
> Art und Weise des persönlichen Kontakts?
Bei Bedarf ansprechen / thematisieren.

Abb. 4.1 Story-Interview

Je nach Rolle des Interview-Partners kann ich das Story-Interview anpassen. Spielt der Interview-Partner nur an bestimmten Stellen der Geschichte eine Rolle (zum Beispiel in einer erklärenden Narration), dann beschränke ich das Interview auf diese Rolle. Dabei versuche ich die charakterlichen Cluster trotzdem abzudecken und den Gesprächspartner in Situationen zu führen. Auch reine „Experten-Interviews" verändern sich in meiner Erfahrung durch diesen Zugang deutlich. Wichtig ist immer: Als Reporter habe ich die Situation so gut wie möglich im Griff. Je mehr Nervosität, Unsicherheit und Unruhe ich ausstrahle, desto mehr überträgt sich das auf mein Gegenüber. PR-Profis werden es sogar gegen mich nutzen und die Situation in ihrem Sinne beeinflussen. Deswegen ist es auch wichtig, während des Interviews immer wieder zu überprüfen, wie jemand mit mir als Reporter kommuniziert: Ist er aggressiv, abwehrend, zurückhaltend? Bei Bedarf kann ich diese Meta-Ebene thematisieren (siehe dazu auch das Cluster „Meta-Ebene" im Story-Interview) und damit möglicherweise festgefahrene Interview-Strukturen durchbrechen oder einfach überraschen. Und so neue und authentische Antworten produzieren.

▶ Das Story-Interview ist also ein Interview, das für die geplante Narration entsprechende O-Töne produziert. Wie die Geschichte wechselt es auch die Ebenen: zwischen Erlebnissen und deren Einordnung.

Das bedeutet auch: Der Reporter muss seine journalistischen Hausaufgaben gemacht haben, um sicherzustellen, dass er seinen Gesprächspartner nicht falsch abbildet oder ihm eine unangemessene Rolle in der Geschichte und damit auch im Interview zuweist. Selbstverständlich achten Reporter außerdem auf die üblichen Standards der Aufnahme-Situation (akustische Qualität, Übersprech-Effekte etc.). Das muss aber der Gesprächspartner gar nicht merken. Ein gutes Story-Interview fühlt sich atmosphärisch wie ein normales Gespräch an. Wer sich wohlfühlt, redet gern. Oder zumindest lieber als jemand, der sich unwohl fühlt. Eine gute Atmosphäre erhöht die Chance deutlich auf authentisches O-Ton-Material. Zentrales Ziel auch des Story-Interviews ist es damit, Ereignisse und Erlebnisse erfahrbar zu machen. Doch was tue ich als Reporter, wenn es sich bei den Ereignissen um meine eigenen Erlebnisse handelt?

4.6 Ich: Der Reporter als Protagonist

Um direkt Klarheit zu schaffen: Wer „Ich" sagt, ist noch lange kein Protagonist! Das Protagonisten-Ich und das Erzähler-Ich sind zwei verschiedene narrative Techniken (zum Erzähler-Ich siehe Kapitel 7.4). Beide Techniken können in einer Geschichte auftauchen, müssen es aber nicht. Häufig werden sie verwechselt oder in einen Topf geworfen. Dabei ist das Protagonisten-Ich einfacher zu erklären: Alle Kriterien für Erzählsatz, Protagonisten-Gestaltung und Plot gelten ganz genauso. Mit dem einen Unterschied, dass die Hauptfigur, der Protagonist der Geschichte, eben der Reporter selbst ist. Diesen Fall haben wir zum Beispiel in der ersten Staffel von „Serial". Der Protagonist ist eben nicht Adnan Syed, sondern Sarah Koenig: Sie ermittelt, sie erlebt Situationen, durchlebt Krisen etc. In der zweiten Staffel ist das nicht mehr der Fall – und das haben die Macher von „Serial" ganz bewusst so entschieden, erzählt Producerin Julie Snyder: „So I think the story itself dictated that we needed Sarah to play that role. And in the story for season 2, we didn't. The structure of the story didn't necessitate it, so Sarah is not as much of a character."[62]

Wer mit dem Protagonisten-Ich arbeitet, wird etliche Fragen beantworten müssen, die für das Sound-Design und den Klang der Geschichte wichtig sind: Bin ich im On und Off zu hören? Wie gestalte ich das? Muss ich interviewt werden für O-Töne? Wenn ja, von wem? Welche Rolle spielt diese Person dann in der Erzählung? etc. Die meisten dieser Probleme lassen sich gut lösen, wenn ich dem Grundsatz folge:

▸ Das Reporter-Ich wird genauso behandelt wie jeder andere Protagonist.

Am schwierigsten ist es, die eigene persönliche Charakter-Entwicklung glaubwürdig darzustellen. Wer als Reporter die eigene Geschichte erzählt, erzählt sie ja meistens im Rückblick – also aus einer reiferen Position. Der Entwicklungs-Schritt der Geschichte ist bereits gegangen. Das darf nicht die Art und Weise prägen, wie der Entwicklungs-Prozess geschildert wird. Sonst wird die Geschichte unglaubwürdig. Das bedeutet: Der Reporter muss mit den eigenen Unzulänglichkeiten transparent und ehrlich umgehen – und sich in die nichtwissende Position der Vergangenheit begeben. Das widerspricht aber doppelt dem journalistischen Selbstverständnis. Erstens sind wir es ohnehin gewohnt, Ergebnisse zu berichten. Und zweitens ist das „Ich" im deutschen Journalismus häufig Ausdruck von Weisheit und Selbst-Inszenierung – zum Beispiel im Kommentar oder um zu zeigen, was man Tolles erlebt

---

62 John Biewen & Alexa Dilworth: One Story, week by week. An interview with Sarah Koenig and Julie Snyder In: John Biewen & Alexa Dilworth: Reality Radio (Durham: The University of North Carolina Press, 2. Aufl., 2017), S. 82.

hat. Beides ist für eine Narration nicht gerade hilfreich. Denn die Erzählhaltung entscheidet maßgeblich mit darüber, wie glaubwürdig die Geschichte ist. Das Protagonisten-Ich in Erzählungen ist also keine Plattform der Selbstdarstellung.

4.7 Checkliste: Charakter-Entwicklung

Der Protagonist und die anderen Figuren sind neben dem Plot die entscheidenden Elemente, um die Narration zu gestalten. Sie sind die Träger der Handlung und treiben die Geschichte voran. Reale Menschen sind allerdings keine fiktiven Figuren. Sie lassen sich nicht beliebig gestalten und einer Geschichte unterordnen. Und das ist auch gut so. Denn schließlich ist es eines der wichtigsten Ziele, ein angemessenes Abbild der Realität und damit auch der Menschen in der Geschichte zu gestalten (was natürlich trotzdem zu Unzufriedenheit führen kann, weil dargestellte Menschen möglicherweise ein anderes Selbst-Bild von sich haben). Folgende Checkliste kann dabei helfen, reale Menschen angemessen in einer Erzählung zu inszenieren:

Checkliste Charakter-Entwicklung
- Der Protagonist ist aktiv, zielgerichtet und nicht perfekt.
- Andere Figuren haben einen klaren Platz in der Geschichte.
- Ziel und Bedürfnis sind zwei verschiedene Dinge und sind als solche inszeniert (Want vs. Need).
- Reale Menschen werden als Charakter inszeniert: Sie bekommen einen starken Auftritt, agieren möglichst mit ihrer Maximalkapazität, sind wiedererkennbar (Status-Details und Stimme nutzen!) und offenbaren ihren Charakter in Handlungen (vor allem beim Überwinden von Hindernissen und in Konflikten).
- 3D-Beziehung zwischen Hörern und Charakteren gestalten: Empathie aufbauen.
- Story-Interview nutzen, um O-Töne zu erhalten.
- Laufend überprüfen: Ist die Narration noch ein angemessenes Realitäts-Abbild?

Nicht alle Punkte werden sich erfüllen lassen. Doch sie helfen dabei, die Perspektive für die Geschichte zu schärfen und den Umgang mit Protagonisten und Figuren zu gestalten. Dann wird beim Schreiben des Manuskripts auch das Material zur Verfügung stehen, das eine spannende Geschichte trägt. Wer gutes Material gesammelt hat, kann sich dann beim Schreiben darauf konzentrieren, aus dem Material das Beste zu machen. Dabei helfen die Story-Tools und Spannungstechniken des folgenden Kapitels.

Weiterführende Literatur

John Biewen & Alexa Dilworth: One Story, week by week. An interview with Sarah Koenig and Julie Snyder. In: John Biewen & Alexa Dilworth: Reality Radio (Durham: The University of North Carolina Press, 2. Aufl., 2017).
Syd Field: Drehbuch schreiben für Fernsehen und Film (Berlin: Ullstein, 4. Aufl., 2006).
James N. Frey: Wie man einen verdammt guten Roman schreibt (Köln: Druckhaus Köthen, 2016).
Ira Glass: Harnessing luck as an industrial product. In: John Biewen & Alexa Dilworth: Reality Radio (Durham: The University of North Carolina Press, 2. Aufl., 2017).
Karl Iglesias: Writing for emotional impact (Livermore: Wing Span Press, 2005).
Abraham H. Maslow: Motivation und Persönlichkeit (Reinbek bei Hamburg: Rororo, 1981).
Mario Müller-Dofel: Interviews führen (Wiesbaden: Springer VS, 2017).
Aaron Sorkin: Rules of a story (Part 5, Workbook Masterclass Screenwriting).
Alix Spiegel: Variations in tape use and the position of the Narrator. In: John Biewen & Alexa Dilworth: Reality Radio (Durham: The University of North Carolina Press, 2. Aufl., 2017).
Tom Wolfe: The New Journalism (London: Picador, 1975).
John Yorke: Into the Woods. How stories work and why we tell them (UK: Penguin Books, 2014).

Weiterführende Links

Podcast „Invisibilia": http://www.npr.org/podcasts/510307/invisibilia
„ZeitZeichen" über Jakob Bernoulli: http://www1.wdr.de/mediathek/audio/zeitzeichen/audio-jakob-bernoulli-mathematiker-todestag----100.html
„Radiolab"-Geschichte „On the Edge" über Surya Bonaly: http://www.radiolab.org/story/edge/
Skript „Serial" (erste Folge, erste Staffel): https://genius.com/Serial-podcast-episode-1-the-alibi-annotated

Dynamisch erzählen: Spannungstechniken 5

> **Zusammenfassung**
>
> Der Erzählsatz steht, der oder die Protagonisten sind gefunden. Nun beginnt der praktische Arbeits-Prozess: Aufnahmen machen, Skript schreiben und dabei nicht im Material untergehen. Der Plot wird entworfen und nach und nach gefüllt. Die Geschichte entsteht im Detail. Doch wie schaffe ich es, die Spannung der Narration von Anfang bis Ende zu halten? Was nehme ich in meine Erzählung auf, was nicht? Und wie gestalte ich die einzelnen Elemente? Dieses Kapitel gibt Antworten auf diese Fragen und stellt die entsprechenden Hilfsmittel zur Verfügung.

> **Schlüsselwörter**
>
> Hörerbindung, Spannungs-Killer, Live-Gefühl, Prolepse, Promythion, Antizipation, Erwartungs-Management, Liste der Enthüllungen, Tempowechsel, Emotions-Arbeit, Klischee plus X, Analepse/Flashback, der letzte (Ab-)Satz

5.1 Hörer an die Geschichte binden

Die folgenden Fragen, die sich die Hörer stellen, sind ständiger Begleiter der ersten „Serial"-Staffel: Hat Adnan Syed seine High-School-Liebe Hae Min Lee getötet oder nicht? Ist Adnan Syed zu Unrecht verurteilt? Welche Rolle spielt Adnans Freund Jay? Und: Was wird Sarah Koenig noch herausfinden? Auch die Doku-Serie „Der Anhalter" lebt von diesen Fragen: Lebt Heinrich noch? Wurde er als Kind tatsächlich schwer missbraucht? Und stimmen all seine Geschichten? Produktionen wie das

Feature „Papa, wir sind in Syrien" von Christian Lerch (eine Produktion von rbb & WDR 2016) arbeiten gezielt mit dieser Art von Fragen (das Feature erzählt die Geschichte eines Vaters, dessen Söhne nach Syrien zum Islamischen Staat gegangen sind): Wo genau sind die beiden Söhne? Leben sie noch? Wird der Vater sie finden? Alle drei Produktionen arbeiten – so banal es sich anhören mag – mit offenen Fragen, die sich die Hörer stellen und deswegen an der Geschichte dranbleiben.

- Spannung ist nichts anderes als eine offene Frage: Wie geht es weiter? Wie geht die Geschichte aus? Spannung ist ein Gefühl, das auf den weiteren Verlauf der Geschichte ausgerichtet ist. Wer nur Ergebnisse berichtet, wird keine Spannung erzeugen.

Techniken des dynamischen Erzählens sorgen dafür, dass der Hörer wissen will, wie die Geschichte weiter- und schließlich ausgeht. Sie binden den Hörer an die Geschichte. Spannung kann dabei als End-Spannung und als Verlaufs-Spannung auftreten. End-Spannung ist dabei – wie der Name schon nahelegt – stärker auf das Ende gerichtet: Wie geht die Geschichte aus? Erreicht der Held, was er erreichen wollte? Verlaufs-Spannung fragt eher danach: Wie erreicht der Held sein Ziel? Was passiert als nächstes? Diese Unterscheidung weist schon auf ein Problem vieler Krimis hin: Wir ahnen als Zuschauer, Leser oder Hörer schon, wie die Geschichte ausgehen wird. Meistens werden die Täter eben doch geschnappt und die Ordnung der Welt wiederhergestellt. Es besteht für diese Art von Krimis schnell die Gefahr, langweilig zu werden. Die Spannung muss sich deswegen häufig aus dem Verlauf der Geschichte speisen: Wie schaffen es die Ermittler, den Täter zu schnappen? Was passiert ihnen auf dem Weg bis zum Ende (deswegen sind die persönlichen Sub-Plots und Persönlichkeits-Entwicklungen so entscheidend)? Wird es gefährlich? Außerdem ist wichtig, dass der Fall als solcher neugierig macht: Was um Himmels willen ist da bloß passiert? Spannung zieht sich also im Idealfall durch die ganze Geschichte und jede Szene. Wenn das gelingt, dann haben wir als Publikum das Gefühl einer „dichten" Erzählung. Der große Vorteil: Auf einem spannenden Weg durch eine dokumentarische Geschichte akzeptieren Menschen auch all die Informationen, die uns als journalistische Autoren vielleicht besonders wichtig sind. Vorausgesetzt, diese Informationen sind geschickt in die Geschichte eingewoben. Dabei gibt es verschiedene Mittel, die dabei helfen, eine Geschichte spannend zu erzählen.

Der amerikanische Autor Karl Iglesias hat einmal die folgende Formel entwickelt: „Character-empathy + Likelihood of threat + Uncertainty of outcome

= SUSPENSE."⁶³ Das heißt: Je mehr Empathie wir für jemanden empfinden, je wahrscheinlicher und größer die Bedrohung (man könnte vielleicht auch sagen: je größer der Widerstand und je mehr auf dem Spiel steht – das sind ja ebenfalls Bedrohungs-Elemente) und je unsicherer der Ausgang der Geschichte ist, desto größer ist demnach die Spannung. Die Formel hilft vor allem beim Plot-Entwurf. Sind die Elemente erfüllt, dann gibt es eine gute Chance, dass Menschen die Geschichte als spannend empfinden und miträtseln werden.

Offene Fragen sind wie ein Juckreiz: Wir können sie nur ganz schwer ignorieren. Deswegen sind sie so wichtig. Mit ihnen binden wir Hörer auch über einen längeren Zeitraum an eine Erzählung. Es mag sie geben, die Hörer, die auch langen Erklär-Abschnitten gerne zuhören, doch den meisten dürfte dabei irgendwann langweilig werden. Als Journalisten wünschen wir uns vielleicht, dass Hörer sich schnell und verständlich durch das Audio-Medium informieren wollen. Und es gibt sicherlich viele Situationen, in denen das auch so ist (sonst wären viele Morning-Shows und Informationssendungen auch nicht so erfolgreich), aber: Um einer längeren Erzählung zu folgen, reicht das reine Referieren und verständliche Darstellen von Fakten nicht aus. Im Gegenteil: Es ist sogar kontraproduktiv. Auch kürzere Darstellungsformen wie Beiträge und Kollegengespräche können von Spannungs-Techniken profitieren (siehe hierzu auch Kapitel 3.9). John Yorke fasst das so zusammen: „Audiences like to work; it's the working that glues them to the narrative."⁶⁴

Ein wirksames Mittel, um den Zuhörer zum Mitdenken zu bewegen, ist die ungleiche Verteilung von Wissen, die Arbeit mit Antizipation bzw. Neugier und Anteilnahme. Erzähler, Protagonist und Zuhörer müssen schließlich nicht immer auf demselben Stand sein. „*Neugier* und *Teilnahme* erzeugen drei Möglichkeiten, das Publikum an die Story zu binden: *Geheimnis*, *Spannung* und *dramatische Ironie*. Diese Begriffe dürfen nicht mit Genrebezeichnungen verwechselt werden; sie benennen Story-Publikum-Beziehungen, die sich nach Art und Weise, wie wir das Interesse aufrechterhalten, unterscheiden."⁶⁵ Geheimnis bedeutet nach dem amerikanischen Autor Robert McKee: Das Publikum weiß weniger als die handelnden Figuren. Das ist zum Beispiel ganz häufig am Anfang von Geschichten der Fall. Hörer müssen sich in die Geschichte einfühlen und -denken, Informationen

---

63 Karl Iglesias: Writing for emotional impact (Livermore: Wing Span Press, 2005), S. 94.
64 John Yorke: Into the Woods. How stories work and why we tell them (UK: Penguin Books, 2014), S. 117.
65 Robert McKee: Story (Berlin: Alexander Verlag, 9. Aufl., 2014), S. 374.

zusammensetzen, um dem Plot zu folgen. Geschichten, in denen der Protagonist lange ein Geheimnis für sich behält und es nicht preisgibt, leben von dieser Art der Dramaturgie.

Weiß der Hörer mehr als der Protagonist, so nennt McKee dies dramatische Ironie. Hat der Erzähler zum Beispiel bereits berichtet, dass der Protagonist durch eine Prüfung gefallen ist, diese Information ist aber noch nicht beim Protagonisten angekommen, so wird beim Hörer Antizipation entstehen: Vielleicht will man als Hörer den Protagonisten eigentlich davor schützen, eine schlechte Nachricht zu bekommen. Die Anteilnahme steigt.

Sind Hörer und Protagonist auf demselben Wissens-Stand (Robert McKee nennt dies klassischerweise Spannung), wird sich eine große Nähe zwischen Hörern und Protagonisten einstellen – zusammen gehen sie durch die Geschichte. Das bewusste Verteilen von Wissen ist also ein zentrales Mittel, um mit Antizipation, Neugier und Anteilnahme zu arbeiten – und den Hörer so an die Geschichte zu binden.

Der Erzähler ist dabei gewissermaßen der Mittler, der Herr über das Wissen. Er kann für Gleich- oder Ungleichgewicht sorgen – und muss dabei seine eigene Rolle bedenken. Denn es gilt das häufig unausgesprochene Übereinkommen: Natürlich weiß der Erzähler mehr als das Publikum, sonst könnte er die Geschichte ja nicht erzählen. Hält der Erzähler also Informationen künstlich zurück, kann beim Hörer das Gefühl aufkommen, manipuliert worden zu sein. Die Gefahr dafür ist dann besonders groß, wenn der Erzähler von Anfang an allwissend erscheint. Begibt sich der Erzähler hingegen glaubwürdig in eine begleitend-explorierende Grundhaltung, so wird diese Gefahr deutlich geringer sein. Ein besonders schönes Beispiel für die Frage danach, wann wer etwas weiß, ist das bereits erwähnte Feature „Nach dem Fest" von Lisbeth Jessen (ursprünglich eine Produktion für Danmarks Radio 2002, adaptiert vom WDR 2004). Darin kann Jessen die zentrale Figur des Stücks der Lüge überführen. Es handelt sich um eine Person (Allan), die Mitte der 1990er Jahre im Radio in einer Sendung erzählt hat, er habe bei einer Familienfeier den Missbrauch innerhalb seiner Familie enthüllt. Diese Erzählung war die Inspiration für den ersten Dogma-Film „Das Fest". Als Hörer begleiten wir Jessen bei ihren Recherchen und Gesprächen mit Allan, bis es schließlich zur Enthüllung kommt. Dabei lässt uns Jessen an diesen Momenten teilhaben und offenbart nicht sofort das Ergebnis ihrer Recherchen – dadurch entsteht ein besonderes Hör-Erlebnis.

Entscheidend ist also die Erzählhaltung (vgl. hierzu auch Kapitel 7). Nur dann funktionieren auch die Liste der Enthüllungen und der Grundsatz „Make them wait". So lange sich Informationen und Enthüllungen logisch aus der Geschichte ergeben, werden sie akzeptiert. Schwierig wird es, wenn mögliche Überraschungen nur um des Effektes willen zurückgehalten werden. Sie lassen sich dann meist nicht mehr logisch in die Geschichte einbinden und sorgen für Irritation.

Weiß umgekehrt das Publikum übrigens mehr als der Erzähler (oder der Autor), dann führt das meist zu Rückmeldungen nach dem Veröffentlichen der Geschichte. Darin enthalten sind dann kurze Hinweisen auf etwaige Fehler, dezente Anmerkungen zu nicht ausführlich genug dargestellten Informationen und allerlei Zusatzfakten, die selbstverständlich auch noch wichtig sind und hätten genannt werden müssen.

Hörer wollen aktiv an der Geschichte teilhaben. Sie wollen mitdenken und Hypothesen entwickeln, warum eine Geschichte wie weitergeht und wie sie endet. Das zeigen zum Beispiel die unzähligen Reaktionen und Debatten während der Ausstrahlung der ersten „Serial"-Staffel. Die entscheidende Frage für Autoren ist also: Wie können offene Fragen in einer dokumentarischen akustischen Narration erzeugt werden, die den Hörer an die Geschichte binden? Beim Plot-Entwurf haben wir schon einige Techniken kennengelernt. Nun geht es an die Detail-Arbeit, an das Schreiben des Skriptes. Auch hier gibt es ein paar sehr hilfreiche Techniken und ein paar äußerst nutzlose Vorgehensweisen. Werfen wir zuerst einen Blick auf die Spannungs-Killer.

5.2 Spannungs-Killer

Manche Themen sind einfach nicht kaputt zu kriegen: Spätestens im Mai sollte man mal was über die Spargel-Ernte machen, Ende August was über die Sommerbilanz und im September sollten wir uns endlich mal darüber aufregen, dass schon wieder Domino-Steine und Spritzgebäck in den Regalen der Lebensmittelläden auftauchen (wobei „auftauchen" ja schon eine falsche Wahrnehmung ist, sowohl Domino-Steine als auch Spritzgebäck gibt es das ganze Jahr – wahrscheinlich werden die nur prominenter platziert). Lange Rede, kurzer Sinn: Es gibt gewisse Themen und Ereignisse, die immer wiederkehren. Und viele Redaktionen sind davon mittlerweile gelangweilt, was sie aber nicht davon abhält, das Thema trotzdem noch einmal umzusetzen (diesmal aber mit einem total kreativen Dreh, nämlich einem Bericht über einen Menschen, der sich total über die Domino-Steine freut…). In vollem Bewusstsein, dass auch die Hörer diese Themen eigentlich nicht mehr hören wollen. Diese Beispiele zeigen im Kleinen einen der drei Spannungs-Killer: nämlich Bekanntes zu erzählen – und zwar immer wieder.

Wenn beim Hörer das „Kenn-ich-schon"-Gefühl auftaucht, dann wird er früher oder später weg sein. Wahrscheinlich früher. Erst recht, wenn er sieht, dass der Fortschrittsbalken im Player anzeigt, dass noch 15, 30 oder 45 Minuten zu hören sind. Deswegen sollte keine Erzählung mit zu viel Bekanntem anfangen. Hörer fällen ihre Entscheidung schnell und kommen eher nicht zurück – das Alternativ-Angebot ist einfach zu groß. Hörer wollen reingezogen werden und gleichzeitig genug Orientierung bekommen, um zu verstehen, worum es geht. Ein schmaler Grat. Viele Podcast-Produktionen arbeiten deshalb am Ende des dynamischen Openers mit einer „value proposition", also einem Nutzenversprechen (nach dem Motto: „Wie Integration funktionieren kann, das erfahrt ihr jetzt!"). Auch hier gilt: Je konkreter dieses Versprechen, desto besser. Bitte nicht mit einem thematischen Teaser verwechseln, den wir aus dem linearen Radio kennen, häufig vom Beginn der Sendung (nach dem Motto: „In der nächsten Stunde schauen wir nach Berlin, Paris und Herne.").

Anders herum darf aber auch keine Komplett-Verwirrung beim Hörer eintreten. Irritation ist natürlich erlaubt, aber wird das „Häh"-Gefühl zu groß, sind die meisten Hörer auch weg. Als Maßstab für eine spannende Geschichte gilt: Mitdenken ja, überfordern nein. Das bedeutet auch: Ich muss als Autor den schmalen Grat treffen zwischen neuen, aufregenden Inhalten einerseits, und Orientierung andererseits. Dafür muss ich mein Zielpublikum so gut wie möglich kennen. Denn sonst kann ich kaum einschätzen, was Hörer wissen und was nicht. Erkläre ich Bekanntes, wirkt es schnell von oben herab. Lasse ich zu viel unerklärt, ist die Verwirrung schnell zu groß. Um auch diesen schmalen Grat zwischen Mitdenken und Verwirren immer wieder sicher zu treffen, empfiehlt zum Beispiel Jad Abumrad von „Radiolab" die Technik des Signposting: „My own philosopy on storytelling is that people don't want to be told how to feel but they do want to be told what to pay attention to."[66] Wichtig ist dabei: der Hörer wird nicht von oben herab belehrt, es wird ihm nur gesagt, dass nun etwas sehr Wichtiges kommt. Das kann direkt oder indirekt formuliert eingeleitet werden. Eher direkt wäre eine Formulierung wie „Und dann haben wir den entscheidenden Fakt gefunden, nämlich..." Indirekt wäre eher eine Formulierung wie: „Und das hat mich so verwirrt, dass ich darüber noch einmal nachdenken musste. Und dann..." Welche Variante man wählt (oder irgendwas dazwischen) hängt sicherlich von der jeweiligen Geschichte ab. Außerdem ist es ein Mittel, das nicht zu häufig zum Einsatz kommen darf – weil es sonst an Kraft verliert. Aber gerade in Geschichten von „Radiolab", die häufig sehr schnell und

---

66 Jad Abrumrad in Jessica Abel: Out on the wire (New York: Broadway Books, 2015), S. 128.

mit vielen Beteiligten erzählt sind, ist ab und zu etwas explizite Orientierung keine schlechte Idee. „Those phrases are like little arrows that tell the listeners: Pay attention to what's about to happen, because it's important."[67]

In Sachen Zielpublikum scheint es übrigens ein großes Missverständnis zu geben. In den vergangenen Jahren haben sich viele Hörfunk-Programme Ziel-Figuren oder Ziel-Hörer erschaffen. Im Prinzip eine gute Idee: Man will ja wissen, für wen man sendet. Im Ergebnis hat das aber häufig dazu geführt, ganze Themenbereiche auszuschließen, die angeblich für diese Zielhörer nicht interessant sind. Das Resultat: Gefühlt wird das Themenspektrum in vielen Programmen – sagen wir mal – übersichtlicher. Weltanschauungen werden eher gefestigt als überprüft oder erweitert. So ist das eigentlich nicht gedacht. Das Instrument der Zielhörer soll dabei helfen, Schnittstellen zu gewissen Themen zu identifizieren und so Vorwissen abzuschätzen und den o. g. schmalen Grat zu treffen (fairerweise sei gesagt, dass es auch Sender gibt, die das Instrument genau so nutzen). Gerade die Prinzipien des Storytellings zeigen außerdem: Mit dem richtigen Handwerk besteht zumindest die Chance, jeden für jedes Thema zu interessieren – ich muss allerdings auf wichtige Aspekte wie Erzählsatz, Spannungsbogen, Empathie, Protagonisten etc. achten. Trotzdem gibt es natürlich immer Hörer, die bestimmte Themen für sich zeitweise oder prinzipiell ausschließen. Wer gerade Nachwuchs bekommen hat, wird sich verständlicherweise mit einer true-crime-Geschichte über einen Kindsmörder eher schwertun.

Und dann gibt es da noch den dritten Spannungs-Killer, den vor allem Journalisten immer wieder auslösen: das „Alles-klar"-Gefühl. Dieses Gefühl entsteht, wenn alle Ergebnisse vorweggenommen werden. Das ist ganz tief eingebrannt in die Journalisten-DNA. Nachrichten sind so aufgebaut, Berichte, selbst Hintergrund-Analysen: Das Wichtigste zuerst, dann die Details, das Ganze soll von hinten kürzbar sein etc. Wenn ich als Hörer aber bereits am Anfang eines Berichts erfahre, wie die Wahl ausgegangen ist, warum soll ich dann noch weiter zuhören? Vielleicht interessieren mich noch ein paar Details. Aber schnell wird klar: Diese Art der Inhalts-Vermittlung trägt nur für eine bestimmte Länge bzw. Kürze. Das ist auch ein Grund, warum sich viele Journalisten sehr schwertun, längere Geschichten zu erzählen, wenn sie lange für aktuelle Programme gearbeitet haben. In den aktuellen Programmen folgt die Nachrichten-, Beitrags- oder Gesprächs-Logik häufig dem folgenden Aufbau: aktuelles Ereignis, vertiefende Details, Reaktionen, mögliche Konsequenzen, Ausblick. Mit diesem Meta-Schema können fast alle Längen zwischen

---

67 Ebd.

20 Sekunden und – sagen wir mal – vier Minuten ohne Probleme gefüllt werden. Wenn ich als Reporter dann aber die Form wechsele hin zu längeren Formaten wie vielleicht sieben oder zehn Minuten oder noch länger, dann funktioniert der Aufbau nicht mehr. Was dann häufig passiert: Viele Autoren füllen die Themen-Blöcke „Details", „Reaktionen" und „mögliche Konsequenzen" mit mehr Informationen. Die Blöcke werden also schlichtweg verlängert (inhaltlich sogar vertieft), es ändert sich aber am Grundaufbau nichts. So kann keine Spannung entstehen. Hinzu kommt das Problem, dass der Journalist mehr Platz häufig nutzt, um sein Wissen unter Beweis zu stellen. Er beantwortet Fragen, die er in dem jeweiligen Kontext für wichtig erachtet (Wie kam es zu dem Konflikt? Wer war nicht beteiligt? Warum sind bisherige Lösungsversuche gescheitert? Wie kann es nun weitergehen? etc.). Das sind aber häufig gar keine Fragen, die im Hörer schon entstanden sind. Damit wirken längere Beiträge schnell langweilig und von oben herab – Hörer fühlen sich belehrt (vgl. hierzu auch Kapitel 7.1).

Setzt das „Alles-klar"-Gefühl ein, sind die Hörer genauso schnell weg wie beim „Kenn-ich-schon"- und beim „Häh"-Gefühl. Alle drei Gefühle sollten wir als Autoren in realen Erzählungen nach Möglichkeit vermeiden – und das geht mit den folgenden Techniken des dynamischen Erzählens.

5.3 Erfahrbar machen, nicht sagen: Live-Gefühl erzeugen

Am Ende der zweiten Folge vom „Anhalter" besuchen wir mit Heinrich das Archivamt des Landschaftsverbands Westfalen-Lippe. Wenn es einen Beweis dafür gibt, dass Heinrich wirklich in der Kinder- und Jugendpsychiatrie in Marsberg war, dann müssten wir ihn hier finden. Doch wir erfahren: Es gibt keine Krankenakte mehr, nur noch das Aufnahmebuch der Klinik. Daraus gehen zumindest die wichtigsten Meta-Daten wie Aufnahmedatum etc. hervor. Die Folge endet so:

O-Ton	(Heinrich Kurzrock, im Archivamt) Ist es möglich, dass Sie mir eine Kopie davon machen, die ich mir mitnehmen darf?
O-Ton	(Archivar Hans-Jürgen Höötmann, im Archivamt) Auf jeden Fall, das machen wir Ihnen gleich.
O-Ton	(Heinrich Kurzrock, im Archivamt) Weil jetzt stehe ich eh unter Strom.
O-Ton	(Hans-Jürgen Höötmann, im Archivamt) Sie wollen das in Ruhe, klar.
Sven	Und so bekommt Heinrich eine Kopie mit. Es scheint, als ob dieser Beweis für ihn sogar wichtiger ist als für uns.

O-Ton	(Heinrich Kurzrock, im Archivamt) Also, wenn man das eben alles nur so heute erzählt, das kann keiner nachvollziehen, das glaubt mir auch keiner.
	Alle widersprechen vehement und durcheinander.
Sven	Nachvollziehen kann es vielleicht keiner, aber wir glauben Heinrich. Immer wieder hat er erzählt, dass er bereits als Säugling nach Marsberg gekommen ist. Und das Aufnahmebuch ist der formale Beweis.
O-Ton	(Hans-Jürgen Höötmann, im Archivamt) Ich glaube, darf ich mal ganz kurz? Ach so, nee, da steht Aufnahmetag 26.9.57 und dann geht das hier chronologisch…
Sven	Warte mal, '57? Heinrich ist 1949 geboren. Dann wäre er also nicht als Säugling, sondern erst mit 7 oder knapp 8 nach Marsberg gekommen. Da stimmt doch was nicht. Nächstes Mal. ((Abspann))

Wir hätten auch einfach das Ergebnis in einem Informations-Block zusammenfassen können. Der hätte dann etwa so geklungen: „Anhalter Heinrich hat uns immer erzählt, er sei schon als Kind in die Kinder- und Jugendpsychiatrie gekommen. Das Aufnahmebuch der Klinik im LWL-Archiv zeigt aber: Heinrich ist erst 1957 aufgenommen worden. Eine dicke Überraschung. Dem müssen wir nachgehen. Nächstes Mal."

Der Gründer der BBC Writer's Academy John Yorke benennt den Unterschied klar: „Bad writing explains, good writing shows."[68] Es ist der Klassiker: Show, not tell. Oder auf akustische Narrationen übertragen: Zeigen, nicht einfach sagen! Der Grund ist relativ simpel: Wer wirklich zeigt, macht das Ereignis, den Prozess, erfahrbar. Eine reine Zusammenfassung der Ergebnisse leistet das nicht.

▸ Es geht also darum, das beim Hörer zu erzeugen, was ich Live-Gefühl nenne. Den Hörer mit in die Szene zu nehmen und ihn daran teilhaben zu lassen.

Es ist das Gefühl, das viele Menschen vom Radio her kennen: Nicht nur von der Fußball-Reportage, sondern von jeder Moderation. Da sitzt gerade jemand im Studio und erzählt mir etwas. Natürlich ist jedem klar, dass zum Beispiel Podcasts nicht live sind, aber das Gefühl, das Hörer seit Jahrzehnten mit dem Medium verbinden, ist ein Live-Gefühl. Das gilt es zu nutzen. Und genau das passiert, wenn sich die Handlung vor den Ohren der Hörer entfaltet.

---

68 John Yorke: Into the Woods. How stories work and why we tell them (UK: Penguin Books, 2014), S. 117.

Handlung treibt die Aktion und damit die Erzählung also voran. Wenn nichts passiert, wird es sehr schnell langweilig. Kaum jemand folgt minutenlangen Info-Passagen. Auch kurze Erklär-Passagen brauchen eine Begründung: Sie müssen etwas mit der Erzählung zu tun haben, sie entweder ebenfalls vorantreiben oder einen absolut notwendigen Fakt erklären, den der Hörer selbst nicht verstehen kann und hier begreifen muss. Aus dieser Überlegung heraus wählen Sendungen wie „This American Life" die Leiter der Abstraktion als eine mögliche Meta-Struktur: Denn die Leiter liefert ein ständiges Wechselspiel zwischen erfahren (auf der konkreten, unteren Stufe) und reflektieren (auf der abstrakten, oberen Stufe). Die Reporter, Redakteure und Producer wissen, dass sie immer wieder auf die Handlungs-Ebene zurückkehren müssen, um die Hörer nicht zu verlieren. Die Szenen sind eben das Rückgrat der Geschichte. Gut gewählte Aktion ist gleichzeitig Spannung: Was passiert als nächstes? Hier kommen nun ein paar konkrete Techniken, die dabei helfen, diese Spannung zu erzeugen und aufrecht zu erhalten.

5.4 Starker Einstieg: Reinziehen in die Geschichte

Viele von uns haben wahrscheinlich schon oft die Regel gehört, dass der erste Satz in die Geschichte reinziehen soll. Doch was genau meint das eigentlich? Wann zieht ein Satz in die Geschichte rein? Ganz einfach: Wenn sich Fragen aus dem ersten Satz ergeben, deren Antwort ich als Hörer gerne hören möchte. Wie in dem folgenden Beispiel, dem Einstieg aus dem „ZeitZeichen" über den österreichischen Mediziner Johannes Bischko: `Manche Ideen hören sich verrückt an: Eine Operation ohne klassische Narkose.` Was ist das für eine Operation? Warum wird auf die Narkose verzichtet? Und wer hatte diese Idee? Egal, ob der Satz den persönlichen Autoren-Geschmack trifft, es geht darum zu zeigen, dass der erste Satz eher Fragen als Antworten produzieren sollte. Häufig bilden die ersten Sätze immer noch das, was man im Film den „Establishing Shot" nennt: Ort, Zeit, Personen. Nach dem Motto: „1. Februar 2003, Houston-Kontrollzentrum der amerikanischen Raumfahrtbehörde NASA. NASA steht für National Aeronautics and Space Administration, also nationale Aeronautik und Raumfahrt-Behörde. 1958 wurde sie offiziell gegründet. Und heute soll das Space-Shuttle „Columbia" seine 28. Mission beenden. Auf der Mission wurde... " Das zieht vorsichtig ausgedrückt eher nicht in die Geschichte rein. Die einzigen Fragen, die ich mir als Hörer stelle: Warum soll ich das wissen? Wieso soll ich weiter zuhören? Und worum geht es denn hier eigentlich?

5.4 Starker Einstieg: Reinziehen in die Geschichte

Damit diese Fragen erst gar nicht entstehen, ist es häufig eine gute Wahl, lieber direkt in die erste Szene einzusteigen, wie in diesem „ZeitZeichen": „Wer Stephen Hawking zuhört, hat das Gefühl: Die Zeit vergeht sehr langsam." Keine langen Vorreden. In diesem Fall ist außerdem eine thematische Anspielung enthalten – schließlich geht es bei Hawkings Forschung um Zeit und Raum.

Dieselbe Funktion eines dynamischen und direkten Einstiegs können natürlich auch O-Töne erfüllen. Vorsicht allerdings vor der klassischen Collage, die angeblich immer so schön in den Kosmos eines Stücks reinzieht. Kleinteilig und schön montiert drückt die Collage natürlich Dynamik aus, aber sie zieht eben nur selten in die Geschichte hinein. Denn als Hörer kenne ich den Kosmos noch gar nicht und es gibt kaum eine Möglichkeit, wirklich in die Geschichte einzutauchen, weil verschiedene O-Töne zu viele Angebote auf einmal machen. Das Feuerwerk aus Tönen am Anfang ist manchmal also gar nicht hilfreich. Die Collage als Einstieg ist häufig aus Macher-Logik gedacht und eher ein Hinweis darauf, dass eine starke Einstiegs-Szene fehlt. Wer mit O-Tönen einsteigen mag, sollte also darauf achten, dass die O-Töne in eine Situation eingebunden sind – wie beim Anfang des „Zeit-Zeichens" über den letzten Flug der Raumfähre „Columbia":

O-Ton	(George W. Bush, Pressekonferenz) This day has brought terrible news.
Autor	Dieser Tag hat schreckliche Nachrichten gebracht.
O-Ton	(George W. Bush, Pressekonferenz) At 9am this morning, Mission Control in Houston lost contact with our Space Shuttle „Columbia".
Autor	Um 9 Uhr heute Morgen ist der Kontakt zwischen dem Kontrollzentrum in Houston und der Raumfähre „Columbia" abgebrochen.

Wer die Collage unbedingt am Anfang haben möchte, könnte zum Beispiel über eine moderierte Collage nachdenken. Die hat den großen Vorteil, dass die kurzen, eingeworfenen Kommentare dabei helfen, die Collage direkt zu nutzen, um eine Art These zu entwickeln. Das bringt mich zu einer meiner – ganz subjektiv – liebsten Einstiegsmöglichkeit, die nach dem Muster funktioniert: Bigger idea + Szene. Was ich damit meine, zeigt beispielhaft der Einstieg in das „ZeitZeichen" über den ersten Interkontinentalflug mit einem Solarflugzeug:[69]

---

69 Bertrand Piccard war dankenswerter Weise bereit, das Interview auf Deutsch zu führen – auch wenn es nicht seine Muttersprache ist.

Autor	Wenn wir nicht aufpassen, ist die Gattung der Abenteurer bald ausgestorben.
O-Ton	(Bertrand Piccard, Büro) Wissen Sie, wenn es gibt in der Zukunft keine großen Abenteuer. Es ist nicht, weil es werden keine Ideen sein.
Autor	Denn Ideen gibt's genug…
O-Ton	(Bertrand Piccard, Büro) Es ist, weil es wird zu viel Bürokratie und Administration sein.
Autor	Und das ist für Bertrand Piccard nur sehr schwer zu ertragen.
O-Ton	(Bertrand Piccard, Büro) Das ist wirklich furchtbar in unsere Welt.
Musik-Wechsel. Dazu Atmo: Scharfer Wind.	
Autor	Davon hat sich der Schweizer Pionier aber nie einschüchtern lassen.
O-Ton	(Bertrand Piccard, Büro) Wenn ich habe in 1999 den ersten Flug non-stop mit dem Ballon um die Welt – ich war total abhängig von fossilen Energien.

Der erste Satz deutet wie in einem Auftakt die große Idee hinter der nun folgenden Geschichte an. In nur wenigen Sätzen und kurzen O-Tönen wird diese Idee prägnant exploriert. Danach geht es unmittelbar mit der ersten Szene weiter, die wiederum dynamisch ist. So ist bereits angedeutet, wo die größere Relevanz der Geschichte liegen wird – ohne diese „bigger idea" bereits ganz auszudifferenzieren. Das passiert später im Stück. Diese Einstiegs-Idee kommt aus der Fabelwelt, in der entweder am Anfang oder am Ende eine Lehre formuliert wird – als Promythion (am Anfang) oder als Epimythion (am Ende). Der erste, der mich auf die Idee gebracht hat, diese Methode auch fürs Radio zu nutzen, war der Dramaturgie-Trainer Uwe Walter.[70] In seiner „Masterclass Storytelling" haben wir unter anderem den kurzen Film gesehen: „Raising an Olympian".[71] Der knapp 6-minütige Film erzählt die Geschichte von Gabrielle Douglas, die 2012 bei den Olympischen Spielen in London für die US-amerikanische Turnermannschaft angetreten ist. Der Film beginnt mit einer Naheinstellung ihrer Mutter, die diesen einzigen Satz sagt: „It's true what they say: it needs a village to raise a child." Es ist ein Promythion für die Geschichte, die nun folgen wird. Das Promythion ist ein vorangestellter Merksatz oder Lehrsatz, eben die Moral der Fabel. Der Film ist darüber hinaus ein sehr gutes Beispiel für die Heldenreise – legen Sie einfach mal die zwölf Stufen daneben. Erst im Abspann wird übrigens deutlich, dass der Film ein Imagefilm für „Procter & Gamble" ist (Slogan: Proud sponsors of Moms). Moderne Public Relation nutzt eben auch die Mittel der Dramaturgie. Wichtig ist: Wer mit einem Promythion arbeitet, sollte darauf Wert legen, den Hörer zu überraschen und neugierig zu machen. Allgemeinplätze als Promythion („Das Leben hält ja so einige Überraschungen bereit.") wirken oft

---

70 http://www.waltermedia.de/
71 https://www.youtube.com/watch?v=H2L5F4ltyGw

5.4 Starker Einstieg: Reinziehen in die Geschichte

langweilig, und eigene Glaubenssätze („Wir alle wissen: Wahre Liebe gibt es sowieso nicht.") mögen für den Autoren wahr sein, aber nicht unbedingt fürs Publikum. Auch der Satz von Gabrielle Douglas' Mutter erscheint auf den ersten Blick wie ein Allgemeinplatz: Es braucht ein ganzes Dorf, um ein Kind groß zu ziehen. Doch zwei Elemente machen diesen Satz hier besonders. Erstens sehe ich als Zuschauer direkt die eingeblendete Bauchbinde, ich weiß also, dass diesen Satz eine Mutter in Bezug auf ihr eigenes Kind sagt. Und die kurze Einstiegs-Bemerkung „It's true" wirkt auf den ersten Blick wie eine Floskel, vermittelt aber dem Zuschauer ein Stück Weisheit. Der Subtext sagt hier: Ich als Mutter habe diese Erfahrung selbst gemacht und weiß daher, dass dieses Sprichwort wahr ist. Damit ist Neugier geweckt. Das Beispiel zeigt auch: Beim Einsatz eines Promythions kommt es wirklich auf jedes Detail, jedes Wort und den Kontext an.

Sollte sich für den Einstieg keine starke, dynamische Szene finden, die in die Geschichte reinzieht und ein guter Startpunkt ist, gibt es immer noch ein sehr wirksames Hilfsmittel, das sich vom Namen her ganz ähnlich anhört wie das Promythion, aber etwas anderes ist: die Prolepse. Die Prolepse ist eine Vorausdeutung dessen, was später passieren wird. Das funktioniert so: Es wird eine handlungsstarke, dynamische Szene aus der Geschichte genommen und an den Anfang gestellt. Meistens findet sich die Szene später an entscheidender Stelle wieder: als tiefste Krise (wenn die Szene genug Dynamik bieten sollte), Plot Point oder kurz vor dem Höhepunkt. Wichtig ist hier: Die Prolepse erzählt nicht die ganze Szene. Es müssen Fragen offenbleiben, die dann beantwortet werden, wenn schließlich die ganze Szene auftaucht. Oder – wenn die ganze Szene am Anfang steht – erscheint sie später in der Erzählung in einem anderen Kontext, so dass sie eine andere oder zusätzliche Bedeutung bekommt. Zum Beispiel, weil wir als Zuhörer unterdessen etwas gelernt haben, was unsere Perspektive verändert. Als Beispiel dafür kann die „Radiolab"-Geschichte über Surya Bonaly dienen. Die Geschichte beginnt mit der olympischen Kür der Eisläuferin 1998 in Nagano, und kehrt zu dieser Szene am Höhepunkt der Geschichte zurück. Die Geschichte beginnt schnell und dramatisch. Auch deswegen gilt: Wer mit einer starken Prolepse anfängt, hat danach die Erlaubnis gewonnen, die Geschichte zunächst etwas langsamer zu entfalten.

Die Gestaltung der Ansage oder des Vorspanns ist darüber hinaus eine Besonderheit bei langen Audio-Geschichten. Für die Einbettung der Ansage gelten dieselben Regeln wie für den Einstieg ohne Ansage. Im „Anhalter" benutzen wir tatsächlich die Mischung aus Promythion („Wenn jemand um Hilfe bittet, muss man doch helfen") und dynamischer Szene (Heinrichs betteln, vor allem vermittelt durch seinen eindringlichen Tonfall). Formal gebaut haben wir es als das, was ich als kommentierte Collage bezeichne:

Stephan	Wenn einer vor dir steht, völlig verzweifelt…
O-Ton	(Heinrich Kurzrock, Verteilerkreis) Zum Schreien ist mir. Ja, zum Schreien ist mir.
Stephan	…und der will mit seinem Leben Schluss machen…
O-Ton	(Heinrich Kurzrock, Verteilerkreis) …wenn ich wüsste, dass das mein letzter Tag wäre, dann würde ich innerlich das Halleluja schreien.
Stephan	…und er bittet dich um einen letzten Gefallen, für seine allerletzte Reise…
O-Ton	(Heinrich Kurzrock, Verteilerkreis) Ich habe keine Erwartungen mehr. Der Weg nach Zürich ist geebnet, jetzt brauche ich nur noch ein paar kleine Sandsteine oder Sandkiesel, damit meine ich jetzt Geld zum Überleben bis Zürich und Ende. Mehr brauche ich nicht mehr.
Stephan	Dann musst du dem doch helfen, oder?

Entscheidend bei dieser Konstruktion ist, dass der Einstieg Fragen aufwirft – wie hier unter anderem durch die direkte Frage am Schluss (die nur explizit in Worte fasst, was sich der Hörer wahrscheinlich selbst fragt: Hätte ich geholfen?). Die Szene sollte über die nun folgende Ansage hinüberziehen, also so spannend sein, dass der Hörer dranbleibt. Dabei sollte die Ansage nicht unterschätzt werden. Wie beim Kinofilm oder bei TV-Serien ist die Ansage eine Art Vorspann, die mehrere Funktionen erfüllt. Die Ansage bildet eine Brücke zwischen der Welt da draußen und der Welt der Geschichte. Sie ist eine Miniatur der Gesamt-Geschichte in Sachen Genre, Stimmung, Soundtrack und Tempo. Damit ist sie auch ein Mittel der Antizipation, sie enthält ein Erzählversprechen, was den Hörer erwartet. Ein guter Vorspann entführt in die Welt der Geschichte. Die legendären Vorspänne von James Bond sind da nur ein prominentes Beispiel. In der Welt der Audio-Erzählungen schafft der „Serial"-Vorspann mit dem Klavier und der Tonband-Aufnahme genau das. Die Ansage sorgt hier auch für einen immensen Wiedererkennungs-Effekt. Mit zu den besten Vorspännen (und Soundtracks) der vergangenen Jahre gehört sicherlich der vom Podcast „S-Town" (zur Gestaltung des Einstiegs bei Serien, die am Anfang einer neuen Folge das bisher Geschehene oft kurz zusammenfassen siehe Kapitel 3.10)

▶ Egal, welchen Einstieg Sie wählen, fragen Sie sich: Entwickelt die Geschichte durch die ersten Sätze einen so starken Sog, dass ich wissen will, wie es weitergeht? Seien Sie streng!

5.5 Dramaturgisches Erwartungs-Management: Anders als gedacht

Es ist zwar ein Beispiel aus einer fiktiven Fernseh-Serie, aber es veranschaulicht auf wunderbar-romantische Art und Weise, wie das Spiel mit Erwartungen funktionieren kann. In der HBO-Serie „The Newsroom" (geschrieben von Aaron Sorkin) gibt es die beiden Charaktere Maggie und Jim. Und natürlich ahnt man: Am Ende müssen die beiden zusammenfinden. Und genau so kommt es. Doch gerade, als die Beziehung zu wachsen scheint, bekommt Maggie ein Job-Angebot in Washington (doch die Redaktion, für die beide gerade arbeiten, sitzt in New York). Ein Job, für den Jim sie auch noch empfohlen hat. Maggie will diesen Job. In einer der letzten Szenen stehen sich Jim und Maggie in der Redaktion gegenüber:

Jim	I will take the last plane every Friday night after the show. And the first plane back on Mondays.
Maggie	Or sometimes I could come to New York….
Jim	…or meet in the middle of New Jersey.
Maggie	That's right.
Jim	Yeah.
Maggie	Have you had a lot of long distance relationships?
Jim	Yes.
Maggie	Have any of them worked?
Jim	No (geht weg Richtung Tür).
Maggie	(ruft hinter ihm her) Why is this gonna be different?
Jim	I wasn't in love with them (geht durch Tür).

Diese Szene ist ein Beispiel für: Es passiert, aber anders als gedacht. Ja, Maggie und Jim sind zusammen. Ja, er gesteht seine Liebe. Aber die Situation ist anders als wir erwartet haben. Die Liebes-Erklärung erfolgt nicht bei Kerzenschein und Abendessen, sondern in der Redaktion – als Geständnis aus der Situation heraus. Passend zu beiden Charakteren.

Im Umgang mit realen Stoffen können wir uns als Reporter solche Situationen natürlich nicht einfach herbeischreiben. Aber wir können bewusst nach Überraschungen suchen: Wann begegnet uns eine Situation oder Information, die wir so nicht erwartet haben? Im „Anhalter" besuchen wir zum Beispiel zusammen mit Heinrich in der letzten Folge den Nonnen-Orden, der damals mit für die Misshandlungen in der Kinder- und Jugendpsychiatrie verantwortlich war. Die Oberin steht für ein Gespräch zur Verfügung und wir dürfen sogar Aufnahmen machen.

Davon sind wir positiv überrascht. Wir halten es sogar für möglich, dass es im Gespräch eine Art Entschuldigung geben wird. Tatsächlich passiert genau das, aber ganz anders als wir gedacht haben. Die Oberin bringt nicht nur glaubwürdig ihr Bedauern zum Ausdruck, sondern bietet Heinrich finanzielle Hilfe an: 3.000 €. Es ist ein Moment, der besondere Kraft entfaltet.

Um solche Augenblicke und ihre Bedeutung angemessen abzubilden ist es wichtig, vorher Erwartungen in der Erzählung aufzubauen. Es ist die Arbeit mit einer der stärksten Spannungs-Techniken überhaupt: Antizipation. Wer sich fragt, wie etwas weitergeht, hat meistens schließlich auch eine Annahme dazu parat. Es geht also darum, Erwartungen aufzubauen und diese dann zu brechen – oder sie ein wenig anders zu erfüllen als gedacht. Diese Technik nennt man auch misleading, also irreführen.

Diese Idee des zweistufigen Prozesses (Erwartungen säen, Emotionen ernten) spiegelt sich auch in einer anderen Idee wider, über die wir schon einmal im Zusammenhang mit der Einheit von Plot und Handlung gesprochen haben (vgl. hierzu Kapitel 3.2). Es geht noch einmal um Tschechows Gewehr auf der Bühne. Das ist nicht nur ein Symbol dafür, ausschließlich das Notwendige in den Plot einzubauen, sondern auch für den Zweiklang: andeuten und ernten oder vorbereiten und einlösen. Im Englischen spricht man auch von „Setup" (andeuten oder säen) und „Payoffs" (einlösen oder ernten). Das Gewehr kann man schließlich auch als Andeutung verstehen. Es erweckt in uns die Erwartung, dass es irgendwann benutzt wird. Diese Antizipation kann dann zum Beispiel wiederum gebrochen werden, indem das Gewehr nicht benutzt wird, um auf jemanden zu schießen, sondern um damit jemanden bewusstlos zu schlagen. Die große Herausforderung ist dabei meistens gar nicht so sehr die eigentliche Auflösung, das Payoff, schreibt Robert McKee, sondern eher die Setups: „Setups müssen mit großer Sorgfalt behandelt werden. Sie müssen so eingebaut werden, daß sie für das Publikum beim ersten Sehen nur eine einzige Bedeutung haben, jedoch durch den Ansturm von Einblicken eine zweite, wichtigere Bedeutung annehmen."[72] Das gilt nicht nur für Gegenstände, sondern auch für das Verhalten von Personen. Beim „Anhalter" wird nach und nach klar, dass Heinrichs Bettel-Masche vor allem darauf ausgelegt ist, so viel Mitleid wie möglich in kürzester Zeit zu erzeugen. Außerdem wird klar, dass die ständige Schnorrerei auch ein Mittel ist, menschliche Nähe zu erzeugen. Diese Erkenntnis reift aber erst nach und nach beim Publikum. Deute ich als Erzähler eher an, dass

---

72 Robert McKee: Story (Berlin: Alexander Verlag, 9. Aufl., 2014), S. 260.

noch etwas Schlimmes passiert (indirekt oder direkt), dann spricht man auch von „foreshadowing". Das Publikum ahnt eben schon etwas!

Um die Erwartungshaltung komplett in die Irre zu führen, wird in fiktionalen Geschichten häufig auch der Rote Hering benutzt. Dabei handelt es sich um einen Gegenstand, der einen wichtigen Eindruck macht, aber dann für die Geschichte doch keine Rolle spielt. Nach dem Motto: Manchmal enthält ein Aktenkoffer auch einfach nur Akten. Davon zu unterscheiden ist noch der „MacGuffin".[73] Dies ist ebenfalls ein Gegenstand, der als solcher zwar keine Rolle für die Geschichte spielt, aber seine Bedeutung große Auswirkungen hat. Das hört sich nach einem Widerspruch an, ist es aber nicht. Ob es sich beim „Heiligen Gral" zum Beispiel um einen Becher, einen Gral oder etwas anderes handelt, ist nicht so wichtig. Wichtig für die Erzählung ist die Wirkung dieses Gegenstandes auf die Geschichte – also die Tatsache, dass jeder diesen Gral gerne besitzen will. Häufig wird diese Technik auch in Spionage-Geschichten genutzt. Das Ziel hinter all diesen Techniken ist also immer: Erwartungen aufzubauen und diese dann zu nutzen, um Überraschungen zu inszenieren. So wird das Publikum emotional an die Erzählung gebunden. Für reale Audio-Geschichten entdeckt man solche Möglichkeiten vor allem während der Recherche: Wann werden meine eigenen Annahmen oder Erwartungen enttäuscht oder gebrochen? Und warum? Wer für solche Gefühle ein Gespür entwickelt, legt die Grundlage, um sie in Erzählungen zu nutzen. Auch hier gilt wieder. Diese Techniken sind nur einsetzbar, wenn der Prozess erlebbar gemacht wird. Wer nur die Ergebnisse schildert, wird keine Überraschungen erzeugen können. Die größten Überraschungen notiere ich persönlich während der Recherche deshalb an einem besonderen Ort: auf der Liste der Enthüllungen.

5.6 Die Liste der Enthüllungen: Wow-Momente für den Hörer

Es ist mal wieder einer dieser Momente mit „Anhalter" Heinrich. Er hat uns beauftragt, seine Familiengeschichte zu recherchieren. Wer seine Eltern waren und warum er in die Psychiatrie gekommen ist. Wir haben monatelang recherchiert und nun ein paar Antworten, die wir ihm gerne präsentieren wollen (schließlich sind wir auch stolz darauf, dass wir etwas herausgefunden haben). Noch wissen wir nicht,

---

73 Beide Techniken, „roter Hering" und „MacGuffin" sind unter anderem von Alfred Hitchcock stark eingesetzt und popularisiert worden.

dass die kommenden Minuten zu den frustrierendsten gehören werden, die wir mit Heinrich je erleben werden. Wir sitzen in seinem Zimmer und wollen erzählen. Doch auf einmal will Heinrich das alles nicht mehr hören. Wir starten mehrere Anläufe, einmal, zweimal – wir werfen kleine Informations-Brocken hin, schauen, ob sie irgendetwas bei Heinrich auslösen, vielleicht eine Erinnerung oder Neugier. Doch schließlich müssen wir erkennen: Er will es wirklich nicht wissen. Und natürlich hat er ein Recht darauf, das Recht auf Nichtwissen. Das wühlt uns als Autoren auf:

Sven	Mit rauchenden Köpfen machen wir uns auf den Heimweg. Wir sind sprachlos. Platt. Emotional hin und hergeworfen. Warum sollten wir das alles überhaupt recherchieren, wenn Heinrich jetzt nichts davon wissen will?! Dabei hat er uns die Antwort gerade selbst gegeben. Die Post. Unsere Päckchen. Vielleicht interessiert ihn seine Familiengeschichte…
Folgende Töne in Memory-Hall.	
O-Ton	(Sven Preger, im Zimmer) Wir wissen auch eine Adresse…
O-Ton	(Heinrich Kurzrock, im Zimmer) Shamrockstraße..
Sven	…vielleicht auch nicht.
O-Ton	(Sven Preger, im Zimmer) Und ich glaube dann in der Kronen…
O-Ton	(Heinrich Kurzrock, im Zimmer) Weiß ich nicht…
Sven	Es ist nur eine Kleinigkeit, aber hier stimmt was nicht. Diese Adresse seiner Eltern – Shamrockstraße – kann Heinrich eigentlich gar nicht kennen, wenn er wirklich glaubt, dass seine Eltern '49 gestorben sind. Darüber müssen wir reden. Nächstes Mal.

Und das tun wir dann auch am Beginn der nächsten Folge:

O-Ton	(Sven Preger, Büro) Die Bochumer Straße in Herne ist in unmittelbarer Nähe zu der letzten Adresse deiner Eltern.
O-Ton	(Heinrich Kurzrock, am Telefon) (Pause) Die waren tot.
O-Ton	(Sven Preger, Büro) Ja, Anfang der Siebziger waren die tot.
Sven	Über die Zeit reden wir nämlich. Genauer gesagt: Über 1972. Nach Heinrichs Entlassung aus der Psychiatrie. Er sei dann nach Herne gezogen. In die Bochumer Straße. Die ist ganz in der Nähe der Shamrockstraße. Und das ist die Adresse, wo seine Eltern zuletzt gewohnt haben. Und das hat mich so irritiert. Woher kennt Heinrich diese Adresse? Wir haben sie nämlich in den Todesurkunden seiner Eltern gefunden. Und deswegen vermute ich, dass Heinrich ganz genau weiß, wann seine Eltern gestorben sind. Jedenfalls nicht 1949, wie Heinrich uns immer erzählt hat.
O-Ton	(Heinrich Kurzrock, am Telefon) Laut Information starb mein Vater am 10.6.'65.
Sven	Sag ich doch. (Titel-Musik / Ansage)

5.6 Die Liste der Enthüllungen

Es gibt zwei Arten der Enthüllungen: Verstehen und Erfahren. Verstehen ist das Ergebnis einer Reflektion – wie hier im ersten Beispiel das Nachdenken über das Gespräch, das wir mit Heinrich geführt haben. Diese Reflektion sorgt dafür, einen Widerspruch zu bemerken. Erfahren hingegen ist das Ergebnis einer Aktion – wie hier im zweiten Beispiel das Gespräch, das ich mit Heinrich am Telefon führe. Beide Momente standen auf unserer Liste der Enthüllungen. Beide Momente lassen den Hörer daran teilhaben, wie die Geschichte sich weiterentwickelt. Es ist das bereits beschriebene Wechselspiel auf der Leiter der Abstraktion zwischen konkreten Erfahrungen und dem Reflektieren darüber, was wiederum zu einer neuen Aktion führt. Als Erzähler von realen Geschichten ist es wichtig, diese Momente schon während der Recherche zu bemerken. Sonst besteht die große Gefahr, dass ich mich später nicht mehr an sie erinnern kann oder sie wie selbstverständlich in mein Wissen übergegangen sind und ich mit ihnen kein besonderes Gefühl mehr verbinde. Außerdem sollte ich als Reporter, wenn möglich, dafür sorgen, die entsprechenden Audio-Aufnahmen aus der echten Szene zu bekommen. Sonst muss ich die Szene im Nachhinein rekonstruieren (vgl. hierzu Kapitel 6.1) – das geht auch, ist aber nicht ganz so schön.

Diese besonderen Momente bekommen also schon während der Recherche einen Platz auf der Liste der Enthüllungen. Und abhängig vom Erzählsatz, also der Geschichte, die ich erzählen will, werden aus diesen Momenten später plot points, tiefste Krisen oder Höhepunkte. Und ein Teil dieser Momente schafft es auch nicht in die Geschichte. Aber ohne diese Liste fehlen mir ganz persönlich als Autor beim Schreiben später möglicherweise die wichtigsten Stellen. Darauf weist auch John Truby hin: „Good writers know that revelations are the key to plot. That's why it's so important that you take some time to separate the reveals from the rest of the plot and look at them as one unit."[74] Alle Enthüllungen zusammen geben einen grandiosen Überblick über die wesentlichen Elemente der Erzählung: Charakter-Entwicklung, Handlungsverlauf und eben Spannungsbogen. Und der lebt unter anderem vom Erzähltempo, wie der nächste Abschnitt zeigt.

---

74 John Truby: The Anatomy of Story (New York: Farrar, Straus and Giroux, 2007), S. 305.

5.7 Spiel mit dem Tempo: Genieße den besonderen Augenblick

Der allerwichtigste Hinweis kommt jetzt! Doch zuvor hole ich mir schnell einen Tee, dann kann ich mich besser auf den nächsten Absatz konzentrieren. So, jetzt aber: Denken Sie noch einmal an das Zitat von Charles Dickens bzw. William Goldman: Make them wait! Eines der wichtigsten Mittel, um die Spannung aufrecht zu erhalten, sind tatsächlich Verzögerungen bzw. Unterbrechungen. Wenn irgendjemand in irgendeiner Geschichte vor einer anderen Person fliehen will und dafür zum Beispiel ein Auto benutzen muss, können Sie davon ausgehen, dass der Flüchtende erst die Schlüssel in der Hektik nicht findet, dann die Batterie des elektronischen Türöffners leer ist, die Schlüssel dann beim Einstecken in das Türschloss auf den Boden fallen, und schließlich noch der Motor abgewürgt wird, bevor der Fliehende dann mit quietschenden Reifen ganz knapp entkommt – um an der nächsten Ecke von einem Laster gestoppt zu werden. Derjenige also zu Fuß weiter fliehen muss... Sie bekommen eine Vorstellung. Das bedeutet: Es stellen sich immer wieder Hindernisse in den Weg. Gerade, als das entscheidende Gespräch, das Geständnis oder der Hochzeitsantrag ansteht, klingelt das Telefon. Es sind alles Verzögerungstaktiken, die dafür sorgen, dass die Spannung hoch bleibt.

- Dabei gilt: Wenn nichts passiert, erzählen Sie schnell und fassen etwas mehr zusammen. Wenn etwas Spannendes passiert, dann verlangsamen Sie das Erzähltempo. Genießen Sie den Augenblick.

Vorsicht: Gerade bei realen Geschichten wirkt das schnell künstlich oder übertrieben. Aber im kleinen Maßstab ist es gut nutzbar – zum Beispiel um in eine Szene Informationen einzubauen, die mir als Autor journalistisch wichtig sind. Wie in diesem Beispiel aus dem „ZeitZeichen" über Stephen Hawking:

Autor	Hawking hat Menschen schon früh beeindruckt. Zum Beispiel seine Klassenkameraden. Die haben eine Wette abgeschlossen. Da war er gerade zwölf Jahre alt. Davon erzählt Stephen Hawking in seinem Buch: Meine kurze Geschichte. Es ist einer der wenigen Texte, in denen er persönlich wird. Er lebt mit seiner Familie Ende der 50er Jahre in St. Albans, nördlich von London. Aus der Hauptstadt sind seine Eltern weggezogen, als die Bomben im Zweiten Weltkrieg fielen. Zuerst nach Oxford, hier kommt Stephen William Hawking zur Welt. Am 8. Januar 1942.
O-Ton	(Stephen Hawking, Archiv) I was born on the 8th of January, 1942. Exactly 300 years after the death of Galileo.

5.7 Spiel mit dem Tempo

Autor	Auf den Tag genau 300 Jahre nach dem Tod von Galileo Galilei, dem berühmten Astronomen.
O-Ton	(Stephen Hawking, Archiv) However, I estimate that about 200.000 other babies were also born that day.
Autor	Wie etwa 200.000 andere Neugeborene. Die Familie gilt als intelligent und ein bisschen exzentrisch-verschroben. Beim Essen sollen alle Hawkings gerne mit einem Buch am Tisch sitzen. Vielleicht hat Stephen auch deshalb von den Mitschülern seinen Spitznamen bekommen: Einstein. Ein guter Schüler war Hawking nicht. Und trotzdem haben sie eben gewettet. Um eine Tüte Bonbons. Dass aus Hawking irgendwann mal was Bedeutendes wird.

Die Frage, was die Mitschüler denn nun gewettet haben, wird erst am Ende des Absatzes beantwortet – dazwischen sind biografische Informationen eingebettet. Es ist nichts anderes als ein Beispiel für: Make them wait. Es sind also zwei Seiten einer Medaille: Unterbrechungen helfen dabei, entscheidende Informationen oder Ereignisse hinauszuzögern und so die Spannung hoch zu halten. Gleichzeitig liefern sie die Chance, Informationen zu vermitteln.

Wer so lange gewartet und die Verzögerungen überlebt hat, darf nun auch richtig belohnt werden. Das bedeutet: Wenn es um ein entscheidendes Ereignis geht, darf es nicht zu schnell vorbei sein. Genau das setzen die Autoren der „Radiolab"-Geschichte über Surya Bonaly um. Als die Eiskunstläuferin endlich im Olympia-Finale 1998 in Nagano aufs Eis geht (bei Minute 34 eingeleitet durch denselben Ton, den wir bereits vom Anfang kennen – hier wurde also eine Prolepse genutzt), werfen die Autoren und Moderatoren immer wieder kurze Kommentare und Erläuterungen in die eigentliche Szene hinein. Sie erklären, fragen oder lassen Surya Bonaly im O-Ton zu Wort kommen, die diese Szene damit selbst kommentiert und einordnet (die Atmo der Szene bleibt dabei größtenteils erhalten, um die Illusion nicht zu zerstören). Dadurch wird der gesamte Moment, der Höhepunkt der Geschichte, länger, aufregender und erlebbarer. Dabei übertreibt es das „Radiolab"-Team nie. Der Moment wird nicht künstlich in die Länge gezogen. Insgesamt dauert die Szene so etwa knapp drei Minuten bis zum alles entscheidenden Moment der Geschichte (und tatsächlich gibt es diesen Moment!): Surya Bonaly springt eine Figur, die nie jemand vor ihr je in einem Wettbewerb gesprungen ist. Zwei weitere Minuten werden diesem eigentlichen Sprung und dem Rest ihres Kür-Programms gewidmet. In Summe sind es damit fünf wunderbar spannende, dynamische Minuten akustische Erzählung. Die den Hörer ganz mit zu diesem Augenblick in Nagano nehmen – und die Verlangsamung des Erzähltempos ist hier ein wesentliches Mittel. Das Ergebnis: Diese Szene wird auf besondere Weise erfahrbar. Die Kür wirkt damit wie einer dieser Momente, die größer als das Leben selbst sind.

Verdichtete Realität. Es sind diese verdichteten Augenblicke, die häufig Kraft in Erzählungen entfalten. Sie weisen weit über sich hinaus und liefern so gleichzeitig auch die Brücke zur „bigger idea" der Erzählung.

▸ Suchen Sie für große Erzählungen nach Momenten, in denen die „bigger idea" ihrer Geschichte erfahrbar wird.

Langeweile kommt in dieser Passage auch deshalb nicht auf, weil sich das „Radiolab"-Team gleichzeitig eine andere Strategie zu Nutze macht: Die Szene ist immens kleinteilig, sehr collagig geschrieben und montiert. Damit nutzen die Autoren die große Stärke der Collage: die Dynamik! Die Anzahl der zu hörenden Stimmen (Moderatoren, Reporter, Surya Bonaly und die Original-Reportage) befindet sich eher am oberen Ende der Verstehens-Skala. Aber das schmälert das Hörvergnügen nicht!

Die Collage liefert auch mindestens zwei weitere Möglichkeiten, das Erzähltempo zu beeinflussen, und so Spannung zu erzeugen: Einerseits kann die Collage eine längere Zeitspanne auf nur wenige O-Töne verkürzen („fast forward"-Effekt). Andererseits kann eine Collage durch die Parallelmontage zweier Stränge, die gegeneinander verschnitten werden, Spannung aufbauen: Wenn zum Beispiel der eine Erzählstrang eine Person darstellt, die gerade in einem See ertrinkt. Und der andere Erzählstrang zeigt den Weg des möglichen Retters zu dieser Person. Dann entsteht durch die Verschränkung Spannung: Wird der Retter rechtzeitig ankommen? In realen Geschichten hilft die collagierte Parallelmontage auch, um Bezüge von Ereignissen zueinander herzustellen. Das beschreibt auch John Truby: „It compares two lines of action, two pieces of content, and makes them equal."[75] Die Collage ist in diesem Fall Spannungs- und Analyse-Tool zugleich. Wie in der Dokumentation über das Milgram-Experiment, bei dem die Bereitschaft von Menschen getestet wurde, Befehlen zu gehorchen, die nicht mit ihrem Gewissen zu vereinbaren waren. Im Experiment waren die Testpersonen überzeugt, anderen Menschen auf Anweisung Stromstöße zu verabreichen. Deswegen haben sie später argumentiert, sie hätten nur Befehle befolgt. In Wirklichkeit ist kein Strom geflossen, die Opfer wurden von Schauspielern verkörpert, die den Schmerz spielten.

---

75 Ebd., S. 329.

5.7 Spiel mit dem Tempo

Autor	Und dann ging es los.
O-Ton	(Milgram-Experiment, Deutschland 1970, Versuchsleiter) Fertig? Anfangen.

Musik startet: We do what we are told. Collage aus O-Tönen des Milgram-Experiments in Deutschland werden mit O-Tönen aus dem Eichmann-Prozess verschnitten.

Collage	(Milgram-Experiment, Deutschland 1970) Traurig – Musik. Traurig – Clown. Traurig – Mädchen. (Klick) Die Antwort war falsch. Ich bestrafe Sie mit 90 Volt – Ah / Kühl – Tag / Kühl – Schatten Kühl – Wasser, Kühl – Höhle. (Klick) Falsch. 195. (klick) / Au. Ich höre jetzt auf. / Machen Sie weiter. / Eichmann: Ich hatte zu gehorchen. / Richtig wäre „Langsam – Tanz" gewesen. / Bedenkzeit ist vorbei. / Das sind 255. / Eichmann: Ich hatte nur eines zu tun: Ich hatte zu gehorchen. Denn ändern konnte ich nichts. / Sie bekommen 345. (laute Schreie) Ich bestrafe Sie mit 390 Volt (klack) (Stille) Der sagt ja gar nichts mehr.
Autor	Stille. Alle Schreie aus dem Nebenraum sind verstummt. Und auf die Fragen des Lehrers kommen keine Antworten mehr.
Collage	Wenn dem jetzt irgendwas passiert ist. / Das Experiment verlangt, dass Sie weitermachen – das ist ganz klar. / Eichmann: Ich hatte als kleiner Befehlsempfänger zu gehorchen gehabt. / Wenn er nicht antwortet, sagen Sie ihm: Er hat zehn Sekunden Zeit zu antworten. Wenn er nicht antwortet, dann gilt das als falsche Antwort. – Sie haben zehn Sekunden zum Antworten. Falls Sie nicht antworten, gilt die Antwort als eine Falsche. / Eichmann: Wenn meine Vorgesetzten mir befahlen, da musste ich gehorchen. Dafür war ich bekannt gewesen. / Sie erhalten 450 Volt. / Einen Schock von 450 Volt. / Es folgt eine Bestrafung von 450 Volt. / 450 Volt. / 450 Volt.

Musik steht frei: We do what we are told. Blendet dann aus.

Autor	Das erste Milgram-Experiment in Yale und der Eichmann-Prozess in Jerusalem fanden zeitgleich statt. 1961. Das erschreckende Ergebnis des Versuchs: Fast zwei Drittel aller Teilnehmer verabreichten dem Schüler den höchsten Elektroschock, 450 Volt.

Die Collage stellt das Milgram-Experiment in direkten Zusammenhang zur Verteidigungs-Strategie von Adolf Eichmann – und entlarvt sie so. Die Collage erzeugt damit auch einen Enthüllungsmoment des Verstehens – und möglicherweise eine starke emotionale Reaktion beim Hörer (schließlich beinhaltet diese Art der Montage auch eine eindeutige Wertung). Das bringt uns zur nächsten Spannungs-Technik, vor der viele Journalisten immer noch Respekt zu haben scheinen: die verantwortungsvolle Arbeit mit Emotionen.

5.8 Emotionen: Nicht vorgeben und beschreiben, sondern zeigen und erzeugen

Der amerikanische Pulitzer-Preisträger Jon Franklin bringt es auf den Punkt: „Finally, and most important, climactic narrative never, never, never, never tells us how the characters feel. It doesn't describe emotion, it *evokes* it."[76] Es geht nicht darum, Emotionen zu beschreiben, sondern sie zu zeigen und beim Zuhörer zu erzeugen. Warum zum Beispiel sind Sie traurig, wütend oder glücklich? Jeder von uns hat wahrscheinlich andere Ereignisse, auf die er mit bestimmten Emotionen reagiert. Eines ist für uns aber gleich: Wir reagieren emotional, wenn uns Ereignisse wichtig sind. Emotionen sind Bedeutung. Das bedeutet im Umkehrschluss: Wenn keine Emotionen hervorgerufen werden, dann ist uns etwas herzlich egal. Das ist das große Dilemma des Journalismus. Denn immer noch stehen Emotionen zu Unrecht im Verdacht, unseriös, irgendwie schmutzig und das Gegenteil von Fakten zu sein. Dass das so ist, daran sind wir zum guten Teil selbst schuld. Diese Wahrnehmung liegt nämlich auch daran, wie wir als Journalisten mit Emotionen umgehen.

In Narrationen geht es nicht um die künstliche oder unangemessene Erzeugung von Emotionen (darum sollte es in anderen Darstellungsformen übrigens auch nicht gehen). Die dahinterstehende Sorge hängt mit einem großen Missverständnis zusammen, das im Journalismus vorherrscht. Es lautet: Ich gebe die Emotion vor, die ich erzeugen will. Die Idee: Wenn ich zum Beispiel als Reporter oder Moderator meine Stimme besonders betroffen (wie auch immer sich das anhören mag) klingen lasse, dann erzeuge ich Betroffenheit. Häufig löse ich damit aber eher Befremden und Ablehnung aus (daher auch der Schmuddel-Verdacht) – also mehr oder weniger das Gegenteil von dem, was ich eigentlich erreichen will. Emotionen vorzuleben und vorzugeben bringt nichts. Karl Iglesias bezieht diesen Gedanken auf Geschichten: „Whether your character cries is not as important as whether the reader cries."[77] Oder in unserem Fall eben Hörer. Dabei sind Emotionen natürlich wichtig: Ohne emotionale Bindung werden Hörer Geschichten nicht lange folgen. Emotionen sorgen dafür, dass sich Menschen an Geschichten binden und wissen wollen, wie es weitergeht. Geschichten sind eben keine Ansammlungen von Informationen, sondern ein Erlebnis. Dazu gehören Emotionen. Hier kommen ein paar Tipps, wie man angemessene Emotionen erzeugen kann.

---

76 Jon Franklin: Writing for Story (New York: Plume, 1994), S. 154.
77 Karl Iglesias: Writing for emotional impact (Livermore: Wing Span Press, 2005), S. 17.

5.8 Emotionen

Eine der wichtigsten Emotionen – gerade für den Anfang einer Geschichte – ist Empathie. In einem meiner Storytelling-Seminare meldete sich einmal ein Teilnehmer und sagte sinngemäß, dass er damit ein großes Problem habe. Wie könne man zum Beispiel mit Adolf Hitler Empathie empfinden? Eine sehr gute Frage. Die Antwort: Empathie bedeutet nicht, Handlungen zu rechtfertigen oder gar gut zu finden. Empathie macht nur nachvollziehbar und erfahrbar, warum jemand handelt wie er handelt. Handwerklich kann man Empathie häufig über die Motivation eines Charakters auslösen. Wenn ich als Hörer verstehe, warum jemand auf eine bestimmte Art und Weise handelt, kann ich Verständnis oder sogar Nähe empfinden. So wird Verhalten erklärbar und damit verstehbar – das gilt auch für das Handeln eines Diktators.

Manchmal möchte ich als Autor die Motivation meiner Charaktere nicht zu früh verraten, weil genau in der Motivation noch ein Überraschungs-Moment liegt, das an einer späteren Stelle der Geschichte (eben nicht am Anfang) viel größere emotionale Kraft und Tiefe erzeugt. Anhalter Heinrich erzählt zum Beispiel seine Geschichte vom geplanten Suizid ja nicht nur, um Geld zu erschnorren, sondern auch, weil er mit dieser Geschichte in kürzester Zeit größtes Mitleid erzeugt – es ist sein Weg zu emotionaler Nähe. Diesen Zusammenhang enthüllen wir aber erst sehr spät im „Anhalter". Schließlich hat es auch bei uns lange gedauert, das zu verstehen.

Eine gute Methode, um schnell eine Verbindung zu einem Charakter aufzubauen, ist die Darstellung eines Mangels. Das haben wir schon einmal bei der Entwicklung von Charakteren besprochen (siehe hierzu auch Kapitel 4.2). Schauen wir dafür noch einmal auf die erste Staffel von „Serial". Die Protagonistin ist Reporterin Sarah Koenig. Mit der bereits zitierten Einstiegs-Passage („undignified on my part") führt sie sich selbst als nicht-perfekte Person ein. Sie ist nicht die allwissende Top-Journalistin, sondern ein Mensch, dem es schwerfällt, Jugendlichen gewisse Fragen zu stellen. Gerade zu dem Nicht-Perfekten können wir als Hörer schnell eine Verbindung aufbauen. Ein kluger, emotionaler Beginn. Eine ähnliche Strategie erleben wir am Beginn vom „Anhalter". Stephan Beuting trifft beim Tanken auf einen hilfsbedürftigen Mann, der sich angeblich umbringen will. Stephan ist vor allem überfordert (wie ich später auch) mit dieser Situation (was auch sonst?) – und genau das wird auch hörbar.

Dieses Beispiel weist auf eine weitere Technik hin: den emotionalen Abgleich. Als Zuhörer fragen wir uns: Was hätten wir in dieser Situation getan? Hätten wir diesen komischen Mann einfach abgewiesen? Ihm auch geholfen, aber anders? Oder hätten wir seine Geschichten sofort durchschaut? Der emotionale Abgleich bindet den Hörer also an die Geschichte. Dieser Abgleich kann aber nur funktionieren, wenn zwei Faktoren zusammenkommen: Verbindungsaufbau (hier zu Stephan, der sich ganz realistisch als nicht-perfekt darstellt) und Aktion (die Frage lautet ja: Was hätte ich in dieser Situation getan?). Ist eine Verbindung zur Geschichte und ihren Figuren einmal aufgebaut, werden Zuhörer direkter auf die Emotionen der Charaktere reagieren. Leidet jemand, werden wir als Hörer Mitleid haben. Stirbt jemand, werden wir um ihn trauern. Begibt sich jemand in Gefahr, werden wir Angst um ihn haben usw. Manchmal können die Emotionen der Charaktere tatsächlich zu denen der Hörer werden. Welche Emotion wir als Hörer spüren, hängt mit der Situation zusammen, in der wir die Charaktere erleben. Auch deshalb ist es wichtig, szenisch zu erzählen. Dabei ist es für Hörer besonders befriedigend, wenn sie im Laufe der Geschichte verschiedene Emotionen spüren.

Der amerikanische Autor Karl Iglesias führt dafür eine sehr hilfreiche Technik ein: die Palette der Emotionen, „which came to me when I considered the analogy of the writer being a painter on the page, using words instead of colors."[78] Iglesias fragt sich beim Schreiben einer Szene vor allem: Welche Emotion soll mein Charakter hier fühlen? Damit kann er auch steuern, welche Emotionen sich auf Leser, Hörer oder Zuschauer übertragen. Er bezieht das natürlich auf fiktionale Geschichten, die mit mehr gestalterischen Freiheiten verbunden sind. Doch das Instrument lässt sich auch auf nicht-fiktionale Stoffe übertragen: Welche Emotion will ich in der Geschichte meines Charakters zeigen? Und welche Emotionen kann ich damit beim Hörer erzeugen? Diese Fragen können zum Beispiel dabei helfen, beim Korrekturlesen zu überprüfen, welche Emotionen in der Geschichte überhaupt vorkommen und welche möglicherweise fehlen. Um die Palette der Emotionen ein bisschen praxis-näher zu gestalten, habe ich einen kleinen Emotions-Schnell-Check entworfen. Er zeigt, durch welche Fragen oder Elemente bestimmte Emotionen im Charakter dargestellt und beim Hörer erzeugt werden können.

Neugier und Spannung entstehen immer dann, wenn der Hörer eine offene Frage hat. Das kann eine der folgenden sein: Wie geht es weiter? Erreicht der Held sein Ziel? Warum macht er das alles überhaupt? Bis ganz zum Ende sollte es mindestens eine offene Frage geben.

Empathie und Identifikation entstehen, wenn wir uns in anderen wiedererkennen. Das ist individuell sehr verschieden. Deshalb ist es gut, mehrere Facetten eines Charakters anzubieten. Häufig erzeugt es Empathie, wenn Charaktere mit einem Mangel und/oder ein bisschen Selbstironie dargestellt werden. Das führt häufig zu dem Ein-

---

78 Ebd., S. 131.

5.8 Emotionen

druck: Derjenige ist weder perfekt noch nimmt er sich selbst zu wichtig. Damit wird die Bereitschaft der Hörer gefördert, sich auf den Charakter einzulassen. Hilfreiche Fragen beim Entwickeln dieser Emotion können sein: Was kann der Charakter nicht? Was ist sein Mangel? Ist er selbstironisch? Wie kann ich das erfahrbar machen?

Wut entsteht häufig als eine Abwehrreaktion auf eine gefühlte Grenzübertretung. Ist der Charakter einmal beim Hörer geankert, kann sich das Gefühl auch auf den Hörer übertragen. Viele Menschen haben darüber hinaus ein feines Gespür für Ungerechtigkeiten. Wird ein Charakter unfair behandelt, kann dies beim Hörer Wut erzeugen. Aber Vorsicht: Wer zu viel und zu lange wütend ist, wird der Geschichte kaum mehr zuhören können. Die Steigerung davon kann Hass sein – wenn Grenzen immer wieder oder sehr heftig übertreten werden. Hilfreiche Fragen beim Entwickeln der Emotion Wut oder Hass können sein: Was ist für den Charakter eine Grenzübertretung? Teilen Hörer dieses Gefühl möglicherweise? Dabei muss ich als Autor mich auch fragen: Will ich dieses Gefühl wirklich im Hörer erzeugen?

Überraschung oder sogar Schock entstehen, wenn unvorhergesehene Dinge passieren. Wichtig für reale Geschichten: Unvorhergesehen heißt nicht unlogisch. Das ist ein häufiges Missverständnis. Das überraschende Ereignis muss sich folgerichtig und logisch aus der Geschichte ergeben und den Hörer trotzdem überraschen. Dabei reicht es nicht aus, dass das Ereignis möglich ist, es muss wahrscheinlich sein. Ein unvorhergesehener Unfall ist immer möglich, ergibt sich aber meistens nicht logisch aus der Geschichte. Es sei denn, jemand fordert das Risiko immer wieder heraus.[79] Ist der unvorhergesehene Unfall realer Bestandteil der Geschichte, dann bleibt er das natürlich. Dass sich Anhalter Heinrich weigert, die Geschichte seiner Familie zu hören, ist ein gutes Beispiel für eine Überraschung. Hilfreiche Fragen, um Überraschungen oder Schock im Hörer zu erzeugen, können sein: Wie kann ich die Antizipation der Hörer plausibel in eine andere Richtung lenken, damit ein wichtiges Ereignis als Überraschung wirkt?

Angst ist ein Spezialfall von Antizipation. Wir haben Sorge, dass ein gewisses Ereignis eintreten könnte. Damit ist Angst immer ein Gefühl, das auf die Zukunft gerichtet ist. Hilfreiche Fragen, um Angst des Charakters oder bei den Hörern zu

---

[79] In fiktionalen Geschichten unterscheidet Drehbuch-Autor Aaron Sorkin zum Beispiel zwischen „unwahrscheinlichen Möglichkeiten" und „wahrscheinlichen Unmöglichkeiten". Dabei sind erstere immer zu vermeiden. Sie wirken zu beliebig. Letztere akzeptiert das Publikum eher. Vor allem dann, wenn es einmal in die Logik des Kosmos eingetaucht ist. Dass E.T. mit dem Fahrrad durch die Luft fahren würde, ist zwar eine Unmöglichkeit, aber in der Logik des Films wahrscheinlich. Damit wird es akzeptiert.

erzeugen, sind etwa: Wovor hat der Charakter am meisten Angst? Was könnte drohen, wenn er sein Ziel nicht erreicht? Wovor fürchten sich viele Menschen? Warum?

Trauer ist unsere Reaktion auf Verlust. Auch hier kann sich das Gefühl der Charaktere auf den Hörer übertragen. Oder der Tod eines Charakters kann im Hörer Trauer auslösen. Wer das Ende vom zweiten Teil von „S-Town" im Ohr hat, weiß, was ich meine. John nimmt sich das Leben. Hilfreiche Fragen, um Trauer zu erzeugen: Was liegt dem Charakter am Herzen? Für wen empfinden die Hörer Empathie? Warum?

Erleichterung tritt meistens dann ein, wenn etwas geschafft ist oder endlich eintritt. Wer einen ungeliebten Zahnarztbesuch hinter sich gebracht hat, fühlt in aller Regel Erleichterung. Ist eine Angst-besetzte Situation vorüber, dürfen Charakter und Hörer durchatmen. Deswegen helfen hier auch dieselben Fragen wie bei der Emotion Angst.

Freude oder Glück entsteht, wenn etwas unsere Zustimmung findet oder positiv überrascht. Diese Art von Leichtigkeit ist etwas, das mir subjektiv in vielen Audio-Erzählungen immer noch fehlt. Da uns die Themen und Menschen als Autoren wichtig sind, wirken unsere Erzählungen häufig sehr ernst. In der fünften Folge („Route Talk") der ersten „Serial"-Staffel gibt es diese wunderbare Interaktion zwischen Sarah und Dana im Auto. Sarah macht sich gerade Gedanken über den Fall und will mit Dana darüber reden. Dana hat aber offenbar gerade ganz andere Sorgen. Mitten in die sehr klugen, intensiven und reflektierten Gedanken von Sarah platzt sie auf einmal hinein: „There is a shrimp sale at the Crab Crib!" Hunger geht eben vor (auch das zeigt die Maslowsche Bedürfnispyramide!). Hilfreiche Fragen, um etwas Leichtigkeit, Humor und Freude in die Geschichte zu integrieren: Wann habe ich während der Recherche als Autor selbst lachen müssen? Warum? Kann ich diesen Moment in der Geschichte erfahrbar machen?

Je nach Abstufung und Intensität sind noch andere Emotionen denkbar. Natürlich gilt auch hier der Grundsatz: Alle Emotionen müssen ein angemessenes Abbild der Realität darstellen. Es geht nicht darum, künstlich zu emotionalisieren. Aber wer den Blick nicht schärft, wird die Emotionen während der Recherche selbst nicht wahrnehmen, übersehen oder aus anderen Gründen nicht in die Geschichte einbauen. Mir persönlich hilft das Nachdenken über Emotionen an zwei Stellen im Arbeitsprozess: Einerseits beim Gestalten der Geschichte. So überlasse ich es nicht dem Zufall, welche Emotionen vorkommen. Andererseits beim Überarbeiten: Je düsterer und ernster eine Geschichte daherkommt, desto eher sorge ich dafür, dass auch helle Momente und Emotionen auftauchen. Dabei brauchen tiefe Emotionen wie echte Freude oder Trauer ohnehin etwas Zeit, um ihre Kraft zu entfalten. Diese Emotionen werden am Anfang der Geschichte also kaum helfen. Erst, wenn mir ein Charakter richtig ans Herz gewachsen ist, werde ich als Hörer stärkere Emotionen fühlen. Das ist auch meiner Ansicht nach mit ein Grund, warum im aktuellen Journalismus eher auf die „schnellen" Emotionen wie Aufregung, Wut oder Entsetzen gesetzt wird. Tiefe Trauer, Verständnis oder Erleichterung entsteht erst nach einem längeren Prozess der Auseinandersetzung mit etwas.

Emotionen sind das Sogmittel, das Hörer in die Geschichte reinzieht und in ihr hält. Im Idealfall spricht eine Narration beide Systeme an: Kognition und Emotion. Dann bleiben Geschichten besser im Gedächtnis. Und das wollen wir ja. Deswegen gilt: Keine Angst vor Emotionen!

5.9 Klischee plus X

Das Klischee ist eines der größten Probleme, wenn es darum geht, Menschen in Geschichten abzubilden. Einerseits hilft das Klischee, weil meistens ein Körnchen Wahrheit drinsteckt. Die über-fürsorglichen Helikopter-Eltern (die ihre Kinder überall in der Stadt mit einem SUV hinfahren), die total alternativen Hipster (die lieber Flat White als Latte Macchiato trinken, letzterer ist schließlich so was von 2015) oder der etwas nerdige Kollege aus der IT (mit dem Karohemd, das nie ordentlich in der Hose steckt). Andererseits verstellt das Klischee den Blick auf die differenzierte Welt. Wir kennen das Klischee, also wissen wir schon, wie die Welt funktioniert. Die Klischee-Falle. Die amerikanische Radio-Journalistin Celeste Headlee bringt es in ihrem „TED"-Talk „10 ways to have a better conversation" auf den Punkt. Sie moderiert seit Jahren verschiedene Radio-Sendungen. Sie ist eine erfahrene Interviewerin und Gesprächspartnerin. Als sie beim sechsten Punkt angekommen ist, sagt sie: „Don't equate your experience with theirs. (…) It is not the same. It is never the same. All experiences are individual." Jede Erfahrung ist einzigartig und individuell. Für Erzählungen ist dieser Gedanke zentral, weil er uns aus der Klischee-Falle hilft. Aus dem Gefühl: Wir wissen schon, wie jemand tickt und wie sich seine Erfahrungen anfühlen. „Klischee plus X" meint genau das: das Klischee zu brechen oder weiterzuentwickeln. Damit wird einerseits das Sinnvolle des Klischees genutzt, nämlich einen Anknüpfungspunkt für viele Hörer zu bieten. Andererseits wird sichergestellt, dass die Schilderung einzigartig und nicht oberflächlich wird. Eine persönliche Anmerkung: Immer wieder bin ich über den

Zynismus in Redaktions-Debatten überrascht (nein, nicht positiv). Um Geschichten zu erzählen, wird oft noch nach einem Klischee-Fall gesucht: dem armen Bettler, dem hilfsbedürftigen Rolli-Fahrer, dem unterdrückten Bürger, dem Justiz-Opfer, den kämpfenden Eltern usw. Diese Menschen kann es natürlich geben. Aber ihre Darstellung ist häufig sehr klischeebehaftet. Diese Arten von Pseudo-Geschichten können Journalisten fast „kalt" schreiben – also nach immer demselben Schema und ohne wirklich Kontakt zu diesen Menschen aufzubauen. Bemerkenswert ist, dass es häufig genau die Journalisten sind, die solche Arten von klischeebehafteten Beiträgen realisieren, die sich über Storytelling und Narrationen beschweren. Weil diese Art des Erzählens angeblich viel zu formatiert sei und den Blick auf die Wirklichkeit verstellen würde. Ein schönes Beispiel für Ironie. Persönliche Anmerkung Ende.

Dabei können Klischees ja durchaus sinnvoll sein. Sie haben sich als eine Art Ober-Kategorie entwickelt, weil sie die Erfahrungen von vielen Menschen in bestimmten Begriffen zusammenfassen und damit greifbar machen. Die Aufgabe als Reporter ist es aber nun, sich von dieser Kategorisierung zu lösen und Einzigartigkeit erfahrbar zu machen. Dabei kann es zum Beispiel helfen, das Klischee bewusst zu brechen. Dafür ist es notwendig, das Klischee zu erkennen. Erst dann kann ich es verändern. Um das Klischee zu brechen, muss ich als Reporter Nähe zu Personen aufbauen: Ist der Bettler vielleicht gar nicht nur zu bemitleiden (will er das Mitleid vielleicht gar nicht)? Vielleicht verstehe ich auch die Motivation des Bettlers. Gründe und Motive helfen immer, Menschen aus dem Klischee zu lösen und sie als Individuen erfahrbar zu machen. Wir haben schon beim Erzählsatz gesehen, wie wichtig die Motivation ist. Und hier spielt sie auch wieder eine entscheidende Rolle.

Das Klischee kann ein erster Ausgangspunkt sein, aber es ist niemals ausreichend für eine Narration. Wer im Klischee bleibt, wird keine Tiefe erzeugen. Die gute Nachricht: Niemand ist nur Klischee. Jeder ist immer mehr als das. Für diese Art der Differenzierung muss man sich natürlich interessieren.

5.10 Flashback: Mehr als ein Sprung in die Vergangenheit

Der Flashback (auch Analepse oder Rückblende genannt) gehört zu den gefährlichsten und oft missverstandenen Erzähltechniken. Allein der zeitliche Rücksprung (nach dem Motto: „Angefangen hat die Geschichte 20 Jahre zuvor...") ist kein Flashback, sondern eben nur ein Rücksprung. Diese Art des Rücksprungs wird häufig benutzt, zum Beispiel nach einem liebevollen, dynamischen Einstieg in ein Stück. Auf die aushallende Musik (nach sagen wir 90 oder 120 Sekunden) ertönt der Erzähler mit eben diesem Satz: „Angefangen hat alles…" Was folgt ist je nach Format und Sendeplatz eine recht lange Schilderung der Hintergründe und Entstehung des zentralen Themas oder Ereignisses, häufig als Aneinanderreihung von Zahlen, Daten, Fakten (ZDF-Ansatz!). Die Idee hinter diesem Rücksprung: Der Hörer soll doch wissen, wie alles entstanden ist. Diese Informationen sind doch wichtig für das Verständnis – und außerdem habe ich das als Reporter ja wohl hoffentlich nicht alles umsonst recherchiert…

Das große Problem: Die Geschichte wird gebremst und nicht nach vorne erzählt. Es erfolgt ein Rücksprung und sozusagen ein zweiter Anfang (jetzt aber mal von vorne und vernünftig). Der Übergang ist aber ein Bruch, häufig auch akustisch, und das merkt der Hörer. Die Geschichte verliert an Tempo, noch bevor sie eigentlich richtig angefangen hat. Dramaturgisch gesprochen nutzt der Rücksprung der Geschichte nicht. Und formal ist es eben kein Flashback. Es wird ja nicht nach einer gewissen Zeit in die Haupt-Erzählzeit zurückgesprungen.

▶ Der Flashback muss der Geschichte dienen. Durch die Rückblende muss sich das Jetzt verändern. Nur dann kann der Flashback Kraft für die Geschichte entwickeln und dabei helfen, die Geschichte nach vorne zu erzählen.

Ein Beispiel: In der Folge „Gun show" der amerikanischen Podcast-Reihe „More Perfect" vom Oktober 2017 geht es um die Bedeutung des zweiten Zusatzartikels zur Verfassung der USA (Second Amendment). Darin wird geregelt, inwieweit eine Regierung das Recht einschränken darf, Waffen zu tragen. Wie weit dieses Recht gilt und ob Einschränkungen möglich sind, darüber streiten Juristen immer wieder. Dieser Streit steht im Zentrum der „More Perfect"-Folge. In der Erzählung geht es auch um die Geschichte der „National Rifle Association" (NRA), der wichtigsten Waffenlobby in den USA. Unter anderem geht es um eine Mitgliederversammlung 1977 in Cincinnati, Ohio. Es ist eine entscheidende Versammlung für die Ausrichtung der NRA. Als Hörer sind wir mitten drin in der Geschichte, eine knappe halbe Stunde ist vorbei (das Gesamtstück dauert etwa 70 Minuten). Der O-Ton zur Eröffnung der Veranstaltung wird gespielt und nudelt aus. Daraufhin sagt der Reporter: `Prior to this big meeting…` Es handelt sich also um eine sofort erkennbare Rückblende. Daraufhin wird in knappen Sätzen und Tönen erzählt, wie eine kleine Mitglieder-Gruppe vorher geheime Treffen durchgeführt hat. Diese Gruppe nennt sich selbst „Federation for NRA". Ihr Ziel: Die Übernahme der NRA. Die Rückblende endet mit dem Satz des Reporters: `And this tiny group was planing a coup…` Daraufhin wird der O-Ton zur Eröffnung der Jahresversammlung weitergespielt. Wir sind wieder im Jetzt. Nach etwa 45 Sekunden Flashback. Als Hörer weiß ich nun um die Spannungen im Saal – vielleicht sogar mehr als manche Personen damals. Nun frage ich mich: Was genau plant diese Gruppe? Und wie will sie ihr Ziel erreichen? Der Flashback ist also benutzt worden, um Spannung aufzubauen. Er dient der Geschichte, die weiter nach vorne erzählt wird. Das ist gutes Handwerk!

5.11 Der letzte (Ab-)Satz: All things considered

Stephen Hawking ist tot. Er starb am 14. März 2018 in Cambridge. Als das „Zeit-Zeichen" über ihn im Januar 2017 ausgestrahlt wurde, wurde er gerade 75 Jahre alt. Es endet mit folgender Erzähler-Passage: „Ein Leben lang hat Stephen Hawking das Universum erforscht, Raum und Zeit. Ob er Zeitreisen für möglich hält, wird er oft gefragt. Darauf würde er keine Wette eingehen, hat Hawking mal geschrieben. Denn der andere könnte ja den Vorteil haben, die Zukunft zu kennen." Diese Anekdote verbindet die beiden zentralen Elemente der Geschichte – die Person Stephen Hawking und seine Forschungsarbeit. Dabei offenbart sie den Humor, der Stephen Hawking zu eigen war. Möglicherweise braucht man einen Moment, um die Pointe zu verstehen. Deshalb bildet die Anekdote auch das Ende – sie darf nachklingen. Wenn der Hörer jetzt noch nachdenkt, verpasst er nichts. Musiküberhang, Aushall und Absage geben außerdem ein wenig Platz, um nachzudenken und nachzuspüren.

Der letzte Satz bzw. Absatz kann mehrere Funktionen erfüllen. Egal, ob er aus einem Erzähler-Satz, O-Ton, Zitat oder einem anderen Element besteht. Folgende Aspekte können ein paar Ideen liefern:

1. Ein würdiges Ende: Der letzte Absatz sollte in Tonfall und Gedanke den Charakter der Geschichte abbilden. Die Geschichte ist vorbei, die Helden kehren nach Hause zurück und wissen das eigene Heim noch mehr zu schätzen als zuvor. Auch deswegen sagt Samwise Gamgee im „Herr der Ringe" diesen letzten Satz: „Well, I'm back!"[80]

---

80 J.R.R. Tolkien: The Lord of the Rings (London: Harper Collins Publisher, 1991), S. 1069.

5.11 Der letzte (Ab-)Satz

2. Ein Abbild der Geschichte: Der letzte Absatz liefert die Sentenz oder dekliniert die größere Idee aus, die in der Geschichte angelegt ist. Das „ZeitZeichen" über das Milgram-Experiment endet mit folgender Sequenz:

O-Ton	(Eichmann-Prozess, 13.12.1961, Schlusswort Adolf Eichmann) Meine Schuld ist mein Gehorsam. Die Führerschicht, zu der ich nicht gehörte, hat die Befehle gegeben. Sie hat meines Erachtens mit Recht Strafe verdient. Für die Gräuel, die auf ihren Befehl (hin) an den Opfern begangen wurden. Aber auch die Untergebenen sind jetzt Opfer. Ich bin ein solches Opfer.
Autor	Die Richter folgten den Argumenten des Angeklagten nicht: Adolf Eichmann wurde 1962 hingerichtet. War er von seinen eigenen Behauptungen überzeugt? Das Milgram Experiment hat gezeigt: Gehorsam ist ein Teil von uns. Doch das ist keine Entschuldigung.

3. Finale Antworten. Sei es auf die zentrale Herausforderung der Geschichte oder die noch offenen Fragen des Helden. Dazu lohnt ein Blick auf das Ende der ersten Staffel von „Serial". Sarah Koenig erlaubt sich einen relativ langen letzten Absatz, der nach der umfangreichen Staffel aber sehr gerechtfertigt ist. Sie wirft die Fragen der Serie noch einmal auf.
Erstens: Können wir beweisen, dass Adnan der Täter ist? Diese Frage hat auch die Hörer umgetrieben: War er es oder war er es nicht? „But let's put another file next to that one, side by side. In that second file let's put all the other evidence we have linking Adnan to the actual crime, the actual killing. What do we have? What do we know? Not what do we think we know, what do we know? If the call log does not back up Jay's story, if the Nisha call is no longer set in stone, then think about it. What have we got for that file? All we're left with is, Jay knew where the car was. That's it. That all by itself, that is not a story. It's a beginning, but it's not a story. It's not enough, to me, to send anyone to prison for life, never mind a seventeen-year-old kid. Because you, me, the State of Maryland, based on the information we have before us, I don't believe any of us can say what really happened to Hae."
Zweitens: Sollte das Urteil gegen Adnan Bestand haben? Es ist die legale Frage: War es möglicherweise ein Fehlurteil? „As a juror I vote to acquit Adnan Syed. I have to acquit. Even if in my heart of

hearts I think Adnan killed Hae, I still have to acquit. That's what the law requires of jurors."
Drittens: Glaubt Sarah, dass Adnan es getan hat? Sie ist die Protagonistin, sie ist uns ans Herz gewachsen. Wir wollen wissen, was sie denkt. „But I'm not a juror, so just as a human being walking down the street next week, what do I think? If you ask me to swear that Adnan Syed is innocent, I couldn't do it. I nurse doubt. I don't like that I do, but I do. I mean most of the time I think he didn't do it. For big reasons, like the utter lack of evidence but also small reasons, things he said to me just off the cuff or moments when he's cried on the phone and tried to stifle it so I wouldn't hear. Just the bare fact of why on earth would a guilty man agree to let me do this story, unless he was cocky to the point of delusion. I used to think that when Adnan's friends told me 'I can't say for sure if he's innocent, but the guy I knew, there's no way he could have done this.' I used to think that was a cop out, a way to avoid asking yourself uncomfortable, disloyal, disheartening questions. But I think I'm there now too. Not for lack of asking myself those hard questions, but because as much as I want to be sure, I am not."
Viertens: Was hat uns die umfangreiche Recherche gelehrt? Ganz zum Schluss öffnet Sarah Koenig die Debatte noch einmal. Damit stellt sie einen größeren Kontext her und gibt dem Ganzen auch ein Ende-Gefühl. „When Rabia first told me about Adnan's case, certainty, one way or the other seemed so attainable. We just needed to get the right documents, spend enough time, talk to the right people, find his alibi. Then I did find Asia, and she was real and she remembered and we all thought 'how hard could this possibly be? We just have to keep going.' Now, more than a year later, I feel like shaking everyone by the shoulders like an aggravated cop. Don't tell me Adnan's a nice guy, don't tell me Jay was scared, don't tell me who might have made some five second phone call. Just tell me the facts ma'am, because we didn't have them fifteen years ago and we

still don't have them now."[81] Und es kommt, wie wir vielleicht befürchtet haben. Ein offenes Ende. Das Leben ist nicht eindeutig, so sehr wir uns Klarheit auch wünschen. Damit müssen wir leben.
4. Eine eigene Pointe oder Anekdote, die bislang nicht vorgekommen ist. Sie zeigt beispielhaft noch einmal, was die Geschichte und den Protagonisten auszeichnet. Wie eben das Ende vom „ZeitZeichen" über Stephen Hawking.
5. Und dann gibt es da noch den Knalleffekt am Ende. Die letzte Information oder Szene, die das Ganze noch einmal in einem etwas anderen Licht erscheinen lässt, die Geschichte ein wenig verschiebt. Eine relevante Information – eine letzte offene Frage, die noch beantwortet wird. Die „Anhalter"-Serie endet so und liefert damit die Antwort auf eine der letzten großen Fragen: Hat Heinrich heute noch Familie? Die letzte Pointe ist in den Abspann eingewoben:

Sven	Nicht ganz. Denn es gibt da noch jemanden, Heinrich, der dich gerne kennen lernen würde.
Ansagerin	Redaktion: Leslie Rosin.
Sven	Den wir in Herne gefunden haben.
O-Ton	(Petra, Wohnung) Hallo Heinrich. Hier ist deine Nichte Petra. Wenn du Lust hast, würde ich dir gerne mal schreiben oder wir können uns dann eventuell auch mal sehen, wenn du mich kennenlernen möchtest.
Ansagerin	Eine Hörweiten-Produktion im Auftrag des Westdeutschen Rundfunks 2016.

Welcher Absatz und letzte Satz gewählt wird, hängt mit dem Stoff und dem Tonfall der Geschichte zusammen. Dabei kommt es nicht darauf an, dass der letzte Absatz und erst recht der allerletzte Satz stilistisch besonders kunstvoll oder komplex gebaut sind. Der Schluss entwickelt seine Kraft aus dem Inhalt, kaum aus der Form. Als Autor hilft es, beim letzten Absatz über die eigentliche Geschichte hinauszudenken. Welche größere Idee sollte das Stück zeigen, belegen, erläutern? Wer diese Gedanken zum Abschluss noch einmal darlegt und auskliniert, hat fast immer ein handwerklich sauberes Ende und ist sicher, dass seine Geschichte nicht einfach abrupt vorbei ist. Häufig lieben wir Geschichten, die uns noch einen Moment des Nachfühlens ermöglichen. Dadurch erzeugt eine Erzählung emotionale Tiefe. Die vierte Staffel von „The Bridge" (die skandinavische Produktion mit Sofia Helin als Saga Norén in der Hauptrolle) endet zum Beispiel mit einem Satz, der auf geniale Art und Weise die TV-Serie zu einem sauberen Ende führt und den Zuschauer

---

81 Alle Zitate zitiert nach: https://genius.com/Serial-podcast-episode-12-what-we-know-annotated

mit einem Moment des wohlwollenden Nachfühlens zurücklässt. Außerdem ist es ein Satz, der nur aus zwei Wörtern besteht und ausschließlich in dem Kosmos der Serie Sinn ergibt. Damit entfaltet er besondere Kraft. Wer diesen Effekt am Ende der Serie spüren möchte, sollte einfach alle vier Staffeln schauen – es lohnt sich!

5.12 Stärken des Mediums ausspielen: Mut zur Intimität

Am Ende von „Serial" wollte ich mit Sarah Koenig befreundet sein. Nein, das stimmt nicht ganz: Während ich noch mitten in der Geschichte drinsteckte, wollte ich schon mit Sarah Koenig befreundet sein. Mit dieser humorvollen, selbstreflektierten, achtsamen Reporterin, die sensibel, fair, akribisch und manchmal auch unnachgiebig recherchiert. Und ich weiß: Mit diesem Gefühl bin ich nicht allein. Und es geht nicht nur Journalisten so. Koenig nutzt neben vielen anderen Techniken drei große Stärken des Mediums Audio besonders:

1. Intimität. Wem das Wort zu intim ist, der kann es mit Nähe ersetzen. Wem Nähe zu nah ist, sollte vielleicht ein anderes Medium ausprobieren. Intimität spielt sich mindestens auf drei Ebenen ab. Erstens eher produktionstechnisch. Aufnahmegeräte sind mittlerweile so klein, dass sie bei richtiger Handhabe die Aufnahme-Situation kaum noch stören. Die Chance darauf, dass Menschen sich öffnen, unbeobachtet fühlen und tiefe Einblicke zulassen, ist damit eher größer als zum Beispiel bei Video- oder Foto-Kameras.
Zweitens: beziehungstechnisch nach innen. Was ich damit meine: Audio ist dann besonders stark, wenn es um kleine Personengruppen geht. Zwei oder drei Menschen in einer Situation oder Debatte sind gut abzubilden. Schwächen hat das Medium eher bei Massen-Szenen oder einem komplexen Ensemble-Stück. Man stelle sich die „Netflix"-Dokumentation „Making a murderer" als Audio vor. Ohne Bilder müssten wir als Hörer dort eine Menge Aufmerksamkeit investieren. Wo sind wir jetzt genau? Wer war das nochmal? Und in welchem Verhältnis steht er oder sie zu den anderen? Die Bilder helfen hier einfach. Außerdem braucht eine akustische Narration mit zu vielen Orten und Personen immer wieder viel Erklärungen, Überleitungen usw. Das nimmt Tempo aus einer Geschichte. Audio ist gut, wenn es um die Beziehung zwischen wenigen geht – dafür dürfen die dann besonders intensiv sein.
Drittens: beziehungstechnisch nach außen. Das ist der Klassiker: Die Stimme der Erzählung geht direkt ins Ohr der Hörer – und zwar häufig genug per Kopfhörer. Der ganze Lärm und die anderen Menschen um uns rum, zum Beispiel in der

Straßenbahn auf dem Weg zur Arbeit, werden unwichtig. So viel mediale Nähe ist selten. Und zeigt direkt eine weitere Stärke auf.
2. Die Persönlichkeit des Erzählers. Ein Reporter, der sich zumindest mit einem authentischen Teil seiner Persönlichkeit zu erkennen gibt, trägt die Geschichte. Das ist eben auch mit ein Grund dafür, warum „Serial" so viele Menschen begeistert hat. Sarah Koenig wird als Person erkennbar. Sie lässt uns teilhaben an ihren Gedanken und Reflektionen – und damit an ihrem Erkenntnisprozess. Das bindet den Hörer an sie. Dabei teilt uns Sarah Koenig in diesen Passagen nicht nur das Ergebnis ihres Nachdenkens mit, sondern lässt uns an ihrem Erkenntnis-Prozess teilhaben. Damit bleibt sie stets transparent und glaubwürdig. In Deutschland nutzen wir diese Möglichkeit noch nicht voll aus. Neuere Formate und Entwicklungen setzen eher auf diesen anglo-amerikanischen Ansatz, den Reporter als Erzähler zu nutzen. Podcaster kennen das ohnehin schon lange! Auf dem deutschen Radio-Markt geschieht das aber immer noch vor allem bei aktuellen Berichten, kürzeren Beiträgen und natürlich Kollegen-Gesprächen. Dabei wird ein anderes Problem deutlich: Es ist eine große Kunst, als Reporter eine Geschichte zu erzählen, nicht abzulesen, nicht dampfzuplaudern, sondern wirklich zu erzählen. Eine Kunst, die hierzulande kaum geschult und praktiziert wird. Weder das unsichere Ablesen noch der-alles-überbetonende-ständig-unter-Druck-stehende-Korrespondentensprech helfen hier weiter. Die beiden britischen Autoren Claire Grove und Stephen Wyatt fassen das in ihrem Lehrbuch so zusammen: „There is no need to shout or lecture."[82] Seine Erzählstimme zu finden und zu professionalisieren ist harte Arbeit, die man dem Produkt aber später nicht mehr anhört.
3. Loslösen von Zeit und Raum. Auch ein Klassiker. Sarah Koenig nimmt uns überall mit hin: Zu Gerichtsprozessen der Vergangenheit, zum Besuch bei Jay, zum Fundort von Haes Leiche in Leakin Park (einem öffentlichen Park in Baltimore) oder eben in ihre ganz persönliche Gedankenwelt. In akustischen Erzählungen können wir als Hörer den Gedanken des Erzählers oder der Charaktere überallhin folgen, es gibt keine Limits. Binnen weniger Augenblicke können wir so zwischen Gedanken, Orten und verschiedenen Zeiten wechseln. Wir werden in den Bewusstseinsstrom (den „Stream of Consciousness") der Geschichte gesogen. Diese Technik findet sich immer wieder zum Beispiel in Romanen wie etwa „Ulysses" von James Joyce, etwa beim inneren Monolog einer Figur, deren scheinbar zufällig aufeinanderfolgenden Gedanken wir als Leser folgen. Für akustische Narrationen hat der Reporter und Autor Walter Filz immer

---

82 Claire Grove / Stephen Wyatt: So you want to write Radio Drama? (London: Nock Hern Books, 2013), S. 28.

wieder zu dieser Technik gegriffen, die uns scheinbar assoziativ durch seine Erzählungen leitet. Zum Beispiel im Hörspiel „Pitcher" (WDR 2000), in dem ein gealterte Sprecher (gespielt von Joachim Kerzel) zu einem Stimm-Doktor, dem „Pitcher", geschickt wird. Der „Pitcher" soll angeblich Nasen operieren, um Stimmen höher und damit wieder jünger klingen zu lassen. Filz nutzt die assoziative Technik aber auch bei realen Stoffen, wie in seinem Feature „Zur Ästhetisierung des Katzenfutters im ausgehenden 20. Jahrhundert" (WDR 1991), in dem er sich Katzenfutter-Werbung vornimmt.

Um eine gute Geschichte zu erzählen, hilft es, sich immer wieder zu verdeutlichen, was die akustischen Stärken sind. Sie können uns den Weg weisen: zur Geschichte, zum Kern einer Szene und zum Innersten einer Person.

5.13 Checkliste: Spannungstechniken

Dynamisches Erzählen fragt: Wie kann ich als Autor dafür sorgen, dass der Hörer unbedingt wissen will, was als nächstes passiert? Wie erzeuge ich Spannung? Ganz einfach: Fulminant anfangen und dann langsam steigern! Dabei sollen die verschiedenen Spannungstechniken helfen. Wie immer gilt dabei bei realen Geschichten: Nicht immer werden alle Techniken nutzbar oder angebracht sein. Die Geschichte soll ein angemessenes Abbild der Realität liefern. Aber folgende Fragen können dabei helfen, Spannungs-Elemente zu erkennen und zu formen:

Checkliste Spannungstechniken
- Welche Fragen kann ich im Hörer verankern und noch nicht sofort beantworten?
  Technik: Hörer beteiligen.
- Welche starke Szene kann ich hörbar machen?
  Technik: Live-Gefühl erzeugen (show, not tell!).
- Welche Szene strahlt Aktion aus? Eignet sie sich für den Einstieg?
  Technik: In die Geschichte reinziehen.
- Gibt es einen besonderen Moment? Wo kann ich den nutzen? Wie kann ich ihn erfahrbar machen?
  Technik: Spiel mit dem Tempo.

- Wann hat mich als Autor selbst etwas während der Recherche überrascht? Ist die Überraschung stark? Hat sie meinen Blick auf die Geschichte verändert?
Techniken: Liste der Enthüllungen / Erwartungs-Management.
- Bin ich während der Arbeit an dem Stück selbst berührt, traurig, humorvoll oder wütend? Warum? Kann ich diese Emotionen auch im Hörer erzeugen? Dient das meiner Geschichte?
Technik: Emotions-Arbeit.
- Wie kann ich Charaktere lebhafter gestalten? Haben sie eine besondere Facette?
Technik: Klischee + X.
- Erklärt ein Ereignis in der Vergangenheit das Verhalten eines Menschen im Jetzt?
Technik: Flashback.
- Welche Szene oder Anekdote steht pars pro toto? Ist das ein mögliches Ende?
Technik: Der letzte (Ab-)Satz.

Die Fragen sollen während Recherche, Schreiben und Überarbeiten dabei helfen, Spannungs-Möglichkeiten zu identifizieren. Nur dann kann ich sie als Autor auch nutzen. Dabei muss jede Technik der Geschichte dienen. Nicht alle Techniken sind dabei gleich wichtig. Zentral ist immer wieder das Gefühl, das beim Hörer erzeugt werden soll: Er taucht ein in eine spannende Geschichte. Eine Geschichte ist ein Erlebnis. Zentral für dieses Erlebnis sind die einzelnen Szenen. Und weil sie so wichtig sind, bekommen sie ein eigenes Kapitel, das nächste.

Weiterführende Literatur

Jessica Abel: Out on the wire (New York: Broadway Books, 2015).
John Biewen & Alexa Dilworth: Reality Radio (Durham: The University of North Carolina Press, 2. Aufl., 2017).
Jon Franklin: Writing for Story (New York: Plume, 1994).
Claire Grove / Stephen Wyatt: So you want to write Radio Drama? (London: Nock Hern Books, 2013).
Karl Iglesias: Writing for emotional impact (Livermore: Wing Span Press, 2005).
Robert McKee: Story (Berlin: Alexander Verlag, 9. Aufl., 2014).
Julia Shaw: Das trügerische Gedächtnis (München: Carl Hanser, 2016).
John Truby: The Anatomy of Story (New York: Farrar, Straus and Giroux, 2007).
John Yorke: Into the Woods. How stories work and why we tell them (UK: Penguin Books, 2014).

Weiterführende Links

Feature „Papa, wir sind in Syrien": http://www1.wdr.de/radio/wdr5/sendungen/dok5/papa-wir-sind-in-syrien-102.html

„ZeitZeichen" über Johannes Bischko: https://www1.wdr.de/mediathek/audio/zeitzeichen/audio-johannes-bischko-pionier-der-akupunktur-geburtstag--102.html

„ZeitZeichen" über Stephen Hawking: https://www1.wdr.de/radio/wdr5/sendungen/zeitzeichen/stephen-hawking-physiker-100.html

Video: „Gabrielle Douglas: Raising an Olympian": https://www.youtube.com/watch?v=H2L5F4ltyGw

Podcast „S-Town": https://stownpodcast.org/

„Radiolab"-Geschichte „On the Edge" über Surya Bonaly: http://www.radiolab.org/story/edge/

Homepage von Storytelling-Coach Uwe Walter: http://www.waltermedia.de/

TED-Talk von Celeste Headlee: https://www.ted.com/talks/celeste_headlee_10_ways_to_have_a_better_conversation

„More Perfect"-Folge „The Gun Show": https://www.wnycstudios.org/story/radiolab-presents-more-perfect-gun-show/

„ZeitZeichen" über den letzten Start der Raumfähre „Columbia": https://www1.wdr.de/mediathek/audio/zeitzeichen/audio-raumfaehre-columbia-letzter-start-am--100.html

Skript „Serial" (zwölfte Folge, erste Staffel): https://genius.com/Serial-podcast-episode-12-what-we-know-annotated

Szenisch erzählen 6

Zusammenfassung

Szenen sind das Rückgrat jeder Geschichte. Sie formen den Plot und sorgen dafür, dass Hörer der Geschichte folgen. Szenen fesseln, treiben die Handlung voran und liefern so das Hör-Erlebnis. Jede Szene ist eine Mini-Story. Sie enthüllt im Idealfall neue Charakterzüge der Figuren. Audio-Szenen leben maßgeblich von Aktion, Konflikt, Dialog und Subtext. Für den Audio-Reporter bedeutet das: Die Art zu denken, zu arbeiten und zu erzählen unterscheidet sich deutlich von anderen journalistischen Produkten. Eine der größten Herausforderungen ist es, die passenden O-Töne einzuholen. Dieses Kapitel zeigt, wie das gelingen kann, was genau gute Szenen ausmacht und welche unterschiedlichen Arten von Szenen es gibt.

Schlüsselwörter

Reale und rekonstruierte Szenen, Szenen-Satz, Story-Kosmos, Charaktere szenisch gestalten, szenengetreue O-Töne, Story-Töne, Subtext, falsche Reportage, Botensätze

6.1 Szenen machen Realität erfahrbar

Ganz am Ende kann sich Heinrich nicht mehr wehren. Die Stunde der Wahrheit ist gekommen. Es ist der fünfte und letzte Teil unserer Doku-Serie „Der Anhalter".

O-Ton	(Sven Preger, Besprechungszimmer Erlacher Höhe) Das heißt, Sie haben geraten: Du musst denen eigentlich reinen Wein einschenken?!
O-Ton	(Wilfried Karrer, Besprechungszimmer EH) Hosen runterlassen, bis unter die Knöchel.
Sven	Wir sitzen mit Heinrich und dem Karrer nach der Klavier-Stunde beim Kaffee. Was sonst. Heinrich war noch kurz eine rauchen. Was sonst.
O-Ton	(Stephan Beuting, Besprechungszimmer EH) Heinrich, während du weg warst, haben wir gerade das Thema Krankheiten angesprochen.
O-Ton	(Sven Preger, Besprechungszimmer EH) Und da war ja die Sache, wie wir dich eigentlich getroffen haben. Weil wir dieselbe Erfahrung gemacht haben, beide am Kölner Verteilerkreis, ein Jahr auseinander. Du hast uns ja auch angesprochen. Und hast uns beiden, wissen wir, haben wir abgeglichen, auch den Satz gesagt: Hier Gehirntumor, und das sei auch ein Grund mit, nach Zürich zu gehen. Weil das ein Gehirntumor sei. Und dann ist man sehr angefasst, weiß ich auch: Oh, mein Gott, wie schlecht geht's dir?!
O-Ton	(Stephan Beuting, Besprechungszimmer EH) Ein Mann auf seiner letzten Reise. Kann ich ihm da nicht noch helfen?
O-Ton	(Sven Preger, Besprechungszimmer EH) Will ich ihm das verwehren? Und da habe ich zu Hause so gedacht: Gehirntumor? Da ist doch eine Schädeldecke dazwischen. Weiß ich nicht, ob das ein Gehirntumor ist. Und dann habe ich mal so bei der Hautärztin nachgefragt...
O-Ton	(Heinrich Kurzrock, Besprechungszimmer EH) Ne Grützbeule.
O-Ton	(Sven Preger, Besprechungszimmer EH) Was ist das?
O-Ton	(Heinrich Kurzrock und Wilfried Karrer zusammen, Besprechungszimmer EH) Ne Grützbeule.
O-Ton	(Sven Preger, Besprechungszimmer EH) Und das weißt du!
O-Ton	(Wilfried Karrer, Besprechungszimmer EH) Natürlich weiß er das.
O-Ton	(Heinrich Kurzrock, Besprechungszimmer EH) Moment, Moment.
O-Ton	(Wilfried Karrer, Besprechungszimmer EH) Wir haben darüber massiv gestritten.
O-Ton	(Heinrich Kurzrock, Besprechungszimmer EH) (Lacht) Dass ich den Namen Hirntumor da eingesetzt habe, hat ja ne andere... Viele haben mir, wenn ich gesagt habe: Das ist eine Grützbeule. Ja, was ist eine Grützbeule? Stehe ich da und weiß nicht, was es ist. Also, dann fing ja vor vielen Jahren das Phänomen Krebs an. Magenkrebs, Knochenkrebs, dann habe ich einfach gesagt: Knochenkrebs, Hirntumor. Hat er geschluckt, der Fall war erledigt. Ende. Mit ein oder zwei Wörtern. (Klopft mit der Hand auf den Tisch.) Aber wenn ich jetzt sage: Grützbeule, und ich weiß noch nicht mal, was genau eine Grützbeule ist, wie sie entstanden ist, weiß ich alles nicht.
O-Ton	(Wilfried Karrer, Besprechungszimmer EH) Das ist jetzt die Kurzrock-Raffinesse. Er weiß es genau.
O-Ton	(Heinrich Kurzrock, Besprechungszimmer EH) (lacht).

> O-Ton (Wilfried Karrer, Besprechungszimmer EH) Er weiß es genau, dass es sich um eine relativ leicht zu reparierende Hauterkrankung handelt. Aber der Marktwert für eine Tumorerkrankung (Heinrich versucht, zu unterbrechen. Und lacht.) ist deutlich höher. Und dieses System, zu gucken, wie kann ich mich am besten vermarkten, mit meiner Entstellung, das hat er perfektioniert.

Es ist eine der kraftvollsten Szenen im „Anhalter". Die Hörer sitzen mit am Tisch, sie bekommen alle emotionalen Regungen mit. Die Szene kommt ohne Text aus dem Off aus – bis auf eine kurze Passage am Anfang, um das Setting zu etablieren. Die Hörer erleben die Szene so hautnah mit. Das funktioniert, weil alle vier Personen eindeutige, aber unterschiedliche Ziele haben:

- Wilfried Karrer als Sozialdiakon der Erlacher Höhe möchte, dass Heinrich den beiden Journalisten, also uns, endlich die Wahrheit erzählt. Seine Motivation erahnen wir: Er glaubt, dass es für Heinrich ein wichtiger Schritt ist, Personen so weit zu vertrauen, dass er ihnen die Wahrheit erzählen kann. Dass Heinrich aus seinem Lügengebilde herauskommt und wieder echte menschliche Beziehungen aufbauen kann.
- Heinrich Kurzrock hingegen will genau das am liebsten nicht. Er will nicht, dass seine Lügengeschichten auffliegen. Auch seine Motivation ahnen wir: Er hat Angst, dass die Wahrheit dazu führt, dass er den Kontakt zu uns verliert. Dass Fehler verziehen werden, hat er nie erlebt. Außerdem kann er aus seinem jahrzehntelang erlernten Verhaltensmuster nicht ausbrechen.
- Wir (hier sind Stephan und ich eher als Einheit zu sehen) wollen die Wahrheit herausfinden. Die Szene geht noch etwas weiter – dann werden unsere unterschiedlichen Ziele deutlicher. Stephan möchte eher verstehen, wie Heinrich sich dabei gefühlt hat, ständig zu lügen. Ich hingegen will wissen: Hat er auch mich persönlich angelogen?

> Sven Heinrich hat keinen Knochenkrebs. Knochenschwund, ja. Dafür braucht er aber noch nicht einmal die Krücke. Das mit dem Laufen klappt auch so noch ganz gut, wenn Heinrich will. Aber die Krücke nutzt seiner Geschichte natürlich. Das haben wir selbst erfahren.
> O-Ton (Sven Preger, Besprechungszimmer EH) Ich habe dich zum Bonner Hauptbahnhof damals gebracht. Ich habe dir ein Zugticket gekauft nach Zürich, mit dem nächsten ICE. Der Bahnhofsmission noch Bescheid gesagt, dass die dich in den Zug setzt, und dir, glaube ich, damals 30 oder 50 € noch in die Hand gedrückt.
> O-Ton (Heinrich Kurzrock, Besprechungszimmer EH) Und in Mannheim bin ich ausgestiegen.
> O-Ton (Sven Preger, Besprechungszimmer EH) Wo bist du ausgestiegen?

O-Ton	(Heinrich Kurzrock, Besprechungszimmer EH) In Mannheim.
O-Ton	(Sven Preger, Besprechungszimmer EH) In Mannheim bist du ausgestiegen? Das weißt du noch?
O-Ton	(Heinrich Kurzrock, Besprechungszimmer EH) Ja.
Sven	Hätten wir das auch geklärt. Heinrich hat uns schon ganz richtig eingeschätzt. Von Anfang an. Er hat geahnt, dass wir ihn vielleicht nicht nur ein Stück auf der Autobahn mitnehmen, sondern ihm auch einen seiner größten Wünsche erfüllen können. Seine Geschichte zu erzählen. Wenn auch vielleicht etwas näher an der Wahrheit als er gedacht hat.

Musik: Freundliche Gitarre.

Sven	Schwester Cäcilie hält Wort. Das Geld kommt ein paar Wochen später. Und Heinrich investiert: in einen CD-Spieler, ein paar Klassik-CDs und natürlich Kaffee und Tabak. Als wir ein paar Wochen später telefonieren, sind nur noch ein paar Euro übrig.

Heinrich hustet.

Sven	Sagt er.

Musik hallt aus.

O-Ton	(Stephan Beuting, Besprechungszimmer EH) Hast du mal an irgendeinem Punkt so was gespürt wie, nennen wir es, schlechtes Gewissen?
O-Ton	(Heinrich Kurzrock, Besprechungszimmer EH) Ich glaub', wenn überhaupt, dann nur ganz am Anfang. So, in den siebziger Jahren irgendwann. Aber seitdem nicht mehr (lacht).

Was diese kurze Analyse zeigt: Die Ziele der zentralen Personen (Heinrich und uns) sind genau entgegengesetzt. Daraus ergeben sich eine Reihe von Fragen: Wer wird sich durchsetzen? Welche Strategien werden angewandt? Und wie sieht die Beziehung der Figuren am Ende der Szene aus? Aus all diesen Fragen generiert sich die Spannung der Szene. Auf einer abstrakteren Ebene kann man daher auch definieren:

▶ Szenen sind Situationen, in denen jemand etwas will, aber auf Widerstände stößt.

Möglicherweise kommt Ihnen das bekannt vor. Ja, tatsächlich ähneln sich die Definition von Szene und Narration. Drei wesentliche Elemente des Erzählsatzes finden sich deshalb in der Definition einer Szene wieder: Die handelnde Person, das Ziel und die Widerstände. Einzig die Motivation fehlt. Das heißt nicht, dass sie nicht vorhanden ist. Es gibt auch genug Szenen, in denen die Motivation eine große Rolle spielt bzw. deutlich ist oder wird. Manchmal ist gerade die Frage danach für den Hörer („Warum handelt er oder sie denn gerade so?") genau das Spannungs-Element. Das bedeutet: Allein die bloße Beschreibung von Realität („Da sitzt jemand, der so und so aussieht...") ist vielleicht eine Situation, aber eben noch keine Szene.

6.1 Szenen machen Realität erfahrbar

Analog zum Erzählsatz für die ganze Geschichte lässt sich also für alle Szenen in einer Geschichte ein Szenen-Satz bilden, in dem oberen Fall könnte dieser lauten: Die Reporter (sie sind hier die handelnden Protagonisten) wollen endlich die Wahrheit über Heinrichs Gesundheitszustand erfahren (ihr Ziel). Doch Heinrich wehrt sich mit verschiedenen Strategien wie Ablenkung, Ausflüchte etc. (die Hindernisse). Sozialdiakon Wilfried Karrer unterstützt die Reporter, stellt aber gleichzeitig sicher, dass Heinrich fair behandelt wird. In Abänderung zum Erzählsatz hilft es mir persönlich häufig, wenn ich das Ziel der Protagonisten in einer Szene nicht als Absicht formuliere, sondern als Beschreibung dessen, was in der Szene tatsächlich passiert. Dadurch zwinge ich mich selbst, die Aktion der Szene mit aktiven Handlungs-Verben auszudrücken. Dabei kann ich überprüfen, ob die Szene auch wirklich Handlung enthält – und welche das ist. Am obrigen Beispiel veranschaulicht lautet der Szenen-Satz dann: Die Reporter drängen Heinrich, ihnen endlich die Wahrheit über seinen Gesundheitszustand zu erzählen. Doch Heinrich wehrt sich.

In Bezug auf die handelnden Personen in dem o. g. Beispiel ist aber noch etwas anderes entscheidend: Alle handeln mit Maximalkapazität (vgl. hierzu Kapitel 4.2). Was damit gemeint ist: Die vier handelnden Figuren agieren nicht einfach irgendwie, sondern so gut es ihnen gerade möglich ist. Das gilt für Heinrichs Ablenkungs- und Verteidigungs-Strategien genauso wie für unser Bemühen, die Wahrheit herauszufinden, und Wilfried Karrers Vermittlungs-Arbeit. In diesem Fall ist es für Reporter und Hörer gleichermaßen ein Glücksfall. Die Szene entfaltet sich genau in dem Moment, in dem die Reporter dabei sind. Dadurch sind Aufnahmen möglich, die dem Hörer später das Gefühl vermitteln, mit am Tisch zu sitzen. Das ist natürlich nicht immer der Fall. Bei Ereignissen, die in der Vergangenheit liegen, kann niemand mehr live dabei sein. Aber trotzdem ist es möglich, dieses Gefühl für den Hörer zu erzeugen.

Für nicht-fiktionale Erzählungen unterscheide ich deshalb zwei Typen von Szenen:

- Reale Szenen (aus erster Hand): Das sind Szenen, bei denen der Reporter anwesend ist. Er kann Aufnahmen machen und gewinnt einen eigenen Eindruck. Im besten Fall arbeiten wir als Reporter ausschließlich mit dieser Art von Szenen. Das stellt uns allerdings vor die Herausforderung, in diesen Momenten immer anwesend zu sein. Dabei sollte die Tatsache, dass wir als Reporter Aufnahmen machen, die Situation nicht oder nicht zu stark verändern. Das ist ohne viel Vertrauensarbeit vorher wohl nur selten möglich. Wie stark wir als Reporter die Situation verändern und wie weit wir das in der Narration transparent machen, ist eine wichtige ethische Frage (vgl. zur Debatte um Nähe und Distanz auch Kapitel 9.4, zur Debatte um das journalistische Gonzo-Ego Kapitel 9.5).

- Rekonstruierte Szenen (aus zweiter Hand): Das sind Szenen, die wir aus anderen Quellen zusammenbauen müssen. Das trifft auf alle Ereignisse zu, die in der Vergangenheit liegen. Das können am ehesten Erinnerungen und Augenzeugenberichte sein, aber auch Bücher oder Dokumente. Das große Problem dabei: Der Wahrheitsgehalt lässt sich nicht immer überprüfen. Wie gut sind die Erinnerungen von Personen? Wie sehr verändern sie die Geschichte, weil sie vielleicht in besserem Licht dastehen wollen? Gibt es andere und am besten unabhängige Quellen, die eine Überprüfung zulassen? Ist das noch journalistisch sauber? Zumindest Transparenz ist hier geboten und stellt auch keine allzu große Herausforderung für den Reporter dar.

Von einer Szene unterscheiden sich Situationen, Anekdoten und Beispiele. Alle drei werden häufig eingesetzt, um zu illustrieren oder Argumente zu veranschaulichen. Sie sind deutlich kürzer als eine Szene, oft nur ein paar Sätze lang. Wobei Situation und Anekdote in der Regel noch länger sind als ein Beispiel. Es handelt sich am ehesten um eine Situation, wenn jemand ein Erlebnis schildert, das sozusagen noch nicht zur Szene taugt („Da bin ich über die Straße gegangen, als mein Blick auf dieses tolle Auto fällt. Da habe ich gedacht: So eines würde ich auch gerne mal fahren."). In einer Situation kann ich als Reporter folgerichtig situative O-Töne aufnehmen, etwa in der Straßenbahn oder am Rande eines Fußballfelds. Der Situation kann also Zeit und Ort zugeordnet werden. Situationen kommen häufig in Reportagen zum Einsatz (zur Gefahr der falschen Reportage vgl. Kapitel 6.7). Sie können wie Szenen im Jetzt oder der Vergangenheit spielen. Was der Situation aber meistens fehlt, ist ein klares Ziel, eine Herausforderung oder beides! Gibt es sie, dann kann aus der Situation eine echte Szene werden.

Eine Anekdote erzählt von einem Ereignis aus der Vergangenheit. Jemand erinnert sich eben. Dabei taucht derjenige, der sich erinnert, nicht ganz in das Ereignis ein. Die Erzählung ist nicht besonders detailgetreu, ein Miterleben eher schwierig. Ein Beispiel wiederum ist eine kurze Veranschaulichung oder Illustration („In Deutschland arbeiten hunderttausende Menschen auch nachts. Einer davon ist Bäcker Schulze. Sein Wecker klingelt um 3 Uhr in der Früh."). Es findet keine oder kaum Handlung statt. Anekdoten und Beispiele sind in der Regel akustisch nicht aufwändig umgesetzt, sondern einfach erzählt. Die Übergänge zwischen Situation, Anekdote und Beispiel sind fließend. Wichtig: Sie alle sind eben keine echten Szenen. Ein großes Problem: Häufig arbeiten Autoren nahezu ausschließlich mit Situationen, Anekdoten und Beispielen, glauben aber, es seien Szenen. Diese Elemente werden aber allein keine Geschichte tragen. Denn es fehlt das Gefühl für den Hörer, wirklich dabei zu sein. Eine Szene hingegen zieht den Hörer in die Geschichte. Und das funktioniert folgendermaßen.

6.2 Szenen gestalten: Ein eigener Kosmos

Martin ist zwölf Jahre alt, als er von der Schule heimkommt und sich krank fühlt. Er bleibt ein paar Tage zu Hause, doch er fühlt sich nicht besser. Im Gegenteil: Martin schläft viel, will kaum essen, bis er nach und nach sogar die Kontrolle über seinen Körper verliert. Schließlich kann er nicht mehr sprechen, keinen Augenkontakt aufbauen und fällt ins Koma. Diese Geschichte erzählt die amerikanische Reporterin Lulu Miller im NPR-Podcast „Invisibilia". Die Ärzte machen den Eltern Rodney und Joan keine Hoffnung. Ihr Sohn Martin bekomme nichts mehr mit. Sie sollen ihn am besten nach Hause holen und dort so gut wie möglich begleiten, bis er stirbt. Und das machen die beiden. Sie holen ihren Sohn heim und warten auf seinen Tod:

Miller	But one year passed, and two years passed.
Joan Pistorius	Martin just kept going, just kept going.
Miller	So Joan, Rodney and their two kids did their best to care for Martin's body.
Rodney Pistorius	I'd get up at 5 o'clock in the morning, get him dressed, load him in the car, take him to the Special Care Center where I'd leave him. Eight hours later, I'd pick him up, bathe him, feed him, put him in bed, set my alarm for two hours so that I'd wake up to turn him so that he didn't get bedsores.
Miller	All throughout the night?
Rodney Pistorius	Yeah. Every two hours, I'd get up and turn him over and then get a little bit of sleep. And at 5 o'clock the next morning, I'd start the same cycle.
Miller	That was their lives.
Rodney Pistorius	Load him in the car, drop him off, pick him up.
Miller	Three years turn to four.
Rodney Pistorius	Bathe him, feed him, put him in bed.
Miller	Four years turn to five.
Rodney Pistorius	Five o'clock the next morning, I'd start the same cycle.
Miller	Six years. Seven years.
Rodney Pistorius	Load him in the car, drop him off, pick him up.
Miller	Eight.
Rodney Pistorius	Load him in the car, drop him off, pick him up.

Miller	Nine. Ten.
Joan Pistorius	This was so horrific.
Miller	Joan remembers vividly going up to him one time and saying…
Joan Pistorius	I hope you die. I know that's a horrible thing to say. I just wanted some sort of relief.
Miller	Eleven years, twelve.
Rodney Pistorius	Load him in the car, drop him off, pick him up.
Miller	Was there any life inside?[83]

Lulu Miller macht hier mit einer ganz einfachen Methode die Zeitdauer erfahrbar. Sie sagt nicht einfach: Zwölf Jahre vergehen. Sondern sie zählt die Jahre auf, so dass der Hörer zumindest eine Ahnung davon bekommt, wie lang sich diese Jahre angefühlt haben müssen. Wir bekommen einen Eindruck davon, wie beklemmend und eng sich das Leben für die Eltern angefühlt haben muss. Offenbar hat Miller eine so gute Verbindung zu den Eltern aufgebaut, dass diese sogar intime Details mit ihr teilen – auf die besondere Stelle („I hope you die.") wird die Autorin noch einmal zurückkommen. Mit dieser Szene erfüllt Lulu Miller direkt am Anfang ihrer Geschichte (und das hier ist der Anfang, wir befinden uns direkt hinter dem auslösenden Ereignis, der Erkrankung von Martin) eine wichtige Funktion: Sie erschafft eine eigene Welt für ihre Geschichte, die sich eng, ausweglos und düster anfühlt. Wir ahnen als Hörer schon: Das wird keine feel-good Geschichte, sondern ein Drama, das sich in den eigenen vier Wänden, vielleicht sogar in uns selbst abspielt. An einem Ort, den wir sonst nicht zu Gehör bekommen. John Truby fasst dieses Vorgehen so zusammen: „…creating a unique world for the story – and organically connecting it to the characters – is as essential to great storytelling as character, plot, theme, and dialogue."[84]

▸ Geschichten brauchen einen eigenen Kosmos. Erfahrbar wird dieser Kosmos in den Szenen der Narration.

Dabei handelt es sich streng genommen bei der hier zitierten Passage nicht um eine Szene, sondern eher um einen collagierten Zeitraffer. Miller nutzt mehrere kleine Szenen auf einmal, die alle für dasselbe Ziel der Eltern stehen: es ihrem Sohn bis zu dessen Tod so angenehm wie möglich zu machen. Für den Einstieg der Geschichte wählt die Reporterin auch die naheliegende Perspektive: die der Eltern. Insgesamt ist die Geschichte 23 Minuten lang. Jetzt gerade gehen wir als

---

83 Zitiert nach: https://www.npr.org/2015/01/09/375928581/locked-man
84 John Truby: The Anatomy of Story (New York: Farrar, Straus and Giroux, 2007), S. 145.

Hörer möglicherweise davon aus, dass Martins Tod das Ende der Geschichte markieren wird. Doch würde Miller die Geschichte dann wirklich erzählen? Der Verlauf und die Geschichte wären tragisch, aber wenig überraschend. Hier hilft Miller eine wichtige Frage weiter: Was wäre die ungewöhnlichste Perspektive, um diese Geschichte zu erzählen? Die der Eltern? Der Pflegekräfte? Der Freunde? Lulu Miller gibt die Antwort ein paar Sekunden später selbst bzw. lässt sie geben:

Miller	Was there any life inside?
Rodney Pistorius	I was not certain.
Miller	It was impossible to know.
Joan Pistorius	In my mind, I'd decided he'd died.
Martin Pistorius	Yes, I was there, not from the very beginning, but about two years into my vegetative state, I began to wake up.
Miller	This is Martin.
Martin Pistorius	Yes, using the grid to speak.
Miller	The grid is just a computer keyboard that allows him to quickly choose words and then have the computer read them out loud.
Martin Pistorius	Yeah.[85]

Wow, eine Riesen-Überraschung. Martin ist nicht nur lebendig, sondern auch noch in der Lage, seine Geschichte zu erzählen – mit Hilfe eines Sprachcomputers. Lulu Miller wählt die überzeugendste und intimste Perspektive. Die Geschichte eines Locked-In Patienten aus Sicht des Locked-In Patienten. Damit verändert Miller sofort den Fokus der Geschichte von „Wie gehen die Eltern mit ihrem sterbenden Sohn um?" zu „Wie hat Martin es geschafft, zu überleben?". Natürlich liefert nicht jede Geschichte immer die Chance, die beste, ungewöhnlichste und intimste Perspektive einzunehmen. Doch der Beginn des Stücks zeigt noch etwas anderes: nämlich, wie der Hörer besonders stark in die Geschichte hineingezogen wird, weil er nicht schon im ersten Satz erfährt, dass Martin überleben wird. Diese Information wird bewusst zurückgehalten (Liste der Enthüllungen!), um schließlich diese Überraschung und damit die besondere Perspektive der Geschichte einzuführen (Plot Point!).

Darüber hinaus gibt es ein paar weitere Merkmale, die Szenen zu guten Szenen werden lassen. Sie alle finden sich auch in dem zitierten Beispiel:
- **Spät einsteigen:** Beginnt die Szene direkt und so spät wie möglich, ist der Hörer sofort gezwungen, mitzudenken und sich zu orientieren. Im Film ist dies noch einfacher, weil das Bild häufig noch mehr Informationen (Ort, anwesende

---

85 Zitiert nach: https://www.npr.org/2015/01/09/375928581/locked-man

Personen, Stimmung etc.) liefern kann als Ton allein. Deshalb darf sich Audio ein bisschen mehr Anlauf erlauben. Doch auch Audio kann einen großen Teil des Settings liefern. Deswegen ist es auch so wichtig, dass Szenen akustisch gut umgesetzt sind (siehe hierzu Kapitel 8). Geht eine Szene spät los, so erzeugt dies Dynamik. Nichts ist langweiliger als ein laaaaaanger Anlauf bis es zum entscheidenden Punkt in der Szene kommt. Steigen Sie gerne mitten in der Unterhaltung ein. Der Beginn vom „Anhalter" macht schon im dritten Satz deutlich, dass Heinrich sich umbringen will. Wo Stephan und Heinrich sich begegnet sind, welche Uhrzeit es war, wo beide herkamen etc. – all das spielt noch keine Rolle. Der Hörer wird auch in die Szene gezogen, weil er sich den Sinn und die Logik selbst erarbeiten muss (es darf nur nicht zu verwirrend werden), im Englischen spricht man auch vom „Catch-Up"-Zwang.

- **Früh aussteigen:** Das Gegenstück. Wenn der Höhepunkt der Szene erreicht ist – oder manchmal auch noch davor – geht es wieder raus aus der Szene. Wieder erzeugt dieses Vorgehen Tempo und Dynamik. Außerdem kann ein frühes Aussteigen aus der Szene als Cliffhanger dienen. Die erste Szene beim Anhalter dauert nur etwa 45 Sekunden und endet auf Stephans Frage: „Dann musst du dem doch helfen, oder?" Was Stephan getan hat, erfahren wir noch nicht. Wer die beiden Techniken „spät einsteigen" und „früh aussteigen" gut und konsequent anwendet, wird dem Hörer das Gefühl geben, eine sehr dichte Geschichte zu erleben. Vorsicht: nicht übertreiben. Die Geschichte darf nicht atemlos werden. Und dramaturgisch wichtige Szenen brauchen Luft zum Atmen. Die bewusste Verlangsamung – wie beim Höhepunkt der „Radiolab"-Geschichte über Surya Bonaly – erzeugt die tiefere emotionale Wirkung.

- **Stimmung umkehren.** Diese Idee hat etwas mit der Definition einer Szene zu tun. Zur Erinnerung: Die Szene ist ein Mini-Abbild der Gesamt-Story, ein Zwischenschritt auf dem Weg zum großen Ziel. Jemand verfolgt ein Ziel, stößt aber auf Hindernisse. Wenn das so ist, dann kann am Ende der Szene nicht alles so sein wie am Anfang. Es muss sich etwas verändert haben. Sichtbar wird dies häufig an der Stimmung der Szene. Jemand will gut gelaunt ein Schokoladen-Eis für sein Kind kaufen. Es ist der erste Frühlingstag und Schoko ist die Lieblingssorte des kleinen Marvin. Doch der Eisverkäufer hat kein Schoko-Eis! Ein weiterer Eis-Verkäufer ist nicht in Sicht. Und Marvin hat sich doch so gefreut. Wenn das kein Drama ist?! Als Beispiel kann auch die letzte Szene im dritten Teil des „Anhalters" dienen. Wir sind stolz, so viel über Heinrichs Familiengeschichte herausgefunden zu haben und wollen es ihm endlich erzählen. Doch er will es nicht hören. Die Stimmung kippt. Dabei muss die Stimmung nicht immer von gut zu schlecht kippen. Sie kann sich auch von schlecht zu gut entwickeln. Eine Ausnahme ist die Entwicklung von schlecht zu katastrophal.

Eine Stimmungs-Entwicklung von gut zu sehr gut wiederum bietet nur wenig dramaturgisches Material – Vorsicht: Kitschverdacht!
Im Idealfall ergibt sich aus dem Stimmungswandel eine neue Frage oder Aufgabe. Der Eisverkäufer sagt den Satz: „Schoko habe ich nicht". Schnitt. Es bleibt die offene Frage: Was passiert als nächstes? Entscheidet sich Marvin um? Weint er? So entstehen kleine Cliffhanger, die durch die Geschichte hinweg Spannung aufrechterhalten. Gerade in amerikanischen Audio-Formaten sind sie notwendig, um die Werbe-Unterbrechungen einzubauen, ohne den Hörer zu verlieren. Und auch in Deutschland gibt es die ersten Audio-Produktionen, die damit experimentieren. Auch hier gilt natürlich: nicht übertreiben. Hörer reagieren auf künstliche Cliffhanger schnell frustriert. Man merkt, dass man künstlich hingehalten werden soll. Eine mögliche Folge: Man fühlt sich nicht ernst genommen und steigt aus.

Es ist schwer pauschal zu sagen, wie lang eine Szene normalerweise dauert. Das hängt von der Gesamtlänge der Erzählung, dem Material und der Entwicklung der Szene ab. Grob gesagt sind sicherlich Längen zwischen zwei und fünf Minuten eine gute Orientierung. Wichtiger als die Länge ist: Die Handlung in den Szenen ist wie in der gesamten Geschichte an Charaktere gebunden. Deswegen sollten sich Charaktere auch logisch in die Szene einfügen.

6.3 Charaktere szenisch einführen

So könnte eine ganz normale Passage in einem Skript aussehen, sagen wir zum Thema „Finanzkrise":

Autor	Viele Menschen haben unter den Folgen der Finanzkrise gelitten. Fritz Meier ist einer von ihnen. Er hat damals alles verloren.
O-Ton	(Fritz Meier, Wohnung) Ich habe nichts mehr gehabt. Nichts. Mein Erspartes war einfach futsch.
Autor	Meier wusste damals nicht, was er machen sollte.
O-Ton	(Fritz Meier, Wohnung) Ich wusste nicht ein noch aus. So etwas hatten wir ja noch nie erlebt.

Das Beispiel ist natürlich rein fiktiv. Und niemals würden wir als Reporter so vorhersehbar texten und den O-Ton schon im Text vorwegnehmen. Niemals. Haben wir nie gemacht, werden wir nie machen! Denn ein solcher Umgang mit Charakteren kann keine Spannung aufbauen. Stattdessen müssten wir Antworten auf ein paar wichtige, dramaturgische Fragen erhalten: In welcher Situation sind wir? Welche Absicht verfolgt Fritz Meier gerade? Wann hat Fritz Meier zum Beispiel erfahren, dass er alles verloren hat? Ja, vielleicht kommen all diese spannenden Aspekte noch, die Erfahrung zeigt aber: Das passiert häufig leider nicht. Dabei kann man mit ein paar Handgriffen fast jede Geschichte besser machen – zum Beispiel, indem man den Auftritt von Figuren entsprechend gestaltet. Lulu Miller führt in dem bereits zitierten Beispiel ihren Protagonisten, Martin Pistorius, entsprechend ein. Nämlich organisch und szenisch:

Miller	Was there any life inside?
Rodney Pistorius	I was not certain.
Miller	It was impossible to know.
Joan Pistorius	In my mind, I'd decided he'd died.
Martin Pistorius	Yes, I was there, not from the very beginning, but about two years into my vegetative state, I began to wake up.
Miller	This is Martin.
Martin Pistorius	Yes, using the grid to speak.
Miller	The grid is just a computer keyboard that allows him to quickly choose words and then have the computer read them out loud.
Martin Pistorius	Yeah.[86]

Die Passage beginnt mit einer Frage, die sich bereits logisch aus dem davor Gehörten ergeben hat. Und die Antwort darauf liefert: Martin! Sein Auftritt ergibt sich damit logisch aus der Erzählung – und zwar ohne irgendeine Brücke oder Überleitung. Das ist mit „organisch" gemeint. Miller spielt den Überraschungs-Effekt außerdem sauber aus, indem sie erst nach dem O-Ton verrät, dass dies Martin ist (auch wenn wir das als Hörer in dem Moment schon ahnen). Die nachgelieferte Erklärung zum Sprachcomputer gibt uns außerdem die Chance, die Überraschung zu verdauen, bevor es in der eigentlichen Geschichte weitergeht. Viel weniger Kraft hätte diese Sequenz entwickelt, wenn Miller sinngemäß getextet hätte: „Doch es ist kaum zu glauben. Martin war die ganze Zeit da. Heute kann er sich wieder mitteilen – mithilfe eines Sprachcomputers." Aus Martins Auftritt ergeben sich für den Hörer direkt zahlreiche Fragen: Lulu Miller greift diese auf und führt uns dann in die bekannte Szene in Martins Kinderzimmer zurück, diesmal aber aus Martins Perspektive erzählt:

---

86 Ebd.

6.3 Charaktere szenisch einführen

Miller	Now, I will get to how he regained consciousness and developed the ability to operate a keyboard and the wheelchair that he uses to get around. But what you need to know is that for about eight years, while all the world thought that Martin was gone, he was wide awake.
Martin Pistorius	I was aware of everything, just like any normal person.
Miller	He thinks he woke up about four years after he first fell ill, so when he was about 16 years old.[87]

Und schon sind wir genau an dem Moment angekommen, an dem Martin in sich erwacht – auch wenn der Zeitpunkt nicht ganz klar ist – ob es eher nach vier (wie im Auszug gerade eben) oder nach zwei Jahren (wie im Auszug davor) der Fall war. Miller schafft es also, ihren Protagonisten organisch und szenisch einzuführen. So führt sie nie aus der Geschichte raus, sondern hält uns als Hörer in der Geschichte, teilweise sogar in der Situation. Ein paar Sätze später erfahren wir auch, welches Ziel Martin fortan verfolgt: „I am sitting in my bed. My heart is beating as my father undresses me. I want him to know, to understand that I've returned to him."[88] Damit ist das Ziel der Geschichte angelegt.

▶ Charaktere sollten organisch und szenisch eingeführt werden. Ihr Auftritt ergibt sich also direkt und logisch aus der Geschichte, möglicherweise sogar aus einer bestimmten Szene. Innerhalb der Szene verfolgen die Charaktere eine konkrete Absicht.

Diese Denkweise hilft auch bei der weiteren Entwicklung der Geschichte. Charaktere sollten so häufig wie möglich in Szenen eingebunden sein und darin eine Absicht oder ein Ziel verfolgen. Es ist ein Unter-Ziel auf dem Weg zum großen Gesamtziel. Im Idealfall zeigt dabei jede neue Szene eine neue Charakter-Eigenschaft. Der Beginn der zweiten Folge („Geschlossene Anstalt") der „Anhalter"-Serie beginnt damit, dass Heinrich uns Reportern seine Erlebnisse in der Kinder- und Jugendpsychiatrie erzählt. Es ist das erste Mal seit dem Beginn der Serie, dass wir Heinrich erleben. Wir haben ihn kennengelernt als sehr fordernden Menschen, der es offenbar mit der Wahrheit nicht so genau nimmt. Wir sind mittlerweile vor ihm und seinen Geschichten gewarnt worden. Deswegen lernen wir (und damit auch die Hörer) nun eine andere Facette kennen. Heinrich ist berührbar und verletzlich, als er uns von seinen Erinnerungen erzählt: „Es kamen von der Nachbar-Abteilung

---

87 Ebd.
88 Ebd.

noch Nonnen dazu, die pro Bein, pro Arm uns festgehalten haben, übers Bett gezogen haben. Und die fünfte Nonne hat uns die Schlafanzug-Hose runtergezogen und mit einem Rohrstock auf den nackten Arsch geschlagen. Und die Schläge am Körper waren die einzigsten Berührungen, es gab keine menschlichen Berührungen – außer mal die Hand zu geben, ‚Guten Tach, Heinrich'. Oder ‚Guten Tach, Herr Kurzrock'. Mehr war nicht, an Berührung."

Nach diesen Erinnerungen wechseln wir die Szenerie. Wir tauchen mit dem Hörer aus der Geschichte der Vergangenheit auf und sitzen mit Heinrich im Studio. Und schon zeigt sich eine weitere Facette (die wir in Ansätzen schon kennengelernt haben, hier aber noch einmal intensiv erfahrbar machen). Er bettelt uns um Geld an – und der Tonfall ist auf einmal deutlich fordernder: „Könnt ihr euch noch überlegen, ob ihr noch irgendwie 150 oder was weiß ich, oder 200 (gemeint sind Euro, Anmerkung Sven Preger) – mehr ist es auf keinen Fall – zusammenkratzen könntet, dann würde ich, wenn ich da unten bin (gemeint ist die Soziale Einrichtung Erlacher Höhe, Anmerkung Sven Preger), mir für das Geld im Laden Tabak und Kaffee einkaufen und bin erst mal für ein, zwei Monate abgedeckt. Ende. Genau so habe ich mir das vorgestellt."

In beiden Szenen hat Heinrich ein ganz konkretes Ziel. In der rekonstruierten Szene der Vergangenheit will er dem Schmerz und der Willkür ausweichen (scheitert aber), in der realen Szene im Jetzt will er Geld von uns erschnorren (hier hat er mehr Erfolg). Die Szenen zeigen unterschiedliche Facetten seines Charakters. Für die Arbeit als Reporter wird an diesen Beispielen eine der größten Herausforderungen deutlich: Der Umgang mit O-Tönen verändert sich bei dieser Art von Geschichten im Vergleich zu anderen journalistischen Produkten grundlegend.

6.4 Szenengetreue Original-Töne

Die Debatte um Geld und Schnorren haben wir mit Heinrich unzählige Male geführt. Manchmal war das Mikrofon dabei an, manchmal nicht. Wenn uns einer gefragt hätte: „Habt ihr genug O-Töne, um abzubilden, wie Heinrich versucht hat, zu schnorren?" Dann hätten wir antworten können: „Das haben wir in verschiedenen Situationen mit ihm besprochen, manchmal haben wir auch Aufnahmen gemacht. Da ist sicherlich was dabei. Daraus bauen wir was zusammen." Das Problem: Das hätte uns für die Geschichte leider nicht wirklich geholfen. Ein oder zwei O-Töne von Heinrich dazu hätten wir vielleicht auf seinem Zimmer aufgenommen, einen weiteren O-Ton auf der Autofahrt, dann noch einen O-Ton auf irgendeinem Parkplatz und schließlich einen letzten O-Ton am Telefon. Zusammen hätten die vier oder fünf O-Töne genau die wichtigsten Aspekte aus Heinrichs Sicht zum Thema Schnorren widergespiegelt. Wir hätten uns trotzdem für einen, vielleicht zwei O-Töne entscheiden müssen. Warum? Weil es hier ein großes Problem gibt: Die O-Töne wären nicht szenengetreu aufgenommen worden.

Was ich damit meine: Wenn O-Töne zu einem Thema in verschiedenen Aufnahme-Situationen entstehen, können sie hinterher nicht in einer Szene zusammengeführt werden. Der Grund: Die Töne passen schlichtweg nicht zusammen. Der O-Ton vom Parkplatz wird sich deutlich anders anhören als der O-Ton vom Telefon oder der O-Ton aus Heinrichs Zimmer. Und zwar in vielerlei Hinsicht: Es betrifft einerseits die Charakteristik der Sprache (also Haltung, Lautheit, Stimmung usw.) und andererseits die Akustik der Aufnahme. Draußen und drinnen aufgenommene Töne lassen sich eben trotz aller Technik und Postproduktion meistens nicht in einer Szene mischen. Selbst dann nicht, wenn man darunter eine komplett neue Atmo samt Raumklang gestaltet. Die Töne werden akustisch immer reißen und sich nicht organisch zu einer Szene verbinden lassen. Sie sind nicht zusammen benutzbar. Arbeitet man mit Tönen aus verschiedenen Situationen, wird man sich wahrscheinlich für den besten Ton aus den verschiedenen Aufnahme-Situationen entscheiden und den Rest nicht benutzen. Manchmal hat man Glück und Aufnahmen aus verschiedenen Situationen klingen doch ähnlich oder lassen sich so bearbeiten, dass sie ähnlich klingen (weil zum Beispiel die Aufnahmen jeweils drinnen in ähnlich klingenden Büros entstanden sind). Das löst aber meistens noch nicht das Problem, dass man den Sprechenden die unterschiedliche Situation, Tonlage, Sprechhaltung etc. anhört.

Doch auch dramaturgisch sorgen O-Töne, die zu einem Thema an verschiedenen Orten aufgenommen worden sind, für ein Problem. Ist das der Fall, gibt es ja keine echte Szene. Damit spielen sich die O-Töne dramaturgisch im leeren Raum ab. Der

Ursprung dieses dramaturgischen Fehlers, der so große Auswirkungen hat: Es wurde thematisch, nicht szenisch gedacht. Deswegen gilt auch bei Tonaufnahmen: lieber szenengetreu arbeiten.[89] Das gilt auch für rekonstruierte Situationen, also wenn uns Menschen zum Beispiel ihre Erinnerungen erzählen. Brauche ich dafür als Reporter mehrere Interviews, sollte ich darauf achten, dass die Akustik-Situation immer die gleiche ist. Dabei gilt der alte Grundsatz: Je sauberer die Aufnahmen (also mit wenig Nebengeräuschen und schön präsent), desto mehr kann ich in der Postproduktion gestalten, wenn ich das möchte (also etwa passend zur Erinnerung mit Atmo, Geräuschen, Musik oder Effekten arbeiten).

- O-Töne sind im Idealfall szenengetreu aufgenommen, stammen also aus **einer** akustischen Situation.

Das stellt an Reporter besondere Anforderungen. Sie müssen Situationen planen oder kommen sehen und dann konsequent Aufnahmen machen. Ich betone das nur deshalb so ausführlich, weil nicht-szenengetreue O-Töne mit zu den häufigsten und vor allem nur sehr schwer lösbaren Problemen gehören. Viele Reporter gehen damit später (also im Schreib-Prozess) ganz pragmatisch um: Sie nehmen trotzdem die O-Töne aus verschiedenen Situationen, schreiben ein paar Sätze Reporter-Text dazwischen und bemühen sich noch nicht mal darum, die Töne akustisch zu einer Situation oder Szene zu binden. So hört es sich dann häufig auch an. Die Folge: Die Hörer können nur schwer in das Stück eintauchen.

Um die Aufnahmen schnell den entsprechenden Szenen zuzuordnen, hilft es zum Beispiel, das eigene Manuskript wie im Hörspiel aufzubauen – also nach Szenen. Am Anfang der Szene ist vermerkt, ob eine Szene drinnen oder draußen spielt, ob bei Tag oder Nacht und wo (alles wichtige Informationen für Gestaltung von Atmosphäre, Klang, Musik etc.). Außerdem – und das ist für reale Erzählungen noch wichtiger – ist bei den O-Tönen im Skript nicht nur vermerkt, wer etwas sagt, sondern auch, wo diese Aufnahmen entstanden sind (siehe dazu auch die Beispiele aus dem „Anhalter" in diesem Buch). So stelle ich auch für mich als Reporter sicher, dass mir O-Töne aus zwei verschiedenen Aufnahme-Situationen nicht in ein und dieselbe Szene rutschen. Das kann bei langen Stücken und umfangreichen Aufnahmen sonst schnell passieren. Stichwort: Material-Management.

---

89 Bevor jetzt Verwirrung oder Ärger aufkommt: Es gibt auch weiterhin O-Töne, die nicht in Szenen eingebunden sein müssen. Nämlich in den Reflektions-Passagen der Geschichte, die sich auf den oberen Sprossen der Leiter der Abstraktion abspielen. Vgl. hierzu auch Kapitel 3.3. Zu O-Tönen von Experten kommen wir auch gleich im nächsten Abschnitt.

Im „Anhalter" haben wir die Debatte ums Schnorren mit Heinrich also in einer bestimmten Szene geführt. Die war auch ganz typisch für ihn. Er hatte sich gerade mit uns über seine Vergangenheit unterhalten. Es war ein sehr intensives Gespräch. Aus seiner Perspektive hatte er uns wohl auch einen Gefallen getan – jetzt waren wir an der Reihe, ihm einen Gefallen zu tun. Es war eine echte Szene, die sich wirklich so abgespielt hat und in der Heinrich zwei konkrete Ziele verfolgt hat: Einerseits Geld erbetteln und andererseits uns davon überzeugen, diese ganze Debatte ums Geld doch aus unserer Erzählung herauszuhalten. Dieses Beispiel zeigt noch etwas: Wer szenengetreu arbeitet, hat die große Chance, nicht isolierte, frei-stehende, sondern dialogische O-Töne zu erhalten. Für eine Narration ergibt sich eben auch eine neue bzw. andere Klassifikation von O-Tönen.

6.5 Szenische Story-Töne: Dialogisch, dreckig, dicht und nicht direkt

An welche O-Töne aus welchen Stücken können Sie sich noch erinnern? Und damit meine ich nicht O-Töne, die man schon ganz häufig gehört hat und die ins kollektive Gedächtnis übergegangen sind. Dazu gehören die Äußerungen vom ersten Mann auf dem Mond, Neil Armstrong („That's one small step for man, one giant leap for mankind."), genauso wie vom amerikanischen Präsidenten John F. Kennedy bei seinem Besuch in Deutschland („Ich bin ein Berliner!") oder vom deutschen Außenminister Hans Dietrich Genscher in der Prager Botschaft kurz vor dem Mauerfall („Wir sind zu Ihnen gekommen, um Ihnen mitzuteilen, dass heute Ihre Ausreise…"). Der Rest ist Geschichte! Was ich meine: An welche O-Töne erinnern Sie sich jenseits der großen Aussprüche der Zeitgeschichte? Entweder, weil Sie einen O-Ton gehört haben und er Sie beeindruckt hat, quasi als Hörer. Oder weil Sie einen O-Ton als Autor in einem Ihrer Stücke benutzt haben? Die Antwort wird uns allen wahrscheinlich nicht so leichtfallen. Denn die meisten O-Töne bleiben eben nicht in Erinnerung. Jetzt kann man sagen: Das macht nichts, schließlich gibt es ja Unmengen. Aber vielleicht stimmt eben auch unser Blick auf O-Töne nicht ganz. Vielleicht wählen wir als Reporter nicht so aus, dass die Töne dem Hörer und uns selbst in Erinnerung bleiben. Wenn man zusammenfasst, nach welchen Kriterien Reporter O-Töne auswählen, dann entstehen wahrscheinlich mehr oder weniger die folgenden Kategorien, die sich im Alltag auch immer mal wieder überschneiden:

- **Experten-O-Ton.** Ein Mensch, der sich besonders gut mit einem Sachverhalt auskennt, ordnet diesen ein. Er sagt, ob es sich bei dem dargestellten Sachverhalt um ein großes oder kleines Problem handelt. Wie Lösungen aussehen können und wie es überhaupt dazu gekommen ist. Der Experten-O-Ton ist einer der am häufigsten benutzten O-Töne. Gesprächspartner werden nach „Experten-Kriterien" (kennt sich zumindest leidlich aus, kann und will auch was zum Thema sagen, spricht einigermaßen geradeaus) ausgesucht – sowohl für O-Ton-Gespräche als auch für Interviews. Im Idealfall sind die O-Töne dabei einordnend, nicht ausschließlich erklärend. Erklären kann der Journalist in aller Regel besser – vorausgesetzt, er hat das Problem wirklich verstanden. Dass ein Experte wirklich besser erklären kann, ist immer noch eher die Ausnahme. Kann er das, spricht nichts dagegen, diesen O-Ton auch zu benutzen. Eine markante Ausnahme bilden die immer wieder gesendeten O-Töne von Polizei-, Feuerwehr- oder Gerichts-Sprechern, die sich häufig eben doch allein auf die deskriptive Ebene oder Fakten zurückziehen. Sie sagen, was bei dem Unfall oder Brand passiert ist bzw. welches Urteil gefällt wurde. Der große Vorteil (oder zumindest wird dieser Aspekt häufig betont): Der Experte von Polizei, Feuerwehr oder Gericht kennt sich ja wirklich mit dem Sachverhalt aus. Wenn die Polizei schildert, was passiert ist, hat es möglicherweise eine höhere Glaubwürdigkeit oder zumindest einen offizielleren Anstrich als wenn der Reporter alles selbst erzählen muss (das sagt natürlich auch etwas über die Glaubwürdigkeit von Journalisten aus).

Die zwei großen Probleme bei Experten-O-Tönen: Die sprechenden Personen sind ausschließlich als Funktionsträger erkennbar und genauso verhalten sie sich auch bzw. reden sie. Dahinter scheint der Irrglaube zu stehen: Je verschwurbelter und offiziöser ich spreche, desto angemessener ist das. Pressesprecher imitieren dabei offenbar andere Pressesprecher und vergrößern damit das Problem noch. Außerdem sind Experten-O-Töne häufig abgesetzt und stehen isoliert, sie sind also in keine Situation oder sogar Szene eingebunden. Wir Journalisten reproduzieren diese Art von O-Tönen auch noch jeden Tag. Unterscheidbarkeit und Erinnerbarkeit entstehen so nicht.

- **Betroffenen- oder Augenzeugen-O-Ton.** Jemand hat etwas erlebt und erzählt davon. Nur er oder sie hat dieses Wissen. Es ist eine Art Experten-O-Ton in eigener Sache. Dabei muss uns Reportern bewusst sein: Menschen erinnern sich nicht immer korrekt. Gibt es aber bei einem Unfall eine verletzte Person, wird sie eben am besten darüber Auskunft geben können, wie sie diesen Unfall erlebt hat. Zu dieser Kategorie O-Töne gehören alle O-Töne aus erster Hand. Der große Vorteil: Sie schildern oft auf emotionale Weise ein Ereignis, das sonst kaum abzubilden wäre. Das große Problem ist die Glaubwürdigkeit. Stimmen die geschilderten Wahrnehmungen? Ist die Erinnerung vielleicht verzerrt, falsch oder schlichtweg geschönt? Deswegen müssen diese O-Töne nach Möglichkeit

immer auf Glaubwürdigkeit, innere Widersprüche und Plausibilität überprüft werden. Dass es sich um subjektive Aussagen handelt, wird ja meist ohnehin transparent.
- **Reax-O-Ton.** Der Reaktions-O-Ton. Irgendwelche Menschen reagieren auf irgendwelche Ereignisse – ohne direkter Akteur dieses Ereignisses zu sein. Na ja, das ist vielleicht etwas zu beliebig formuliert. Im Idealfall reagieren wichtige Menschen mit aussagekräftigen O-Tönen auf wichtige und aussagekräftige Ereignisse. Diese Art von O-Ton ist oft der erste O-Ton, den wir Journalisten einholen oder abfragen, wenn ein Ereignis von nachrichtlichem Wert passiert ist – und das Ereignis als solches bereits abgebildet wurde. Es geht um Reaktionen auf den Gewinn der Fußball-WM oder Reaktionen auf die ersten Hochrechnungen der Bundestagswahl. Je mehr Menschen das Ereignis berührt, desto größer sind die Chancen auf aussagekräftige O-Töne, schließlich stehen viele Menschen zur Verfügung, die reagieren können. Während der Betroffenen- oder Augenzeugen-O-Ton dabei hilft, das Ereignis abzubilden, dreht der Reaktions-O-Ton die Geschichte weiter (oder zumindest glauben wir Journalisten das). Auf viele Ereignisse gibt es mittlerweile vorformulierte Stanzen und Phrasen, die genauso leblos abgespult werden („Wir werden das Ergebnis jetzt erstmal abwarten und dann genau analysieren." bis „Unsere Gedanken sind bei den Überlebenden.") Reax-O-Töne helfen dabei, ein Ereignis abzubilden und greifbar zu machen – damit haben sie eine große Berechtigung zum Beispiel im nachrichtlichen Journalismus. Die große Gefahr: Je floskelhafter die Sprache, desto unglaubwürdiger. Und trotzdem senden wir diese O-Töne. Jeden Tag.
- **Vox-Pop.** Die Umfrage. Die Stimme des Volkes. Schnell gemacht, häufig banal und wenig aussagekräftig. Passt damit oft gut zum Programm und füllt Sendeplätze. Das ist gar nicht respektlos gegenüber den Menschen gemeint, die etwas sagen. Aber wie aussagekräftig, originell oder fundiert kann eine Meinung zu einem Sachverhalt sein, den mir ein Reporter in zwei Sätzen hinwirft, bevor ich spontan etwas in das Mikrofon sage (Reporter: „Was sagen Sie denn zur Krise bei der SPD?" Antwort: „Ja, das geschieht denen Recht...")? Häufig entstehen die Umfragen dabei schon vorher im Kopf, weil die Antworten vorhersehbar sind oder dafür gehalten werden. Für Differenzierung ist dabei kaum Platz. Der einzelne O-Ton soll maximal zwischen zehn und 15 Sekunden lang (gerne kürzer, die gesamte Vox-Pop soll ja 40 Sekunden lang sein und echte Meinungsvielfalt abbilden) und in sich stimmig sein. Ach ja, und wenn Sie am Ende mit der Stimme noch runter gehen könnten – dann ist das besser schneidbar!
Inhaltlich handelt es sich entweder um Betroffenen-O-Töne („Haben Sie im Winter auch schon mal Erfahrungen mit Kälte und Glätte gemacht?") oder Reax-O-Töne („Fußballspieler xy ist für die unglaubliche Summe von so und

so vielen Millionen Euro da und da hin gewechselt, was denken Sie?") bzw. Meinungs-O-Töne. Beim Meinungs-O-Ton handelt es sich um einen Spezialfall des Experten-O-Tons, also einen O-Ton mit Meinung, aber häufig ohne Ahnung („Was sagen Sie denn zur aktuellen Entwicklung des Syrien-Konflikts?"). Häufig werden die O-Töne in einer Umfrage auch nach Skurrilität ausgewählt. Das dient zwar nicht dem Erkenntnis-Prozess, aber der Erheiterung. Wird auch oft gesendet.

Viele dieser O-Töne ergeben vor allem in der aktuellen Berichterstattung Sinn und haben dort auch eine Berechtigung, zumindest teilweise. Im Ergebnis sind diese O-Töne häufig abgesetzte Statements zwischen zehn und 25 Sekunden Länge (die Tendenz geht deutlich Richtung zehn Sekunden oder kürzer), die kaum dramaturgisch in das Stück eingebunden sind. Viele Reporter übertragen diese Denk- und Herangehensweise auch auf längere Erzählungen. Es entsteht dieselbe Art von O-Ton. Das Resultat: Langeweile, wenig Originalität und eben keine Szenen.

Spannende Geschichten benötigen also andere Arten von O-Tönen. Die sich durch eines oder mehrere der folgenden vier Merkmale auszeichnen:

- **Dialogisch.** Wer mit Szenen arbeiten will, wird in aller Regel Dialoge brauchen und diese auch aufnehmen müssen. Das lässt sich dramaturgisch einfach begründen: Sprache ist eines der wichtigsten Mittel, um Hindernisse zu überwinden und Konflikte auszulösen und auszutragen. Dialog ist damit ein wichtiges Mittel, um Aktion zu erzeugen – und damit Tempo, Spannung und Dichte in einer Geschichte. Es gilt der Merksatz: Dialog liefert Szenen liefert Dynamik! Robert McKee drückt es so aus: „To say something is to do something, and for that reason, I have expanded my redefinition of dialogue to name any and all words said by a character to herself, to others, or to the reader/audience as an action taken to satisfy a need or desire."[90]
Zwei Aspekte sind in dieser Definition besonders bemerkenswert und für reale Erzählungen hilfreich. Erstens macht McKee deutlich, dass Sprache immer auch das Ziel oder die Absicht verfolgt, einen Wunsch oder ein Bedürfnis zu befriedigen. Beides kann das Ziel der jeweiligen Szene oder Geschichte sein. Damit betont er die besondere dramaturgische Verknüpfung zwischen Dialog und Plot.

---

90 Robert McKee: Dialogue. The art of verbal action for the page, stage, and screen (New York: Hachette Book Group, 2016), S. 4.

Und zweitens schließt McKee in seine Dialog-Definition auch die beiden Situationen ein, die für nicht-fiktionale Geschichten wichtig sind: Monolog bzw. Zwiesprache mit sich und den Dialog mit dem Publikum. Beide Formen kommen zum Beispiel in dem Feature „Eichhörnchens permanente Revolte" (DLF 2010) zum Einsatz. Darin geht es um die Umweltaktivistin Cécile Lecomte, die immer wieder auf Bäume klettert (daher der Spitzname „Eichhörnchen") und dort ausharrt, um Widerstand zu leisten – gegen den Ausbau von Flughäfen oder Autobahnen. Weil die Autorin Nadine Dietrich nicht immer mitklettern konnte, hat sie dem Eichhörnchen ein Aufnahmegerät mitgegeben. In mehreren Situationen reflektiert Cécile Lecomte für sich den Tag (also wie in einem Tagebuch-Eintrag). An anderer Stelle erklärt sie dem Hörer außerdem, was an dem Tag passiert ist. Damit bekommen auch die Erklärpassagen eine persönliche Note.

Grundsätzlich gilt dabei für Erklärungen: Je verständlicher, desto besser. Und das ist auch gut so. Dieser Grundsatz führt nur zu einem großen Problem, wenn man als Autor versucht, Erklärungen in Dialogen zu liefern. Es geht meistens leider sehr schief: Eines der schlimmsten Story-Vergehen, das man als Autor begehen kann, sind Botensätze in Dialogen. Als Botensätze bezeichnet man Sätze oder O-Töne, die nie jemand in einer echten Unterhaltung sagen würde. Die ausschließlich vorkommen, weil sie Informationen tragen, die der Reporter sonst nicht anders transportieren kann. Oder das zumindest meint. Diese Art von Dialog entsteht ganz häufig, wenn Reporter ihre O-Ton-Geber nach Fakten fragen (Was ist das denn für ein Gebäude da drüben? Wo sind wir denn hier? etc.). Schon die Fragen zeigen, dass kein echter Dialog entstehen kann. Noch schlimmer wird es, wenn fiktionale Elemente in eine Geschichte reingeschrieben werden. Diese Elemente werden manchmal Spielszenen genannt. Da sehen Dialoge dann häufig so aus:

Charakter 1	Wow, was ist denn das da drüben, diese große Kirche mit den vielen Menschen davor?
Charakter 2	Das ist der Kölner Dom.
Charakter 1	Wow, ein Dom!? Also eine katholische Kirche.
Charakter 2	Ja, ganz genau. Der Bau der Hohen Domkirche Sankt Petrus, so heißt die Kirche ganz offiziell, begann schon im 13. Jahrhundert...

Ich glaube, es wird klar, was gemeint ist. Botensätze sind das ultimative Merkmal für schlechte Dialoge.

- **Indirekt.** Es ist eine der ersten Regeln, die Reporter lernen. O-Töne müssen nicht nur technisch sauber aufgenommen, sondern auch inhaltlich verständlich sein. Wenn nicht klar ist, was jemand sagt, dann ist das kein guter O-Ton. O-Töne haben eindeutig, klar und direkt zu sein. Diese Regeln ergeben in der aktuellen Berichterstattung auch häufig Sinn. Doch wenn sich alle Reporter um genau solche O-Töne bemühen, dann hört sich alles gleich an. Es vermittelt sich kein eigener Duktus oder Sprachstil eines O-Ton-Gebers. Nichts, was wiedererkennbar ist. Außerdem gilt einmal mehr: Wenn bereits alles klar ist, kann keine Spannung entstehen. Diese Erkenntnis gilt natürlich auch für O-Töne. Was damit gemeint ist: Kosten Sie den Subtext eines Tons aus, also das, was unter dem Gesagten liegt. Was will derjenige in der Situation erreichen? Warum sagt er etwas? Und warum so? Diese Fragen erzeugen Spannung. Schauen wir dafür noch einmal auf die finale Situation im „Anhalter": Heinrich windet sich, will irgendwie erklären, warum er uns angelogen hat. Es einfach zuzugeben, das geht für ihn nicht. Und genau das transportiert er in der Szene. Den folgenden O-Ton von Heinrich hätte man nach den klassischen Kriterien wegschmeißen müssen – zu wust, zu lang, zu unklar. Doch der O-Ton transportiert Heinrichs inneren Konflikt: „Dass ich den Namen Hirntumor da eingesetzt habe, hat ja ne andere… Viele haben mir, wenn ich gesagt habe: Das ist eine Grützbeule. Ja, was ist eine Grützbeule? Stehe ich da und weiß nicht, was es ist. Also, dann fing ja vor vielen Jahren das Phänomen Krebs an. Magenkrebs, Knochenkrebs, dann habe einfach ich gesagt: Knochenkrebs, Hirntumor. Hat er geschluckt, der Fall war erledigt. Ende. Mit ein oder zwei Wörtern. (Klopft mit der Hand auf den Tisch.) Aber wenn ich jetzt sage: Grützbeule, und ich weiß noch nicht mal, was genau eine Grützbeule ist, wie sie entstanden ist, weiß ich alles nicht." Ganz direkt und ohne Subtext sprechen wir Menschen meistens nur in ganz wenigen Momenten: Zum Beispiel, wenn sich ein Konflikt zuspitzt und wir wirklich sagen, was wir meinen, ungeschönt. Oder wenn Charakteren etwas aus Versehen herausrutscht und wir als Hörer endlich die Wahrheit erfahren. Dann werden O-Töne bzw. Dialoge auch sehr kurz – wie am Ende der finalen Szene im „Anhalter", als Heinrich wohl endlich die Wahrheit sagt:

O-Ton	(Heinrich Kurzrock, Besprechungszimmer EH) Und in Mannheim bin ich ausgestiegen.
O-Ton	(Sven Preger, Besprechungszimmer EH) Wo bist du ausgestiegen?
O-Ton	(Heinrich Kurzrock, Besprechungszimmer EH) In Mannheim.

6.5 Szenische Story-Töne

O-Ton	(Sven Preger, Besprechungszimmer EH) In Mannheim bist du ausgestiegen? Das weißt du noch?
O-Ton	(Heinrich Kurzrock, Besprechungszimmer EH) Ja.

Die Sätze von Heinrich und mir sind knapp, klar, eindeutig. Keine Angst: Auch in Narrationen haben die klassischen O-Töne eine Berechtigung (da schauen wir gleich drauf). Doch wenn Szenen das tragende Gerüst der Geschichte sind, dann gehören die indirekten O-Töne mit viel Subtext auf jeden Fall dazu. Denn nur dann entstehen Spannung und Wiedererkennbarkeit der Charaktere.

Der Drehbuch-Autor und Regisseur Aaron Sorkin geht sogar noch einen Schritt weiter. Er schreibt teilweise Dialoge, die das Publikum gar nicht versteht. Und zwar absichtlich. Das widerspricht allen journalistischen Grundsätzen, die man jemals gelernt und verinnerlicht hat. O-Töne, die keiner versteht, sorgen doch dafür, dass der Hörer sofort weg ist. Sorkin führt als Beispiel in seiner „Masterclass" eine Situation aus dem Film „Steve Jobs" an, für den Sorkin das Drehbuch geschrieben hat. Darin gibt es relativ am Anfang eine Szene, die kurz vor der ersten Präsentation des Apple Computers spielt. Das Problem der Szene („Fix the Voice Demo"): Der Computer kann sich nicht selbst vorstellen, irgendetwas ist offenbar an der Sprach-Demonstration kaputt. Steve Jobs streitet in der Szene unter anderem mit dem Software-Entwickler Andy Hertzfeld. Den Dialog dieser beiden Experten kann man als Laie nicht verstehen. Und genau das will Aaron Sorkin: Er will beim Zuschauer den Eindruck erzeugen, Experten bei der Arbeit zuzuschauen. Diese Typen wissen offenbar wirklich, was sie tun, und ich kann sie dabei beobachten. Eine Idee, die auch auf reale Dialoge übertragbar ist (in Kontrollzentren genauso wie bei Taktik-Besprechungen im Sport zum Beispiel) – weil diese Dialoge trotzdem zwei Funktionen erfüllen: die Haltung der Sprechenden transportieren und Authentizität erzeugen.

- **Dreckig.** Schon wieder so ein Wort, dass nicht für Klarheit und Eindeutigkeit steht. Dafür aber für wahre und enthüllende Momente, in denen etwas Unvorhergesehenes passiert. Diese Augenblicke sind häufig aussagekräftiger als alle anderen. Es ist der Moment, in dem jemand um Worte kämpft oder überfordert ist. Als wir mit „Anhalter" Heinrich zum Beispiel beim Landschaftsverband Westfalen-Lippe einen Termin haben, treffen wir uns mit dem stellvertretenden Krankenhaus-Dezernenten und Referatsleiter für „Psychiatrische Behandlungs- & Rehabilitationsangebote und Marketing" Thomas Profazi. Zum Ende des Gesprächs kommen wir auf das Thema Heimat und Zuhause zu sprechen, für Heinrich verständlicherweise kein einfaches Thema. Thomas Profazi lässt eine kleine Rand-Bemerkung fallen, dass er 20 Jahre lang im Schwarzwald gelebt habe, dieser nun aber nicht mehr seine Heimat sei. Was dann kommt, haben

Stephan und ich schon mehrmals erlebt: Heinrichs inneres Navi (so nennt er es) springt an. Heinrich zählt den Weg in den Schwarzwald auf, anhand von Autobahnen, Bundesstraßen, Abfahrten, Orten und Raststätten – und zwar schnell, sehr schnell. Heinrich kennt sich aus, schließlich hat er Jahrzehnte auf der Straße gelebt. Es ist ein Moment, der Thomas Profazi nur überfordern kann und auch ein bisschen wahnsinnig wirkt. Selbst die Aufnahme-Qualität ist nicht besonders gut, weil wir schon auf dem Sprung nach draußen sind. Diese Situation zeigt aber genau das, was viele Menschen spüren, wenn sie Heinrich begegnen: Überforderung, die in Ablehnung umschlagen kann – weil man sich nicht anders zu helfen weiß. Heinrich will mit seinem Wissen beweisen, dass er nicht in die Psychiatrie in Niedermarsberg gehörte. Deswegen endet er seine Aufzählung mit dem Kommentar: „Aber ich war ja in Niedermarsberg. Verstehen Sie meinen Zynismus?" Profazi kann nur noch konsterniert antworten: „Ja, den verstehe ich." Es ist ein zutiefst-tragischer und enthüllender Moment. Gerade weil er so ist, wie er ist: unbequem, unsauber, wahr.

- **Dicht.** Ein wesentlicher Gedanke hilft mir immer, diesen Aspekt klarer zu fassen. Der zweifacher Pulitzer-Preisträger Jon Franklin fasst ihn so zusammen: „Your tale represents an extract of reality, not reality itself".[91] Journalisten ist natürlich bewusst, dass sie nur einen Ausschnitt der Realität abbilden. Franklin geht aber her und sagt: Dieser Ausschnitt muss ein Extrakt der Realität sein, verdichtete Realität. Denn nur dann können Geschichten das liefern, was sie liefern sollen: „The reader and editor want a story with a minimum of loose ends, a tale that's been simplified and crystallized in such a way that it clarifies and enlarges the mind."[92] Diese Gedanken helfen, um die passenden O-Töne auszuwählen. Nämlich die Töne, die die Szene voranbringen und verdichtete Realität sind. Die große Frage für Audio-Produktionen, die damit verbunden ist, ist die Frage der Bearbeitung: Was schneide ich raus? Wie sehr glätte ich den Sprachduktus? Ist ein Zögern oder „Ähm" aussagekräftig oder hindert es beim Verstehen? Und entstehen durch die Eingriffe zwar verdichtete O-Töne, aber auch verfälschte Abbilder der Realität? Meine ganz persönliche Erfahrung: Je stärker ich als Autor Thema und Geschichte durchdringen und klar habe, desto weniger entstehen diese Konflikte. Je klarer mir ist, welche Funktionen welche Szene haben, desto klarer ist, welche Aufnahmen überhaupt entstehen sollen und welche es in die Narration schaffen.

---

91 Jon Franklin: Writing for Story (New York: Plume, 1986), S. 139.
92 Ebd., S. 213.

6.5 Szenische Story-Töne

Dialogisch, indirekt, dreckig, dicht. Um diese Art von O-Tönen zu erreichen, helfen Planung und das Story-Interview (siehe hierzu Kapitel 4.5). Planung ist wichtig, weil die Szenen ja nicht einfach so passieren – oder zumindest nur sehr selten. Ereignisse muss ich als Reporter in aller Regel planen (oder zumindest dafür sorgen, dass ich dabei bin, wenn sie passieren). Und das Story-Interview stellt sicher, dass ich nicht jeden alles frage, sondern klar habe, welche Geschichte und Szenen ich wie erzählen will. Doch was tue ich, wenn ich als Reporter Szenen nicht live miterleben kann? Weil ich nicht dabei bin oder sie in der Vergangenheit liegen? Auch für dieses Problem gibt es eine Lösung: die Rekonstruktion von Szenen. Darauf schauen wir sofort.

Zuvor noch ein paar dringende Fragen zu den O-Tönen. Ich kann mir vorstellen, dass die Merkmale für Story-O-Töne auf Unverständnis oder Kritik stoßen: Müssen alle O-Töne immer dialogisch sein? Wird das immer klappen? Haben nicht auch zum Beispiel Experten-O-Töne weiter eine Berechtigung? Die Antworten: Nein. Nein. Und ja. Etwas ausführlicher: Nein, nicht alle O-Töne müssen immer dialogisch sein. Nein, das wird nicht immer klappen (etwa, wenn ich nur einen O-Ton-Geber und keinen Dialog-Partner habe). Und ja: Normale Experten-O-Töne haben weiter eine Berechtigung, zum Beispiel in den Passagen, die nicht szenisch gestaltet werden können und müssen. Zur Erinnerung: Die Szenen bilden das Rückgrat der Geschichte, die eigentliche Narration. Denken Sie nun noch einmal an die Leiter der Abstraktion. Die Szenen sind auf der untersten Sprosse angeordnet, sie sind so konkret wie nur irgend möglich. Aber aus den Szenen kann sich immer wieder auch eine größere Idee oder Debatte über diese Idee ergeben. Die findet auf den oberen Sprossen der Leiter statt (zum Beispiel in einer szenisch-reflektierenden, einer erklärenden oder argumentativen Narration, vgl. hierzu Kapitel 3.8). Und auch in diesen Passagen benötigen akustische Erzählungen O-Töne. Dazu gehören zum Beispiel Experten, die Argumente erläutern oder einordnen. Auch die anderen O-Töne können weiter auftauchen: eine Vox-Pop kann Sinn ergeben (zum Beispiel um Vorfreude auf ein Konzert aufzubauen, auf dem dann etwas passieren wird, was für die Geschichte wichtig ist). Die bisherigen O-Tönen werden also ergänzt um weitere Merkmale, die besonders geeignet sind, eine Geschichte zu erzählen. Das ist und bleibt der Maßstab: Dient der O-Ton meiner Geschichte? Wenn ja, dann wird er einen Platz darin bekommen. Wie zum Beispiel ein Augenzeugen-Bericht die wesentlichen O-Töne liefern kann, um eine rekonstruierte Szene zu gestalten. Dazu jetzt.

6.6 Rekonstruierte Szenen: Exakt, glaubwürdig und transparent

Das ist eine der ersten Lektionen, die Reporter bei „This American Life" lernen: „Have the person give you a tour of the key places in the story, on tape, explaining the significance of each place."[93] Ira Glass erzählt in dem Buch „Out on the wire" von dem Besuch bei einer Frau (Jackie, sie lebt zusammen mit Kenny), in deren Zuhause eine Kugel eingeschlagen ist. Sie soll ihm die Orte zeigen, die für die Geschichte wichtig sind. Zugegeben, das dürfte nicht nur bei „This American Life" eine beliebte Technik sein, sondern auch in vielen anderen Redaktionen. Die Idee dahinter: Diese Art der Befragung bringt die Menschen in die richtige Stimmung, sie erleben im besten Fall Szenen noch einmal nach. Das erkennt man als Reporter unter anderem daran, dass Menschen irgendwann anfangen, im Präsens zu erzählen. In dem Beispiel von Ira Glass kommt er mit der Frau schließlich an dem Ort und dem Augenblick an, an dem die Kugel in ihr Zuhause eingeschlagen ist. Sie erzählt die Szene nach, inklusive der Dialoge, an die sie sich erinnert. Es handelt sich also um die Rekonstruktion einer Szene: „All I'm doing is prompting her to tell me the events, in order, and look how vivid everything suddenly get's – (…) and she gives me the actual words Kenny spoke. When you get dialogue, you know you've arrived at the center, at ground zero."[94] Auch hier ist also der Dialog entscheidend.

Rekonstruierte Szenen tauchen in zwei verschiedenen Formen auf:

- Erstens: Als Nacherzählung. Jemand erinnert sich an ein Ereignis in der Vergangenheit.
- Zweitens: Als eine echte Rekonstruktion. Die Szene wird also so realgetreu wie möglich nachgespielt und dabei aufgenommen. Ein Beispiel hierfür ist der Versuch in der fünften Folge der ersten „Serial"-Staffel (Titel: Route Talk), in einer bestimmten Zeit vom Schul-Parkplatz zum Einkaufszentrum zu gelangen (vgl. hierzu Kapitel 2.7).

Für die Rekonstruktion von Szenen gelten dabei dieselben dramaturgischen Regeln wie für Szenen aus erster Hand. Die Aufnahme-Situation bei einer echten Rekonstruktion unterscheidet sich dabei nicht wirklich von den Aufnahmen einer echten Szene – es passiert ja tatsächlich etwas in dem Moment der Aufnahme (entsprechend können Aktion, Dialog etc. genutzt werden). Etwas anders gestaltet es sich, wenn eine Person eine Szene nacherzählt. Nicht immer schafft man es

---

93 Jessica Abel: Out on the wire (New York: Broadway Books, 2015), S. 26.
94 Ebd., S. 26.

6.6 Rekonstruierte Szenen

als Reporter bis zum Dialog vorzudringen (nicht immer kann sich eben jeder an alles erinnern), aber dem O-Ton hört man an und der Person spürt man ab, ob die Erinnerung wirklich in dem Moment vor dem geistigen Auge entsteht. Das ist ein wichtiges Qualitätsmerkmal für rekonstruierte Szenen. Im „Anhalter" erzählt uns Heinrich vom Tagesablauf in der Kinder- und Jugendpsychiatrie, dem täglichen Überlebenskampf, der schon morgens begann: „Viertel nach fünf wurde geweckt. Dann mussten wir erst mal uns waschen, Betten bauen, die ganze Station musste geputzt werden, bevor wir dann überhaupt frühstücken durften. Und wer den Teller nicht leer gegessen hatte, musste eine Stunde, manchmal auch zwei Stunden, den Kopf auf die verschränkten Arme (macht es), also auf den Tisch legen. Und wenn man es gewagt hatte, einmal hoch zu gucken, der bekam von der Nonne einen Schlag ins Gesicht." Die kurze Anmerkung in Klammern zeigt, Heinrich erinnert sich – auch wenn sein Erzähltempus das Präteritum ist. Er macht es uns tatsächlich vor. Dass er dabei kurz an das Aufnahme-Mikrofon stößt, ist zwar für die akustische Qualität der Aufnahme etwas blöd, zeigt aber: offensichtlich hat Heinrich das Mikrofon vergessen.

Die große journalistische Frage bei nacherzählten Szenen ist die folgende: Woher wissen wir als Reporter, dass die Berichte, Erinnerungen und Szenen wahr sind – oder welcher Teil wahr ist? Als Reporter kann man schließlich nicht einfach alles glauben und publizieren. Sonst besteht die riesige Gefahr, Ungenauigkeiten, Beschönigungen oder sogar Lügen aufzusitzen. Und auch der explizite Hinweis, dass es sich um subjektive Erinnerungen handelt, entlastet nicht von dieser Verantwortung. Das Führen des Interviews – das ist nur die eine Hälfte der Arbeit. Die andere Hälfte: zweifeln und recherchieren. Zweifeln meint: Die Aussagen des O-Ton-Gebers auf Plausibilität und Stimmigkeit überprüfen. Passen alle Facetten zusammen? Ergeben sich irgendwo Widersprüche? Ist etwas unlogisch oder unplausibel? Gibt es Lücken, die immer bleiben? Warum? Nach der notwendigen Nähe ist nun also journalistische Distanz notwendig, die ich als Reporter wiederaufbauen muss. Zweifeln umfasst also die kritische Auseinandersetzung mit den Aufnahmen und der Person. In der Arbeit mit „Anhalter" Heinrich gab es immer wieder große Fragen: Wann erzählt er die Wahrheit? Wann hat er die Realität nur ein bisschen verbogen? Und wann lügt er? Was wir schnell gelernt haben: Es ist häufig ein Mix aus allem. Das hat für uns bedeutet: Wir haben alle Aufnahmen kritisch darauf geprüft, ob sie stimmig sind. Dabei muss es ja gar nicht immer böse Wille sein. Wie sollen sich Menschen auch an Ereignisse ganz akkurat erinnern, die lange zurückliegen? Im Fall von Heinrich hat uns diese Auseinandersetzung immer wieder ganz besondere Momente beschert. Wie den folgenden, von dem ich schon einmal erzählt habe. Als wir Heinrich seine Familiengeschichte erzählen wollen und er diese nicht hören will, rutscht ihm ein kleines Detail heraus:

Stephan	Ok, Gewissens-Konflikt. Wir haben mehr als ein Jahr recherchiert, auch auf seinen Wunsch. Deshalb wagen wir einen zweiten Versuch. Etwas direkter…
O-Ton	(Sven Preger, im Zimmer) Wir wissen, wo deine Eltern gewohnt haben.
O-Ton	(Heinrich Kurzrock, im Zimmer) In Herne.
O-Ton	(Sven Preger, im Zimmer) In Herne. Wir wissen auch eine Adresse…
O-Ton	(Heinrich Kurzrock, im Zimmer) Shamrockstraße.
O-Ton	(Sven Preger, im Zimmer) Erst. Und ich glaube dann in der Kronen…

Erst später, bei der kritischen Reflektion der Aufnahmen, bemerken wir den Widerspruch in dem scheinbar belanglosen Kommentar. Deshalb endet die dritte Folge so:

O-Ton	(Heinrich Kurzrock, im Zimmer) Mich nehmt ihr nicht mit nach Bonn?
Sven	Mit rauchenden Köpfen machen wir uns auf den Heimweg. Wir sind sprachlos. Platt. Emotional hin und hergeworfen. Warum sollten wir das alles überhaupt recherchieren, wenn Heinrich jetzt nichts davon wissen will?! Dabei hat er uns die Antwort gerade selbst gegeben. Die Post. Unsere Päckchen. Vielleicht interessiert ihn seine Familiengeschichte…
Folgende Töne in Memory-Hall.	
O-Ton	(Sven Preger, im Zimmer) Wir wissen auch eine Adresse…
O-Ton	(Heinrich Kurzrock, im Zimmer) Shamrockstraße..
Sven	…vielleicht auch nicht.
O-Ton	(Sven Preger, im Zimmer) Und ich glaube dann in der Kronen…
O-Ton	(Heinrich Kurzrock, im Zimmer) Weiß ich nicht…
Sven	Es ist nur eine Kleinigkeit, aber hier stimmt was nicht. Diese Adresse seiner Eltern – Shamrockstraße – kann Heinrich eigentlich gar nicht kennen, wenn er wirklich glaubt, dass seine Eltern '49 gestorben sind. Darüber müssen wir reden. Nächstes Mal.

Aus unseren Unterlagen wissen wir nämlich, dass Heinrichs Eltern erst nach 1949 in der Shamrockstraße gewohnt haben. Wie kann er diese Adresse also kennen? Darüber reden wir am Beginn der nächsten Folge und erfahren wieder etwas mehr.

Ergänzt wird dieses Zweifeln durch klassisches journalistisches Handwerk: Recherche. Stimmen die Fakten? Wie erinnern sich andere Menschen an die Geschehnisse? Was für Quellen können sonst genutzt werden? Die Erinnerungen von „Anhalter" Heinrich an die Kinder- und Jugendpsychiatrie haben wir zum Beispiel mit anderen Quellen abgeglichen und überprüft. Dazu gehören etliche Gespräche mit anderen ehemaligen Patienten, dem Personal und Wissenschaftlern. Ebenso haben wir zum Beispiel die komplette Krankenakte eines anderen Patienten nach Hinweisen durchforstet – Hunderte von Seiten. Erst als sich ein stimmiges, plausibles Bild ergeben hat, haben wir Heinrichs Berichte in die Geschichte aufgenommen. Dazu gehören dann auch O-Töne wie der schon einmal erwähnte: „Es kamen von der Nachbar-Abteilung noch Nonnen dazu, die pro Bein, pro Arm uns festgehalten haben, übers Bett gezogen haben. Und die fünfte Nonne hat uns die Schlafanzug-Hose runtergezogen und mit einem Rohrstock auf den nackten Arsch geschlagen. Und die Schläge am Körper waren die einzigsten Berührungen, es gab keine menschlichen Berührungen – außer mal die Hand zu geben, ‚Guten Tach, Heinrich'. Oder ‚Guten Tach, Herr Kurzrock'. Mehr war nicht, an Berührung."

Zweifeln bezieht sich also mehr auf die Plausibilität der Figur und die innere Logik der Töne. Recherche bezieht sich auf die äußere Überprüfung dessen. Nur wenn beides zufriedenstellend ist, haben rekonstruierte Szenen etwas in der Geschichte zu suchen. Der Vorteil bei akustischen Erzählungen: Der Hörer hört darüber hinaus ohnehin, dass eine Person subjektiv erzählt. Trotzdem müssen hohe Maßstäbe angelegt werden, bevor es diese Art von Szene in die Erzählung schafft. Dabei gilt für jede Art von Szene, aus erster Hand und rekonstruiert: Sie muss die Geschichte weiterbringen. Eigentlich eine Selbstverständlichkeit. Doch wenn es eine Selbstverständlichkeit wäre, dann würde einer der häufigsten Fehler eben nicht so häufig auftauchen. Ich nenne ihn: die falsche Reportage. Weil sie so häufig vorkommt und so irritierend ist, bekommt sie einen ganzen Abschnitt, den nächsten.

6.7 Falsche Reportage: Wenn die Situation nichts zu sagen hat

Ich spekuliere jetzt mal. Wahrscheinlich fällt in vielen Redaktionen, Produktionsfirmen oder Autorenkollektiven irgendwann folgender Satz: „Dann leg da doch noch ein bisschen Atmo drunter, dann wirkt es wenigstens reportagig." Vielleicht lautet der Satz auch leicht anders. Aber zumindest die Ergebnisse hören sich häufig so an, als ob so ein Satz irgendwann gefallen ist. Die Idee dahinter ist ja wahrscheinlich sogar die richtige: Das Stück soll erfahrbarer gemacht werden, akustisch aufgewertet. Wenn aber die Atmo oder die gesamte Situation nichts mit der eigentlichen Geschichte zu tun hat, dann erzeugt es mehr Irritation beim Hörer als alles andere. Die falsche Reportage tritt in zwei Varianten auf: „Mach mal Atmo drunter" und „Situation ohne Story".

Variante „Mach mal Atmo drunter": Ich war mal auf einer Journalisten-Tagung, wenn ich mich richtig erinnere, muss es eine Jahres-Konferenz von „netzwerk recherche" gewesen sein (Audio ist hier ja von Anfang an unterrepräsentiert, aber das ist eine andere Geschichte). Und es ging um die Reportage als große Erzählform. Und sinngemäß fiel auf dem Podium irgendwann der Satz eines Redakteurs: „Unsere Autoren sollen unter alle O-Töne Atmo legen. Wenn ein Ton im Büro aufgenommen ist, dann soll da zumindest Straßen-Atmo drunter, so als ob das Fenster aufgestanden hätte." Ein Wahnsinns-Tipp! Und einer, der die Geschichte auf jeden Fall voranbringt. Dabei sollte doch eigentlich klar sein: Nur Atmo unter einen O-Ton zu legen, schafft noch keine Reportage oder Szene. Im Gegenteil: Es irritiert den Hörer sogar eher. Und es bringt in der Produktion Fragen mit sich: Bleibt die Atmo dann auch unter dem Erzählertext stehen – auch wenn es sich gerade um eine Passage auf der oberen Sprosse der Leiter der Abstraktion handelt? Oder lasse ich die Atmo nur unter den O-Tönen stehen? Dann reißt aber der Übergang von O-Ton zu Erzähltext. Selbst wenn ich den Übergang schmiere, also ein bisschen Atmo-Überhang nutze, um die Übergänge besser zu gestalten, ist das Ergebnis zumindest irritierend: Soll das jetzt eine Szene sein oder nicht? Gibt es da jetzt irgendetwas zu erleben oder nicht? Unterm Strich ist das aber noch die Variante, die deutlich weniger weh tut oder der Geschichte schadet. Richtig ärgerlich wird es jetzt:

Variante „Situation ohne Story": Häufig ist es ja die Not, aus der Ideen geboren werden. So wahrscheinlich auch im folgenden Fall. Sagen wir mal: Mir ist als Autor oder Reporter bewusst, dass ich eigentlich keine gute(n) Szene(n) für mein Stück habe, soll ja vorkommen. Trotzdem will ich ja alle Informationen unterbringen, die ich gesammelt habe. Was mache ich also: Ich füge eine Pseudo-Szene ein. Ich tue so, als ob hier etwas Wichtiges passiert – dabei tut es das gar nicht. Diese Abschnitte beginnen häufig mit Formulierungen wie „Wir sind unterwegs" oder „Ich stehe/gehe jetzt hier" oder „Hier ist der Ort, wo es (möglicherweise) passierte" (nur leider ist der Protagonist nicht mit dabei, aber egal...). Sie erkennen solche Szenen auch an den sehr gestelzten Überleitungen zur eigentlichen Geschichte. Weil die Szene nichts mit der Geschichte zu tun hat, müssen die Überleitungen immer künstlich wirken, auch wenn sie schnell gestaltet sind. Da gibt es häufig Spekulations-Formulierungen wie „Ist das der Ort, wo...? oder „Hat xy hier auch das und das gemacht?" All diese Formulierungen zeigen auch schon, dass es sich wahrscheinlich um gar keine echte Szene handelt, sondern um mehr oder weniger gut gemeinte Illustrationen. Es gibt zahllose Beispiele dieser Variante. Viele Autoren, mich eingeschlossen, haben sicher schon mal zu diesem eher dürftigen Trick gegriffen. Wann immer die Versuchung naheliegt, gehen Sie zurück zu Ihrem Erzählsatz und fragen Sie Ihre Situation oder Szene: Wie treibt sie die Geschichte voran? Wenn Sie darauf keine Antwort bekommen, dann hat die Situation nichts in ihrer Geschichte verloren. Raus damit.

6.8 Checkliste: Szenisch erzählen

Gute Szenen sind das Rückgrat einer jeden Geschichte. Sie enthalten das, was uns bewegt, woran wir uns erinnern und was wir anderen weitererzählen. Eine meiner Lieblings-Szenen im „Anhalter", wenn man das so sagen kann bei diesem Thema, findet sich in der vierten Folge. Wir haben uns mit einem anderen ehemaligen Patienten, Peter Köhler (den Namen haben wir für die Geschichte geändert), zum Mittagessen getroffen. Suppe löffelnd entspannt sich schließlich folgender Dialog zwischen Peter und Heinrich:

O-Ton	(Heinrich Kurzrock, Restaurant) Aber was mich jetzt mal interessiert: du hast zum einen genauso wie ich, Marsberg hinter dir – also St. Johannes-Stift. Und zum anderen kommen ja immer wieder und immer wieder neue Schläge als Probleme auf. Gesellschaftlich. Wie wirst du damit fertig? Wie gehst du damit um? Das würde mich jetzt mal interessieren!
O-Ton	(Peter Köhler, Restaurant) Ja, bei mir ist das so, ich bin da ziemlich drüber weg. Es nützt ja alles nichts mehr. Es ist passiert – was willste da noch dran ändern, ne?
Sven	Peter Köhler hat sich ein Leben aufgebaut. Heinrich hat nur seinen Tabak.
O-Ton	(Heinrich Kurzrock, Restaurant) Ich rauche 70 Zigaretten am Tag. Ich habe zwei Süchte: Kaffee und Tabak. Keinen Alkohol, nix.
O-Ton	(Peter Köhler, Restaurant) Boah. Haste keine Frau, haste wenigstens das!
O-Ton	(Heinrich Kurzrock, Restaurant) Nee.
Sven	So kann man das auch sehen. Köhler ist heute verheiratet, mit einer anderen ehemaligen Patientin.
O-Ton	(Heinrich Kurzrock, Restaurant) Also hast du es besser geschafft als ich!
Musik: Gitarre.	

Stephan	Heinrich ist enttäuscht. Er sieht, dass er es nicht leicht hatte, sieht aber auch, dass andere andere Wege gegangen sind. Und einen Platz gefunden haben. Doch auch Heinrich hat so einen Platz. Wo er sich wohlfühlt, wo er am liebsten Kaffee trinkt. Da fahren wir hin, weil Heinrich das möchte und weil wir darin unsere Chance sehen, zu verstehen, wie Heinrich eigentlich so lange auf der Straße überleben konnte.
Musik Ende. Atmo: Verteilerkreis Köln.	

Diese Szene (Heinrichs Ziel ist es hier herauszufinden, wie jemand mit ähnlichen Erlebnissen umgegangen ist) steht beispielhaft für Heinrichs Versuch, mit seiner Biographie ins Reine zu kommen. Als Erzähler ergänzen wir nur kurze Überleitungen und die notwendigen Fakten, die für das Verständnis oder die Einordnung notwendig sind. Die Szene endet auf einer tragischen Pointe: Heinrich kann sich nicht mit Peter freuen, er bleibt in sich gefangen. Diesen Gedanken greift Stephan im anschließenden Überleitungstext sofort auf und springt auf der Leiter der Abstraktion nach oben. Die vorherrschenden Gefühle, Tragik und Mitleid, nutzt er außerdem, um in die nächste Situation einzuführen. Schnell, zügig, direkt, ohne hektisch zu sein. Vielleicht hilft die Szene, um noch einmal die wichtigsten Punkte in Erinnerung zu rufen.

Checkliste Szenisch erzählen

- Habe ich genug Szenen (aus erster Hand oder rekonstruiert) für die angepeilte Länge meines Stücks und nicht nur Informationen, die ich unterbringen will? Szenen sind das Rückgrat jeder Narration. Sind sie nicht vorhanden, besteht die Gefahr des vertonten Lexikon-Eintrags.
- Sind meine Szenen starke Szenen? Kann ich einen Szenen-Satz bilden? Jede Szene ist wie eine Mini-Story innerhalb der Geschichte: Jemand will etwas erreichen, stößt aber auf Hindernisse. Dabei müssen die Szenen die Geschichte vorantreiben, Stück für Stück.
- Sind meine Charaktere szenisch eingeführt? Verfolgen sie innerhalb der Szenen konkrete Ziele? Charaktere werden durch Handlungen erkennbar und erfahrbar. Jede Szene liefert im Idealfall einen neuen und weiteren Charakterzug der Figuren.
- Sind meine O-Töne szenengetreu aufgenommen? Habe ich alle O-Töne, die ich für eine Szene brauche? Wenn das nicht der Fall ist, gibt es beim Schreiben oder spätestens in der Produktion in der Regel große Probleme.

- Erfüllen meine O-Töne eine klare Funktion für die Geschichte? Sind es zum Beispiel szenische O-Töne, sind sie also dialogisch, dreckig, dicht oder nicht direkt? Vermittelt sich die Bedeutung über den Subtext? Dann wird auch der Hörer in die Geschichte gezogen.
- Habe ich rekonstruierte Szenen ausreichend überprüft? Sind die Erinnerungen von Charakteren in sich logisch und durch andere Quellen verifizierbar?

Szenen sind für Geschichten gar nicht hoch genug einzuschätzen. Sie liefern das Erlebnis und sorgen dafür, dass die Geschichte in Erinnerung bleibt. Gleichzeitig stellen sie an den Reporter immens hohe Anforderungen, sowohl in Sachen Planung als auch bei den Aufnahmen und in der Produktion. Doch wenn sie gelingen, dann kann der Hörer ganz in die Geschichte eintauchen. In starken Szenen tritt der Reporter oder Erzähler nahezu komplett in den Hintergrund. Dabei ist er es doch, der die ganze Geschichte zusammenhält und durch sie leitet. Nicht nur mit seiner Stimme, sondern mit seiner gesamten Persönlichkeit. Das bringt uns zu einem der spannendsten Kapitel für akustische Erzählungen.

Weiterführende Literatur

Jessica Abel: Out on the wire (New York: Broadway Books, 2015).
Jon Franklin: Writing for Story (New York: Plume, 1986).
Robert McKee: Dialogue. The art of verbal action for the page, stage, and screen (New York: Hachette Book Group, 2016).
John Truby: The Anatomy of Story (New York: Farrar, Straus and Giroux, 2007).

Weiterführende Links

Skript der Geschichte „Locked Man", NPR-Podcast „Invisibilia": https://www.npr.org/2015/01/09/375928581/locked-man
Skript „Serial" (erste Folge, erste Staffel): https://genius.com/Serial-podcast-episode-1-the-alibi-annotated
Skript der Geschichte „Eichhörnchens permanente Revolte": http://www.deutschlandfunk.de/eichhornchens-permanente-revolte-pdf-dokument.media.bc8724b1da32d9adefae-5cf9f64954b4.pdf
Masterclass „Aaron Sorkin teaches Screenwriting" (kostenpflichtig): https://www.masterclass.com/classes/aaron-sorkin-teaches-screenwriting

Wer spricht: Erzählhaltung entwickeln und umsetzen

7

> **Zusammenfassung**
>
> Der Erzähler prägt die akustische Narration so wie kaum ein anderes Element. Er ist der Anker. Er führt durch die Geschichte, gibt Orientierung und baut eine Beziehung zum Hörer auf. Der Erzähler hat dabei eine eigene Persönlichkeit. Diese gilt es, zu gestalten. Zentral für diese Persönlichkeit ist die Erzählhaltung. Diese zu entwickeln und umzusetzen, ist eine der größten Herausforderungen für akustische Narrationen. Denn der Hörer bekommt die Erzähler-Persönlichkeit sofort zu spüren. Dieses Kapitel zeigt, worauf es bei der Erzählhaltung ankommt, wie man sie entwickelt und umsetzt. Dabei wird eine der wichtigsten Fragen für Audio-Narrationen beantwortet: Wie kann ein Erzähler die Geschichte nicht nur präsentieren, sondern wirklich erzählen?

> **Schlüsselwörter**
>
> German Narrator, Aufgaben des Erzählers, Erzählhaltung, Mindset des Erzählers, Grundannahmen, Ich-Erzähler, Schreiben fürs Erzählen, Live-Anmutung

7.1 Der Erzähler: Beyond the „German Narrator"

Der Erzähler vermittelt nur die Geschichte, niemals würde er aktiv in die Handlung eingreifen. Wie etwa zu Beginn des neunten Falls von Privatdetektiv Frank Faust („Der unsterbliche Artus", Igel Records 2013):

\multicolumn{2}{l}{EXT. EIN FELDWEG IRGENDWO IN CORNWALL. TAG.}
Erzähler	Privatdetektiv Frank Faust hatte die Nase voll.
Faust	(schnieft)
Erzähler	Missmutig stapfte er in der Dämmerung den Feldweg entlang. Wie eine graue Wand aus Wasser verdeckte der Regen die Sicht auf die Welt.
Faust	Campen. In England. Im OKTOBER!
Erzähler	Der Wind peitschte den Regen in Fausts Gesicht. Die Tropfen trafen ihn wie kleine Kugeln, die an seinem Kopf aufplatzten und dann in Bächen langsam seinen Nacken hinunter liefen…
Faust	Jaaaaa…ist ja guuuut!
Erzähler	Was? Wer wollte denn hierhin?
Faust	Killanowski!
Erzähler	Und du wolltest mit…
Faust	Nicht jetzt… Wo muss ich hin?
Erzähler	(seufzt) Bin ich hier ein Navigations-System?!
Faust	Jetzt mach schon.
Erzähler	(seufzt) Da vorne rechts. Auf die Straße.
Patsch.	
Erzähler	Das andere Rechts.
Faust	Arg… alles falsch rum!

Der Anfang der Geschichte kommt wie eine fiktionale Erzählung daher. Tatsächlich sind die „Faust jr."-Hörspiele eine Mischung aus fiktionaler Geschichte, echten O-Tönen und historisch akkuraten Fakten. Das Beispiel zeigt, wie weit der Erzähler als Charakter erkennbar und damit zum prägenden Teil der Geschichte werden kann: Der Erzähler leitet nicht nur durch die Geschichte, sondern er interagiert mit den darin auftretenden Figuren und wird selbst als Figur erkennbar. Vielleicht ist der erste Impuls, den wir als Journalisten bei solchen Beispielen haben: „Das hat doch nichts mit den Geschichten zu tun, die wir erzählen." Doch! Denn die Erzählweise führt uns – wenn auch auf recht intensive Art und Weise – vor Augen, welche Narrations-Elemente wir häufig nicht bewusst gestalten. In realen Geschichten tun wir als Reporter und Autoren nämlich häufig so, als ob es gar keinen Erzähler geben würde bzw. der Erzähler die Geschichte ganz wertfrei, so objektiv und distanziert wie möglich, präsentiert. Es ist die Behauptung des nicht vorhandenen Erzählers: „'The German narrator' nannten die Kollegen des westlichen Auslands eher spöttisch jene Stimme aus den Wolken, die ein Markenzeichen unserer ARD-Feature war."[95] Das schreibt einer der erfahrensten deutschen Feature-Autoren, Helmut Kopetzky.

---

95 Helmut Kopetzky: Objektive Lügen. Subjektive Wahrheiten. Radio in der ersten Person (Münster: Edition Octopus, 2013), S. 146.

7.1 Der Erzähler

„Bis in die 70er Jahre des vorigen Jahrhunderts (und darüber hinaus) herrschte im deutschsprachigen Hörfunk noch weitgehend unangefochten der allwissende Erzähler mit der kernigen Radiostimme und dem Abzeichen für ‚Objektivität' an der Mütze, der *ex cathedra* (ex studio) bekannt gab, wie die Welt angeblich *sei*."[96]

Bis heute herrscht dieser Erzähler in zahlreichen Produktionen vor (zum Glück gibt es auch viele andere Produktionen). Das Ergebnis: Größtmögliche Distanz zum präsentierten Inhalt und häufig künstlich überartikulierte Erzählhaltung (verbunden mit vielen falschen Betonungen, nein, nicht – jedes – Wort – muss – betont – werden). Dabei sollte die Geschichte doch wirklich erzählt werden. Mit dem Ziel, mir als Hörer das Gefühl zu geben, dass tatsächlich in diesem Moment mir jemand etwas erzählt. Wer dieses Ziel ernsthaft verfolgt, wird schnell merken: Das hat große Auswirkungen auf die Art und Weise, wie das Manuskript geschrieben ist und wie später die Sprachaufnahmen entstehen. Denn die Erzählhaltung sollte uns nicht einfach passieren, sie muss inszeniert werden, damit sie wirklich authentisch wirkt (auch wenn das wie ein Widerspruch klingt). Darüber hinaus meint „Erzählhaltung" noch etwas anderes – nämlich tatsächlich eine hörbare Haltung zur Geschichte. Die Erzählweise liefert eine Antwort auf die Frage: Wie steht der Erzähler eigentlich zu dem, was er oder sie gerade erzählt? Es geht vielmehr um Transparenz als um behauptete Objektivität. Um diese Frage zu beantworten, reichen die vertrauten Kategorien wie „personaler" oder „allwissender" Erzähler nicht aus. Denn das zentrale Element findet gewissermaßen auf der Subtext-Ebene des Erzählens statt. John Truby fasst das so zusammen: "The storyteller is one of the most misused of all techniques, because most writers don't know the implications of the storyteller or its true value."[97] Truby schreibt zwar über Erzähler im Film, aber wieder einmal ist die Aussage meiner Ansicht nach auch auf Audio-Erzählungen übertragbar. Nähern wir uns also dem Alleinstellungsmerkmal „Erzählhaltung" in drei Schritten:

1. Erzählhaltung entwickeln.
2. Erzählhaltung schreiben.
3. Erzählhaltung inszenieren (vgl. hierzu Kapitel 8.4).

Um eine Erzählhaltung zu entwickeln, muss als erstes klar sein, welche Aufgaben ein Erzähler eigentlich wahrnimmt. Hier kommen sie.

---

96 Ebd., S. 146.
97 John Truby: The Anatomy of Story (New York: Farrar, Straus and Giroux, 2007), S. 310.

7.2 Aufgaben des Erzählers: Aktion präsentieren und kommentieren

Es hört sich banal an: Der Erzähler erzählt die Geschichte. In dieser Hinsicht haben wir bei Audio-Erzählungen gar keine Wahl. Wir brauchen irgendeine Art von Erzähler, der unsere Geschichte präsentiert. Die reine Collage oder rein szenisch inszenierte Geschichte, die (fast) komplett ohne hörbaren Erzähler auskommt, ist zwar möglich, bleibt in nicht-fiktionalen Geschichten dann aber doch die Ausnahme (zur rein szenischen Narration vgl. Kapitel 3.8). Es kommt zum Beispiel bei Oral-History-Ansätzen oder stark dokumentarisch arbeitenden Stücken vor, etwa bei dem bereits erwähnten Feature „Fallbeil für Gänseblümchen" (WDR 2011) von Maximilian Schönherr. Die reine O-Ton-Form ist ein exzellentes Training für Reporter – denn alle Informationen, die zum Verständnis der Geschichte notwendig sind, müssen im „On" zu hören sein. Jeder Autor, der diese Form mal für eine nicht-fiktionale Geschichte ausprobiert hat, weiß, wie aufwändig und kompliziert das werden kann.[98] In der Regel wird es also einen Erzähler geben. Doch was heißt es eigentlich genau, eine Geschichte zu erzählen? Zwei zentrale Funktionen sollte der Erzähler erfüllen:

- **Der Erzähler präsentiert die Aktionen, Debatten und Szenen** der Geschichte. Er ist der Anker für den Hörer. Der Erzähler leitet von einer Szene zur nächsten über und liefert innerhalb einer Szene die unbedingt notwendigen Fakten für das Verständnis. Je unauffälliger das passiert, desto besser. Dann wird der Hörer nicht durch den Erzähler von der Szene abgelenkt. Der Erzähler führt somit zwar durch Zeit und Raum, ordnet sich aber der Geschichte unter, er verschwindet sozusagen hinter der Geschichte. Dies wird vor allem in echten Szenen zu spüren sein. Wird der Erzähler zu stark als Charakter erkennbar, besteht die große Gefahr, dass er von der eigentlichen Geschichte ablenkt. Es sei denn, er ist selbst Teil der Erzählung und spielt eine Rolle in der Szene. Für rekonstruierte Szenen bedeutet das: Der Erzähler wird sehr stark die Perspektive des Charakters einnehmen, der die Szene (nach-)erzählt. Damit nähert er sich in dieser Art von Szenen sehr stark dem personalen Erzähler der Prosa an.[99] Hier ist also Zurückhaltung gefragt. Das ist bei der zweiten Funktion genau nicht der Fall.

---

98 „Erlebte Geschichte" in WDR 5 ist zum Beispiel ein Oral-History Format, in dem Menschen aus ihrem Leben erzählen. Ohne zusätzlichen Erzähler.
99 Vgl. hierzu Franz K. Stanzel: Theorie des Erzählens (Göttingen: UTB, 8. Aufl., 2008), S. 68 ff.

7.2 Aufgaben des Erzählers

- **Der Erzähler kommentiert die Aktionen, Debatten und Szenen der Geschichte bzw. ordnet sie ein.** Das kann auf ganz unterschiedliche Art und Weise geschehen. Humorvoll, wütend, bissig, ironisch, kurz und knapp oder ausführlich. Dadurch wird der Charakter des Erzählers erkennbar. Der Erzähler tritt also deutlich spürbar in Erscheinung.

Die beiden Funktionen sind ein wenig wie zwei entgegengesetzte Enden auf einer Skala, einerseits eher zurückgenommen, andererseits stärker einordnend und kommentierend. Je nach Erzählung kann der Erzähler zwischen beiden Polen pendeln – abhängig vom Verlauf der Geschichte. Die zweite, einordnende Funktion ist für Audio-Erzählungen der entscheidende Punkt. Denn hier wird der Erzähler erkennbar. Dabei ist mit dieser Funktion eine große Gefahr verbunden: „Notice, that a storyteller calls attention to himself and, at least initially, can distance the audience from the story."[100] Wieder meint Truby einen Erzähler im Film, der als Stimme in Erscheinung tritt. Aber derselbe Gedanken lässt sich auch auf Audio-Erzählungen übertragen und ein wenig zuspitzen: Wird der Charakter des Erzählers deutlich, wird sich der Hörer mit diesem Charakter auseinandersetzen. Dann besteht die Gefahr, dass der Hörer von der Geschichte abgelenkt oder sogar abgestoßen wird – vor allem, wenn er den Erzähler aus welchen Gründen auch immer nicht mag. Die Abstoßung des Erzählers wird dabei schnell, impulsiv und wahrscheinlich unreflektiert erfolgen. Wer den Erzähler nicht mag oder akzeptiert, wird der Geschichte nur schwer weiter folgen. Um dieses Problem zu umgehen, verfolgen viele reale Erzählungen eine verheerende Strategie: Sie arbeiten mit dem größtmöglich-distanzierten Erzähler, der aus auktorialer, also allwissender Haltung, die Erzählung scheinbar journalistisch-objektiv präsentiert – und genau diesen Tonfall auch an den Tag legt. Und diese Haltung erzeugt genau das, was man damit eigentlich vermeiden will. Die Hörer reiben sich an dieser angeblich allwissenden Erzählhaltung, die von oben herab die Welt erklärt, und wenden sich von der Geschichte ab. Deswegen ist diese Erzählhaltung so gefährlich und destruktiv. Der angeblich allwissende Erzähler ohne Persönlichkeit schafft größtmögliche Distanz zwischen Erzähler und Geschichte. Seine herablassend wirkende Haltung kann für Ablehnung beim Publikum sorgen. Damit ist er häufig der Geschichte nicht dienlich. Das Ziel muss es deshalb sein, einen Erzähler zu entwickeln, der der Geschichte dient und gleichzeitig von den Hörern akzeptiert oder sogar gemocht wird. Als erstes sollte sich der Erzähler darüber klar sein, wie er eigentlich zu „seiner" Geschichte steht. Was genau ist denn seine Erzählhaltung?

---

100 John Truby: The Anatomy of Story (New York: Farrar, Straus and Giroux, 2007), S. 310.

7.3 Mindset des Erzählers: Erzählhaltung entwickeln

In Radio und Podcast wird der Erzähler fast immer als echte Person erkennbar sein. Allein durch seine Stimme. Damit setzt sich der Hörer auch sofort mit dem Erzähler auseinander, er reagiert auf Stimme und Erzählhaltung genauso wie auf die Geschichte selbst. Deswegen ist die Erzählhaltung so entscheidend. Ich nenne es auch das „Mindset" des Erzählers. Vier Fragen können helfen, es zu entwickeln:

- **Wie steht der Erzähler zu seiner Geschichte** (was fasziniert ihn, warum erzählt er die Geschichte überhaupt)? Die Frage zielt primär auf das ab, was man in der Psychologie auch Grundannahmen nennt (andere Begriffe sind Beliefs, Grundüberzeugungen oder Glaubenssätze).[101] Diese drücken aus, welche Ansichten jemand über sich, andere und die Welt hat. Wie die Welt zu sein hat. Diese Grundannahmen sind sehr stark in uns als Persönlichkeit verankert. Deshalb kommen sie, wenn wir sie in Worte fassen, meistens im Indikativ daher, sie werden subjektiv als Wahrheit angesehen. Manche, weit verbreitete Grundannahmen, werden sogar zum Sprichwort: „Erst die Arbeit, dann das Vergnügen." Diese Überzeugung drückt aus: Ich muss mir Belohnung erst verdienen. Normalerweise reflektieren wir als Menschen eher selten diese tief sitzenden Überzeugungen. Sie prägen aber stark, wie wir die Welt sehen. Sie beeinflussen unsere Ideologie und unser Verhalten. Insofern ist es für eine Erzähler-Persönlichkeit von entscheidender Bedeutung, sich über die Überzeugungen klar zu werden, die für die Geschichte eine Rolle spielen. Diese Überzeugungen muss ich als Autor nicht notwendigerweise im echten Leben teilen – sie helfen mir, eine Persönlichkeit zu entwickeln. Sie sollten aber dann meinen echten und eigenen Annahmen entsprechen, wenn ich als Reporter mit einer Ich-Erzählung arbeite. Sonst begebe ich mich nicht nur moralisch auf sehr dünnes Eis, sondern werde die Haltung bei den Sprachaufnahmen nur schwer authentisch vermitteln können. Ein Beispiel aus dem „Anhalter" kann noch einmal verdeutlichen, wie die Arbeit mit Grundüberzeugungen gelingen kann: Direkt in der ersten Szene trifft Stephan auf Heinrich. Stephans Erzähler-Passagen der ersten Szene lesen sich folgendermaßen (im Stück wird er von kurzen O-Tönen Heinrichs unterbrochen): „Wenn einer vor dir steht, völlig verzweifelt... (O-Ton) ...und der will mit seinem Leben Schluss machen... (O-Ton) ...und er bittet dich um einen letzten Gefallen, für seine allerletzte Reise... (O-Ton) ...dann musst du

---

101 Zum Konzept der Grundannahme vgl. auch: Judith S. Beck: Praxis der kognitiven Verhaltenstherapie (Weinheim: Beltz Verlag, 2013), S. 223 ff.

7.3 Mindset des Erzählers

dem doch helfen, oder?" Stephan äußert hier nichts anderes als eine Grundüberzeugung: Du musst Menschen helfen, die verzweifelt und in einer ausweglosen Situation sind. Diese Überzeugung wird von Menschen wahrscheinlich geteilt oder zumindest als nachvollziehbar empfunden. Damit ist Stephan als sympathischer und nachvollziehbarer Erzähler verankert.

Grundannahmen oder Beliefs sind auch deshalb ein gutes Mittel, um Erzählhaltungen zu entwickeln, weil sie uns etwas über die Motivation von Menschen verraten, und damit als Identifikations-Möglichkeit für den Hörer genutzt werden können. Nach dem Motto: Wenn ich weiß, warum jemand etwas tut, dann verstehe ich seine Handlungen besser. Um Überzeugungen zu identifizieren bzw. für den Erzähler zu finden, fragen Sie sich: Was denkt der Erzähler über die Welt, über die er berichtet (glaubt er zum Beispiel, dass in der Wirtschaftswelt gilt „Geld schlägt Menschlichkeit"?) Und warum hilft das? Weil es dem Erzähler eine Haltung beim Erzählen ermöglicht. Stephan kann sich zum Beispiel zu Beginn des „Anhalters" nicht einfach abwenden und gehen, obwohl er merkt, wie schräg die Situation ist, wie fordernd Heinrich wirken kann. Und genau diesen inneren Kampf wollen wir bei den Sprachaufnahmen wieder erzeugen. Dafür muss uns aber klar sein, welchen inneren Kampf Stephan mit sich ausgefochten hat. Grundannahmen helfen also, den Erzähler in die gewünschte und angemessene Sprechhaltung zu bringen (zur inszenatorischen Arbeit vgl. Kapitel 8.4).

- **Wie steht der Erzähler zu den Charakteren der Erzählung?** Welche Perspektive, welchen Ort, nimmt er in Bezug auf die Welt seiner Charaktere ein? Diese Fragen scheinen auf den ersten Blick sehr ähnlich zur ersten Kategorie zu sein. Das sind sie aber nicht. Um bei dem Beispiel aus dem „Anhalter" zu bleiben: Stephans Überzeugung sagt nur, dass er der Person helfen sollte. Die Überzeugung sagt nichts darüber aus, ob er die Person sympathisch oder irritierend findet. Das Verhältnis zwischen Erzähler und Charakter ist also (noch) nicht klar. Die Szene aus „Faust jr." vom Anfang des Kapitels zeigt zum Beispiel sehr deutlich das Verhältnis zwischen Erzähler und Hauptfigur. Offenbar kennen die beiden sich schon länger, sie sind ein bisschen genervt voneinander, weil sie die Verhaltensweisen des anderen schon oft erlebt haben, können sich aber wohl aufeinander verlassen – also zumindest kann sich Faust auf den Erzähler verlassen. Auf der einen Seite gibt es also den etwas verpeilten Detektiv, der allein nicht klarkommen würde (gespielt von Ingo Naujoks). Auf der anderen Seite steht der etwas divenhafte Erzähler (gespielt von Bodo Primus), der sich gerne mal bitten lässt, seinen Job zu machen, nämlich die Geschichte zu erzählen. Gleichzeitig wird aber noch etwas anderes deutlich: Der Erzähler würde seinen Helden nie ernsthaft gefährden. Biegt Faust falsch ab, wird er vom Erzähler mehr oder weniger sanft auf den richtigen Weg gebracht („Das andere Rechts"). Damit ist auch das Erzählversprechen gegeben: Es wird nicht wirklich etwas Schlimmes passieren (schließlich handelt es sich um Hörspiele für Kinder). All diese Ebenen werden in nur wenigen Zeilen Dialog deutlich (was auch noch einmal zeigt, wie kraftvoll Dialog sein kann).

Im „Anhalter" ist die Frage nach dem Verhältnis der beiden Erzähler zum Protagonisten eine der wichtigsten in der gesamten Geschichte. Das Verhältnis entwickelt und verändert sich laufend. Es ist damit auch Motor der Geschichte. Dabei müssen sich die Veränderungen vor den Ohren der Hörer abspielen. Deswegen ist es so entscheidend, für jede Szene die Erzählhaltung zu kennen.

- **Wie steht der Erzähler zu seinem Publikum?** Um diese Frage zu beantworten, muss der Erzähler (und damit der Autor, der den Erzähler schreibt) eine Vorstellung von seinem Publikum haben. Diese Publikums-Imagination wird eine Reaktion hervorrufen (Mag der Erzähler diese Menschen eigentlich? Oder sind sie ihm möglicherweise sogar eigentlich fremd?) und damit wesentlich den Tonfall der Erzählung festlegen. Wenn ich jemanden zum Beispiel nicht mag, dann werde ich schnell in Mansplaining verfallen (also von oben herab erklären), um mich zu erhöhen und den anderen zu erniedrigen. Fragen Sie sich mal, ob Sie beim Hören von Geschichten oder aktuellen Radio- und Podcast-Angeboten erahnen, wie Moderator oder Reporter zu ihrem Publikum stehen. Ganz häufig werden Sie eine Antwort spüren.

  Dabei gibt es wohl einen deutlichen Unterschied zwischen Radio-Produktionen und Podcasts. Podcaster haben häufig eine deutlich klarere Vorstellung ihrer Community (möglicherweise auch, weil sie weniger heterogen ist). Das bedeutet: Es ist mehr Nähe möglich. Das merkt man auch in der Erzählweise. Gute Beispiele dafür sind „Radiolab" und „This American Life" auf dem amerikanischen Markt, gleiches gilt für „Einhundert" von Deutschlandfunk Nova hierzulande.[102]

- **Welche Perspektive, welchen Ort, nimmt der Erzähler in Bezug auf die Geschichte ein?** Diese Frage betrifft den Point-of-View des Erzählers. Auf zweierlei Weise: Einerseits geht es um die Frage des äußeren Standpunkts: Steht der Erzähler in der Geschichte oder außerhalb, ist er Teil der Geschichte oder Beobachter? Andererseits geht es um die Frage des inneren Standpunkts: Teilt der Erzähler die Lebenswelt, über die er berichtet (kennt er sie also), oder beobachtet er eine ihm eigentlich fremde Welt?

  Zum äußeren Standpunkt: Wahrscheinlich wird es in dokumentarischen Narrationen einen Wechsel der Perspektive geben, je nachdem, wo sich die Geschichte

---

102 Diese Sendungen werden teilweise auch linear ausgestrahlt, sind aber in erster Linie als Podcast gedacht.

gerade auf der Leiter der Abstraktion befindet. Je konkreter, desto mehr wird der Erzähler mit in die Geschichte eintauchen. Je abstrakter, desto eher wird er sich ein wenig von der Geschichte entfernen. Steht er selbst im Mittelpunkt der Geschichte oder ist handelnder Teil davon, wird es wahrscheinlich ohnehin auf eine Ich-Erzählung hinauslaufen. Dann ist der Erzähler mitsamt seiner Persönlichkeit und Gedankenwelt mitten in der Geschichte.

Zum inneren Standpunkt: In nicht-fiktionalen Narrationen wird der Erzähler tendenziell stärker von außen auf die berichtende Welt schauen (das gilt sowohl für Erzählungen über Obdachlose als auch für Geschichten über Spitzenmanager). Dabei ist die Gefahr sehr hoch, in das eine oder andere Extrem zu verfallen. Also entweder die Geschichte etwas herablassend im Tonfall des „German Narrators" zu präsentieren, der alles recherchiert hat, die Welt komplett versteht und nun beurteilen kann. Oder aber in den Tonfall distanzloser Begeisterung zu verfallen, weil ja alles so spannend und aufregend ist. Das passiert eher mal Reportern, die sich zum ersten Mal einem Thema nähern, das ihnen sonst fremd ist. Alles ist neu und begeisterungswürdig oder besonders verwerflich. Diese Haltung wirkt allerdings oft wenig souverän und klug – außerdem bringt sie die Gefahr der Distanzlosigkeit mit sich. Menschen, die sich ein wenig mit der Welt auskennen, werden es als naiv empfinden. Es gilt der Merksatz: Nur weil es für den Reporter neu ist (weil er sich zum ersten Mal damit beschäftigt), ist es nicht für alle Hörer auch neu.

Die vier Fragen helfen also dabei, die gewünschte Erzählhaltung, das Mindset des Erzählers, zu entwickeln. Darüber hinaus gibt es ein paar Merkmale, die es für Erzähler einfacher machen, eine positive Beziehung zu Hörern aufzubauen und diese damit emotional an die Geschichte zu binden. Das wohl wichtigste Merkmal: Der Erzähler ist bescheiden. Er prahlt nicht mit dem Wissen, das er angehäuft hat. Oder mit seinen Erlebnissen. Er tut eben gerade nicht so, als ob er allwissend sei und die Geschichte nichts mit ihm zu tun habe. Diese auktoriale (allwissende) Haltung würde auch der Entwicklung der Geschichte im Weg stehen. Denn wer alles weiß und mit seinem Wissen prahlt, wird viel zu früh viel zu viel verraten. Besser ist es, wenn der Erzähler die Geschichte mit ent- oder aufdeckt. Er ist also ein lernender, nicht-wissender Erzähler.

Dem Hörer ist dabei klar, dass der Erzähler eine Geschichte aus der Vergangenheit erzählt – manchmal ist sie nur ein paar Tage alt, manchmal Jahrhunderte. Aber das Bewusstsein schwingt immer mit, dass es sich um ein vergangenes Ereignis handelt. Manchmal kann man diese Tatsache als Autor bewusst nutzen. Zum Beispiel, wenn man extra darauf hinweist, dass eine Geschichte in der Vergangenheit liegt und abgeschlossen ist. Dadurch kann die Geschichte mehr Melancholie oder sogar Tragik gewinnen. Es stellt sich ein „Was wäre, wenn"-Gefühl oder ein Gefühl der verpassten Chancen ein, das die ganze Geschichte begleitet. Doch auch wenn darauf nicht explizit hingewiesen wird, ist den Hörern klar, dass das Erzählte in der Vergangenheit liegt. Das hat direkte Auswirkungen auf Erzählhaltung und Hörer: „They also feel that the story is complete and that the storyteller, with only the perspective that comes after the end, is about to speak with perhaps a touch more wisdom."[103] Diese Weisheit gibt dem Hörer das Gefühl, dass der Erzähler eine auch noch so dramatische Geschichte emotional halten kann. Es ist wie ein Versprechen des Erzählers: Ich werde dich sicher durch diese Geschichte führen, sie wird mir nicht aus den Fingern gleiten. Die Weisheit des Erzählers zeigt sich meiner Ansicht nach in zwei konkreten Verhaltensweisen:

- **Der Erzähler beobachtet und reflektiert, er ist klug, ohne klugzuscheißen.** Dabei ist er transparent in seiner Argumentation. Diese Art der Weisheit wird also vor allem auf der oberen Stufe der Leiter der Abstraktion deutlich. Gerade in der ersten Staffel von „Serial" verkörpert Sarah Koenig genau diese Art von Erzählerin. Die immer wieder innehält, reflektiert und daraus kluge Gedanken entwickelt, die dann schließlich in eine neue Szene führen. Die Weisheit des Erzählers bezieht sich also viel eher auf seine Analyse- und Reflektions-Fähigkeit als auf sein Wissen. Das wird häufig missverstanden. Daraus folgt auch direkt der zweite Punkt.
- **Der Erzähler sagt nicht alles, was er weiß.** Das braucht er gar nicht, um sein Ego herauszustellen. Der Erzähler erzählt nur das, was für die Geschichte wichtig ist. Natürlich ist da noch unendlich viel mehr, was man sagen könnte, in Bezug auf diesen oder jenen Fakt, aber das tut der Erzähler nicht – er kann sich zurückhalten. Und das spürt der Hörer auch. Der Erzähler ist so gut informiert, dass er unterscheiden kann, was für die Geschichte wirklich wichtig ist und was nicht. Auch diese Fähigkeit beherrscht Sarah Koenig in „Serial" ganz besonders – dabei ist das in der ersten Staffel deutlicher spürbar als in der zweiten. Das liegt eben maßgeblich daran, dass die Erzählerin in den beiden Staffeln unterschiedlich angelegt ist. Koenig sagt zwar in beiden Staffeln „Ich", aber es gibt einen fundamentalen Unterschied zwischen diesen beiden „Ichs". Dazu gleich mehr.

▸ Es gilt der Grundsatz: Ein bescheidener, nicht-wissender, aber entdeckender und weiser Erzähler ist grundsätzlich erstmal ein guter Erzähler.

---

103 John Truby: The Anatomy of Story (New York: Farrar, Straus and Giroux, 2007), S. 311.

Das bedeutet in letzter Konsequenz auch: Der Erzähler nimmt sich selbst nicht zu ernst. Er weiß: Er kann sich irren oder auch einfach mal ungeschickt verhalten. Wieder ein Merkmal, dass Sarah Koenig von Anfang an in „Serial" etabliert. Schon die erste, bereits zitierte Umfrage der ersten Folge, in der Sarah Jugendliche fragt, ob sie sich an einen Tag erinnern können, der ein paar Wochen zurückliegt, zeigt ihren Humor: „This search sometimes feels undignified on my part. I've had to ask about teenagers' sex lives, where, how often, with whom, about notes they passed in class, about their drug habits, their relationships with their parents."[104] Sie reflektiert ihr eigenes Verhalten und muss über sich selbst schmunzeln. Sarah Koenig schafft es, eine emotional sehr schwierige Geschichte leicht zu erzählen. Dabei wird sie nie unangemessen. Das ist nicht nur gutes Handwerk, sondern unbedingt notwendig, damit Menschen diese Geschichte aushalten. Je schwerer eine Geschichte ist, desto eher braucht sie auch leichte Momente. Von diesem sehr schmalen Grat rutscht Koenig durch viel Transparenz, Reflektion und Selbst-Ironie an den passenden Stellen nie ab. Und wahrscheinlich hilft dieses Vorgehen dabei, sich selbst zurückzunehmen und einen Erzähler zu kreieren, der der Geschichte wirklich dient. Gerade für die Gestaltung eines Erzählers ist es also besonders wichtig, sich und seine eigenen Überzeugungen zu erkennen und davon zu abstrahieren oder sie bewusst zu nutzen. Vor allem in den Geschichten, in denen wir als Reporter zu einem der schwierigsten Worte greifen: ICH!

7.4 Ich oder lieber nicht

Der Erzähler ist eine eigene Persönlichkeit. Das gilt auch, wenn die Geschichte als Ich-Erzählung gestaltet ist. Die Erzähler-Persönlichkeit ist dann ein Teil der Reporter-Persönlichkeit. Behauptet der Ich-Erzähler etwas zu sein, was der Reporter ganz und gar nicht verkörpert, dann wird die Geschichte wahrscheinlich unglaubwürdig. Ich unterscheide dabei zwischen zwei ganz unterschiedlichen Ich-Erzählern:

- **Der handelnde Ich-Erzähler – als Protagonist.** Der Reporter ist auch der Protagonist und erzählt die Geschichte aus seiner Perspektive. Es gelten dabei dieselben Maßstäbe für diesen Protagonisten wie für alle anderen Protagonisten auch. Das bedeutet: Der Reporter stellt sich in der Geschichte einer echten Herausforderung oder will ein Ziel erreichen, muss Hindernisse überwinden,

---

104 Zitiert nach: https://genius.com/Serial-podcast-episode-1-the-alibi-annotated

Aufgaben lösen usw. Diese Entwicklung sollte der Reporter, dann als Erzähler, für den Hörer erfahrbar machen. Und genau daran scheitert dieser Ich-Erzähler häufig. Der Reporter hat sein Ziel mittlerweile erreicht (oder eben auch nicht), seine Geschichte ist im realen Leben möglicherweise abgeschlossen. Da liegt die Versuchung nahe, sich von Anfang an etwas klüger, besser und nicht ganz so ungeschickt und verletzlich darzustellen. Doch genau das braucht es, damit die Geschichte Kraft entwickeln kann. Das eigene Ego steht der Geschichte an dieser Stelle also eventuell im Weg. Dabei bietet gerade diese Art der Ich-Erzählung sehr viele Möglichkeiten, Humor zu nutzen, etwa wenn man sich selbst nicht zu ernst nimmt. So kann man sich zum Beispiel in Szenen selbst kommentieren und damit nicht nur wohlwollend von außen betrachten, sondern auch über seine Motive und Ansichten in dieser Situation Auskunft geben. Der Autor Jens Jarisch betritt in seinem Feature „Lifestyle. Warum tragen Vietnamesen keine Adidas-Schuhe?" (rbb & DLF & SWR 2005) in einer Szene zum Beispiel die Zentrale von „Adidas" in Herzogenaurach und kommentiert sein Vorgehen in den nun folgenden Gesprächen immer wieder selbstironisch. Die Szene entlarvt nicht nur „Adidas", sondern macht Jarischs Vorgehen nachvollziehbar und sympathisch. Auch Sarah Koenig ist in der ersten Staffel von „Serial" so eine Ich-Erzählerin. Demgegenüber steht die zweite Art der Ich-Erzählung.

- **Der reflektierende Ich-Erzähler – als Berichterstatter.** Der Begriff hört sich vielleicht nach etwas mehr Distanz an als dieser Erzähler tatsächlich haben sollte. Es handelt sich um eine Erzählung in der Ich-Perspektive, in der der Ich-Erzähler aber eben nicht der Protagonist ist. Wie in der zweiten Staffel von „Serial". Sarah Koenig erzählt die Geschichte wieder als Ich-Erzählerin, ist aber bei Weitem nicht so in die Geschichte eingebunden oder als Protagonistin aktiv und erkennbar. Das „Serial"-Team hat sich jeweils für die Art der Ich-Erzählerin entschieden, die der Geschichte am meisten dient. Wie das bereits erwähnte Zitat von „Serial"-Miterfindern Julie Snyder zeigt: „So I think the story itself dictated that we needed Sarah to play that role. And in the story for season 2, we didn't. The structure of the story didn't necessitate it, so Sarah is not as much of a character."[105]

Ein anderes Beispiel für eine Ich-Erzählerin als Berichterstatterin ist die „Einhundert"-Geschichte über den Tod von Korryn Gaines. Autorin Anke van de Weyer erzählt die Geschichte als Ich-Erzählerin. Dabei ist die Protagonistin Korryn Gaines. Trotzdem gibt es für diese Art der Ich-Erzählung mehrere gute Gründe.

---

105 John Biewen & Alexa Dilworth: One Story, week by week. An interview with Sarah Koenig and Julie Snyder In: John Biewen & Alexa Dilworth: Reality Radio (Durham: The University of North Carolina Press, 2. Aufl., 2017), S. 82.

7.4 Ich oder lieber nicht

Das „Ich" ist ehrlich. Es macht transparent, dass die Geschichte aus einer subjektiven Perspektive erzählt wird. Die Erzählhaltung tut gar nicht erst so, als ob es eine objektive Wahrheit geben würde, die nun präsentiert wird. Gerade bei komplexen Geschichten scheint das angemessen. Das ist natürlich keine Rechtfertigung, die Recherche zu vernachlässigen. Nach dem Motto: Ich erzähle ja subjektiv die Geschichte. Die Subjektivität bezieht sich nicht so sehr auf die recherchierbaren Fakten, sondern vielmehr auf die emotionale Wirkung dieser. Fälle wie der von Korryn Gaines oder von Bowe Bergdahl (in der zweiten „Serial"-Staffel) dürfen auch die Autoren emotional berühren. Und das darf auch hörbar werden. Die Erzählerin wird also erkennbar. Nicht nur emotional, sondern auch in ihrer Analyse der Ereignisse. Das kann ebenfalls Sarah Koenig besonders gut. Ihre Persönlichkeit zeigt sich vor allem auch darin, wie klug sie analysiert und reflektiert. Oftmals dekliniert sie zum Beispiel den Subtext einer Szene bzw. eines Dialogs aus. Sie analysiert, warum wir gerade etwas gehört haben und was es bedeutet. Das kann nur sie auf diese Art und Weise tun, niemand sonst. Damit macht sie die Geschichte zu ihrer – aber eben nicht als handelnde Protagonistin, sondern als Erzählerin. Damit hat das „Ich" eine sehr gute Berechtigung.

Beide Arten der Ich-Erzählung führen also zu mehr Transparenz und Subjektivität. Diese Merkmale müssen dabei der Geschichte dienen, sonst sind sie sinnlos. In der Konsequenz bedeutet das für nicht-fiktionale, also journalistische Geschichten, dass der Arbeitsprozess von Journalisten transparenter wird. Das ist ein sinnvoller Nebeneffekt, weil er mehr Verständnis für die Denkweise, Vorgehensweise und Limits unserer Arbeit erzeugt – aber eben ein Nebeneffekt. Weshalb ich so explizit darauf hinweise: In vielen Workshops, Formatentwicklungen und Gesprächen begegnet mir die Idee, dass Journalisten für ihre Narration einfach ihren Weg rekonstruieren – das würde dann ja Spannung erzeugen. Weil es einen Einblick in diese sonst so unbekannte Welt geben würde. Das nenne ich das „Missverständnis der nacherzählten Recherche". Dieses Vorgehen ergibt nämlich meistens keine gute oder spannende Geschichte, sondern eine langweilige Aneinanderreihung journalistischer Alltags-Tätigkeiten. Es stimmt: Sowohl in Formaten wie „Serial" als auch im „Anhalter" erfahren wir immer wieder, wie wir als Journalisten arbeiten. Diese Situationen oder Szenen geben einen guten Einblick, dienen aber in dem Moment auch und vor allem dem Plot. Im ersten Teil des „Anhalters" hört man zum Beispiel immer mal wieder, wie ich Ämter oder Einrichtungen versuche zu überzeugen, mir Informationen zu Heinrich zu geben. Dabei hört man sogar nur meine Seite des Telefonats, weil ich die Gegenseite ja nicht einfach aufzeichnen darf. Wichtig ist: Diese Szenen haben zwei Funktionen. Erstens: Sie zeigen unsere Suche nach Heinrich (je schwieriger die ist, desto besser fühlt sich ja später der Erfolg an). Die

Suche muss dabei der eigentlichen Geschichte dienen. Das tut sie hier, denn die Hauptaufgabe in der ersten „Anhalter"-Folge ist es, Heinrich zu finden. Zweitens: Die Szenen offenbaren Charaktereigenschaften. Das gilt für meine Versuche am Telefon genauso wie für Stephans Suche nach Heinrich am Verteilerkreis. Damit verstärken diese Szenen die Bindung vom Hörer zu uns. Dass dabei unsere Recherchewege transparent werden, ist also eine Folge der Szenen, keine primäre Funktion. Die Offenlegung des Recherchewegs muss Szenen produzieren, die der Geschichte dienen – dann ist diese Vorgehensweise sinnvoll.

Heißt das nun: Jede Narration braucht immer und unbedingt einen Ich-Erzähler? Nein, natürlich nicht. Analysen lassen sich auch ohne „Ich" durchführen und transportieren. Andersherum ist auch eine Erzähler-Persönlichkeit ohne „Ich" erfahrbar. Und manchmal ist die Distanz zu einem Thema ja auch notwendig und journalistisch schlichtweg angemessen.

Die große Gefahr des „Ich": Der Reporter stellt sich zu sehr in den Mittelpunkt. Das mögliche Resultat: Hörer wenden sich von der Geschichte ab, weil sie keiner Ego-Show zuhören wollen. Auf der anderen Seite lauert hingegen die große Gefahr des „allwissenden Erzählers": Die Haltung dieses Erzählers wirkt maximal distanziert und möglicherweise von oben herab. Hörer wenden sich ebenfalls von der Geschichte ab, weil sie nicht belehrt werden wollen. Dazwischen gibt es natürlich Abstufungen. Es gibt Ich-Erzähler, die maximal distanziert und von oben herab wirken – eher nicht gut. Und es gibt emotional-nahbare Erzähler, die nicht ein einziges Mal „Ich" sagen – eher gut. Grundsätzlich gilt: Wer „Ich" sagt, wird immer auch Teil der Geschichte. Als handelnder oder reflektierender Erzähler – oder beides.

Insgesamt wird der Erzähler wahrscheinlich zwischen verschiedenen Positionen wechseln, dabei aber eine emotionale Grundhaltung zur Geschichte beibehalten. In echten Szenen wird er eher hinter der Geschichte verschwinden – denn die Szenen sollen für sich sprechen. Dann wird der Erzähler nur die fürs Verständnis absolut notwendigen Fakten oder Orientierungen bieten, mehr nicht. Es sei denn, der Erzähler kommentiert die Szenen immer wieder durch Einwürfe, quasi von der Seite. Das hat einerseits die Chance auf Humor und unerwartete Elemente, kann aber auf der anderen Seite immer wieder die Szene unterbrechen und damit hervorheben, dass es sich nur um eine Erzählung handelt. Die Gefahr besteht, dass der Hörer so aus der Szene herausgeholt und der Wiedereinstieg erschwert wird. Eine Produktion, die diesen sehr schmalen Grat wunderbar bewältigt, ist das Feature von Jens Jarisch über den Drogenstrich in Berlin „Die K – Szenen eines Drogenstrichs" (rbb & DLF 2005). Es ist eine nahezu rein szenische Narration. Aber es gibt eine Art Erzählerin, die auf bissige, bösartige, skurrile Art und Weise die Szenen kommentiert oder die handelnden Personen anspricht. Teilweise sind es nur ganz knappe, hingeworfene Sätze. Diese weibliche Stimme und Persönlichkeit hilft dabei, die Skurrilität des Ortes besonders gut erfahrbar zu machen, weil sie mit ihren Kommentaren dabei hilft, die Szenen zu begreifen und zu deuten. Dabei passiert dies meist im Subtext und kaum explizit. Eine mutige und konsequente Gestaltung.

Diese Möglichkeit der Kommentierung gibt es natürlich auch in rekonstruierten Szenen, in denen eine Person zum Beispiel ein Ereignis aus der Vergangenheit nacherzählt. Unterbricht ein Erzähler allerdings zu häufig, zerstört er nicht nur die Erzählsituation, sondern wirkt möglicherweise sogar respektlos gegenüber der gerade sprechenden Person. Kommentiert der Erzähler in diesen rekonstruierten Szenen nicht aus seiner, sondern aus der Perspektive des sprechenden Charakters, dann kann er diese Kommentare hingegen nutzen, um den Subtext des Gesagten auszudeklinieren.

Bei allen Möglichkeiten gilt wie immer: experimentieren Sie! Wichtig ist, die Erzählhaltung bewusst zu gestalten – und sie nicht einfach passieren zu lassen. Je früher die Erzählhaltung mit entwickelt wird, desto einfacher wird der weitere Arbeitsprozess. Wer die Erzählhaltung gefunden und entwickelt hat, muss als Autor dann vor allem dafür sorgen, dass sie im Skript ankommt.

7.5 Schreiben fürs Erzählen

Das Manuskript ist die Grundlage, um bei den Sprachaufnahmen (wenn man selbst spricht) seine eigene Stimme auch zu entfalten. Was im Skript nicht angelegt ist, wird im Studio (oder wo immer Sie aufnehmen: am heimischen Schreibtisch, im Kleiderschrank oder unter der Decke) kaum entstehen. Komplizierte Sätze, hektische Gedankensprünge, unangemessener Duktus – all das wird sich hinterher in Irritationen in der Stimme niederschlagen. Das gilt auch, wenn jemand anderes den Text spricht. Auch derjenige wird sich eher durch den Text kämpfen als ihn erzählen. Dabei sind die Grundlagen hinreichend bekannt: Aktiv formulieren, Gedanken schrittweise entwickeln, ein Gedanke – ein Satz, Nominalstil vermeiden, Redundanz statt Varianz, Textfluss erzeugen. All das kann man gut und umfassend zum Beispiel bei Stefan Wachtel nachlesen.[106] Das sind die handwerklichen

---

[106] Stefan Wachtel: Schreiben fürs Hören (Konstanz: UVK Medien, 2.Aufl., 2000). Und: Stefan Wachtel: Sprechen und Moderieren in Hörfunk und Fernsehen (Konstanz: UVK

Grundlagen. Manchmal möchte man den Autoren, Reportern, Korrespondenten und Sprechern einfach nur zurufen: Nehmt diese Grundlagen ernst, also wirklich ernst. Dann würden viele Beiträge weniger gestelzt und distanziert klingen. Oder es wäre viel schwieriger, bei den Sprachaufnahmen diese distanzierte Haltung zu erzeugen. Doch wenn der Text schon distanziert und allwissend daherkommt, dann klingen meistens auch die Sprachaufnahmen so.

Das Entscheidende ist, seine Erzählhaltung zu jeder Zeit, in jeder Passage und Szene, klar zu haben. Das bedeutet: Mut zur Subjektivität. Dann wird es auch einfacher, den entsprechenden Text zu schreiben. Wenn „Schreiben fürs Hören" die Grundlage bildet, dann sollten wir bei Narrationen noch einen Schritt weitergehen, ich nenne es: Schreiben fürs Erzählen. Schreiben fürs Erzählen bedeutet, die eigene Stimme gefunden zu haben, sie niederschreiben und inszenieren zu können. Wenn ich aber gar nicht weiß, wie ich zu etwas stehe, dann werde ich das auch nicht schreiben können. Schon in den ersten Passagen von „Serial" wird zum Beispiel die Haltung von Sarah Koenig und damit auch ihre Persönlichkeit deutlich:

> I first heard about this story more than a year ago when I got an email from a woman named Rabia Chaudry. Rabia knows Adnan pretty well. Her younger brother Saad is Adnan's best friend. And they believe he's innocent.
>
> Rabia was writing to me because, way back when, I used to be a reporter for the Baltimore Sun, and she'd come across some stories I'd written about a well-known defense attorney in Baltimore who'd been disbarred for mishandling client money. That attorney was the same person who defended Adnan, her last major trial, in fact.
>
> Rabia told me she thought the attorney botched the case – not just botched it, actually, but threw the case on purpose so she could get more money for the appeal. The lawyer had died a few years later. She'd been sick.
>
> Rabia asked if I would please just take a look at Adnan's case. I don't get emails like this every day. So I thought, sure, why not?[107]

Koenig lässt uns ihre Arglosigkeit und Naivität spüren. Sie will nicht klüger dastehen, als sie zum Zeitpunkt damals war. Und das spüren wir als Hörer. Auch im „Anhalter" haben wir von Anfang an darauf gesetzt, die wahrhaftigen Haltungen aus der Vergangenheit (das, was wir damals wirklich gedacht und gefühlt haben) in den nacherzählten Situationen transparent zu machen. Unsere ersten Begegnungen mit Heinrich haben wir als Parallel-Montage erzählt. Das liest sich so (Stephan hat Heinrich am Verteilerkreis getroffen und unterhält sich dort mit ihm. Ich

---

Medien, 4. Aufl., 2000).
107 Zitiert nach: https://genius.com/Serial-podcast-episode-1-the-alibi-annotated

7.5 Schreiben fürs Erzählen

habe Heinrich gerade von dort mitgenommen und bin mit ihm auf dem Weg zum Bonner Hauptbahnhof):

Sven	Als ich mit Heinrich auf der Autobahn nach Bonn unterwegs bin, greift er auf einmal in die Innentasche seiner Jacke. Dann zuckt seine Hand schnell hervor und er sagt: „Ich könnte ja jetzt auch eine Waffe ziehen." Da setze ich mein Auto fast vor die Leitplanke. Seine Hand ist natürlich leer. Er lacht. Sehr witzig.
Stephan	Während Heinrich so redet, warte ich auf den passenden Moment, ich will ihm sagen, dass er sein Leben nicht wegwerfen soll, dass es auf die Perspektive ankommt. Doch je länger Heinrich erzählt, desto mehr wird mir klar, das mit Zürich, das kann ich ihm eh nicht mehr ausreden.
O-Ton	(Heinrich Kurzrock, Handy-Aufnahme stehendes Auto) Es gibt für mich nur noch ein Ziel, wo ich ankommen kann, das ist der Frieden, den ich suche, den ich bald finden werde. Und ich finde den Frieden nur noch eben durch den Tod. Ganz einfach.
Stephan	So etwas erfindet keiner.
Sven	Das habe ich auch gedacht.
Stephan	Natürlich kann man den Leuten immer nur vor den Kopp gucken.
Sven	Ja, aber das hier ist anders. Heinrich kann man nicht einfach abweisen. Zumindest ich nicht. Er berührt eine ganz tiefe Überzeugung in mir: Es gibt Situationen im Leben, in denen man nicht wegschauen darf. Handeln muss, auch wenn man sie nicht ganz versteht. Und das hier, das ist so eine Situation.

Diese Beispiele zeigen einige zentralen Merkmale, wie Schreiben fürs Erzählen funktionieren kann. Die habe ich mal in sechs Thesen zusammengefasst. Sie können dabei helfen, die eigene Erzähl-Stimme zu finden:

- **Lernen Sie Ihre eigene Sprechweise kennen.** Sarah Koenig arbeitet ab und zu mit kurzen Floskeln („actually" oder „sure"). Stephan Beuting arbeitet gerne mit sich wiederholenden Strukturen („dass er sein Leben nicht wegwerfen soll, dass es auf die Perspektive ankommt" oder „das mit Zürich, das kann ich ihm eh nicht mehr ausreden.") und ich selbst benutze gerne sich verstärkende Sätze („Es gibt Situationen im Leben, in denen man nicht wegschauen darf. Handeln muss, auch wenn man sie nicht ganz versteht. Und das hier. Das ist so eine Situation."). Um die eigene Sprechweise und den eigenen Duktus auch zu Papier zu bringen, muss man ihn kennen. Das kann man mit einer einfachen Methode üben: Nehmen Sie sich selbst mal dabei auf, wenn Sie Menschen zum ersten Mal von einem Erlebnis erzählen. Oder erzählen Sie sich selbst, was Sie gerade erlebt haben. Dann hören Sie es sich an. Je häufiger Sie das machen, desto eher werden

Ihnen Besonderheiten auffallen. Arbeiten Sie mit Füllwörtern oder Verstärkungen oder erzählen Sie vielleicht elliptisch? Die eigene Sprechweise sollte natürlich als Grundlage „Schreiben fürs Hören" berücksichtigen und auch keine Marotten beinhalten (zum Beispiel an jeden Satz ein „ne?!" dranzuhängen). Warum das Ganze? Wer in seiner eigenen Sprechweise schreibt, der wird es auch viel einfacher bei den Sprachaufnahmen haben, natürlich und authentisch zu klingen. Weil Sie den Gedanken in Ihrer Sprache in dem Moment neu entwickeln und damit wirklich fühlen können.

- **Üben Sie „Ich"-Sagen.** Es hört sich banal an, aber üben Sie vorher, von sich, Ihren Gedanken und Erlebnissen zu erzählen. Das hilft Ihnen nicht nur später bei den Sprachaufnahmen, sondern es hilft Ihnen auch dabei, Ihre Haltung zu Ihrer Erzählung zu finden. Welcher Gedanke fühlt sich natürlich an? Was ist denn Ihre wirkliche Haltung? Wie können Sie die für Ihre Erzählung nutzen? Wollen Sie das überhaupt? Auch hier gilt: Eine Probe-Aufnahme kann eine große Hilfe sein, um diesen Duktus zu Papier zu bringen.
- **Vergegenwärtigen Sie sich Ihre Dramaturgie.** Was ich damit meine: Haben Sie Ihren Erzählsatz und Plotentwurf stets sichtbar beim Schreiben vor sich – als Erinnerung. Denn Sie sollten beim Schreiben stets wissen, wo Sie sich dramaturgisch befinden. Bauen Sie gerade Spannung auf, leiten Sie gerade von A nach B über oder sind Sie mitten in einer der dramatischsten Szenen? Welche Stimmung herrscht in der Situation? Das wird Ihren eigenen Tonfall und damit die Wortwahl verändern. Dann wirkt Ihre Erzählung auch abwechslungsreich. Wenn Sie nicht genau wissen, wo Sie sich gerade in der eigenen Narration befinden, dann werden Sie sich wahrscheinlich beim Schreiben auf einen distanzierten Einheits-Stil zurückziehen. Nicht hilfreich!
- **Testen Sie das Manuskript, erzählen sie es sich selbst laut.** Achten Sie dabei darauf: Fühlen sich diese Abschnitte gut und natürlich an? Eine der wichtigsten Fragen (auch später für die Arbeit in der Produktion): Spüren Sie den Gedanken in dem Moment neu, wenn Sie ihn erzählen? Das ist das Ziel – einen aufgeschriebenen Gedanken so zu erzählen, als ob er Ihnen in dem Moment einfällt. Ist das der Fall, wird es sich wie echtes Erzählen anfühlen und viel wahrscheinlicher auch anhören. Wichtig dabei: Versuchen Sie die Schere im Kopf aufzulösen, mit denen immer noch viele Erzähler vor das Mikrofon gehen. Diese Schere entsteht, wenn ich einerseits eine Geschichte erzählen möchte und andererseits glaube, alle Silben extrem sauber artikulieren zu müssen (dabei sollten Sie natürlich noch gut verstehbar sein). Das bringt zwei große Probleme mit sich: Erstens werden Sie unnatürlich sprechen – denn kaum jemand artikuliert alle Silben sauber, wenn er normal erzählt. Und zweitens werden Sie zu viel Druck in der Stimme aufbauen. Das führt in aller Regel dazu, dass man zu viele Dinge in einem Satz

betont. All das hört sich unheimlich gepresst und unter Druck an – dem ist schwer zuzuhören. Daran knüpft der nächste Punkt an.
- **Finden Sie Tempo und Tempus für Ihre Geschichte.** Über Tempo haben wir schon einmal gesprochen (vgl. hierzu Kapitel 5.7). Versuchen Sie auch mal, das Tempo zu wechseln. Wenn etwas Dramatisches passiert, auf das Sie lange hingearbeitet haben: Tempo raus. Gestalten Sie den Moment. Wenn Sie Zeiträume überbrücken müssen, in denen nicht so viel passiert: Ziehen Sie das Tempo an. Auch das Tempus prägt Ihre Erzählhaltung bzw. im Idealfall ist es genau anders herum: Die Erzählhaltung legt fest, in welchem Tempus ich die Geschichte erzähle. In Audio-Produkten wie Radio-Nachrichten oder -Beiträgen sind wir darauf geprägt, Perfekt zu benutzen. Es ist nah an der Sprechsprache und orientiert sich sinnvollerweise an unserem mündlichen Ausdruck. Es transportiert, dass etwas passiert ist, was zum Jetzt noch einen Bezug aufweist. Das kann auch das richtige Erzähltempus für Ihre Geschichte sein. Doch überprüfen Sie auch die anderen beiden möglichen Formen. Das Präteritum zum Beispiel hilft häufig dabei, die Illusion einer abgeschlossenen Geschichte zu erzeugen – man kann sich beim Hören in die Geschichte fallenlassen. Außerdem beinhaltet es das Erzählversprechen, dass der Erzähler mich heile durch die Geschichte geleitet. Das war zum Beispiel mit einer der Gründe dafür, warum wir das Präteritum als Haupt-Erzähltempus für die Geschichten von „Faust jr." gewählt haben. Das andere wichtige Tempus ist das historisches Präsens (auch präsens dramaticum oder narratives Präsens genannt). Es ist häufig das erste Mittel der Wahl für Szenen, auch für rekonstruierte Szenen. Es erzeugt am stärksten den Eindruck, dass die Szene sich jetzt gerade abspielt. Sollten Sie zur Erzählung drumherum einen Tempus-Wechsel durchführen (müssen), denken Sie nur daran, den Übergang sauber zu gestalten, damit der Hörer nicht den Faden verliert.
- **Lassen Sie Ihre eigene Stimme zu.** Sie rollen das „r" ein wenig? Man hört, dass Sie aus dem Ruhrgebiet kommen? Ja, arbeiten Sie daran. Man muss Sie schließlich verstehen. Aber Sie müssen sich immer noch wohlfühlen, sonst wird das nichts mit der eigenen Erzähler-Stimme. Na klar, falls Ihre Stimme Merkmale mitbringt, die vom Inhalt ablenken – dann müssen Sie daran wohl oder übel zuerst arbeiten.

Viele dieser Hilfen und Merkmale nutzen nicht nur etwas, wenn Sie selbst sprechen, sondern auch, wenn jemand anderes Ihre Geschichte erzählt. Denn wer diese Tipps beim Schreiben berücksichtigt, wird einen Erzähler erschaffen, dessen Persönlichkeit erkennbar und spürbar wird. Das hilft auch Kollegen, Sprechern oder Schauspielern dabei (wer immer der Geschichte seine Stimme leiht), die Geschichte besser zu erzählen. Deshalb ist es auch sinnvoll, frühzeitig – wenn es ihn gibt – den Regisseur mit einzubinden (wenn Sie nicht selbst Regie führen oder ohnehin komplett alles alleine produzieren) – vgl. hierzu Kapitel 8. Das große Ziel für den Erzähler ist das, was ich Live-Anmutung nenne (zu einem Beispiel kommen wir gleich). Das Gefühl, dass die Geschichte in diesem Moment entsteht. Schreiben fürs Erzählen ist dafür die Grundlage.

▶ Ein guter Erzähler ist ein authentischer Erzähler, dem man anhört, dass er in dem Moment die Gedanken neu entwickelt. Er klingt weder abgelesen noch über-korrekt, sondern natürlich und authentisch. Er erzählt wirklich.

7.6 Live-Anmutung schaffen

Es ist eines der großen Alleinstellungsmerkmale des Radios: Das Gefühl, das irgendwo jetzt gerade etwas passiert, bei dem der Hörer zuhören kann. Eine Verbindung entsteht auch, weil Hörer wissen: Jetzt gerade ist da jemand, der zu mir spricht oder sich mit jemand anderem über ein Thema unterhält. Wir haben schon über das Live-Gefühl gesprochen (vgl. hierzu Kapitel 5.3). Dabei ging es um das Gefühl für den Hörer, bei einer Szene wirklich dabei zu sein. Nun geht es darum, dieses Gefühl auch auf der Ebene des Erzählers zu etablieren. Das Gefühl: da ist jemand, der mir jetzt gerade etwas erzählt. Dieses Gefühl konnte früher so stark sein, dass Hörer Fiktion und Realität nicht ganz auseinanderhalten konnten, wie bei der CBS-Produktion aus dem Jahr 1938: „War of the Worlds" (nach dem Roman von Herbert George Welles). Orson Welles hatte das Hörspiel produziert, in dem immer wieder scheinbar reale Berichte über eine angebliche Invasion von Marsmenschen in den USA vorkamen. Angeblich soll das Hörspiel zu einer größeren Panik in New York geführt haben – wie groß die allerdings tatsächlich war, ist bis heute umstritten. Das Beispiel zeigt aber, wie kraftvoll dieses Live-Gefühl sein kann. Bei Aufzeichnungen und Vorproduktionen ist das natürlich eine Illusion (auf die aus Gründen der journalistischen Transparenz auch häufig hingewiesen wird), aber das Gefühl ist und bleibt ein sehr starkes. Auch viele Podcast-Produktionen setzen auf dieses Live-Gefühl (dabei ist ja allen bewusst, dass ein Podcast fertig produziert ist). Doch gerade den Podcast-Machern ist klar: Wer eine Live-Anmutung in seinen Erzählungen erzeugt, wird den Hörer ganz in die Geschichte hineinziehen.

Ein Programm, das sich auf diese Art der Anmutung spezialisiert hat, ist „Radiolab": „In producing the show, I imagine Improvisation and Composition

7.6 Live-Anmutung schaffen

as two equally matched boxers"[108], schreibt einer der beiden Hosts der Show, Jad Abumrad. „We're not standing at a podium or across the street from the action and holding our nose – we're right in the thick of it, and we don't know the answers."[109] „Radiolab" agiert also aus einer nicht-wissenden Erzählhaltung und versucht, alles so gut wie möglich für den Hörer erfahrbar zu machen. Um diese Live-Anmutung zu erzeugen, nutzen die Hosts und Autoren zwei einfache Tricks:

- Nahezu alles ist Dialog: „There's a thing I realized about Radiolab. With some exceptions, everything that's said on the show is said to someone else, literally."[110] Entweder sprechen die beiden Hosts miteinander oder die Reporter mit den Hosts oder die O-Ton-Geber zu den Reportern und/oder Hosts. Der große Vorteil: Dialog erzeugt Haltung. Dadurch kann keine große Distanzierung entstehen.
- Nicht alles ist vorher geskriptet. Das gilt zumindest für die Anteile der beiden Hosts, Robert Krulwich und Jad Abumrad: „The scripting part, we don't do. It's a lot of improvisation. Robert and I are there, bantering back and forth, burning hours of tape – which we then cut into the best bits."[111] Die beiden sitzen im Studio, probieren aus, improvisieren, versuchen es erneut und schneiden schließlich zusammen.

Diese Methode passt am besten zu den speziellen Anforderungen von „Radiolab" und lässt sich nicht ohne Weiteres auf die Arbeit deutsch-sprachiger Produktionen übertragen (und das ist auch gar nicht notwendig). Aber die „Radiolab"-Methode wirft eine spannende Frage auf: Braucht es immer ein komplett ausformuliertes Manuskript? Na klar, es hat viele Vorteile: Es ermöglicht eine eindeutige Abnahme mit der Redaktion oder Skript-Besprechung mit Kollegen – es gibt allen Beteiligten Sicherheit. Aber wer eine echte Live-Anmutung erzeugen will, muss die Geschichte eben auch in dem Moment entstehen lassen. Das ist mit ein Grund, warum viele Moderatoren mit Stichwort-Modellen, Gedanken-Treppen, Clustern oder anderen Techniken arbeiten. Es zwingt sie dazu, den Gedanken in dem Moment noch einmal neu zu entwickeln.[112] Ähnlich arbeiten viele Reporter, die Kollegen-Gespräche

---

108 Jad Abumrad: No holes were drilled in the heads of animals in the making of this radio show. In: John Biewen & Alexa Dilworth: Reality Radio (Durham: The University of North Carolina Press, 2. Aufl., 2017), S. 54.
109 Ebd., S. 58.
110 Jad Abumrad in Jessica Abel: Out on the wire (New York: Broadway Books, 2015), S. 122.
111 Ebd., S. 122.
112 Vgl. hierzu auch Stefan Wachtel: Schreiben fürs Hören (Konstanz: UVK Medien, 2. Aufl., 2000). Und: Stefan Wachtel: Sprechen und Moderieren in Hörfunk und Fernsehen

vorbereiten. Und tatsächlich erzeugen sie dadurch eine besondere Anmutung im Studio. Natürlich müssen nicht alle Produktionen so klingen wie „Radiolab". Die Anzahl der beteiligten Personen ist in etlichen Geschichten zum Beispiel so hoch, dass man als Hörer teilweise nicht immer ganz genau weiß, wer nun gerade etwas sagt. Das Risiko besteht also, dass die Orientierung leidet. Und natürlich gibt es auch gute Gründe dafür, ein Skript vorher auszuformulieren – schließlich kann es bei manchen Themen auf jede einzelne Formulierung oder jedes einzelne Wort ankommen. Und ja: Man braucht als Reporter natürlich auch eine Redaktion, die im Zweifelsfall eine Art Stichwort-Konzept als Manuskript akzeptiert.

Ganz persönlich löse ich das für mich, indem ich einen Arbeits-Schritt vorziehe, über den sich viele Reporter wohl erst später Gedanken machen – oder gar nicht (weil sie ihr Stück nicht selbst inszenieren): Ich beginne die Inszenierung spätestens während des Schreibens. Atmos, Geräusche, Musiken – all das teste und montiere ich, während ich schreibe. Diese Vorgehensweise führt auch dazu, dass es für stark collagige Produktionen erstmal kein Manuskript gibt (oder es im Nachhinein erstellt werden muss). Doch auch für weniger collagierte Produktionen kann diese Vor-Montage beim Schreiben helfen. Musik zum Beispiel verändert Wortwahl und Sprechhaltung für den eigenen Text – oder gibt einen Rhythmus vor. Sie kann häufig viel mehr Kraft entwickeln, wenn wir passend dazu zu texten. Es ist ein bisschen „Radiolab"-Methode, nur an den Schreibtisch verlagert. Nur so kann ich sicherstellen, dass später auch alles wirklich zusammenpasst und ein akustisches Gesamtwerk entsteht. Das bringt uns nahtlos zum dritten Schritt (Erzählhaltung inszenieren) und damit zum nächsten Kapitel. Darin geht es um die Tätigkeit, die mir bis heute am meisten Freude bereitet: die Arbeit im Studio bzw. die Arbeit an der Produktion (die kann ja schließlich auch am heimischen Schreibtisch oder Laptop passieren). Zuerst gibt es aber noch die Checkliste für dieses Kapitel.

7.7 Checkliste: Erzählhaltung

Ein Gedanken-Experiment zum Schluss des Kapitels: Was passiert eigentlich, wenn der distanzierte Erzähler aktiver Teil der Geschichte wird? Es ist das genaue Gegenteil vom „German Narrator". John Truby hat diese Idee noch einmal auf-

---

(Konstanz: UVK Medien, 4. Aufl., 2000). Oder auch Michael Rossié: Frei sprechen (Wiesbaden: Springer VS, 6. Aufl., 2017) bzw. Michael Rossié: Sprechertraining (Wiesbaden: Springer VS, 8. Aufl., 2017).

gegriffen: „An all-knowing storyteller has no dramatic interest in the present. He already knows everything that happened, so he becomes a dead frame. Instead, the storyteller should have *a great weakness that will be solved by telling the story*, and thinking back and telling the story should be a struggle for him."[113] Truby schlägt vor, dass der Erzähler irgendwann selbst Teil der Geschichte wird, etwa nach drei Viertel der Erzählung. Truby spricht natürlich über Filme – und man kann sich den Moment im Film vorstellen, in dem den Zuschauern auf einmal klar wird: Ah, dieser Charakter ist auch der Erzähler (vielleicht zu einem anderen Zeitpunkt seines Lebens)! Aber funktioniert das auch für Audio-Erzählungen? Denken Sie noch einmal an das Feature von Rainer Kahrs „Willy, dringend gesucht" (Radio Bremen 2015). Darüber haben wir schon in Kapitel 4.3 bei der Beziehung zwischen Hörern und Figuren gesprochen. Zur Erinnerung: Darin geht es unter anderem um deutsche Bauern, die mit Hilfe des Holländers Willy van B. in den USA investieren wollten – in große Farmen. Ganz ohne europäische Bürokratie. Eine der deutschen Landwirte taucht direkt zu Beginn des Stücks auf: Bärbel. Irgendwann gesteht der Erzähler, dass diese Bärbel seine Schwester ist. Ein ganz toller Moment, der dadurch entsteht, dass der Erzähler auf besondere Art und Weise Teil der Geschichte ist und das nicht sofort verrät. Das ist eine von unendlich vielen Möglichkeiten, Erzählhaltung zu kreieren. Entscheidend ist: Jede Geschichte braucht eine Erzählhaltung. Um diese zu entwickeln und umzusetzen helfen die folgenden Fragen:

Checkliste Erzählhaltung

- Mindset des Erzählers: Wie steht der Erzähler zu seiner Geschichte, seinen Charakteren und den Hörern? Oft helfen Grundannahmen oder Überzeugungen, um die Persönlichkeit des Erzählers zu entwickeln. Fast immer hilfreich ist ein weiser, nicht allwissender, dafür bescheidener und lernender Erzähler.
- Aufgaben des Erzählers: Erfüllt der Erzähler seine Funktionen? Er muss Orientierung geben, durch die Geschichte führen, die Aktion vorantreiben und einordnen bzw. kommentieren. In der Regel wechselt der Erzähler seine Perspektive zwischen Nähe und Distanz, je nachdem, wo sich die Geschichte (auf der Leiter der Abstraktion) gerade befindet.

---

113 John Truby: The Anatomy of Story (New York: Farrar, Straus and Giroux, 2007), S. 313.

- Ich-Erzähler: Ist ein Ich-Erzähler angemessen? Dabei ergibt die Unterscheidung in zwei Arten Sinn: Ich-Erzähler als handelnder Protagonist oder Ich-Erzähler als reflektierender, kommentierender und analysierender Erzähler. Hilfreich ist: Ist der Reporter „Ich-Erzähler", repräsentiert der Erzähler einen Teil seiner Persönlichkeit.
- Schreiben fürs Erzählen: Findet sich die Erzählhaltung spürbar im Skript wieder? Das Skript sollte dabei helfen, die Gedanken beim Erzählen neu zu entwickeln und noch einmal zu fühlen. Um das im Manuskript zu verschriftlichen, sollten Autoren ihre eigene Sprechweise kennen. Experimentieren Sie auch gerne mit Stichwort-Konzepten und improvisierten Sprachaufnahmen.
- Live-Anmutung: Hilft der Erzähler dabei, dass sich die Geschichte im Jetzt entfaltet? Eine Live-Anmutung gibt dem Hörer das Gefühl, ganz in die Geschichte einzutauchen. Auch hierbei hilft der lernende, nicht-wissende Erzähler.

Die eingangs geschilderten drei Schritte sind dabei nicht immer klar voneinander zu trennen: Erzählhaltung entwickeln, schreiben und inszenieren. Es ist ein fließender Prozess. Aber der letzte Schritt, die Inszenierung, findet immer an einem Ort statt, an dem die ganze Erzählung akustisch entsteht: im Studio (wie groß, in einem Sender, oder klein, zu Hause, es auch immer sein mag). Oder besser gesagt: bei den Sprachaufnahmen. Damit beginnt normalerweise der Kreativ-Prozess der Produktion, bevor es dann an Montage, Post-Produktion etc. geht. Und damit sind wir beim nächsten Kapitel.

Weiterführende Literatur

Jessica Abel: Out on the wire (New York: Broadway Books, 2015).
Jad Abumrad: No holes were drilled in the heads of animals in the making of this radio show. In: John Biewen & Alexa Dilworth: Reality Radio (Durham: The University of North Carolina Press, 2. Aufl., 2017).
Judith S. Beck: Praxis der kognitiven Verhaltenstherapie (Weinheim: Beltz Verlag, 2013).
John Biewen & Alexa Dilworth: One Story, week by week. An interview with Sarah Koenig and Julie Snyder. In: John Biewen & Alexa Dilworth: Reality Radio (Durham: The University of North Carolina Press, 2. Aufl., 2017).
Jon Franklin: Writing for Story (New York: Plume, 1994).
Gérard Genette: Die Erzählung (Paderborn: UTB, 3. Aufl., 2010).
Helmut Kopetzky: Objektive Lügen. Subjektive Wahrheiten. Radio in der ersten Person (Münster: Edition Octopus, 2013).

Michael Rossié: Frei sprechen (Wiesbaden: Springer VS, 6. Aufl., 2017).
Michael Rossié: Sprechertraining (Wiesbaden: Springer VS, 8. Aufl., 2017).
Franz K. Stanzel: Theorie des Erzählens (Göttingen: UTB, 8. Aufl., 2008).
John Truby: The Anatomy of Story (New York: Farrar, Straus and Giroux, 2007).
Stefan Wachtel: Schreiben fürs Hören (Konstanz: UVK Medien, 2. Aufl., 2000).
Stefan Wachtel: Sprechen und Moderieren in Hörfunk und Fernsehen (Konstanz: UVK Medien, 4. Aufl., 2000).

Weiterführende Links

Hörspiel-Serie „Faust jr.": http://www.igel-records.de/faust-jr-ermittelt
Feature „Die K – Szenen eines Drogenstrichs": http://www.yeya.de/radio/feature/die-k
„Einhundert"-Geschichte über den Tod von Korryn Gaines: https://www.deutschlandfunknova.de/beitrag/baltimore-der-fall-von-korryn-gaines
WDR 5 „Erlebte Geschichte": https://www1.wdr.de/radio/wdr5/sendungen/erlebtegeschichten/index.html
Skript „Serial" (erste Folge, erste Staffel): https://genius.com/Serial-podcast-episode-1-the-alibi-annotated

Inszenierung: Vom Skript zum Klang 8

Zusammenfassung

Eine gute Inszenierung ist eine konsequente Inszenierung. Sie setzt die Geschichte in Szene. Dabei dient die Inszenierung der Geschichte, sie ist kein Selbstzweck. Doch wie entwickelt man inszenatorische Ideen? Welche Mittel lassen sich wie am besten nutzen? Und brauche ich Regisseur und Toningenieur – oder mache ich das alles selbst? Letzteres ist für Podcaster ohnehin normale Realität. Wer als Autor inszeniert, sollte in der Lage sein, auf seine Geschichte neu zu schauen – und die akustischen Gestaltungsmittel und -möglichkeiten kennen und wissen, wie man sie einsetzt. Dazu gehört es, Sprachaufnahmen anzuleiten, Musik einzusetzen und Effekte zu nutzen. Dieses Kapitel zeigt, wie man ein inszenatorisches Konzept entwickelt, um die eigene Geschichte akustisch umzusetzen. Und wie man es schafft, die Geschichte so klingen zu lassen wie man es sich vorstellt. Dabei gilt: Die Inszenierung beginnt schon mit den Ton-Aufnahmen im Feld und setzt sich beim Schreiben fort. Wer seine Geschichte nicht im Ohr hat, wird sie kaum zum Klingen bringen.

Schlüsselwörter

Inszenierung, Signatur-Elemente, Psycho-Akustik, Sound-Design, Redaktion, Regie, Story-Feedback, Sprechhaltung inszenieren, Musikeinsatz, Inszenierungs-Techniken, Foley, Collage

8.1 Die gute Inszenierung dient der Geschichte

Die folgende Arbeitsweise kann kaum gute Ergebnisse liefern: Es gibt einen Autor, der an einem Stoff arbeitet und ein Manuskript schreibt. Dieses Manuskript wird mit einem Redakteur besprochen und umgearbeitet – bis es schließlich in einer finalen Produktions-Fassung vorliegt. Dieses finale Skript wird dann an einen Regisseur weitergeleitet, der es zusammen mit einem Toningenieur inszeniert. Alle vier Gewerke haben ihre Berechtigung. Und wenn alles gut läuft, dann tragen alle vier dazu bei, dass die Produktion und damit die Geschichte besser wird. Das funktioniert aber nur, wenn ein Austausch zwischen allen stattfindet – je früher, desto besser. Sonst arbeiten verschiedene Perspektiven am Stück, die einander nicht unterstützen, sondern im schlimmsten Fall gegeneinander vorgehen. Dem Reporter ist das Thema wichtig, der Redakteur möchte aber lieber eine Geschichte und kein Thema erzählen, der Regisseur hat da ein paar ganz verrückte, innovative Inszenierungs-Ideen und der Toningenieur arbeitet am liebsten minimalistisch. Oder so ähnlich. Im Ergebnis wird man der Geschichte anhören, dass sie nicht aus einem Guss kommt, nicht mit einer Leitidee entwickelt wurde. Podcaster sind dagegen gewohnt, allein zu arbeiten und für alle Arbeitsschritte verantwortlich zu sein: von den ersten Aufnahmen bis zur letzten Mischung. Egal, ob Sie allein oder im Team arbeiten, es gilt der Grundsatz: Eine gute Inszenierung dient der Geschichte und ist in diesem Sinne kaum als solche wahrnehmbar. Sie wirkt wie der einzig-machbare, der organische Weg, die Geschichte zu erzählen. Sie verweist nicht auf sich selbst. Um Ideen für eine sinnvolle Inszenierung zu finden, helfen die folgenden Prinzipien:

- **Eine gute Inszenierung ist eine konsequente Inszenierung.** Sie erzählt die Geschichte auf einer zusätzlichen Ebene. Dieser Gesamteindruck entsteht, wenn alle eingesetzten Mittel die zentralen Elemente einer Geschichte oder eines Charakters aufgreifen und unterstützen. Eine gute Inszenierung nutzt die Ebenen, die Sinn ergeben (nicht alle, die möglich sind). Dazu können gehören: Original-Töne, Sprachaufnahmen, Atmo, Geräusche, Musik, Effekte. In diesem Sinn ist eine gute Inszenierung tatsächlich wie eine Partitur. Zu einer konsequenten Inszenierung gehört es auch, ein Zielpublikum klar vor Ohren zu haben. Nur dann können kulturelle Anspielungen und Referenzen verstanden und eingeordnet werden. Außerdem sollte die Produktion die wahrscheinliche Hörsituation berücksichtigen. Eine Surround-Sound 5.1-Produktion wird auf dem Smartphone nicht immer ihre volle Kraft entfalten können. Vorsichtig ausgedrückt. Dafür kann das intime Hören mit Kopfhörern mehr Dynamik

vertragen (spezielle Produktionen für Kopfhörer gibt es ja mittlerweile)[114] – ähnlich einem Sounddesign im Film.[115]
- **Erzeugen oder verstärken Sie Stimmungen und Emotionen.** Dafür ist das Sound-Design da. Nutzen Sie dabei alle sinnvollen Mittel, sei es Musik, Atmo oder auch die Bearbeitung von Tönen. Um gezielt Emotionen oder Stimmungen zu erzeugen, sollte mir als Autor und Regisseur klar sein, welchen emotionalen Effekt ich warum erzielen will.
- **Seien Sie sich Ihres Genres bewusst.** „Serial" ist eine Ermittlergeschichte, „Der Anhalter" eher ein Roadmovie und „S-Town" das Psychogramm eines Menschen in einer kleinen Gemeinschaft. Wer das für sich klar hat, bekommt eine Ahnung davon, wie der Gesamt-Höreindruck einer Inszenierung sein soll. „Serial" darf immer wieder minimalistisch klingen – wie ein nüchternes Plädoyer, das seine Beweise vor Gericht ausbreitet. „Der Anhalter" darf ab und zu dreckig wie eine siffige Autobahn-Toilette klingen, manchmal aber auch die Romantik des Unterwegs-Seins ausstrahlen. Und „S-Town" darf sich eben anhören wie eine etwas abseitige Parallel-Welt. Diese Beschreibungen wirken möglicherweise wenig konkret. Doch sie helfen in einer ersten Annäherung. Sie können Begriffe dafür liefern, in Sprache fassen und damit kommunizierbar machen (auch im Team!), wie etwas klingen soll.
- **Die Inszenierung nimmt mich mit in die Geschichte.** Das gilt insbesondere für Szenen. Im Idealfall erschafft schon das Zusammenspiel der akustischen Elemente ein Bild vor den Ohren des Hörers. Dieser weiß, wo wir wie und wann gerade sind. Oder er will es herausfinden. Dafür reichen Klischee-Geräusche wie ein hupendes Tuk-Tuk (irgendwo in Asien), ein Muezzin (irgendwo in einem muslimischen Land) oder auch einfach nur vorbeifahrende Autos (irgendwo im Nirgendwo) nicht aus. Im Idealfall hat jede Szene einen besonderen Klang (den der Reporter auch aufgenommen hat). Dabei gilt: Szenen brauchen etwas Zeit, um sich zu entfalten. Das heißt übrigens nicht, dass der Dialog an einer frühen Stelle der Unterhaltung beginnt (erinnern Sie sich an: spät einsteigen, früh aussteigen). Die Inszenierung zieht mich als Hörer in die Szene hinein, indem zum Beispiel ein Geräusch hörbar wird, das ich als Hörer nicht sofort identifizieren kann. Es baut sich langsam auf, die Szene entsteht, erst dann wird verraten, was zu hören ist bzw. wo wir uns befinden (Vorsicht vor zu plumpen Auflösungen). In diesem Sinne gibt eine gute Inszenierung auch Orientierung. Dafür sind in

---

114 Vgl. hierzu zum Beispiel die WDR-Produktion „Black Noise": http://hoerspielplayer.wdr3.de/labor/hoerspiel/black-noise-3d-fassung-fuer-kopfhoerer/

115 Vgl. hierfür zum Beispiel die Podcast-Produktionen von „Third Ear" aus Dänemark, www.thirdear.dk

einer längeren Geschichte auch Wiedererkennungs-Elemente hilfreich. Dieser Gedanke bringt mich zum nächsten Punkt.
- **Signatur-Elemente schaffen Szenerie.** Was ist die besondere Atmo oder das besondere Geräusch einer Szene? Das kann das Einhängen einer Zapfpistole in die Tanksäule sein, das Anzünden einer Zigarette mit einem Streichholz oder das Ticken einer Uhr. Und ja: Manchmal gibt es diese Signatur-Elemente nicht. Intime Szenen lassen sich auch durch die Abwesenheit von anderen akustischen Elementen unterstreichen. Ein intimes oder eindringliches Gespräch in einem Café wird kaum mit einer lauten Grund-Atmo, Bar- und Geschirr-Geräuschen arbeiten, sondern leiser daherkommen.
- **Nutzen Sie Psycho-Akustik.** Die Frage ist nicht: Welches Geräusch oder welche Atmo ist wirklich aus dieser Situation und in diesem Sinne echt? Die Frage ist: Welche Atmo oder welches Geräusch erzeugt den gewünschten Eindruck? Das bringt natürlich moralisch-ethische Schwierigkeiten mit sich. Das müssen Sie in jeder Produktion neu entscheiden (zur ethisch-moralischen Debatte, ob Narrationen die Realität abbilden, vgl. Kapitel 9.2). Aber normaler, durchschnittlicher Applaus hört sich eben gerne auch mal nach Regen an. Katzengejammer und Baby-Geschrei können ebenfalls sehr ähnlich klingen. Das wird ihnen also möglicherweise nicht weiterhelfen – auch wenn es das echte Geräusch ist. Oder haben Sie mal versucht, Wellengeräusche am Sandstrand zu inszenieren? Sie werden merken: Das Geräusch, was unserem gewünschten Eindruck am nächsten kommt, ist nicht am Sandstrand, sondern meistens am Kiesel-Strand aufgenommen.

Die Leitfrage ist also immer: Wie und warum kann die Inszenierung der Geschichte dienen? Und im Idealfall dabei eine eigene Bedeutungs-Ebene liefern oder zusätzlich die Geschichte unterstützen? Am ehesten gelingt dies, indem Sie Sound-Design als Konzept verstehen. Fragen Sie sich nicht, welches Geräusch ein Mikroskop macht, fragen Sie sich: Wie fühlen sich Winzigkeit, Suche oder Entdeckung an? Fragen Sie sich nicht: Welche Geräusche entstehen beim Laufen eines Marathons? Fragen Sie: Wie fühlen sich hartes Training, Durchhalten, Schmerz oder Lauf-Rhythmus an? „Radiolab"-Host Jad Abumrad erklärt es an einem anderen Beispiel: Stellen Sie sich vor, jemand erzählt, dass er Motorrad gefahren sei. Benutzen Sie dann nicht die direkten Geräusche eines Motorrads, rät Abumrad: „Instead, think abstractly. For instance, think about speed and what speed feels like. Then find and create sounds that evoke that feeling. Which, of course, prompts the question, ‚How the heck do you evoke the feel of speed in sound?'"[116] Auch deswegen ist es so wichtig zu wissen, wie man Emotionen erzeugt (vgl. hierzu Kapitel 5.8).

▶ Verstehen Sie Sound-Design als Konzept. Das Sound-Design, also die Summe aller akustischen Möglichkeiten, hilft Ihnen dabei, Ihre Geschichte fühlbar und erfahrbar zu machen. In diesem Sinne ist es eine eigene Ebene der Geschichte.

Je früher Sie sich darüber Gedanken machen und das Sound-Design-Konzept und die Inszenierungs-Ideen in Worte fassen, desto besser. Dann werden Sie es schon beim Schreiben des Skriptes berücksichtigen können. Wer zum Beispiel die Zerrissenheit einer Person akustisch umsetzen will, könnte auf die Idee kommen, O-Töne und Musik abreißen zu lassen. Zugegeben: Ein irritierendes, aber höchst wirksames Element. Für diese Art der Inszenierung würde man idealerweise keine O-Töne nehmen, bei denen jemand mit der Stimme unten ist. Um den Effekt besonders stark wirken zu lassen, müsste der Autor schon beim Schreiben daran denken, hier einen O-Ton auszuwählen, der am Ende mit der Stimme oben ist – je nachdem, an welcher Stelle er abreißen soll. Sollte der O-Ton doch mit der Stimme unten sein, dann kann ein Regisseur immer noch die letzten Wörter wegnehmen und so stärker abreißen lassen – das mag dann aber dem Autor nicht gefallen, weil genau die beiden letzten Worte doch so wichtig waren. Und schon ist man mitten in den Debatten, die manchmal das Verhältnis zwischen Autoren und Regisseuren prägen.

▶ Eine gute Inszenierung beginnt beim Schreiben.

Das bedeutet: Inszeniere ich als Autor selbst, sollte ich daran denken, auch inszenatorische Ideen zu entwickeln und mitzudenken. Inszeniert jemand anderes, sollte dieser Regisseur früh eingebunden werden. Nur dann ist es möglich, eine gemeinsame Vorstellung von einer Produktion zu gewinnen. Ein guter Zeitpunkt, um den Regisseur einzubinden, ist die Besprechung des Plots – dann können alle Beteiligten (Kollegen, Autoren, Redakteure und Regisseure) ihre Ideen zusammenwerfen. Dabei sollte jeder Respekt und Verständnis für das Gewerk des anderen haben. Um ein abstraktes Sound-Design-Konzept auch zu realisieren, müssen auf der pragmatischen Ebene viele Aspekte berücksichtigt werden. Ich habe mal die aufgeschrieben, die ich in der Praxis am wichtigsten und hilfreichsten finde. Dabei wird als erstes klar: Die Inszenierung beginnt eigentlich nicht erst beim Schreiben, sondern schon bei den Aufnahmen.

---

116 Vgl. hierzu auch das Interview mit Jad Abumrad: https://transom.org/2017/avoiding-cheesy-sound-design/

8.2 Der saubere O-Ton

Als Reporter achten wir häufig darauf, was unser Gegenüber sagt. Und das ist ja auch gut so. Im Story-Interview haben wir schon gesehen, dass sich diese Inhalte für eine Narration im Vergleich zu anderen Darstellungsformen verändern. Aber genauso wichtig ist der Klang der Aufnahmen. Ja klar, die Aufnahme-Geräte haben einen qualitativ riesigen Sprung in den vergangenen Jahren gemacht und auch wir haben zum Beispiel für die erste Szene im „Anhalter" Audio-Aufnahmen genutzt, die mit dem Smartphone entstanden sind. Aber weil die Technik so gut funktioniert und entwickelt ist, besteht vielleicht die Gefahr, dass wir manchmal nicht ganz so genau hinhören. Nach dem Motto: Benutzen kann ich die Aufnahme auf jeden Fall. Alles andere versendet sich. Wenn ich dem Hörer aber die Chance geben will, wirklich in die Geschichte einzutauchen, dann reicht eine „Irgendwie-wird-es-schon-gehen"-Aufnahme nicht aus. Weil sie spätestens in der Produktion große Probleme erzeugt (trotz spectral cleaning und denoising). Hier helfen ein paar einfache Tipps:

- **Je sauberer die Original-Aufnahme, desto kreativer kann ich in der Produktion mit ihr umgehen.** Sauber bedeutet: Klare, präsente Sprachaufnahmen – Abstand zum Mikro beachten. Tendenziell sind wir als Reporter eher zu weit weg mit dem Mikro. So nah wie möglich ran, ohne den O-Ton-Geber zu sehr zu irritieren. Das erfordert hohe Disziplin auf Autoren-Seite. Ob Sie Mono oder Stereo oder mit welchem Mikro Sie aufnehmen, verändert die Aufnahme zwar – ist aber im Vergleich kein ganz so entscheidender Faktor. Eine Stereo-Sprachaufnahme bildet den Raum deutlich besser ab. Für manche Produktionen kann die Variante einer Mono-Sprachaufnahme plus Einbettung in eine Stereo-Atmo aber auch sehr gut funktionieren. Dann haben Sie möglicherweise eine etwas präsentere Sprachaufnahme, die gut in einen akustischen Raum einzubetten ist. Das hängt an der jeweiligen Aufnahme-Situation. Egal, was oder wen Sie aufnehmen, berücksichtigen Sie auf jeden Fall den nächsten Punkt.
- **Schweigen Sie eine Minute.** Am besten zusammen mit Ihrem Gesprächspartner. In der jeweiligen Aufnahme-Situation. Eigentlich ist das eine oft betonte Selbstverständlichkeit. Die Erfahrung zeigt: Viele Reporter denken trotzdem nicht dran. Das Resultat: In der fertigen Produktion sind häufig Schnitte und reißende Übergänge zu hören (weil aus dem persönlichen Archiv doch keine ganz passende Atmo zum Schmieren gefunden wurde). Die separat aufgenommene Atmo ist unbedingt notwendiges Schmiermaterial, um zum Beispiel die Übergänge zwischen O-Ton und Erzählertext oder anderen O-Tönen sanfter zu gestalten.
- **Kontrollieren Sie beim Aufnehmen.** Das heißt: Kopfhörer tragen. Eigentlich auch eine Selbstverständlichkeit. Mittlerweile gibt es selbst hochwertige, ge-

schlossene, In-Ohr-Kopfhörer. Die sind also nicht so sehr sichtbar und für den Gesprächspartner folglich weniger irritierend, erlauben aber die laufende Kontrolle – vorbeifliegende Flugzeuge, belüftete Computer oder brummende Kühlschränke nimmt man in der Regel besser über Kopfhörer wahr. Ob ich als Reporter dann in der Situation etwas dagegen tue oder die Nebengeräusche akzeptiere, kann ich dann immer noch entscheiden. In Verbindung mit dem optischen Pegel bekommt man einen guten Eindruck von der Gesamt-Sound-Qualität der Aufnahme.

- **Arbeiten Sie diszipliniert.** Das gilt vor allem für szenisch aufgenommene O-Töne, wenn Sie Menschen wirklich bei einem Ereignis begleiten. Natürlich ist es überhaupt nicht schlimm, wenn die Aufnahme die Lebhaftigkeit der Situation widerspiegelt („dirty" soll ja sogar sein). Aber dreckig heißt nicht: Akustisch unsauber oder unverständlich. Bleiben Sie nah dran, kontrollieren Sie laufend, entscheiden Sie sich, was Sie aufnehmen wollen. Nicht alles auf einmal – dann schwenkt das Mikrofon ständig oder ist auf Halbdistanz zu allem. Dann können Sie damit hinterher gar nichts mehr anfangen. Wenn eine Situation sich vor Ihren Augen und Ohren abspielt, gehen Sie mit der Sprache und der Aktion. Atmo können Sie später holen oder eben ganz zur Not nach-inszenieren.
- **Kennen Sie den Klang Ihrer O-Töne.** Was ich damit meine: Auch wenn Sie noch so sauber arbeiten, jeder O-Ton klingt akustisch anders. Ein bisschen dünn, ein bisschen verhallt, ein bisschen dumpf usw. Warum das wichtig ist: Weil es inszenatorisch Sinn ergibt, sich das zu Nutze zu machen. Inszenieren Sie nicht gegen den Charakter eines O-Tons (es sei denn, Sie wollen damit etwas aussagen!). Wenn eine Person einen Moment braucht, vielleicht langsam spricht oder die Stimme einen bestimmten Klang hat, überlegen Sie, welche Elemente dazu passen könnten – vielleicht eine Musik, die genau diesen Sprech-Rhythmus aufnimmt. Im „Anhalter" haben wir mit Heinrich häufig intime Situationen auf kleinstem Raum erlebt, zum Beispiel in seinem Zimmer (Heinrich würde „Zelle" sagen). Das haben wir auch beim Schreiben und Inszenieren berücksichtigt. Die sehr dichte O-Ton-Aufnahme hat nur wenig Atmo oder Musik vertragen.
- **Kennen Sie Ihr Equipment.** Eigentlich auch eine Selbstverständlichkeit. Die souveräne Handhabe ist die Grundlage, um überhaupt gute O-Töne zu erzeugen. Wissen Sie, was Aufnahmegerät und Mikro können und was nicht. Testen Sie es in verschiedenen Situationen und merken sich, was Sie in bestimmten Situationen gelernt haben. Das ist vor allem wichtig, um in den entscheidenden Situationen – wenn Sie bei einer spannenden Szene dabei sind – sicher und souverän zu agieren.

Wer saubere O-Töne aufnimmt, hat beim Schreiben und Produzieren viel mehr Möglichkeiten. Das heißt ja nicht, dass man sie alle nutzen muss. Und es wird immer noch genug Situationen geben, in denen es akustische Probleme gibt. Dabei sollten Sie als Autor einschätzen können, was aus Aufnahmen noch rauszuholen ist und was nicht. Das gilt sowohl für die akustische Aufbereitung (Wie weit kann ein Rauschen reduziert werden? Wie klingt der Ton danach?) als auch den Schnitt (Was ist schneidbar, was nicht?). Wenn Sie ohnehin alles selbst machen: Probieren Sie aus! Mit jeder Produktion wird man besser. Arbeiten Sie mit einem Techniker, dann arbeiten Sie bitte nicht nach dem Motto: Der Techniker wird es schon richten. Und noch eine scheinbare Kleinigkeit: Immer wieder schreiben Autoren eher die Wunschvorstellung eines O-Tons in das Skript als das Transkript des wirklichen O-Tons. Das ist überhaupt nicht schlimm, wenn der O-Ton nicht weiterbearbeitet werden muss. Es schafft aber immer wieder Probleme, wenn Passagen doch nicht sauber aus der Mitte rauszuschneiden sind oder die Stimme des O-Ton-Gebers immer wieder am Ende des O-Tons oben ist. Deswegen: Seien Sie streng! Hören Sie Ihre O-Töne, bevor Sie sie ins Skript schreiben. Gehen Sie nicht davon aus, dass alles schon irgendwie korrigierbar ist. Es stimmt: Es ist mittlerweile vieles möglich. Aber je besser die Auswahl getroffen ist, desto besser wird die Produktion.

8.3 Redaktion und Regie: Eine gute Geschichte besser machen

Haben Sie als Autor schon einmal den Satz gedacht: „Aber es ist ja meine Geschichte! Deswegen weiß ich am besten, was richtig ist." Wenn Projekte oder Erzählungen besonders wichtig für einen sind, dann kann dieser Gedanke schon einmal aufkommen. Erst recht, wenn man gerade Kritik zu seinem Manuskript bekommen hat – egal ob von Kollegen oder Redakteuren. Die meisten Redakteure, die mir bislang begegnet sind, haben genauso viel Interesse an einer guten Geschichte wie ich. Sie verstehen sich als Unterstützer, nicht als Gegner. Entstehen größere Probleme in der Abnahme, ist wahrscheinlich vorher schon etwas nicht ganz optimal gelaufen. Das liegt auch daran, dass Arbeitsprozesse, auch für längere Erzählungen, zumindest in den größeren öffentlich-rechtlichen Redaktionen eher nach folgendem Muster ablaufen: Die Redaktion beauftragt den Autoren oder der Autor schlägt der Redaktion etwas vor (Nach dem Motto: Lass uns doch mal was zu Deutschen in Großbritannien machen, wegen Brexit und so), dann meldet sich der Autor zwischendurch mal mit dem Reise-Antrag und schließlich der Reisekosten-Abrechnung (dabei wird kurz von der Reise erzählt: „Ich habe da ganz tolle Zutaten!") und dann wird irgendwann ein Skript vorgelegt. Vielleicht ist das ein bisschen überspitzt (aber nur vielleicht), und natürlich kann auch so eine ganz tolle Geschichte entstehen, aber in der Regel dient dieses Vorgehen weder der

8.3 Redaktion und Regie

Geschichte noch der Zusammenarbeit. An irgendeiner Stelle (zum Workflow siehe auch Kapitel 10.2) müssen sich Redakteur und Autor auf eine Geschichte festlegen: Samt Erzählsatz und Plotentwurf. Den einzufordern ist die Pflicht des Redakteurs. Den zu liefern ist die Bringschuld des Autors.[117] Und wenn ich alleine arbeite, dann zwinge ich mich selbst dazu. Der große Vorteil: Besteht Einigkeit über Erzählsatz und Plotentwurf, kann es bei der Abnahme keine bösen Überraschungen mehr geben – auf beiden Seiten. Dann kann die Abnahme wirklich genutzt werden, um die Geschichte noch mehr glänzen zu lassen.

Als Story-Doktor und Redakteur achte ich in der Regel beim Lesen und Redigieren von Manuskripten auf zwei verschiedene Ebenen: Story und Stil.

- Story-Ebene: Diese Ebene beurteilt, ob die Geschichte wirklich erzählt wird. Die zentralen Fragen, um diese Ebene zu beurteilen, sind die folgenden: Ist der Plotentwurf umgesetzt? Wo haben sich Abweichungen ergeben? Sind die sinnvoll? Sind die einzelnen Szenen klar? Ist die Geschichte für das angestrebte Zielpublikum angemessen erzählt? Was sind die Ideen für das Sound-Design? Passen diese zur Geschichte? Und natürlich: Verstehe ich alles (zumindest, wenn ich am Ende angekommen bin)?
  Natürlich kann man nicht alles nach Papierlage beurteilen. Manche O-Töne muss man hören (die Stimmung, den Tonfall etc.), um sie wirklich zu beurteilen. Im Gespräch mit dem Autor sind die oben genannten Fragen die Fragen, die zuerst zu klären sind. Erst wenn die Story-Ebene stimmig ist, beginnt die Arbeit an der zweiten Ebene.
- Stil-Ebene: Diese Ebene beurteilt, ob Sprache und Stil der Geschichte dienen. Die zentralen Fragen: Fließt die Geschichte? Wird schnell in Szenen reingeführt? Enden die Szenen auf Cliffhanger oder Pointe? Ist die Sprache insgesamt der Geschichte angemessen? Wird gerade in den Szenen Wert auf aktive, verbale Formulierungen gelegt? Gibt es Autoren-Marotten (Einschübe, Besserwisserei, Haltung von oben herab etc.), die der Geschichte im Weg stehen? Gibt es schwierig zu sprechenden Passagen (Laut-Folgen etc.)? Und natürlich auch hier die Frage: Verstehe ich alles?
  Dabei geht es nicht darum, den eigenen Stil dem Autoren aufzudrücken. Sondern dem Autoren dabei zu helfen, die Elemente seines Stils zu nutzen, die der Geschichte dienen.

---

117 Bei Serien empfehle ich auch immer ein ausführliches Storyboard, vgl. hierzu Kapitel 3.10.

Die Erfahrung zeigt: Ganz häufig wird versucht, in Abnahmen beide Ebenen gleichzeitig zu bearbeiten. Das erscheint auf den ersten Blick effizient. Das Problem dabei ist nur: Häufig geht dann alles durcheinander. Die Ebenen verschwimmen, es wird nicht zwischen wichtigen und weniger wichtigen Korrekturen unterschieden. Die Story-Ebene ist eher eine Makro-Ebene, die Stil-Ebene eher eine Mikro-Ebene. Stimmt die Story-Ebene noch nicht, wird sich ohnehin noch so viel auf der Stil-Ebene ändern, dass es sich noch gar nicht lohnt, diese detailliert zu bearbeiten.

▸ Arbeiten Sie als Redakteur die beiden Ebenen getrennt ab. Erst Story, dann Stil. Nicht andersherum.

Für beide Ebenen gilt: Kritisieren Sie bewusst und konstruktiv! Hinterlegen Sie Ihre Kritik mit einem Argument, nicht mit einem Bauchgefühl oder einer Floskel. Und wenn Ihnen nicht zumindest ansatzweise etwas Besseres einfällt, sparen Sie sich den Kommentar. Dadurch sollten alle Beteiligten in aller Regel mit zwei, maximal drei Durchläufen auskommen. Gehen Manuskripte immer wieder zwischen Autor und Redakteur hin und her, dann stimmt meistens die Story-Ebene nicht. Sie ist die eindeutig wichtigere Ebene! Hörer werden ab und zu einen schrägen Satz oder schlechten Stil in einer guten Geschichte ignorieren, aber allein toller Stil trägt eben keine Geschichte. Das ist eines der größten Missverständnisse, „polish is probably the most overemphasized aspect of writing craft."[118] Und das sehe nicht nur ich so, sondern auch der zweifache Pulitzer-Preisträger Jon Franklin – auch wenn er sich auf Print-Produkte bezieht: „The brutal fact is that structure is far more fundamental to storytelling than polish."[119]

Neben Story- und Stil-Ebene gibt es bei Audio-Produktionen noch eine dritte Ebene, die Sound-Design-Ebene. Sie ist ein elementarer Bestandteil jeder akustischen Narration und damit auch eher eine Makro-Ebene. Sie kommt natürlich vor allem während der Produktion zum Tragen. Dabei gilt: Je früher Sie eine wichtige, pragmatische Fragen klären, desto besser: Führt der Autor selbst Regie oder nicht? Mittlerweile ist es für viele Radio-Autoren, erst recht für die Podcaster, ganz normal, ohnehin alles selbst zu machen. Aufnahmen, Skripten, Schnitt, Inszenierung, Montage, Mix, Mastering. Autor, Regisseur und Toningenieur in einer Person. Für kurze Formate oder unaufwändige Produktionen ist dagegen auch überhaupt nichts einzuwenden. Im aktuellen Journalismus zum Beispiel besteht eine Produktions-Session selten aus mehr als sechs oder sieben Spuren (wenn spurgetreu

---

118 Jon Franklin: Writing for Story (New York: Plume, 1994), S. 169.
119 Ebd., S. 170.

gearbeitet wird): also Spuren für den Reporter, für ein oder zwei O-Ton-Geber, für vielleicht ein oder zwei Musiken sowie für Atmos bzw. verschiedene Geräusche. Wenn überhaupt. Wenn es schnell gehen muss, ist der letzte akustische Schliff auch nicht das entscheidende Qualitäts-Kriterium. Etwas anderes ist das allerdings bei aufwändigen und langen Produktionen: Bin ich als Autor wirklich in der Lage, mein Spuren-Management zusammen zu halten, wenn es deutlich mehr Spuren werden. Ein durchschnittliches „ZeitZeichen" zum Beispiel hat gerne mal zwischen zehn und 15 Spuren, eine Produktion wie „Der Anhalter" mehr als 30 Spuren und eine Hörspiel-artige Produktion mit Misch-Elementen aus Realität und Fiktion geht auch weit über 40 Spuren hinaus. Das bedeutet: Wer immer produziert, muss auch in der Lage sein, diese Spuren zu managen. Kaum ein Satz ist schlimmer als: „Ich glaube, jetzt ist ein Teil verschoben..." Wer das schon mal erlebt hat, weiß: Jetzt kann es sehr mühselig in der Produktion werden. Meine persönliche Grenze verläuft genau zwischen den gerade erwähnten Produktionen: „ZeitZeichen" oder ähnlich aufwändige Produktionen produziere ich komplett allein, für so große Dokumentationen wie den „Anhalter" oder für Hörspiele arbeite ich mit Toningenieuren.

Ein guter Autor kennt seine Grenzen. Das gilt auch für die Inszenierung. Wer bislang immer kürzere Beiträge realisiert hat und zum ersten Mal eine längere Erzählung in Angriff nimmt, wird sich mit der Inszenierung erfahrungsgemäß schwertun. Es werden schlichtweg Ideen fehlen. Die bisherige Vorgehensweise wird sich schnell erschöpfen. Und auch die Entscheidungs-Sicherheit mag fehlen. Ein Regisseur muss schnell und sicher beurteilen, was akustisch möglich ist und was nicht – und wie aufwändig der Weg dorthin ist. Deswegen wird er sich unter anderem mit zwei Fragen dem Stoff nähern:

- Was gibt das Material her? Es ist der alte Merksatz vom ehemaligen Leiter der rbb-Feature Redaktion Wolfgang Bauernfeind, der in seinen Workshops immer wieder den Satz sagt: „Vertraue deinem Material." Da hat er recht. Was er meint: Dein Material wird dir durch aufmerksames Zuhören Wege und Möglichkeiten aufzeigen. Die Szenerie, der Klang, die Sprechweise eines O-Ton-Gebers oder ein besonderer Moment. All das kann Ausgangspunkt für eine Inszenierungs-Idee sein. Ein Regisseur wird versuchen, aus dem Material eine Inszenierung abzuleiten. Oder in Beziehung dazu zu setzen.
- Mit welchen akustischen Elementen kann ich der Geschichte dienen bzw. die Geschichte erzählen? Da stehen alle nur denkbaren Möglichkeiten offen: von Musik über Geräusche und Atmo bis hin zu Montage-Techniken und Effekten.

Je besser ein Regisseur das Material und die Geschichte kennt, desto besser kann er auf diesen beiden Fragen rumdenken. Auch deshalb kann es durchaus sinnvoll sein, mal zusammen in Aufnahmen hereinzuhören. Dann kann eine in sich stimmige Inszenierung entstehen. Passiert dies nicht, kann die größte Angst des Autors real werden: dass eine Produktion „seiner" Geschichte entsteht, die er nicht mag. Ein guter Regisseur wird immer versuchen, der Geschichte zu dienen und nicht auf Gedeih und Verderb seine ach so kreativen Ideen umzusetzen, nach dem Motto: Man muss auch mal gegen den Strich bürsten. Zentral für eine konstruktive Zusammenarbeit ist das gegenseitige Verständnis für die Rollen und Jobs des anderen. Wenn Sie alleine für sich arbeiten, kann es manchmal sinnvoll sein, anderen Menschen von seinen Vorhaben und Ideen zu erzählen – so bekommen Sie auch Inspiration von anderen und ein erstes Feedback.

Dabei gilt: Wer als Autor selbst produziert und/oder Regie führt, sollte vor allem in der Lage sein, von seinem eigenen Stoff einen Schritt zurückzutreten und die Geschichte noch einmal unter akustischen Möglichkeiten zu beurteilen. Wem das schwerfällt oder wer keine Ideen für eine Umsetzung hat, darf sich davon auch entlasten – wenn es die Möglichkeit dafür gibt. Der Autor ist auf jeden Fall dafür verantwortlich, ein finales Manuskript für die Produktion vorzulegen, mit der alle Beteiligten arbeiten können. Es hört sich wieder mal nach einer Selbstverständlichkeit an, aber der Alltag zeigt: Das ist es nicht. Ein Skript liefert neben Briefkopf und Kontaktdaten (für etwaige Nachfragen) einen sauber formatierten Text, durchnummerierte oder systematisierte O-Töne sowie Geräusche und Atmos. Führt der Autor selbst Regie, ist die Arbeit im Studio ebenso gut vorbereitet: Musiken zum Durchhören sind rausgesucht, Atmos bereitgelegt, O-Ton Material vorgeschnitten oder zumindest gut erschlossen (mit entsprechenden Time Codes!) und alle Sprecher sind mit Skripten versorgt und bestellt. Dann steht der konstruktiven Arbeit im Studio nichts entgegen.

8.4 Arbeit im Studio I: Es gilt das gesprochene Wort

Die O-Töne sind weder vorgeschnitten noch nummeriert, aber irgendwo waren die doch. Oder? Dafür müssen Atmos und Geräusche nochmal eben schnell zusammengesucht werden, Originalaufnahmen gibt es leider nicht, da müssen wir nochmal eben im Archiv schauen. Und bei der Musik hat man gehofft, der Techniker hätte da eine Idee, der sei doch schließlich auch Musiker. Wer so ins Studio kommt, hat den Vorteil, dass nach einer Stunde keiner mehr Lust hat. Dafür geht so viel Zeit für

Selbstverständlichkeiten verloren, dass man für die eigentliche Inszenierungsarbeit weniger Energie und eben Zeit zur Verfügung hat. Wer kreativ arbeiten will, muss leider erstmal strukturiert sein und einen Plan haben. Am Anfang einer Produktion steht häufig eine der wichtigsten Aufgaben.

Normalerweise beginnt die Produktion mit den Sprachaufnahmen aller Beteiligten. Inszenieren und sprechen Sie selbst, stellen Sie sicher, dass Sie entweder mit einem sehr aufmerksamen Toningenieur zusammenarbeiten. Oder noch besser: Organisieren Sie sich ein weiteres Paar fähiger Ohren, das Ihnen dabei hilft, wie Sie selbst zu klingen. Wenn Sie Ihre Sprachaufnahmen ganz allein für sich machen: Nehmen Sie mal die ersten Passagen auf, stoppen und überprüfen Sie, ob Sie den gewünschten Tonfall wirklich treffen. Gibt es Passagen, bei denen Sie sich unsicher fühlen, machen Sie es genauso. Unabhängig von Ihrer Arbeitsweise: Versetzen Sie sich direkt vor den Sprachaufnahmen in die passende Haltung, in dem Sie zum Beispiel schon am Mikrofon sitzend dem Toningenieur, Regisseur oder wem auch immer erzählen, worum es jetzt gleich gehen wird. Bringen Sie sich in Erzählstimmung. Die Anmutung ist eher die eines Kollegen-Gesprächs oder einer Moderation, weniger die von klassisch präsentierten Nachrichten.[120] Wer das vorher nicht geübt hat, wird sich in aller Regel schwer damit tun. Die „Radiolab"-Methode ist dabei eine Möglichkeit, die eigene Stimme vor dem Mikro zu finden. Dabei gilt immer: Wer erzählt, hat es schwer, sich gleichzeitig ganz aufmerksam zuzuhören. Auch deshalb hilft es, wenn jemand anderes dabei ist. Achten Sie als Erzähler vor allem auf folgende Dinge:

- Erzählhaltung klar haben. Experimentieren Sie ein bisschen vor jeder neuen Szene oder vor neuen Sinnabschnitten. Sie werden ohnehin mehrere Fassungen aufnehmen.
- Haben Sie die Aussprachen klar. Wofür gibt es einen Aussprache-Duden und – zumindest im öffentlich-rechtlichen Rundfunk – die Aussprache-Datenbank. Checken Sie das vorher, nicht erst in der Produktion. Macht nur unnötig Stress.
- Nicht zu viel Druck in der Stimme. Das ist auf Dauer anstrengend und kann gerade bei längeren Erzählungen dazu führen, dass es die Sprachaufnahmen in die Länge zieht. Und die Geschichte mit wahnsinnig viel Druck daherkommt.
- Überartikulieren Sie nicht. Niemand spricht alle Silben, wenn er erzählt. Das führt eher zu einem befremdlichen Gefühl beim Hörer – es wirkt künstlich und

---

120 Wer etwas zu Sprachaufnahmen für Hörspiele (englisch: Radio Drama) lesen mag: Claire Grove / Stephen Wyatt: So you want to write Radio Drama? (London: Nock Hern Books, 2013), S. 190 ff.

distanziert. Und sorgt beim Sprechenden häufig für viele falsche Betonungen (siehe den nächsten Punkt). Finden Sie eine akkurate Erzählweise. Das erfordert ein bisschen Übung.
- Betonen Sie nicht zu viel. Geht häufig mit zu viel Druck in der Stimme einher. Normalerweise hat jeder Satz einen Bedeutungskern. Der wird betont, nicht jedes zweite Wort – und in der Regel auch nicht das Verb allein am Ende des Satzes.
- Spüren Sie den Text und seien Sie Sie selbst. Wenn Sie das tatsächlich wahrnehmen, dann werden Sie nah an Ihre natürliche Erzählweise herankommen.

Wenn Sie das in der Praxis umsetzen, dann werden Sie eine natürliche Ansprechhaltung erzeugen. Wie gesagt: Das erfordert etwas Übung, aber das ist es wert! Wenn Sie wiederum andere Sprecher, Zitatoren usw. als Regisseur beim Sprechen anleiten, stehen Sie vor anderen Herausforderungen. Für die Sprach-Regie helfen die folgenden Leitlinien:

- Besetzen Sie sinnvoll – wenn Sie das beeinflussen können. Als Regisseur ist das Ihr Job. Wer sich bei der Besetzung genügend Gedanken macht, hat hinterher nicht das Problem, von Sprechern, Schauspielern oder Kollegen Unmöglichkeiten zu verlangen.
- Proben Sie im Lese-Durchlauf. Ja, das ist natürlich der pure Luxus. Aber es hilft. Eigentlich sollte es schon als Vorbereitung auf die Produktion passieren. Als Autor sollte man immer wieder schon beim Schreiben laut lesen – um Rhythmus und Sprechbarkeit zu überprüfen. Arbeiten Sie mit einem Cast aus mehreren Sprechern, die aufeinander reagieren, kann ein Durchlauf vor der eigentlichen Sprachaufnahme Sinn ergeben. Jeder hat die Chance, sich aufeinander einzustimmen.
- Haben Sie klar, was Sie erzeugen wollen. Wer nicht weiß, wo er hin will mit den Sprachaufnahmen, wird auch keinen anderen Sprecher, Schauspieler oder Kollegen anleiten können. Dafür müssen Sie die Erzählhaltung klar haben und artikulieren können. Manchmal hilft es auch, O-Töne oder Musiken zuzuspielen, um den entsprechenden Tonfall zu erzeugen. Versuchen Sie es.
- Reden Sie miteinander. Am besten vorher. Erzählen Sie von Ihren Ideen, Eindrücken und hören, was Sprecher und Schauspieler dazu zu sagen haben. Ist auch gut für die Stimmung im Team.
- Lassen Sie auch mal laufen. Unterbrechen Sie andere beim Sprechen zu früh, kann das vorsichtig ausgedrückt unhöflich wirken. Geben Sie jemanden auch mal Raum, seine Stimme zu finden. Gerade für Abschnitte am Anfang wichtig. Ist der gemeinsame Tonfall erstmal gefunden, geht es meistens schneller.

- Wir spielen keine Adjektive! Es ist eine der wichtigsten Regeln. „Jetzt mal etwas trauriger" ist keine gute Regie-Anweisung. Arbeiten Sie mit Haltungen, Situationen und Szenen. Verdeutlichen Sie, an welchem Punkt der Geschichte Sie stehen, warum jemand etwas tut. Oder arbeiten Sie mit einer vergleichbaren Situation. Nur so kommt jemand in die entsprechende Haltung. Method acting vor dem Mikrofon eben.[121]

Nehmen Sie sich für die Sprachaufnahmen genügend Zeit. Dabei ist es schwer, eine konkrete Größenordnung zu nennen. Gehen Sie aber davon aus, dass Sie für alle Stellen mehrere Fassungen aufnehmen werden. Dabei wissen Sie meistens schon bei den Sprachaufnahmen, welche Fassung wahrscheinlich die sein wird, die Sie benutzen werden. Vermerken Sie das für sich in Ihrem Produktions-Manuskript. Das erleichtert und beschleunigt später die Montage. Wenn Sie immer wieder durch alle Versionen und Fassungen durchhören müssen, verlieren Sie nicht nur Zeit, sondern auch die Nerven.

Natürlich ist es auch denkbar, die Sprachaufnahmen nicht im Studio, sondern draußen aufzunehmen. Bei fiktionalen Erzählungen oder Hörspielen ist das gar nicht so selten – und auch für nicht-fiktionale Erzählungen durchaus denkbar. Das erfordert allerdings deutlich mehr Aufwand und Planung. Es erzeugt dafür einen realistischen Sound. Mit Aufnahmen im schallarmen Raum (wenn vorhanden!) können Sie allerdings auch alles erzeugen, vorausgesetzt die Ansprechhaltung stimmt. Es bleibt natürlich Ihre Entscheidung. Wer die Sprachaufnahmen gemeistert hat, kann jetzt mit dem Inszenierungs-Spaß loslegen. Nun können Sie sich richtig austoben. Bevor Sie alles einsetzen, was möglich ist, fragen Sie sich: Warum tue ich das? Wie dient das meiner Geschichte? Stellen Sie außerdem sicher, dass Sie die Organisation des Materials im Griff haben. Wenn Sie selbst produzieren, müssen Sie das ohnehin. Aber auch, wenn Sie mit Techniker oder Toningenieur arbeiten, hilft es, ein bisschen was von Montage, Effekten, Mischung und Mastering zu verstehen. Dann ist es einfacher, eine gemeinsame Sprache zu entwickeln. Auch für eines der wichtigsten Gestaltungs-Mittel – tada – die Musik.

---

121 Vgl. dazu Lee Strasberg: Ein Traum der Leidenschaft (München: Schirmer / Mosel, 1988).

8.5 Musik-Einsatz mit Sinn und Gefühl

Eines der wichtigsten Mittel, um Stimmungen zu erzeugen, ist Musik. Sie prägt sehr stark, wie der akustische Gesamteindruck der Erzählung klingt und wirkt. Das sehr reduzierte Klavier aus „Serial" legt genauso einen Tonfall fest wie der liebevoll komponierte Soundtrack zu „S-Town". Musik-Geschmack ist ja subjektiv, aber ob Musik ihre Funktion in der Geschichte erfüllt, lässt sich meistens ganz gut ohne die Geschmacksfrage klären. Das hängt mit der Art und Weise zusammen, wie Musik in Erzählungen auf uns wirkt. Vorranging nämlich auf zwei Weisen:

- **Emotional.** Als erstes reagieren wir als Menschen in aller Regel mit Gefühl auf Musik. Sie macht uns glücklich, traurig oder melancholisch. Die Abstufung ist individuell. Aber die emotionale Richtung dürfte doch häufig ähnlich sein. Um diese Wirkung abzuschätzen, müssen Sie selbst Zugriff auf diese Art der Emotion haben. Sie spüren, um sie bei anderen zu reproduzieren. Die meisten Menschen hören nicht, um welche Tonart es sich handelt, wie die Technik hinter der Musik ist, aber sie spüren die Wirkung.
- **Orientierend.** Viele Menschen assoziieren mit Musik eine bestimmte Zeit und einen bestimmten Ort. Die Vorstellung ist zwar häufig von Klischees geprägt. Aber die meisten Menschen werden eine bestimmte musikalische Vorstellung haben zu Wörtern wie „Weltraum", „Western" oder „Wiedervereinigung". Es sind größtenteils auch unsere kulturellen Prägungen. Das bedeutet: Diese Assoziationen kann ich nutzen, um räumliche und zeitliche Kontexte zu erzeugen.

Sie können natürlich nie wissen, ob Sie nicht zufällig Musik erwischen, mit denen Menschen eine ganz persönliche Geschichte verbinden. Dann geht in den Köpfen dieser Hörer ein ganz eigener Film los, den Sie wohl kaum stoppen können. Je bekannter ein Stück, desto größer ist die Wahrscheinlichkeit, dass dies passiert. Bekannte Melodien oder Musik-Stücke brauchen deshalb eine besonders gute Begründung. Seien Sie außerdem nicht zu platt. Schlecht eingesetzte Themenmusik gehört mit zum ärgerlichsten, womit man seine Erzählungen entwerten kann. Es gilt immer noch: Bitte kein „Bicycle Race" von „Queen" zum Fahrradfahren, kein „Money, Money, Money" von „ABBA" oder „Millionär" von den „Prinzen" zu Geld-Geschichten. Es sei denn, es gibt eine seeeehr gute Begründung... ach nein, lassen Sie es lieber. Aus der Art und Weise, wie wir Musik hören und wahrnehmen, lassen sich mehrere Funktionen ableiten, wie Musik in Erzählungen wirken kann:

- **Emotional verstärkend.** Ein Choral zu einem Bibelzitat wird die klerikale Stimmung, das Überhöhte, eher noch unterstützen. Oder Musik von Emilíana

Torrini den Drogentrip (wie in der „K" von Jens Jarisch), eine starke musikalische Idee. Die große Gefahr dieser Art von Musik-Einsatz: Insgesamt kann es über-emotionalisiert wirken, irgendwie zu viel und damit leer und melodramatisch. Die Spannweite ist also sehr groß: Es sind ganz große Momente genauso möglich wie unfreiwillig-komische. Je stärker Sie das Mittel der emotionalen Verstärkung nutzen, desto sicherer müssen Sie sein: Der Hörer ist schon in die Geschichte eingetaucht und wird emotional mitgehen. Auch die Musik entwickelt sich schließlich über die Erzählung hinweg. Sie kann intensiver werden. Ist die Musik zu Anfang, Mitte und Ende immer nur gleich, besteht die Gefahr, dass Sie musikalisch sagen: So richtig viel hat sich in der Geschichte nicht entwickelt. Wer mit Musik arbeitet, darf dies auch von Anfang tun. Wird Musik als Sound-Mittel erst in der Mitte der Geschichte eingesetzt, kann es häufig verstörend und irritierend wirken. Versuchen Sie von Anfang an den „Sound" der Gesamt-Geschichte zu vermitteln. Eine Produktion, die das grandios in Erzählhaltung, Text und eben auch Musik schafft, ist „S-Town". Schon die ersten Minuten dieser Erzählung sagen mir: Ich nehme dich mit in eine Welt, die du nicht kennst, die etwas abseitig ist. Erzeugt wird dieser Eindruck auch sehr stark über die Musik.

- **Emotional entscheidend.** Ein sehr schönes Mittel, auch um Spannung zu erzeugen. Mitten in der Szene setzt zum Beispiel Musik ein, die eine bestimmte Stimmung oder Haltung transportiert (drohende Gefahr oder Trauer). Die Musik kündigt damit an oder entscheidet, wie ich als Hörer die Szene emotional wahrnehmen soll. Subkutan eingesetzt ein sehr mächtiges Mittel.
- **Emotional kontrapunktisch.** Die Musik prägt eine komplett andere Stimmung oder Haltung als die Szene. Das kennen wir eher aus dem Film, weil wir dort mit dem Bild eine zusätzliche Ebene haben, die wir als Zuschauer wahrnehmen können. In Erzählungen konkurrieren lediglich akustische Ebenen miteinander. Ein berühmtes Filmbeispiel für kontrapunktischen Musikeinsatz ist der Song „What a wonderful world" von Lance Armstrong im Film „Good Morning, Vietnam". Der Titel läuft auf Bilder, die das Elend im Vietnam-Krieg zeigen. Dadurch werden die Absurdität der Situation und das Leid der Menschen erst recht verdeutlicht.
- **Situative Orientierung.** Auch das ergibt sich aus der Art und Weise, wie wir Musik hören. Damit ist aber nicht nur gemeint, dass uns Musik eine Idee von Ort und Zeit geben kann, sondern sie schafft auch Orientierung innerhalb der Erzählung. Musik kann zeigen, worauf Hörer in einer gewissen Szene besonders achten sollen. Stellen Sie sich zum Beispiel eine Szene auf einem Dachboden vor. Auf diesem Dachboden befinden sich unendlich viele Gegenstände, die uns als Hörer in der Szene beschrieben werden. Darunter befinden sich zum Beispiel

eine alte Eisenbahn, eine Spieluhr und eine kaputte Gitarre. Mit Musik können Sie nun die Aufmerksamkeit auf den Gegenstand lenken, der für die weitere Erzählung eine Rolle spielt.
- **Narrative Orientierung.** Was ich damit meine: Die Musik einer Narration ist eine Art Soundtrack, der mit Leitmotiven und Variationen die Geschichte zusammenhält und Bindung erzeugt. Diese Funktion erfüllt zum Beispiel auf starke Art und Weise das Klavier-Leitmotiv in der ersten „Serial"-Staffel. Häufig kommt es zum Einsatz, wenn zentrale Punkte entwickelt, erläutert oder zusammengefasst werden. Es gibt dem Hörer Orientierung: Es ist musikalisches Signposting.

Dabei kann jede Musik-Inszenierung immer mehrere Wege einschlagen. Möglichkeit eins: Die Musik startet vor der Szene, als eine Art Ein- oder Hinleitung. Möglichkeit zwei: Die Musik startet an einem bestimmten Punkt in der Szene, um zu betonen, dass sich die Szene nun in eine bestimmte Richtung entwickelt (es passiert was Schreckliches oder Schönes). Man könnte diesen Einsatz analog zum Film auch musikalische Prolepsis nennen – die Musik deutet an (Stichwort: Antizipation), dass nun etwas Bestimmtes passiert. Mit dieser Erwartung kann natürlich auch wieder gebrochen werden, um eine Überraschung zu erzeugen. Und Möglichkeit drei: Die Musik startet als Akzent nach der Pointe einer Szene. Welchen Weg Sie nutzen, entscheidet sich immer auch aus Zusammenspiel zwischen Szene, Musik und gewünschtem Effekt. Dabei gibt es unendlich viele Abstufungen zwischen diesen drei Möglichkeiten. Musik kann in einer Szene freistehen, um Spannung zu erzeugen. Sie kann die Szene vorantreiben, um Tempo aufzunehmen. Oder sie kann verfremdet (beschleunigt, verlangsamt, verzerrt, ausnudelnd, abreißend etc.) werden, um einen gewünschten Effekt, einen Zeitverlauf oder eine Stimmung zu erzeugen.

Besonders schön kann Musik auch wirken, wenn sie einen Wechsel vom „On" ins „Off" vollzieht. Sie ist also zunächst in der Szene zu hören, weil jemand ein Instrument spielt, singt, oder weil das Lied im Radio läuft. Dann blendet es über und ist auch außerhalb der Szene als Narrations-Musik zu hören. Diese Methode wird immer mal wieder auch in Filmen benutzt. Man denke nur an diese wunderbare Szene zwischen Bella und Edward in „Twilight". Die Musik beginnt im „Off" – wir sehen Bella und Edward zusammen durch die Wälder streifen. Diese Szene wird verschnitten mit der Szene, an der Edward am Klavier sitzt und Bella genau das Lied vorspielt, das wir parallel hören, also quasi im „On" (auch wenn das nicht ganz stimmt, siehe unten). Wenn das nicht Romantik ist?! Im Film spricht man auch von diegetischer (in der Szene) und extra-diegetischer (aus dem „Off", also

Musik, deren Quelle wir nicht sehen) Musik.[122] Beim Einsatz und Wechsel dieser Musik-Arten sind mehrere Spielarten denkbar. Vom „On" ins „Off" und natürlich auch umgekehrt. Bei der Szene mit Bella und Edward findet zwar ein optischer Wechsel statt, aber die Qualität der Musik ändert sich nicht. Wir hören nicht, wie Edward in dem Moment Klavier spielt, sondern die Musik bleibt in der Qualität der extra-diegetischen Dimension. In Audio-Narrationen müsste der Wechsel deutlich hörbar sein, damit er dramaturgisch Kraft entwickelt. Sonst wird er gar nicht wahrgenommen. Gut eingesetzt ist der Effekt häufig sehr schön: Er verbindet die realen Szenen mit der musikalischen Dimension der Erzählung. Dadurch wird die Musik noch stärker Teil der Erzählung, die Authentizität steigt.

Egal, welche Musik Sie wie einsetzen. Sie sollte immer einen Grund haben und der Geschichte dienen. Unmotivierter oder unbegründeter Musik-Einsatz lässt sich zum Beispiel daran erkennen, dass Musik nur als Pause oder Break eingesetzt wird. Das dürfte häufig zu wenig sein. Musik ist nie nur Pause oder Unterbrechung des Gesagten. Es gilt: Probieren Sie aus (denken Sie aber auch an die Rechte-Klärung!), was Ihnen vor die Ohren kommt. Egal, ob Sie mit Produktions-Musiken und den entsprechenden Datenbanken, klassischer, experimenteller oder welcher Art von Musik auch immer arbeiten – gut eingesetzte Musik bereichert Ihre Geschichte. Und der Einsatz von Musik knüpft an unsere kulturell sozialisierte Wahrnehmung von Geschichten an – schließlich benutzen alle großen Erzählungen in Film und Fernsehen (fiktional wie nicht-fiktional) Musik. Wir sind es gewohnt, Geschichten mit Musik wahrzunehmen. Und es ist eine so tolle, spielerische, gefühlvolle, tragische und romantische Dimension!

8.6 Arbeit im Studio II: Collage & Co

Wenn Szenen das Rückgrat der Geschichte sind, dann müssen sie auch für die Inszenierung eine besondere Rolle spielen. Das Ziel: Der Hörer soll die Situation wirklich vor Ohren haben. Wenn Sie Ihren Plot gut entworfen haben, die Szene also wirklich etwas aussagt und der Geschichte dient, die O-Töne szenengetreu aufgenommen sind und sowohl Atmo als auch Signatur-Elemente existieren, dann haben Sie eine gute Chance, die Szene akustisch zum Leben zu erwecken. Vermeiden Sie dabei ein paar der wohl häufigsten Fehler:

---

122 Vgl. hierzu Manuel Gervink / Robert Rabenalt (Hrsg.): Filmmusik und Narration. Über Musik im filmischen Erzählen (Marburg: Tectum, 2017), S. 13f.

- **Akustische Klischees.** Dazu gehören eben die Hupe des Tuk-Tuks oder Samba-Musik, wenn es um Brasilien geht. Sie erzählen ja auch keine Klischee-Geschichte. Finden Sie Atmo und Geräusche, die einzigartig für Ihre Geschichte sind.
- **Zu schnelle Inszenierung.** Damit meine ich: Die Szene entfaltet sich nicht wirklich akustisch. Ein Geräusch oder eine kurze Atmo sind eben nicht genug. Geben Sie der Szene Platz zum Atmen. Beginnen Sie trotzdem Ihre Dialoge spät in der Handlung und steigen früh aus diesen wieder aus. Geben Sie der Szene nach dem Ende Platz zum Nachhall. Wenn die Szene auf einer Pointe oder einem Cliffhanger endet, darf sich das beim Hörer kurz setzen. Im Film kommt nach einem inhaltlichen Akzent auch häufig eine Schwarzblende. Versuchen Sie auch akustisch klare Start- und Endpunkte zu setzen. Das können Akzente in Atmo genauso sein wie einzelne Geräusche (das Ziehen und Zuschnappen eines Gurtes ist zum Beispiel ein etwas ungewöhnlicheres Geräusch als das Starten des Motors, wenn es darum geht, loszufahren). Dann entstehen Kapitelschnitte oder vielmehr Kapitelübergänge, die verbunden mit den passenden Geräuschen und der passenden Musik wunderbare Momente darstellen können. Es sind die Momente, die im Kopf der Hörer nachhallen und Tiefe entwickeln.
- **Comichafte Inszenierung.** Ein häufig auftretender Fehler. Nach dem Motto: „Als Karl die Tür öffnete (Tür geht auf), schlug ihm laute Musik entgegen (laute Musik setzt ein)." Schon beim Lesen merkt man: Es ist entweder ein Mittel der Übertreibung und kann einen gewissen Humor oder Skurrilität bewirken, aber als ernst gemeintes Mittel ist es eher schwierig. Wenn Sie eindeutige Geräusche haben, brauchen Sie die nicht erklären. Eine zuschlagende Tür ist als solche erkennbar. Und wenn Sie sich nicht ganz sicher sind, greifen Sie das Geräusch im Skript indirekt auf, also eher: „(Tür schlägt zu) Im Zimmer sah Karl sich um..." Dann ist klar, dass es sich um die Zimmertür gehandelt hat. Um was sonst? Häufig ist die Inszenierungsreihenfolge: Geräusch/Atmo – bezugnehmender Erzähler oder O-Ton etc. die bessere Reihenfolge als umgekehrt. So umgeht man die Gefahr, zu comichaft zu inszenieren.

Persönlich unterscheide ich auch in der Inszenierung oft zwischen Szenen aus erster Hand und rekonstruierten Szenen. Szenen aus erster Hand inszeniere ich so, dass das Bild wirklich vor dem geistigen Ohr des Hörers entsteht, sozusagen live und in Farbe. Rekonstruierte Szenen (wenn zum Beispiel jemand etwas nacherzählt) inszeniere ich häufig dezenter. Weniger Geräusche, leisere Atmo, das Ganze etwas entrückt (zum Beispiel durch einen minimalen Hall auf der Musik oder einen leicht entfernt klingenden Raum) – das betont stärker die Dimension der Erinnerung. Das hängt aber auch vom Erzähl-Tempus des O-Ton-Gebers ab. Präteritum betont stärker die Erinnerung. Präsens dramaticum ermöglicht die Chance, die Szene wie eine Szene aus erster Hand zu inszenieren.

Eines der schönsten Mittel, um Szenen real wirken zu lassen, sind „Foley"-Sounds. Das ist ein Begriff, der eigentlich aus dem Filmgeschäft kommt. Unter „Foley" versteht man die Reproduktion von Alltags-Geräuschen oder -Atmos, die in der Postproduktion hinzugefügt werden. Denken Sie zum Beispiel an eine Person, die gerade müde aus dem Bett aufsteht. Im Film wird man möglicherweise die Bettdecken viel deutlicher hören als das normalerweise der Fall wäre – dadurch kann der Eindruck verstärkt werden, wie gemütlich das Bett ist. Wer mal bei einem Live-Hörspiel zu Gast war, bei dem ein Geräuschemacher auf der Bühne aktiv ist, bekommt einen Eindruck von dieser besonderen Kunst und ihren Tricks. „Foley"-Sounds heben gewisse Aspekte akustisch hervor. Wer sie passend auswählt, kann den Eindruck einer realistischen Szene deutlich erhöhen. Das Geräusch, wie ein Gurt zum Anschnallen erst langgezogen wird und schließlich einrastet, kann eben viel realistischer wirken als der Motor beim Starten des Autos – es ist intimer und schafft direkt die richtige Perspektive (innen im Auto). Ein startendes Auto hört sich im Auto nämlich selten spektakulär an. Im besten Fall nimmt der Hörer die „Foley"-Sounds gar nicht wahr, weil sie organisch in die Geschichte eingewoben sind.[123]

Eine der akustisch herausforderndsten Inszenierungen durfte ich zusammen mit Ralph Erdenberger und Timo Ackermann realisieren. Dabei handelt es sich um die schon erwähnte Reihe „Faust jr.", die sich um nichts Geringeres als die großen Rätsel und Geheimnisse der Menschheit kümmert. Das akustische Konzept: Reale O-Ton-Geber sind in einen fiktiven Plot eingebunden. Wir sind natürlich nicht die ersten, die auf so eine Idee gekommen sind und das ausprobiert haben. Wir haben aber versucht, das so konsequent wie möglich umzusetzen. Das bedeutet: Wir haben die O-Ton-Geber stets in Szenen eingebunden (also zum Beispiel mit dem Raumfahrt-Mediziner eine echte medizinische Untersuchung für das Astronauten-Training von Frank Faust durchgeführt). Diese Szene haben wir mit den O-Ton-Gebern an realen Orten aufgenommen und sind dabei selbst in die Rolle von Frank Faust geschlüpft – sonst würden ja keine dialogischen Aufnahmen entstehen. Gespielt wurde Faust später von Ingo Naujoks. Seine Sprachaufnahmen sind dann im Studio entstanden. Das heißt, wir hatten O-Ton-Aufnahmen (teilweise drinnen, teilweise draußen), die wir mit Studio-Aufnahmen zusammen in einen akustischen Raum

---

123 Der Name geht übrigens auf den Erfinder dieser Sound-Effekte zurück, den Filme-Geräuschemacher Jack Foley.

vereinen mussten, so dass beim Hören die Illusion einer echten Szene entsteht. Hier mussten wir immer vom O-Ton-Material und der dazugehörigen Atmo aus denken und einen akustischen Raum bauen – also vor allem Timo als Toningenieur musste das. Dabei haben wir immer eine Mischung aus Atmo, Geräuschen und Effekten benutzt, um die gewünschte Illusion zu erzeugen.

Dabei vereinfacht es die Arbeit, wenn einem der Unterschied zwischen Atmo und Geräuschen bewusst ist. Die Atmosphäre, Atmo oder Ambiance ist ein allgemeiner Klangteppich, der Umgebungsklang. Dazu können Windrauschen genauso gehören wie allgemeines Stimmengemurmel. Geräusche dagegen sind eindeutiger definiert, wie eben das Zuschlagen einer Tür oder das Kreischen einer Säge. Eine passende Stimmung erreicht man meistens mit einer Mischung aus beidem: einer Atmo als Basis, in die signifikante Geräusche eingebettet sind. Dabei werden Sie schnell merken, dass die Original-Atmo und -Geräusche, die man extra liebevoll aufgenommen hat, zwar häufig ein guter Ausgangspunkt sind, aber psychoakustisch für die perfekte Illusion nicht reichen. Dafür gibt es dann Sound-Datenbanken in Sendern, in Produktions-Studios oder in diesem Internet.

Ein entscheidender Faktor für die Gesamt-Anmutung der Geschichte ist außerdem, wie dicht Sie Ihre Montage bauen, wie groß also die Abstände zwischen den einzelnen O-Tönen, Dialogabschnitten oder Erzähler-Passagen sind. Das hängt von der Gesamtanmutung Ihres Stücks bzw. einzelner Szenen ab. Humor und Dynamik dürfen gerne schnell geschnitten und aneinander montiert sein, etwas komplexere Inhalte oder emotional tiefe Szenen dürfen gerne etwas Luft vertragen – auch zwischen einzelnen Sätzen. Dabei sollte es aber nie behäbig wirken. Das sind aber nur grobe Orientierungen, gegen die man aus guten Gründen auch wieder verstoßen darf. Versuchen Sie nur nicht, durch eine enge Montage Zeit zu gewinnen. Die Geschichte wird ohne Grund atemlos werden und das spürt man beim Hören.

Eine der dichtesten Montage-Formen überhaupt ist die Collage, egal ob als reine Collage (also nur aus O-Tönen bestehend) oder als kommentierte Collage (also zusätzlich um Sprecher- oder Erzähler-Sätze ergänzt). Der große Vorteil der Collage: Sie überbrückt Zeit, Raum und Inhalte so schnell und dynamisch wie kaum eine andere Technik in Audio-Erzählungen. Sie eignet sich damit zum Beispiel gut, um am Anfang von Serien einen schnellen Wiedereinstieg in die Geschichte zu geben – wie hier in die dritte Folge vom „Anhalter":

8.6 Arbeit im Studio II

> Ansage Bisher beim Anhalter:
> Musik setzt ein: verstörende Streicher. Dazu Atmo: Feuerzeug.
> Collage (Heinrich Kurzrock) Mit einem Rohrstock auf den nackten Arsch geschlagen. Und die Schläge am Körper waren die einzigsten Berührungen. / (Helmut Fahle) Also ganz klar Repression, die nicht anders durchgeführt werden konnte. / (Hans-Werner Prahl) Also, ich halte ihn für einen Aufschneider, wenn überhaupt. / Geräusch: Feuerzeug / (Angela Müller) Ich glaube, ein ganz großes Schlagwort ist wirklich: Ausgrenzung psychisch Kranker aus der Gesellschaft. / (Helmut Fahle) Und sie wurden vergessen. Man wollte das gar nicht wissen. / Geräusch: Feuerzeug. / (Hans-Jürgen Höötmann) Ich glaube, darf ich mal ganz kurz? Ach so, nee, da steht Aufnahmetag 26.9.'57.
> Geräusch: Feuerzeug erzeugt Flamme. Musik Ende. Atmo Straße.
> O-Ton (Sven Preger, im Auto Parkplatz Marsberg) Willse eine rauchen?
> O-Ton (Heinrich Kurzrock, im Auto Parkplatz Marsberg) Ja, ja. Du brauchst gar nicht zu fragen. Das wäre jetzt sowieso gekommen. Aber Hallo Deutschland.

Die Collage liefert hier den Wiedereinstieg. Die O-Töne sind nach zwei Kriterien zusammengestellt. Sie sollen einerseits kurz, knapp und präzise die bisherigen Konflikt-Linien der Serie zusammenfassen, die noch offen sind. Und andererseits auf genau die Situation hinleiten, mit der die dritte Folge beginnt. Zur Erinnerung: Am Ende von Folge zwei haben wir gelernt: Heinrich war wirklich im St. Johannes-Stift. Und genau auf dem Parkplatz davor, der heutigen Kinder- und Jugendpsychiatrie Marsberg, stehen wir nun. Eine Besonderheit haben wir darüber hinaus zwischen den O-Tönen in die Collage eingebaut: Ein Feuerzeug, an dem sich die Flamme einfach nicht entzünden will. Erst am Ende der Collage klappt es. Die Musik reißt gleichzeitig ab – dazu der O-Ton: „Willse eine rauchen?" (In der Klammer zum O-Ton steht übrigens nicht nur, wer spricht, sondern auch, wo die Aufnahme entstanden ist bzw. spielt. Es ist damit auch ein Beispiel wie ein Manuskript mit szenengetreuen O-Ton-Aufnahmen aussehen kann, vgl. hierzu auch Kapitel 6.4). Das Feuerzeug-Geräusch bereitet also auf die Szene vor. Dadurch entsteht der Eindruck einer hohen erzählerischen Dichte. Ein Mittel, was dem Hörer eher nicht bewusst ist, aber Antizipation aufbaut – denn irgendwas scheint da ja zu kommen, da ist ja dieses Geräusch zwischen den Tönen, was man möglicherweise auch nicht sofort erkennt. Dieses Antizipations-Mittel haben wir bei mehreren Wiedereinstiegen der Serie eingesetzt – natürlich nicht immer mit einem Feuerzeug-Geräusch.

Eine meiner persönlich liebsten Einsätze für Collagen sind Zeitraffer. Mit wenigen Schritten über einen größeren Zeitraum – vor allem, wenn in dieser Zeit auch noch was passiert. Es eignet sich vor allem für den Teil einer Erzählung, den Blake Snyder den „Fun & Games"-Teil genannt hat, einen Teil, der Aktion und Tempo aufnimmt, dabei besondere Leichtigkeit ausstrahlt, zum Beispiel als Beginn des zweiten Aktes.[124] Wir haben eine solche Sequenz beispielsweise in den sechsten Teil von „Faust jr." eingebaut („Der einsame Astronaut", Igel Records 2012). Frank Faust will sich unter falschem Namen ins Astronauten-Training schmuggeln. Dazu muss er eine Reihe von medizinischen Tests und Untersuchungen über sich ergehen lassen:

Erzähler	Und so begann ein wahrer Marathon…
Musik. Stimme im Vordergrund. Dazu Geräusche.	
O-Ton	(Mediziner Götz Kluge, Untersuchungszimmer) Wir werden Ihre Kreislauffunktionen dokumentieren. Langzeit-Blutdruckmessung…
Stimme	170 zu 130…
O-Ton	(Götz Kluge, Untersuchungszimmer) Mit dem Ultraschall schauen wir uns Ihre Nieren, Ihre Leber, Ihre Bauchspeicheldrüse an.
Faust	Ist das glitschig…
O-Ton	(Götz Kluge, Untersuchungszimmer) Wir gucken, ob Sie auch ausreichend belastungsfähig sind.
Atmo Laufband.	
Faust	*Schnauf*
O-Ton	(Götz Kluge, Untersuchungszimmer) Wir machen eine Untersuchung Ihres Kopfes – mit einer Gefäßdarstellung der Gefäße im Kopf.
Atmo CT / MRT.	
Faust	Die Röhre ist aber eng.
O-Ton	(Götz Kluge, Untersuchungszimmer) Sie werden zu unserem Augenarzt gehen.
Stimme	Wo ist jetzt besser: Im Grünen oder im Roten?
O-Ton	(Götz Kluge, Untersuchungszimmer) Enddarmspiegelung.
Faust	Ach du…Sch…ande.
O-Ton	(Götz Kluge, Untersuchungszimmer) Der Dermatologe wird sich Ihre Haut anschauen, der Orthopäden wird sich Ihre Extremitäten und Beweglichkeit aller Gelenke, speziell der Wirbelsäule anschauen…
Geräusch: Knack.	
Faust	Au.
O-Ton	(Götz Kluge, Untersuchungszimmer) Und so weiter.
Erzähler	Und nur fünf Tage später war Faust zugelassen – für den ultimativen Abschlusstest.
Faust	Abschlusstest?!
Erzähler	In der Zentrifuge.

---

124 Vgl. hierzu Blake Snyder: Save the Cat (Los Angeles: Michael Wiese Productions, 2005), S. 80f.

Faust	Ach ja.
O-Ton	(Götz Kluge, Untersuchungszimmer) Na, da müssen Sie den Kopf schön still halten – dann passiert schon nichts.
Faust	Ihr Wort in des Erzählers Ohr.
Erzähler	Was?
Faust	Boah, habe ich Kohldampf!

Die ganze hier transkribierte Sequenz dauert relativ genau 60 Sekunden, inklusive Cliffhanger für die nächste Szene (Zentrifuge!) und Komplikation (Hunger!). Sie ahnen, worauf das hinausläuft. Wir haben hier übrigens zu einem kleinen Not-Trick gegriffen und manche typischen Arzt-Sätze zu Blutdruck oder beim Sehtest selbst eingesprochen und aus der Ferne als Stimme in die Szene geworfen.

Das bringt uns zu der Frage nach der Anzahl der Sprecher bzw. Erzähler. Bei „Faust jr." ist es relativ einfach: Es gibt einen Erzähler. Genauso wie bei „Serial" – obwohl Sarah Koenig mehrfach betont, ganz und gar nicht allein zu arbeiten. Trotzdem hat sich das Team für eine Erzählerin entschieden. Und das ergibt Sinn – eine zweite Erzählerin oder ein zweiter Erzähler hätte sich von Sarah Koenig nicht deutlich genug unterschieden, die Erzählhaltung wäre wahrscheinlich sehr ähnlich gewesen. Auch beim „Anhalter" haben wir lange überlegt, wie wir das Erzählerproblem lösen. Schließlich sind wir zwei Männer, die auch noch ungefähr gleich alt sind. Eine Variante wäre gewesen: Einer von uns beiden erzählt, aber beide tauchen im O-Ton auf. Schließlich haben wir uns doch aus mehreren Gründen für zwei Sprecher entschieden. Beide sind wir Protagonisten, die Beziehung von beiden zu Heinrich spielt eine große Rolle, es hilft der realen Abbildung der Ereignisse. Außerdem nehmen wir leicht unterschiedliche Rollen ein: Stephan ist eher der loslaufende, ich bin eher der nachdenke Reporter. Auch das entspricht der Realität und ergänzt sich gut zu einer szenisch-reflektierenden Narration.

Häufig hört man in deutsch-sprachigen Produktionen die unbegründete zweite oder sogar dritte Stimme. Dabei hat man das Gefühl: Die Aufteilung des Textes war der ausschlaggebende Grund. Schließlich war es ja so viel Text, das konnte man dem Hörer nicht von einer Stimme zumuten. Also werden Themenblöcke unter verschiedenen Erzähler*innen aufgeteilt. Das ist keine gute Regie-Idee!

▶ Jeder Erzähler braucht eine Erzählhaltung, die sich deutlich von der eines anderen Sprechers unterscheidet.

Eine Hörspiel-Produktion wie „Faust jr.", die spielerisch und albern daherkommen darf, verträgt in Summe mehr Verfremdung und damit Effekte als ein dokumentarischer Stoff wie der „Anhalter". Beide Produktionen sind übrigens vom selben, genialen Toningenieur umgesetzt: Timo Ackermann. Er holt nicht nur das Beste aus dem Material heraus, bringt eigene Ideen ein und beherrscht alle Effekte, sondern hat solche Mammut-Produktionen auch organisatorisch und in Sachen Spuren-Management im Griff. Suchen Sie sich solche Leute, mit denen Sie gut zusammenarbeiten können. Es wird der Produktion nutzen. Dabei machen Sie sich als Autor und Regisseur zumindest mit den gängigsten Effekten und Arbeits-Schritten einer Produktion vertraut. Je mehr Sie davon verstehen, desto besser können Sie einschätzen, was geht und was wie aufwändig ist. Dazu gehören gängige Effekte wie EQ (wichtig unter anderem für die Stimmbearbeitung), Hall (gut nutzbar zum Beispiel für Musik-Ausklang und akustischen Raum), Kompressor oder in stärkerer Form Limiter (für die Verdichtung der Dynamik) genauso wie der sichere Umgang mit Mono/ Stereo (so kann es zum Beispiel Sinn ergeben, mehrere Sprecher mit einem Stereo-Mikrofon zusammen im Studio aufzunehmen) und Panoramen.[125] Und das sind nur ein paar wesentliche Basis-Kenntnisse. Außerdem hilft es, eine grundlegende Idee davon zu haben, was während Montage, Mischung und Mastering geschieht. Podcast-Produktionen können zum Beispiel die möglichen Dynamiken deutlich besser nutzen (also wirklich bestimmte Stellen leiser und andere lauter gestalten). Denn ohne lineare Ausstrahlung in einem Radioprogramm muss sich das Audiofile an keine Sende-Standards von Radioprogrammen halten bzw. wird nicht bei Ausstrahlung noch einmal zusätzlich komprimiert.

Das Entscheidende ist: Sie sollten selbst vor Ohren haben, was Sie inszenieren wollen. Und Sie sollten wissen, warum Sie das so und nicht anders wollen, warum es der Geschichte dient. Dann kann nicht mehr viel schiefgehen. Denn von all den technischen Möglichkeiten werden Sie immer nur einen Bruchteil in jeder Produktion nutzen. Es sollte der sinnvolle Bruchteil sein.

▶ Lassen Sie aufwändige Produktionen auch mal einen Tag liegen. Finale Mischung, Mastering und letztes Abhören darf mit frischen Ohren geschehen, wenn möglich.

Egal ob Podcast oder Radio-Produktion, es empfiehlt sich, nicht alles ganz alleine zu erledigen. Sondern gerade bei aufwändigen Produktionen eine zweite Meinung einzuholen. Zu Skript und zur Produktion. In den öffentlich-rechtlichen Sendern

---

125 Wer sich mit Effekten beschäftigen mag: Frank Pieper: Das Effekte Praxisbuch (München: GC Carstensen, 2. Aufl., 2004).

ist die Abnahme zum Beispiel zweistufig organisiert: Als erstes wird das Skript von der Redaktion abgenommen (in maximal drei Durchgängen sollte eine finale Produktionsfassung vorliegen). Und dann gibt es noch einmal eine Abnahme der eigentlichen Produktion. In aller Regel gibt es dann kleinere oder größere Änderungswünsche. Auch hier hilft es, sich vorher ausgetauscht zu haben – dann gibt es bei der Produktions-Abnahme keine bösen Überraschungen. Ich verspreche Ihnen: Musik wird immer ein Streitthema bleiben. Dabei hilft es aber in der Debatte, wenn man der Redaktion Funktion und Gründe der eingesetzten Musik-Stücke nennen kann.

Die letzte Aufgabe ist es dann, die finalen Sendeunterlagen zu erstellen – für den Sender, das Archiv, sich selbst, wen auch immer. Dazu gehören finales Manuskript (möglicherweise haben sich ja während der Produktion noch Kleinigkeiten geändert oder sind gekürzt worden) und die Gema-Meldung. Und schon können Sie sich das Stück auf einen USB-Stick ziehen, zu Hause Ihren Liebsten oder sich selbst vorspielen und als allererstes einen Fehler bemerken! Das gehört einfach dazu.

8.7 Checkliste: Inszenierung

Eine Geschichte zum Klingen zu bringen, die Arbeit im Studio oder akustisches Basteln zu Hause – das sind bis heute die Tätigkeiten, die mir persönlich mit am meisten Freude bereiten. Es sind die Momente, in denen die Erzählung wirklich entsteht, in denen das, was bislang nur im eigenen Kopf war, akustische Realität wird. Damit man seine eigene Kreativität austoben kann, darf es etwas Unterstützung geben. Wie die folgende Checkliste.

Checkliste Inszenierung
- Sorgen Sie für gutes Ausgangsmaterial. Ihre Aufnahmen sollten akustisch so gut wie möglich sein. Je sauberer der O-Ton, desto mehr können Sie in der Produktion damit anstellen. Und denken Sie an die obligatorische Atmo einer jeden Aufnahmesituation – jeder Techniker, Toningenieur und Sie selbst werden es später zu schätzen wissen.
- Beginnen Sie die Inszenierung spätestens während des Schreibens. Suchen Sie Musik, Atmo und Geräusche heraus und legen diese probeweise an. Es wird Ihre Schreibe verändern. Und zeigen, ob die akustischen Ideen zum aufgenommenen Material passen.

- Wenn es die Umstände ermöglichen: Machen Sie nicht alles selbst. Es gibt Redakteure, Regisseure und Techniker. Sie alle verstehen in der Regel etwas von ihrem Job. Wenn Sie als Autor genug zu tun haben, ist das ok. Binden Sie die anderen Gewerke früh mit ein. Wer selbst Regie führen will, sollte das auch können.
- Inszenieren Sie eine Erzählhaltung, die zu Ihrer Geschichte passt. Trauen Sie sich, wirklich zu erzählen. Bauen Sie durch die Erzählhaltung keine künstliche Distanz zu Ihrer Geschichte auf.
- Fühlen Sie die Musik! Sie trägt häufig die akustische Grundstimmung einer Geschichte. Geben Sie der Musik Platz, damit sie sich auch entfalten kann.
- Lassen Sie Ihre Szenen wirklich erklingen. So dass sie vor dem geistigen Ohr und Auge entstehen. Denken Sie daran: Szenen sind das Rückgrat der Narration. Sie ziehen den Hörer in die Geschichte und halten ihn da. Nutzen Sie dafür auch die psycho-akustischen Möglichkeiten, Signatur-Elemente und „Foley"-Sound. Das alles hilft, um die Szenen besonders real klingen zu lassen.
- Kennen und nutzen Sie die Möglichkeiten von Montage, Mischung und Effekten. Ganz häufig ist es wie bei diesem alten Witz: Treffen sich zwei Schauspieler. Sagt der eine: „Frag mich mal, worauf es beim Schauspiel ankommt." Sagt der andere: „Worauf kommt es..." Unterbricht der erste: „Timing!"
- Inszenieren Sie konsequent! Haben Sie keine Angst. Wenn Sie eine Idee haben, probieren Sie sie aus, bis es so klingt, wie Sie es sich vorgestellt haben. Dabei denken Sie daran: Alles, was Sie tun, sollte der Geschichte dienen.
- Denken Sie Sound-Design als Konzept. Wie können Sie Leitmotive, die für Ihre Geschichte wichtig sind, im Sound erfahrbar machen? Wie fühlen sich so was wie Schnelligkeit, Bewegung, Reise oder Entdeckung an – und welche Emotionen rufen diese Aspekte hervor?

Ich persönlich liebe fließende Inszenierungen. Was ich damit meine: Ich versuche als Regisseur häufig ein akustisch in sich stimmiges Klangbild zu erzeugen, das durch sanfte Übergänge und akustisch bindende Szenen geprägt ist. Sie können sich als Hörer ganz in diese Geschichte reinlegen und eintauchen. Gerade das Handwerk der Inszenierung wirft dabei immer wieder auch moralische und ethische Fragen auf: Was ist noch angemessen? Wo ist eine Grenze überschritten? Im Kern steht dabei eine zentrale Frage – um sie geht es im nächsten Kapitel.

Weiterführende Literatur

Jon Franklin: Writing for Story (New York: Plume, 1994).
Manuel Gervink / Robert Rabenalt (Hrsg.): Filmmusik und Narration. Über Musik im filmischen Erzählen (Marburg: Tectum, 2017).
Claire Grove / Stephen Wyatt: So you want to write Radio Drama? (London: Nock Hern Books, 2013).
Hubert Henle: Das Tonstudio Handbuch (München: GC Carstensen, 5. Aufl., 2001).
Frank Pieper: Das Effekte Praxisbuch (München: GC Carstensen, 2. Aufl., 2004).
Michael Rossié: Frei sprechen (Wiesbaden: Springer VS, 6. Aufl., 2017).
Michael Rossié: Sprechertraining (Wiesbaden: Springer VS, 8. Aufl., 2017).
Blake Snyder: Save the Cat (Los Angeles: Michael Wiese Productions, 2005).
Lee Strasberg: Ein Traum der Leidenschaft (München: Schirmer/ Mosel, 1988).

Weiterführende Links

Podcast „S-Town": https://stownpodcast.org/
Interview mit „Radiolab"-Host Jad Abumrad: https://transom.org/2017/avoiding-cheesy-sound-design/
Podcast-Produktionen von „Third Ear": www.thirdear.dk
BBC Sound Library, freie Nutzung: http://bbcsfx.acropolis.org.uk/
BBC Sound Library für kommerzielle Produktionen (kostenpflichtig): https://download.prosoundeffects.com/#!explorer
WDR-Feature „Black Noise" in 3D-Fassung für Kopfhörer: http://hoerspielplayer.wdr3.de/labor/hoerspiel/black-noise-3d-fassung-fuer-kopfhoerer/

Ethik und Grenzen der Narration: Das ist doch kein Journalismus! 9

Zusammenfassung

Narrationen sind immer wieder derselben Kritik ausgesetzt: zu wenig oder keine journalistische Distanz, zu subjektiv, zu sehr dramatisiert, zu wenige Fakten, kurz: kein (echter) Journalismus. Viele dieser Argumente sind wichtig und eine Debatte wert. Denn die Auseinandersetzung mit der Kritik und den Argumenten dahinter kann nicht nur zu mehr Verständnis führen, sondern auch dabei helfen, als Autor die eigene Position zu finden, zu verstehen und zu begründen. Dieses Kapitel debattiert die zentralen Kritikpunkte an Narrationen. Es zeigt, wo die Unterschiede von akustischen Erzählungen zu anderen journalistischen Darstellungsformen liegen und welche Konsequenzen das mit sich bringt. Das Kapitel zeigt auf, welchen Beitrag Narrationen zu gesellschaftlichen Debatten leisten können und wie ein verantwortungsvoller Umgang mit dieser Darstellungsform aussehen kann.

Schlüsselwörter

Nachrichtenfaktoren, Storyfaktoren, angemessene Realitätsabbildung, verdichtete Realität, künstliche Emotionalisierung, journalistische Distanz, Transparenz, Gonzo-Journalismus, Fakenews

9.1 Nachrichten-Faktoren vs. Story-Faktoren

Die Menschen sind oft begeistert. Sowohl ganz normale Hörer, Leser und Zuschauer als auch Journalisten. Begeistert, wenn sie „Serial" hören (zumindest die erste Staffel) oder die „Netflix"-Doku-Serie „Making a Murderer" schauen. Will man aber verstehen und analysieren, was solche Produktionen auszeichnet, um die handwerklichen Techniken auf eigene Produkte zu übertragen, so regt sich oft Widerstand. Ja natürlich, die Geschichten hinter „Serial" und „Making a Murderer" sind besondere Geschichten. Und ja, hinter diesen Produktionen stehen auch entsprechende Ressourcen, die im normalen Arbeitsalltag – und vielleicht auch sonst – kaum oder gar nicht zur Verfügung stehen. Aber die Art und Weise, wie diese Geschichten erzählt werden, mit welchen handwerklichen Techniken sie erfahrbar gemacht werden – das kann man erst einmal verstehen. Und sich fragen, welche dieser Techniken sich auf die eigenen Geschichten übertragen lassen. Welche Techniken können helfen? Und wie? Dann zeigt sich schnell: Nicht nur lange Dokumentationen können von diesem Handwerk profitieren, sondern auch aktuelle Beiträge, Kollegengespräche und sogar Moderationen. Doch schon der Analyse-Schritt wird in vielen Redaktionen nicht vollzogen. Schnell taucht Widerstand auf: Muss jetzt jede Geschichte gleich erzählt werden? Müssen wir den Amerikanern alles nachmachen? Und: Mit all dieser Emotionalisierung und Inszenierung ist das doch ohnehin kein echter Journalismus mehr! Diesen Widerspruch habe ich ganz persönlich lange nicht aufgelöst bekommen. Was soll daran schlecht sein, zu verstehen, wie fesselnde Geschichten erzählt werden? Warum soll ich nicht erst einmal versuchen, zu verstehen, wie Produkte arbeiten, die mich faszinieren? Das heißt doch noch lange nicht, alles unreflektiert zu übernehmen. Es bleibt doch meine Entscheidung, welche Erzählprinzipien ich im eigenen Alltag ausprobieren möchte. Und manchmal kann man nach dem Ausprobieren ja auch merken, ob etwas funktioniert oder eben nicht.

Der Widerstand in vielen (deutschen) Redaktionen scheint häufig aus einer skurrilen Trennung zu kommen: das Hören und Sehen als normales Publikum (tolle Geschichte!) einerseits, und die Arbeit als Journalist (solche Geschichten sind ja kein Journalismus!) andererseits. Woher kommt das? Was genau erzeugt denn den Widerstand? Um diese Fragen zu beantworten, hilft ein Vergleich zwischen den klassischen Nachrichtenfaktoren und dem, was ich Story-Faktoren nenne:

Nachrichtenfaktoren	Storyfaktoren
• Aktualität	• Prozesshaftigkeit
• Neuigkeit	• Szenen
• Zeitliche Nähe	• Absicht
• Räumliche Nähe	• Veränderung / Wachstum
• Soziale Nähe	• Tieferer Einblick
• Relevanz	• Grundsätzliches
• Prominenz	• Latente Aktualität / Neuigkeit

9.1 Nachrichten-Faktoren vs. Story-Faktoren

- Gesprächswert
- Human Interest
- Konflikte
- Emotionen
- Überraschungen

Ziel: Thema abbilden

- Botschaft
- Thema
- Hindernisse / Konflikte
- Emotionen
- Überraschungen

Ziel: Erlebnis liefern

Die Liste erhebt gar keinen Anspruch auf Vollständigkeit oder die absolut richtige Reihenfolge nach Wichtigkeit der Faktoren. Doch schon diese grobe Übersicht zeigt drei Aspekte relativ deutlich:

- Erstens: Es gibt gleiche Faktoren (wie Konflikte, Emotionen und Überraschungen). Sie sind für klassische journalistische Formate genauso wichtig wie für Narrationen.
- Zweitens: Es gibt ähnliche Faktoren oder Überschneidungen. Die Story-Faktoren „Tieferer Einblick" und „Grundsätzliches" korrespondieren zum Beispiel mit dem Nachrichten-Faktor „Relevanz". Wenn eine Geschichte einen tieferen Einblick zum Beispiel in die Gesellschaft offenbart, dann ist diese Geschichte auch im journalistischen Sinn relevant. Anders herum umfasst der Nachrichtenfaktor „Human Interest" im weitesten Sinn eben auch Emotionen.
- Drittens: Es gibt zentrale Faktoren, die sehr unterschiedlich sind. Für journalistische Produkte werden Aktualität und Neuigkeitswert immer eine große Rolle bei der Entscheidung für oder gegen Berichterstattung spielen. Sowohl für die Macher, die sich entscheiden, über etwas zu berichten, als auch für die Rezipienten. Für Narrationen spielen Aktualität und Neuigkeit eine viel kleinere Rolle. Die Macher achten auf diese Aspekte möglicherweise noch mehr als die Rezipienten – sie schauen, zu welchen Themen sich möglicherweise eine längere Erzählung lohnt, weil sie über Monate latent aktuell sind. Für Hörer mag das Thema der Narration vielleicht mit ein Grund sein, die Geschichte anzufangen. Aber ob eine Geschichte weiter und zu Ende gehört wird, hängt von ganz anderen Faktoren ab. Dazu gehören: Prozesshaftigkeit, szenische Erzählung, Absicht und Wachstum. Diese Faktoren spielen wiederum für journalistische Produkte kaum eine Rolle.

Auf eine etwas systematischere Ebene gehoben zeigen sich die deutlichen Unterschiede also in den Antworten auf zwei Fragen: Warum wird berichtet? Und wie wird berichtet? Darauf liefern Nachrichten- und Story-Faktoren nämlich unterschiedliche Antworten. Für den – nennen wir ihn mal so – klassischen Journalismus lauten die Antworten: Es wird berichtet, weil jetzt gerade etwas Neues und Wichtiges passiert ist (Warum?). Dabei werden die wichtigsten Ereignisse oder Ergebnisse prägnant zusammengefasst (Wie?). Für Narrationen sieht das komplett anders aus. Es wird erzählt, weil eine tiefere Botschaft über ein grundlegendes menschliches oder gesellschaftliches Problem transportiert werden soll (Warum?). Dabei geht es vor allem darum, ein Erlebnis zu liefern und den Prozess erfahrbar zu machen (Wie?). Nachrichtenfaktoren sind dazu da, um Themen zu beurteilen. Story-Faktoren sind dazu da, um Geschichten zu beurteilen. Das heißt: Nur weil Nachrichtenfaktoren erfüllt sind, muss es noch lange keine Geschichte geben. Der Weg vom Thema zur Geschichte kann sehr weit und manchmal auch unmöglich sein. Wenn das der Fall ist, bleibt es eben bei einer eher klassischen Darstellungsform.

Was dieser Vergleich noch einmal vor Augen führt: Narrationen sind eine eigene Darstellungsform. Sie mit den üblichen journalistischen Maßstäben zu beurteilen, muss zwangsweise zu Irritationen, vielleicht sogar zu Widerstand und dem Gefühl führen: Das ist doch kein Journalismus. Das Gefühl ist auch nicht ganz falsch. Dennoch sind die Narrationen, über die wir hier reden, ja dokumentarische Narrationen. Sie sind also Teil des Systems „Journalismus". Sie müssen sich damit auch an den journalistischen Moral- und Ethik-Vorstellungen messen lassen. Sonst finden sie keinen Platz im System Journalismus. Werfen wir deshalb einen Blick auf die häufigsten Kritik-Punkte an Narrationen im Einzelnen.

9.2 Narrationen bilden nicht die Realität ab!

Hinter dieser Kritik stecken zwei Sorgen:

- Sorge eins: Nicht passende Fakten werden weggelassen. Wer Geschichten erzählt, benutzt nur die Fakten und Aspekte, die der Geschichte dienen. Damit ist eine Narration ein verzerrtes Abbild der Realität.
- Sorge zwei: Die Inszenierung entspricht nicht der Realität. Wer Audio-Narrationen inszeniert, benutzt häufig nicht reale Geräusche und Atmos für die Inszenierung. Damit ist die Narration ein falsches Abbild der Realität.

Zur Sorge der nicht-passenden Fakten: Eine dokumentarische Narration muss immer ein angemessenes Abbild der Realität liefern. Verzerrt die Geschichte dieses Abbild, ist es keine gute Geschichte. Es gilt hier also derselbe Maßstab wie für alle anderen journalistischen Formate und Produkte. Ich gehe sogar so weit und behaupte: Die Recherche für Narrationen muss sogar noch tiefer gehen als für viele andere journalistische Produkte. Denn in Narrationen ist es nicht möglich, sich einfach nur auf verschiedene Standpunkte zurückzuziehen. Nach dem Motto: Wir haben alle Fraktionen im Bundestag nach ihrer Meinung gefragt, hier kommen sie. Das funktioniert aufgrund der Erzählstruktur einer Narration nicht. Ich muss mir als Reporter also noch sicherer sein, dass ich ein Phänomen, Problem etc. wirklich verstanden habe. Alle notwendigen Fakten werden in der Narration immer Platz finden. Denn sie ist in der Regel viel länger als andere Formate. Den Platz brauche ich auch, um die Szenen zu gestalten. Aber (denken Sie an die Leiter der Abstraktion): Es wird in vielen Narrationen die Passagen geben, in denen Probleme debattiert und eingeordnet werden. In diesen Passagen gibt es genug Platz, alle wichtigen Fakten unterzubringen und somit journalistisch angemessen zu arbeiten. Gerade deswegen ist die Dramaturgie einer nicht-fiktionalen Narration ja immens kompliziert – weil es eine spannende Geschichte und ein journalistisch anspruchsvolles Produkt in sich vereinigt.

Zur Sorge der nicht-realen Inszenierung: Das ist tatsächlich ein sehr schmaler Grat. Heißt das in letzter Konsequenz: Ich darf keine Geräusche und Atmos aus Archiven und Datenbanken einsetzen, weil die Geschichte dann kein echtes Abbild der Realität mehr ist? Wird hier nicht an Narrationen ein viel strengerer Maßstab angelegt als er im Journalismus sonst üblich ist? Was ist zum Beispiel in Print-Berichten oder -Interviews mit geglätteten oder gar im Nachhinein (bei der Autorisierung) veränderten oder eingefügten Zitaten und Äußerungen? Sätze sind kaum jemals so gesprochen worden wie wir sie in journalistischen Produkten lesen. Die Debatte um die reale Abbildung ist so alt wie der Journalismus selbst.

Worauf ich damit hinaus will: Der erste Schritt ist, sich einzugestehen, dass Journalismus immer auch Verzerrung und Subjektivität bedeutet. Das bedeutet aber nicht Beliebigkeit. Sondern es muss immer der Versuch bestehen, sich der Realität so weit wie möglich anzunähern.[126] Aber was heißt das nun für eine Audio-Inszenierung? Ich persönlich finde einen Gedanken hilfreich, der auf den ersten Blick vielleicht provokant oder schlichtweg falsch in diesem Kontext anmutet: Aaron Sorkin äußert ihn in seiner Online-Masterclass. Er spricht in einer der Lektionen (Teil 7: Incorporating Research) über das, was er „the more important truth" oder „the fundamental truth" nennt. Was er damit meint: Jede Szene einer Geschichte steht für eine Kernaussage, die diese Szene transportieren soll. Sorkin erzählt zur Verdeutlichung ein Beispiel aus dem Film „The Social Network" – also von einem fiktionalen Film, der mit einer realen Geschichte arbeitet. Für den Film hat Sorkin

---

126 Vgl. hierzu Bernhard Pörksen: Die große Gereiztheit. Wege aus der kollektiven Erregung (München: Hanser, 2018).

das Drehbuch geschrieben. In einer frühen Fassung des Drehbuchs mixt sich Mark Zuckerberg in einer der ersten Szenen im Film einen Drink, einen „Screwdriver" (ein Cocktail mit Orangensaft und Vodka). Kurz vor den Dreharbeiten hat Sorkin aber herausgefunden, dass Zuckerberg in Wirklichkeit in dieser Situation ein Bier getrunken hat. Was also tun? Für Sorkin entscheidend ist die Aussage, die der Drink transportiert. Der „Screwdriver" sagt für Sorkin aus: Ich trinke, um mich zu betrinken (Zuckerberg kam gerade von einem misslungenen Date). Das Bier erscheint Sorkin zu profan für diese Szene. Die „tiefere Wahrheit" fragt also danach, was der Kern dieser Situation oder Szene ist.

Warum hilft dieser Gedanke nun für nicht-fiktionale Inszenierungen? Wir können ja nicht einfach die Realität so verändern wie wir wollen, dann ist eine Narration tatsächlich kein Journalismus mehr. Aber es hat mich auf den folgenden Dreiklang gebracht:

- Schritt 1: Die Realität erforschen. Soweit und umfassend wie möglich. Dazu gehören auch entsprechende Geräusche- und Atmo-Aufnahmen.
- Schritt 2: Diese Realität inszenieren. Mit der Hilfe der Original-Aufnahmen wie auch Geräuschen und Atmo aus Archiv oder Datenbank.
- Schritt 3: Überprüfen. Liefert die inszenierte Szene ein angemessenes Abbild der Realität? Habe ich keinen falschen Eindruck erzeugt? Hält die Szene der Prüfung stand, kann ich in aller Regel damit gut leben. Dabei gibt es immer wieder Grenzfälle. Deswegen versuche ich bei der Prüfung eher streng zu sein und im Zweifel die Inszenierung etwas zurückzunehmen.

Mir hilft es, von der Szene als verdichteter Realität zu denken. Damit entsteht beides: eine echte Erzählung und Journalismus. Und auch mit diesem Gedanken bin ich nicht allein. Unterstützung gibt es von Jon Franklin, der den Gedankengang so zusammenfasst: „But a story is the height of artificiality. Whether or not the story is true, you cannot recreate the character's world. You wouldn't if you could. It's too complicated, too confusing, too boring. Your tale represents an extract of reality, not reality itself".[127] Sorkin hat sich übrigens mit seiner Argumentation nicht durchgesetzt. Im Film trinkt Mark Zuckerberg Bier – so wie es tatsächlich war.

---

127 Jon Franklin: Writing for Story (New York: Plume, 1994), S. 139.

9.3 Narrationen setzen nur auf Emotionen!

Die Hauptkritik hinter diesem Ausruf: Wer Geschichten erzählt, achtet nur noch auf Emotionen. Sie werden teilweise sogar künstlich erzeugt und übertrieben. Die Fakten bleiben dabei auf der Strecke.

Auch diese Sorge ist nicht ganz unberechtigt. Dabei werden hier möglicherweise Ursache und Wirkung verwechselt. Wenn eine Geschichte die echte Herausforderung eines Charakters zeigt, der wirklich etwas erreichen möchte, und die Geschichte sich dabei gleichzeitig um Grundsätzliches dreht, dann sind Emotionen die logische Folge. Sie sind ja auch fester Bestandteil des menschlichen Lebens. Sie zu negieren, würde kein angemessenes Abbild der Realität erzeugen.

Als künstlich oder übertrieben empfinden wir Emotionen in aller Regel nur, wenn sie sich nicht aus der Geschichte ergeben. Dann ist die Geschichte meistens flach, weil sie sich um Belanglosigkeiten oder keine echten Herausforderungen dreht. Dann ist es vielleicht gar nicht wert, diese Geschichte so ausführlich oder überhaupt zu erzählen. Wir empfinden Emotionen ebenfalls als unangemessen oder künstlich übertrieben, wenn uns jemand vorschreiben will, wie wir als Hörer etwas zu empfinden haben. Genau das sollte aber eine Narration nicht tun (Stichworte: Prozesse abbilden und keine allwissende, arrogante Erzählhaltung). Manchmal kommt sogar beides zusammen: Eine eigentlich belanglose oder flache Geschichte, die wie ein Riesen-Drama daherkommt. Das wirkt im besten Fall unfreiwillig komisch, im schlimmsten Fall ruft sie bei Hörern starke Ablehnung hervor. Die Kritik trifft also häufig zu, wenn Belanglosigkeiten aufgeblasen werden. Das würden wir natürlich im Journalismus niemals tun. Im Ernst: Emotionen sind das Resultat einer Narration, nicht ihr Selbstzweck. Dabei gehört es auch hier zur Aufgabe des Autors, damit verantwortungsvoll und angemessen umzugehen und ein angemessenes Abbild der Realität zu liefern. Manchmal kann zum verantwortungsvollen Umgang mit Protagonisten eben auch gehören, gewisse Szenen und O-Töne nicht zu veröffentlichen.

9.4 Narrationen fehlt die journalistische Distanz!

Gegenfrage: Was genau ist denn journalistische Distanz? Wenn journalistische Distanz den allwissenden Erzähler meint, der möglichst distanziert berichtet – ja, das fehlt der Narration. Hoffentlich. Hinter dieser Kritik steckt ein wichtiges

Problem. Wer nah an Protagonisten und Charaktere herankommen will, wer Situationen direkt miterleben möchte, der muss Vertrauen und eine echte Beziehung aufbauen. Die Gefahr wird dadurch sehr groß, die Ziele und Ansichten des Protagonisten zu den eigenen zu machen. Oder den Protagonisten etwas besser darzustellen als es vielleicht angemessen wäre. Das ist in der Tat für Autoren von Narrationen eine große Herausforderung – und kann zum Problem werden. Zwei Gegenstrategien können helfen, um sich sowohl journalistisch sauber zu verhalten als auch menschlich angemessen:

- **Transparenz in alle Richtungen** – sowohl gegenüber den Charakteren als auch den Hörern. Machen Sie den Menschen, mit denen Sie zusammenarbeiten klar, was Sie vorhaben, welche Geschichte Sie erzählen wollen. Dafür müssen Sie das erstmal für sich klarhaben. Und wenn Sie noch nicht so weit sind, dann sagen Sie auch das. Das bedeutet: Vertrauensarbeit. Das ist erst einmal eine Bringschuld von uns Journalisten. Das kann auch bedeuten, sich zunächst kennenzulernen – ohne Aufnahmegerät. Transparenz gegenüber Charakteren bedeutet natürlich nicht, immer und überall mit komplett offenen Karten zu spielen. Es gibt gute, journalistische Gründe, gewisse Informationen zunächst nicht offenzulegen. Um zum Beispiel einen Gesprächstermin zu erhalten und im Gespräch die Person mit kritikwürdigen Zuständen zu konfrontieren. Hätten die Reporter von Anfang an mit offenen Karten gespielt, hätten sie möglicherweise gar keinen Termin bekommen.
Transparenz sollte auch in Richtung der Hörer walten. Gibt es Interessens-Konflikte oder Ähnliches – lassen Sie es den Hörer wissen. Es wird Ihre Glaubwürdigkeit erhöhen. Auch weil Sie nicht so tun, als ob Sie auf alles eine eindeutige Antwort haben. Je komplexer eine Geschichte, desto wahrscheinlicher ist es, dass nicht mehr alles schwarz-weiß ist, sondern viel abgestufter und komplizierter. So ist das Leben. Es ist nicht gut oder böse, sondern oftmals grau oder farbenfroh. Im „Anhalter" haben wir uns ganz bewusst dazu entschieden, transparent zu machen, dass wir Heinrich finanziell und mit Kaffee- und Tabak-Paketen unterstützt haben. Was wäre denn passiert, wir hätten das für uns behalten – und es wäre während oder nach der Veröffentlichung herausgekommen? Unsere Glaubwürdigkeit wäre in Frage gestellt gewesen.
- **Nutzen Sie die Leiter der Abstraktion** und debattieren Sie die tieferen Ideen. So bauen Sie schon im Stück immer wieder Distanz auf. Hier zeigt sich auch, wie entscheidend Stoff-Prüfung und -Entwicklung sind. Eines der wesentlichen Elemente für eine Geschichte ist die größere oder tieferliegende Idee (vgl. hierzu Kapitel 2.4), die Tatsache, dass die Geschichte über sich hinausweist und einen tieferen Einblick in etwas gibt. Diese Aspekte werden eher in den Passagen der

Geschichte debattiert und erläutert, die sich auf den oberen Sprossen der Leiter der Abstraktion befinden. Diese Passagen sorgen für journalistische Distanz, auch zum Protagonisten. Denn hier wird unter anderem erläutert, warum die Geschichte erzählenswert ist – und wofür die Erzählung steht.

Es ist also eine Pendel-Bewegung zwischen sehr großer Nähe und angemessener, journalistischer Distanz. Das ist für Reporter auch menschlich eine große Herausforderung und emotional anstrengend. Die Meta-Ebene muss ständig mitgedacht und bearbeitet werden. Wenn das gelingt, dann halten auch Narrationen eine angemessene journalistische Distanz und menschliche Nähe ein. Es gilt der Grundsatz: Hart gegenüber der Sache, weich gegenüber den Menschen.

9.5 Narrationen dienen journalistischen Gonzo-Egos!

Die Gefahr ist groß: Journalisten erzählen nur noch eigene Recherchen nach und inszenieren sich dabei als fulminante Ich-Erzähler, mit allen Emotionen. Als Reporter wie Hunter S. Thompson in den 1970er Jahren mit Gonzo-Journalismus angefangen haben, stand das subjektive Erleben, die innere Welt und Erfahrung, im Vordergrund: egal ob auf der Pferderennbahn, beim Drogenkonsum oder bei der Suche nach dem amerikanischen Traum. Thompson gilt auch als einer der Vorläufer bzw. Mitbegründer des „New Journalism". Und es stimmt: Lange Narrationen, Podcasts, aber auch kürzere Beiträge, scheinen in den vergangenen Jahren im deutsch-sprachigen Raum verstärkt auf das „Reporter-Ich" zu setzen. Dabei sind mindestens zwei Aspekte zu beachten:

- Als Reporter irgendwo hinzugehen und sich etwas anzuschauen, ist noch kein Gonzo-Journalismus. Wenn schon, dann muss sich der Reporter auch wirklich einer Situation aussetzen, die ihm zusetzt, ihn herausfordert oder in skurrile Lagen bringt. Das kann die Achterbahn auf einer Kirmes genauso wie die High Society auf der Pferde-Rennbahn sein. Das bedeutet natürlich auch, dass der Reporter seine Emotionen zulassen muss und sie dem Publikum offenlegt. So weit wollen viele Reporter dann doch nicht gehen, es ist ihnen zu persönlich. Das ist zwar total in Ordnung, wirkt aber ein bisschen wie „Wasch mich, aber mach mich nicht nass." Daraus ergibt sich direkt der nächste Punkt.
- Ein „Ich" in der Erzählung braucht einen guten Grund. Gibt es den nicht, dann hat das „Ich" in der Erzählung nichts zu suchen. Denn es schadet der Geschichte dann eher als dass es nutzt.

Gonzo-Journalismus sollte außerdem keine Rechtfertigung dafür sein, auf Recherche zu verzichten! Die „Serial"-Erzählungen von Sarah Koenig, „S-Town" von Brian Reed, aber auch „Wer hat Burak erschossen" oder „Bilals Weg in den Terror" (beides rbb-Produktionen von Reporter Philip Meinhold) und auch der „Anhalter" sind alles „Ich"- oder „Wir"-Erzählungen, aber kein Gonzo-Journalismus. Es gilt: Die Geschichte ist der Star, nicht die Journalisten. Sie dienen der Geschichte.

9.6 Narrationen verdrängen alle anderen Formen!

Manchmal hört sich diese Frage genervt, manchmal eher ängstlich an: „Muss denn jetzt alles so sein?" Mit „so" sind dann häufig Narrationen oder narrative Elemente gemeint – oder gleich ganze Serien. Die Antwort ist einfach: nein! Nachrichten, Beiträge, Hintergrund, Reportage, Interviews, Kollegengespräche – diese und alle anderen Formen verlieren ja nicht ihre Berechtigung. Gerade in der aktuellen Berichterstattung haben sich diese Standards aus guten Gründen etabliert. Diese Gründe sind ja nicht auf einmal weg. Sicherlich gibt es narrative Techniken und Elemente, die man auch in kürzeren Formen ausprobieren und nutzen kann (vgl. dazu Kapitel 3.9). Aber wenn diese Techniken die Arbeit nicht unterstützen, dann eben nicht. In längeren Formaten (Hintergrund, Feature, Essay etc.) wünsche ich mir ganz persönlich, dass narrative Techniken mehr eingesetzt werden. Weil sie ganz häufig dabei helfen, Hörer für relevante Argumente zu öffnen. Narrationen können ein Vehikel für wichtige Themen und Debatten darstellen. Aber nicht immer gibt ein Thema narrative Elemente her. Dann ist das eben so: Trotzdem darf und muss über viele Themen natürlich trotzdem berichtet werden. Die (Weiter-)Entwicklung narrativer Techniken darf nicht dazu führen, Themen auszuschließen. Gleichzeitig wünsche ich mir ganz persönlich aber eben auch, dass sich mehr Redaktionen in Sachen „Narrationen" professionalisieren und das Potenzial erkennen und nutzen.

9.7 Narrationen sind nicht zeitgemäß, oder?!

Zum Abschluss des Kapitels ein bisschen Kulturpessimismus: Wir leben in einem postfaktischen Zeitalter, das von Fakenews, gefühlten Wahrheiten und Framing geprägt ist. Da kann doch eine Form wie eine Narration mit all der Inszenierung und den Emotionen keine adäquaten Antworten auf die drängenden Fragen unserer Zeit liefern. Gerade in der Debatte um das postfaktische Zeitalter und Fakenews müssen doch vor allem Fakten sprechen. Sie sollten die Basis für Meinungen sein und Orientierung in unserer komplexen Welt geben. Diese Argumentation ist einerseits richtig. Und andererseits verkennt sie möglicherweise einen wichtigen Punkt. Gefühle und Wahrnehmungen haben manchmal eben (leider) nicht viel mit Fakten zu tun. Die Fakten erreichen die Menschen nicht. Erst recht nicht, wenn diese Fakten von Menschen kommen, von denen man sich gar nicht so gerne etwas sagen lassen will. Und machen wir uns da nichts vor: Dazu gehören auch häufig genug wir Journalisten. Und das hat auch etwas mit uns und unserer (Erzähl-) Haltung zu tun – daran können wir zumindest etwas ändern.

Meine ganz persönliche Überzeugung: Narrationen und narrative Techniken bieten Journalisten die Chance, bei Hörern, Usern, Lesern und Zuschauern wieder mehr Vertrauen zurück zu gewinnen und eine passende Antwort auf die Probleme und Fragen unserer Zeit zu geben. Aus mehreren Gründen:

- Narrationen bilden die Welt stärker in ihrer Komplexheit ab. Dabei werden sowohl das Erlebnis als auch die Informationen und Fakten geliefert. Narrationen liefern damit viel mehr Orientierung als eine ausschließliche Fakten-Berichterstattung.
- Narrationen berichten nicht von oben herab. Sie verkörpern eine nicht-wissende, im besten Sinne neugierige und dabei gleichzeitig lebens-weise Erzählhaltung. Das nimmt Hörer wirklich ernst – im Gegensatz zum Gerede von „Augenhöhe" oder das bloße Vorlesen belangloser E-Mails oder Social-Media-Nachrichten von einzelnen Hörern im Programm.
- Narrationen schaffen Verständnis. Sie zeigen, dass es keine einfachen Lösungen für komplexe Probleme geben kann. Dabei tun auch Journalisten nicht so, als ob sie eigentlich die Antwort schon wüssten.

Narrationen sind damit ein Mittel gegen Fakenews. Menschen hören Geschichten, weil sie Orientierung suchen und lernen wollen. Momentan scheint es einen größeren Fokus auf Narrationen zu geben – sowohl bei Hörern als auch bei Machern. Dabei trifft diese Bewegung gerade im deutschsprachigen Radio und Podcast auf eine lange Erzähltradition. Vielleicht holen wir hierzulande auch als Macher ein bisschen „Storytelling"-Professionalisierung nach oder entwickeln uns gemeinsam weiter. Dazu gehört zum Beispiel auch, den eigenen Arbeitsprozess für eine Narration angemessen zu organisieren und die häufigsten narrativen Fehler schnell zu erkennen und zu beheben. Um diese Aspekte kümmert sich das nächste und letzte Kapitel.

Weiterführende Literatur

Bernhard Pörksen: Die große Gereiztheit. Wege aus der kollektiven Erregung (München: Hanser, 2018).
Jon Franklin: Writing for Story (New York: Plume, 1994).

Praxis des narrativen Reporters 10

Zusammenfassung

Die akustische Narration ist eine eigene Darstellungsform. Deswegen braucht sie einen anderen Arbeitsprozess als andere Darstellungsformen. Meistens zieht dieser sich über einen längeren Zeitraum, von Wochen über Monate bis hin zu manchmal Jahren. Um als Autor trotzdem Herr des Prozesses zu bleiben, hilft ein strukturiertes Vorgehen: Vom Pitch bis zur Erstellung der finalen Unterlagen. Dazu gehört außerdem, die wichtigsten Story-Fehler zu vermeiden. Dieses Kapitel zeigt deshalb abschließend beispielhaft, wie der Workflow zur Narration aussehen kann, welche zehn häufigsten Story-Probleme in der Praxis auftreten – und wie man sie löst.

Schlüsselwörter

Pitch, Workflow, Story-Probleme und Lösungen

10.1 Der Pitch muss passen

Der erste Schritt gehört zu den schwierigsten. Wenn Sie es geschafft haben, einmal mit einer Redaktion vertrauensvoll und erfolgreich zusammenzuarbeiten, dann werden die nächsten Projekte etwas einfacher werden. Zumindest das Verkaufen der Geschichten. Ein guter Pitch ist dafür der erste Schritt. Es ist eigentlich ein alter Hut, aber ich sage es hier auch noch einmal: Machen Sie sich vertraut mit Sendeplatz, Programm, Umfeld, Verlag oder Label. Passen Sie Ihren Pitch darauf an. Darüber hinaus enthält ein guter Pitch die folgenden Elemente:

- Erzählsatz. Er antwortet auf die Frage: Was ist die Geschichte, die erzählt werden soll?
- Plotandeutung: Niemand wird erwarten, dass Sie einen komplett ausgearbeiteten Plot vorlegen können. Aber Sie sollten die groben Linien skizzieren können. Orientieren Sie sich an den Leitplanken der Geschichte: Charaktere, Absichten, Hauptkonflikte, Hindernisse, Plot Points, mögliches Ende. Zumindest Startpunkt (auslösendes Ereignis) und Ziel (worauf die Geschichte zuläuft) sollten Sie grob vor Augen haben. Außerdem hilft es immer, die „bigger idea" benennen zu können. Sie ist das Äquivalent zur journalistischen Relevanz und antwortet auf die Frage: Warum sollen wir die Geschichte gerade jetzt erzählen?
- Aktueller Stand & Planung: Wie weit sind Sie? Bis wann können Sie das Projekt realisieren? Gibt es möglicherweise einen Anlass, um die Geschichte zu platzieren, also ein passendes Sendedatum? Viele Redaktionen oder Verlage haben lange Vorläufe. Sechs Monate bis zu einem Jahr sind keine Seltenheit.
- Kostenkalkulation. Wie aufwändig sind geplante Reisen? Welche Spesen, Zusatzkosten (mögl. für Musik-Komposition etc.) können anfallen?
- Referenzen. Wenn eine Redaktion, eine Produktionsfirma oder ein Label Sie nicht kennt, fügen Sie Referenzen bei. Verlinken Sie zu bisherigen Produktionen oder schicken ein aussagekräftiges Soundfile mit.

Insgesamt sollte der Pitch nicht länger als maximal zwei Seiten sein – mehr liest sowieso keiner. Verraten Sie auch nicht zu viel. Sie wollen ja noch ein paar starke Elemente auf der Hand haben, mit denen Sie punkten können.

Wer Sendeplatz, Programm, Umfeld oder Label kennt, kann also auch seinen Pitch entsprechend anpassen und so die Chancen erhöhen, ein Stück zu verkaufen. Dabei sollte das abgelieferte Produkt später am besten auch zum Pitch passen und nicht zu weit davon abweichen (wenn sich andere Entwicklungen abzeichnen, sollte man vor allem früh ein Zeichen geben). Dabei drängt sich eine Frage besonders auf: Wie weit muss ich denn mit der Recherche sein, um überhaupt zu pitchen? Diese Frage kann man am besten beantworten, wenn man sich einmal den gesamten Arbeitsprozess von der ersten Idee bis zur fertigen Narration anschaut. Ich bin in den vergangenen Jahren oft gefragt worden, an welcher Stelle im Arbeitsprozess ich was tue, entscheide oder umsetze. Deshalb spiele ich das im Folgenden mal an einem Beispiel durch, einem „ZeitZeichen". Dabei ist das Format für mich immer etwas Besonderes gewesen. Das gilt nicht nur für die Zusammenarbeit mit der Redaktion und die abwechslungsreichen Stoffe, sondern auch für die Länge. 15 Minuten sind unter dramaturgischen und narrativen Gesichtspunkten nahezu ideal. Man hat genug Platz, um Ideen auszuprobieren und umzusetzen. Gleichzeitig muss man nicht wie für ganz lange Formate Unmengen Zeit und Aufwand investieren. So kann man gerade mit diesen mittleren Längen eine Menge lernen. Das finde ich großartig. Für mich persönlich unterteile ich den Arbeitsprozess in sieben Phasen.

10.2 Workflow zur Narration: Die sieben Phasen zum fertigen Produkt

Phase 1: Grundrecherche

Wer komplexe Geschichten erzählen und sich auf Erzählsatz, Plotentwurf und die Arbeit mit Protagonisten konzentrieren will, muss das Thema im Griff haben. Naivität und mangelnde Sachkenntnis wird später kaum Türen öffnen. Je sicherer Sie ein Thema im Griff haben, desto eher werden Menschen Ihnen Vertrauen schenken. Das heißt: Machen Sie Ihre journalistischen Hausaufgaben. Lesen Sie sich ein, verschaffen Sie sich einen Überblick über andere Veröffentlichungen zu dem angedachten Thema und bringen Sie sich auf den aktuellen Stand der Dinge und der Debatten.

Für mich ist diese Phase eine Phase des Jagens & Sammelns. Ich starte bei aktuellen Erkenntnissen zum Thema und arbeite mich dann rückwärts. Dabei lerne ich schnell den Unterschied zwischen guten und wichtigen Quellen einerseits und weniger wichtigen Quellen andererseits. Außerdem erkenne ich wichtige Player: Dazu gehören beteiligte Organisationen und Personen (mögliche O-Ton-Geber, vielleicht sogar Protagonisten). Diese notiere ich schon einmal. Für ein normales „ZeitZeichen" veranschlage ich für diese Phase etwa zwei oder zweieinhalb Tage. Manchmal mehr – je nachdem, wie umfassend das Material bzw. meine Vorbildung zu dem jeweiligen Thema ist. Um zum Beispiel ein Leben wie das von Stephen Hawking einigermaßen in den Griff zu kriegen, sind drei grundlegende Quellen wichtig: Autobiografie („Meine kurze Geschichte"), wichtigste Populär-Publikation („Eine kurze Geschichte der Zeit") und möglicherweise einer der Spielfilme über ihn („The Theory of Everything"). Letzterer hat schließlich die populäre Wahrnehmung von Hawking stark mitgeprägt. Er hilft mir also, mit möglichen Antizipationen bei Hörern zu arbeiten. Hinzukommen zumindest Ausschnitte aus anderen Büchern und zahlreiche Vorträge und Original-Töne aus den Archiven der großen Rundfunkanstalten.

Am Ende dieser Phase muss ich das Thema zumindest einigermaßen im Griff haben. Damit meine ich in dem Hawking-Beispiel zumindest seine wichtigsten Lebensdaten, Entwicklungs-Schritte und seine zentralen wissenschaftlichen Arbeiten. Diese Recherche ist die Grundlage, um die Ideen für eine Geschichte zu entwickeln und mich an die ersten Entwürfe eines Erzählsatzes zu trauen. Habe ich keine Ahnung vom Thema, kann ich keinen Erzählsatz bilden. Denn nur mit der thematischen Sicherheit kann ich beurteilen, ob mein angedachter Erzählsatz realisierbar und der Realität angemessen ist.

Phase 2: Erzählsatz festlegen

Auf meinem Schreibtisch stapeln sich nun Bücher, Aufsätze und Auszüge aus Archiven. Im digitalen Ordner zur jeweiligen Geschichte befinden sich die Audios aus den Archiven. Ich habe mich einmal durchgelesen und durchgehört. Wenn sich ein Thema für mich als zu unübersichtlich gestaltet, fertige ich eine Chronologie der wichtigsten Ereignisse an. Gerade für dokumentarische Themen ist das eine unschätzbare Hilfe. Das hilft mir auch häufig dabei, die tiefere Idee zu finden. Denn beim Betrachten der Chronologie werden mir Zeitgeist und mögliche Gleichzeitigkeiten von Ereignissen bewusst. Mir wird klar, in was für einer Zeit meine Geschichte spielt und warum sie vielleicht für uns heute wichtig sein kann. Das ist für mich immer wieder eine große Herausforderung bei historischen Themen. Sie so zu erzählen, dass sie für uns heute relevant sind. Die tiefere Idee ist dafür häufig ein gutes Mittel.

All das hilft mir dabei, den Erzählsatz zu finden und eine Arbeitsversion davon zu formulieren. Daraus ergeben sich die ersten Ideen für den Plot. Außerdem wird mir klar, welchen Aufwand ich für die Realisierung betreiben muss. Ergeben sich unrealistische Anforderungen, kann ich nun immer noch Anpassungen durchführen. Das ist auch der Moment, in dem ich pitche bzw. den Erzählsatz und meine Ideen der Redaktion oder Kollegen vorstelle. Wenn wir uns hier nicht auf ein Vorgehen einigen, gibt es hinterher nur Probleme! Und es ist einfach mühselig, alle anderen im Nachhinein überzeugen zu müssen, dass die eigenen Ideen doch viel besser sind und das Skript so bleibt wie es ist! Dieser Abschnitt ist also sehr stark fokussiert. Er bringt Ordnung in das vorherige Chaos. Manchmal gelingt das binnen weniger Minuten, weil die Geschichte klar vor mir liegt. Manchmal dauert es Stunden.

Phase 3: Feldarbeit

Wenn Redaktion und Autor sich einig sind, beginnt die eigentliche Feldarbeit. Das heißt vor allem: Termine vereinbaren, reisen (wenn notwendig und möglich) und Aufnahmen machen. Durch die Vorgespräche mit potenziellen Protagonisten und O-Ton-Gebern wird es auch möglich, den Plotverlauf zu entwickeln und zu verfeinern. Als grobe Faustregel gilt: Im Großen und Ganzen steht der Plot, bevor die Aufnahmen passieren. Recherche und Vorgespräche dienen dazu, sich eine realistische Vorstellung vom möglichen Plotverlauf zu machen. Häufig hilft es, zwischen Vorgespräch und eigentlicher Aufnahme etwas Zeit verstreichen zu lassen. Die meisten Menschen erinnern sich nicht mehr genau daran, was sie einem schon erzählt haben. So können Sie auch Fragen ein zweites Mal stellen, ohne Angst vor komischen Antworten („Das habe ich Ihnen ja schon erzählt…") zu haben.

Für die eigentlichen Interviews bereite ich ein Story-Interview aus den entsprechenden Clustern vor (vgl. hierzu Kapitel 4.5) und achte darauf, dass meine Notizen nicht mehr als eine oder zwei Seiten umfassen. Ich will ja niemanden verschrecken. Außerdem beherzige ich die folgenden drei Tipps für Vorbereitung, Durchführung und Nachsorge:

- Tipp 1 für die Vorbereitung kommt von Ira Glass („This American Life"): „And here's something counterintuitive. It's best to try to figure out the potential Big Ideas in any story before you go out interviewing people."[128]
- Tipp 2 für Aufnahme-Setting und einen besonderen Moment während des Interviews kommt von Alix Spiegel („Invisibilia"): „So I have what I call 'five minutes of truth' in which I try to get a sense of whether the person needs anything or has any questions or is uncomfortable in any way, and I check to see if I've misunderstood something. (At the end of every interview, I try to get a sense of what I might not be getting. I just ask them, and that is usually a fruitful question.)"[129]
- Und Tipp 3 zur Interview-Führung kommt von Davia Nelson & Nikki Silva („The Kitchen Sisters"): „We don't turn off the microphone until we're out the door. As soon as the machine is off folks relax and invariably say the line that would work perfectly to start or end the piece. Or they reveal a secret or tell the best joke. When it's time to wrap up we lower our mics but don't turn off the machine. When they start talking again, which they always do, we just casually raise the mic and continue. They're aware we're still recording; we never secretly tape or walk in recording before the person knows we've started."[130] Diesen Tipp realisiere ich je nach Situation – immer so, dass ich Menschen fair behandele.

---

128 Ira Glass: Harnessing luck as an industrial product. In: John Biewen & Alexa Dilworth: Reality Radio (Durham: The University of North Carolina Press, 2. Aufl., 2017), S. 71.

129 Alix Spiegel: Variations in tape use and the position oft he Narrator. In: John Biewen & Alexa Dilworth: Reality Radio (Durham: The University of North Carolina Press, 2. Aufl., 2017), S. 52.

130 The Kitchen Sisters: Talking to Strangers. In: John Biewen & Alexa Dilworth: Reality Radio (Durham: The University of North Carolina Press, 2. Aufl., 2017), S. 37.

Alle drei Tipps liefern nur gute Resultate, wenn ich es schaffe, eine gute Atmosphäre zu gestalten, meine Gesprächspartner ernst nehme und eine Unterhaltung erzeuge, die so nah wie möglich an einem ganz normalen Gespräch dran ist. Verbunden mit journalistischem Interview-Handwerk gelingen häufig brauchbare Aufnahmen.

Nachdem die eigentliche Aufnahme-Arbeit abgeschlossen ist, sortiere und erschließe ich mein Material. Das bedeutet: Abhören und transkribieren. Dabei habe ich mir angewöhnt, alle Aufnahmen sauber zu erschließen. Das bedeutet, die Files werden sauber benannt und nahezu alle Aufnahmen transkribiert. Die Sprachaufnahmen transkribiere ich in der Regel komplett. Es bestärkt mein Gefühl, die Geschichte wirklich im Griff zu haben. Außerdem entstehen beim mühseligen und langweiligen Transkribieren die besten Ideen für die Inszenierung. Denn ich bekomme ein Gefühl davon, wie Töne, Material und Charaktere klingen. Außerdem ist das Transkribieren bei Weitem nicht mehr so mühselig wie früher. Ich arbeite damit je nach Produktion und Aufwand zum Beispiel mit Transkriptions-Software, die automatisiert eine erste Roh-Fassung des Transkriptes erstellt. Da je nach Aufnahme-Qualität und Sprache noch viele Fehler im Transkript enthalten sind, höre ich danach das ganze File noch einmal durch und korrigiere dabei alle Fehler. Außerdem ergänze ich meine ganz persönliche Notation. Ich markiere O-Töne (Qualität und Stimmlage, also Stimme oben, unten oder hängt) und notiere, wo in der Geschichte die O-Töne eine Rolle spielen könnten, zum Beispiel als Einstieg, Plot Point oder Rausschmeißer. Ja, dieser Schritt ist mühselig, jedes Mal. Aber er gibt mir persönlich Sicherheit. Danach habe ich das Gefühl: Ich kenne mein Material, mir kann eigentlich nicht mehr viel passieren. Jetzt kann der Schreibspaß beginnen. Für ein durchschnittliches „ZeitZeichen" veranschlage ich für diese Phase etwa drei Tage.

Phase 4: Story-Board oder Story-Sheet anfertigen

Im Idealfall weiß ich nun, wie die Geschichte laufen soll. Die Erfahrung zeigt mir aber, dass ich mich da häufig ein wenig überschätze. Ich weiß, was der grobe Spannungsverlauf und Plot sein soll, aber mir fehlen die genauen Details. Einführungs-Szene inkl. „Save the Cat", auslösendes Ereignis, Plot Points, Hindernisse etc. Deshalb fülle ich, bevor ich mit der Skript-Arbeit beginne, mein Story-Sheet aus (das ist quasi eine Kurzfassung des Story-Boards). Dazu gehören in aller Regel die folgenden Elemente – hier am „ZeitZeichen" über den ersten Interkontinentalflug mit einem Solarflugzeug erklärt:

10.2 Workflow zur Narration

- Anlass / Thema: Erster Interkontinentalflug mit einem Solarflieger (Sendedatum 6. Juni 2017).
- Erzählsatz / Story: Bertrand Piccard will mit einem Solarflugzeug zum ersten Mal um die Welt fliegen. Er will zeigen, was erneuerbare Energie leisten kann. Aber es gibt weder die Technologie noch findet er Unterstützung (zum Beispiel aus der Luftfahrt-Branche).
- Bigger Idea: Wir brauchen den „Spirit of Exploration" in unserer Gesellschaft / Pioniergeist vs. Bürokratie / Real Leadership / Pionierarbeit im 21. Jahrhundert.
- High Stakes / Risiko: Piccards Selbstbild ist in Gefahr – sein Vater und Großvater haben schließlich auch Großes vollbracht.
- Primal: ???
- Akustische Stimmung: Technische Entwicklung / Luftfahrt / Pioniergeist.

Dieses Sheet hilft mir, weil es mir sowohl Möglichkeiten als auch Probleme aufzeigt. Erstmal stellt es sicher, dass ich aus dem eigentlichen Anlass oder Thema wirklich einen Erzählsatz forme und mein Material geordnet habe. Außerdem zeigt die Frage nach den „High Stakes", dass es hier um ein persönliches Risiko geht – Piccard will beweisen, dass er ein würdiges Familienmitglied ist. Damit ist auch klar, dass die Informationen über Piccards Vater und Großvater früh in der Geschichte auftauchen müssen. Sonst vermittelt sich das Risiko für Bertrand Piccard nicht. Und das Story-Sheet zeigt, dass ich auf der Ebene des tieferen Einblicks ein Problem habe (hinter „Primal" stehen nicht ohne Grund ???). Es geht nicht wirklich um Leben und Tod. Die anderen Ebenen müssen also Kraft genug entwickeln, um die Geschichte zu tragen. Ergänzt wird diese Überprüfung der wesentlichen Story-Prinzipien dann mit einem Plot-Entwurf. Der sah bei diesem „ZeitZeichen" so aus:

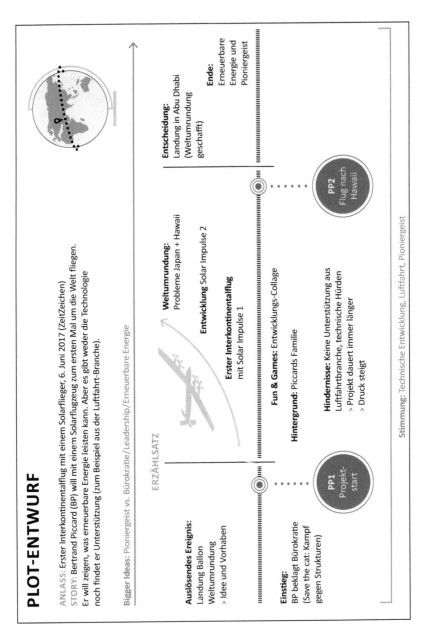

Abb. 10.1 Plot-Entwurf.

10.2 Workflow zur Narration

Der Plot-Entwurf zeigt die wesentlichen Elemente der Geschichte (vgl. hierzu den Plot aus elf Elementen in Kapitel 3.7):

- Promythion als Einstieg.
- Vortrag als Einstiegsszene. Hier wird Piccard auch als Charakter eingeführt. Save the Cat: Widerstand gegen Bürokratie.
- Auslösendes Ereignis: Landung mit dem Ballon am Ende der Weltumrundung (als rekonstruierte Szene, Piccard erzählt es nach). Daraus ergibt sich auch der Erzählsatz bzw. die Story.
- Erster Plot Point: Projektstart für „Solar Impulse" im Jahr 2004.
- Sich steigernde Krisen in vier Abschnitten:
- Erstes Hindernis: technologische Entwicklungen / Fundraising (akustische Umsetzung als Fun & Games Collage).
- Zweites Hindernis: Erster Interkontinentalflug mit „Solar Impulse 1" (damit ist auch das Thema des „ZeitZeichens" bzw. der Anlass genannt).
- Drittes Hindernis: Entwicklung von „Solar Impulse 2" für die Weltumrundung.
- Viertes Hindernis: Größte Probleme bei der Weltumrundung (hier Probleme in Japan und Hawaii). Diese rekonstruierten Szenen stellen auch die tiefste Krise dar. Es sieht so aus, als ob das Projekt scheitert – aufgrund der Behörden in Japan.
- Zweiter Plot Point: Erfolgreicher Abflug aus Japan nach Hawaii.
- Höhepunkt / Besonderer Augenblick: Landung bei der letzten Etappe in Abu Dhabi.
- Neues Gleichgewicht / Fazit: Piccard formuliert, was er aus dem Abenteuer an Erkenntnissen gewonnen hat und wie er darauf aufbauen will, um umweltfreundliche Technologien zu entwickeln.
- Closing mit „bigger idea": Bezug zum Leitthema „Leadership". Und wer den Schluss-Satz als Zitat erkennt, hat auch noch ein Lächeln im Gesicht!

Die Szenen sind dabei je nach Materiallage entweder als rekonstruierte Szenen gestaltet, Bertrand Piccard erzählt sie nach. Oder als Mischung aus rekonstruierter und Original-Szene. Piccard erzählt sie einerseits im Rückblick und ist andererseits immer wieder in Original-Aufnahmen von damals zu hören. Dadurch entwickeln die Szenen teilweise starken Erlebnis-Charakter.

Ohne fertiges Story-Sheet oder -Board fange ich nicht an zu schreiben. Nur so kann ich sicher sein, dass die Geschichte auch wirklich läuft. Außerdem kann ich viel einfacher den Schreib-Prozess unterbrechen, weil ich nur einen Blick auf das Story-Board werfen muss – und wieder weiß, wo ich bin, zumindest so ungefähr. Es zwingt mich schlichtweg, die Geschichte wirklich zu durchdenken. Habe ich das gesamte Material erschlossen, fertige ich das Storyboard an und finalisiere den Plot. Das kann etwa zwischen einer und drei Stunden dauern. Dann kann das Schreiben beginnen.

Phase 5: Manuskript schreiben, mit Korrektur und Abnahme

Die wichtigste Regel für mich: Mit frischem Kopf und in Ruhe schreiben. Ok, das sind eigentlich zwei Regeln. Das bedeutet: Ich fange meistens morgens mit einem neuen Skript an – oder mit der Entwicklung des Storyboards und beginne dann mit der Skript-Arbeit. Ich weiß über mich: Ich kann morgens und vormittags gut an Skripten arbeiten. Das heißt auch: Ich räume meinen Schreibtisch von allen anderen Themen frei und schaue auch nicht in meine E-Mails. Ich schreibe dann. Es muss natürlich jeder für sich einen eigenen Arbeits-Rhythmus entwickeln. Aber mir hilft es, auf meinen Biorhythmus Rücksicht zu nehmen und mich voll auf die Geschichte zu fokussieren.

Wichtig für mich persönlich ist außerdem: Ich beginne mit der Inszenierung allerspätestens jetzt. Ich suche Musiken heraus, lasse sie nebenbei laufen, schneide O-Töne sauber und so weiter. Nur so kann ich zum Beispiel schon auf Musik texten und einen in sich stimmigen Sound erzeugen. Ein „ZeitZeichen"-Manuskript zu schreiben dauert in aller Regel bei mir zwischen ein und zwei Tagen. Einen Tag, wenn es wirklich läuft und schnell geht. Wenn es mühseliger ist, kann es auch schon mal zwei volle Tage dauern. Natürlich schreibe ich nicht acht oder zehn Stunden am Stück. Dazu gehören immer mal wieder Pausen. Weshalb ich das sage: Die Stellen, an denen ich Pausen einlege, sind wichtig für mich. Ich versuche dann Pausen zu machen, wenn ich bereits weiß, was ich als nächstes schreiben werde, wenn ich also relativ genau weiß, wie es weitergeht. Ich mache in der Regel keine Pause, wenn ich gerade feststecke. Es sei denn, es geht wirklich nicht anders. Sonst ist mir die Hemmschwelle für den Wiedereinstieg zu hoch.

▶ Gönnen Sie sich dann eine Pause, wenn Sie schon wissen, wie es im Skript weitergeht. Das erleichtert den Wiedereinstieg.

Unverhältnismäßig viel Arbeitszeit in das Schreiben des Manuskriptes zu stecken bedeutet häufig: Es gibt Story-Probleme, die ich bei der Arbeit am Story-Board nicht komplett in den Griff bekommen habe. Nun muss ich diese Probleme als Autor beim Schreib-Prozess lösen. Dazu gehört beim „ZeitZeichen" auch, Kompromisse zwischen einer spannenden Geschichte einerseits und dem adäquaten Abbild des Ereignisses oder der Biografie andererseits zu finden. Bei einem Sendeplatz wie dem „ZeitZeichen" schwingt auch immer das Versprechen an den Hörer mit, die

10.2 Workflow zur Narration

wichtigsten Informationen zu Ereignis oder Person zu erhalten – die dürfen also nicht fehlen. Deswegen greife ich beim „ZeitZeichen" häufig zur Form der szenisch-reflektierenden Narration (vgl. hierzu Kapitel 3.8). Nicht immer lässt sich der eigentliche Anlass (der beim „ZeitZeichen" immerhin das Sendedatum festlegt) so sanft und fließend in die Geschichte einbauen wie beim „ZeitZeichen" über „Solar Impulse". Dabei gilt für mich: 10 bis 15 % (Schätzung!) weiche ich beim Schreiben vom Story-Board ab, weil ich neue (hoffentlich bessere) Ideen habe, Kleinigkeiten ergänze, streiche oder Übergänge doch nicht so funktionieren wie ich sie mir im Kopf bei der Konzeptarbeit vorgestellt habe. Das bedeutet aber auch: 85-90 % habe ich vorher im Kopf klar. Das hilft.

Selbst wenn die Schreib-Arbeit schnell geht, lasse ich das fertige Skript eine Nacht liegen und überarbeite mit frischen Augen und Ohren. Außerdem nutze ich den Korrektur-Durchgang, um die wichtigsten Fakten noch einmal zu checken – vor allem Namen, Jahreszahlen etc. Möglicherweise müssen nun auch allerletzte Recherche-Lücken gefüllt werden. Meistens geht es dabei um einzelne Fakten oder Formulierungen. Außerdem ist die Überarbeitung dafür gut, nochmal die eigene Position zur Geschichte zu überprüfen. Baue ich nach der Nähe auch wieder genug journalistische Distanz auf? Das „ZeitZeichen" über „Solar Impulse" zum Beispiel lebt von den Erzählungen Piccards. Auch deshalb ist es journalistisch angemessen, am Ende kritisch Bilanz zu ziehen. Tun Sie sich nur einen Gefallen:

- Don't kill your darlings. Wenn Sie starke Szenen haben, die für die Geschichte wichtig sind und diese tragen – streichen Sie sie nicht zu Gunsten von noch mehr Informationen.

Damit sich beim Hörer das Gefühl einstellt, wirklich einer Geschichte zu folgen, und nicht aneinandergereihten Informations-Blöcken, hilft mir meine eigene bereits erwähnte 50:50 Regel. 50 Prozent Szenen und echte Geschichte (auch da webe ich ja schon Infos herein) und 50 Prozent Hintergrund-Infos, Debatten etc. Dabei müssen die für die Geschichte wirklich notwendig sein. Kippt das Verhältnis zu stark in die Info-Richtung, werden die Szenen abgehackt, sie wirken nicht echt oder eher wie kurze Beispiele. Je mehr ich szenisch erzählen kann, desto besser.

Wenn das alles erledigt ist, geht das Skript an die Redaktion oder die Kollegen zur Abnahme oder Korrektur. Je klarer diese Personen vorher wussten, wie die Geschichte läuft, desto weniger böse Überraschungen gibt es auf beiden Seiten. Eine lange und vertrauensvolle Zusammenarbeit hilft natürlich. In aller Regel reichen dann ein oder eineinhalb Korrektur-Durchgänge – je länger und komplexer eine

Produktion ist, desto mehr Durchgänge kann es natürlich geben (werden es mehr als drei Besprechungen, dann hat es wahrscheinlich vorher nicht genug Abstimmung untereinander gegeben). Während das Skript in der Redaktion liegt, kann man schon mit der nächsten Phase beginnen.

Phase 6: Produktion

Zumindest die Vorbereitungen für die eigentliche Produktion können beginnen, auch wenn noch keine finale Abnahme vorliegt. Dabei hängt die Art der Vorbereitung daran, ob Sie allein produzieren oder mit Techniker. Ich schneide also schon mal alle O-Töne sauber und suche letzte Geräusche und Atmos zusammen. Sobald das Skript final abgenommen und in Produktions-Fassung vorliegt, kann die Produktion beginnen. Für ein „ZeitZeichen" kann man grob davon ausgehen, einen Tag lang zu produzieren. Das hängt natürlich an vielen Faktoren: Wie gut ist die eigene Vorbereitung? Wie komplex ist die Inszenierung? Für mich gehört die inszenatorische Produktions-Arbeit zu den schönsten Momenten des ganzen Prozesses. Die Geschichte entsteht nun wirklich. Wenn es irgendwie möglich ist, versuche ich die Produktion auf zwei Tage zu verteilen, um finale Mischung und Mastering mit frischen Ohren anzufertigen. Das fertige Audio-File geht an die Redaktion, es folgen Abnahme und mögliche Überarbeitung – und fertig ist das Audio. Fehlt noch der Papierkram.

Phase 7: Papierkram

Ich finde das persönlich sogar manchmal ganz kontemplativ. Das Manuskript wird in die finale Fassung gebracht (in der Produktion ändern sich meistens ein paar Kleinigkeiten), die Musik-Meldungen werden ausgefüllt und was immer eine Redaktion, ein Verlag oder ein Label sonst noch benötigen. Fertig! Jetzt belohnen!

Addiert man den gesamten Zeitaufwand zum Beispiel für ein durchschnittliches „ZeitZeichen", dann sieht das bei mir ungefähr so aus:

10.2 Workflow zur Narration

Abb. 10.2 Work-Flow zur Narration.

Also 9,5 Tage, knapp zwei Arbeitswochen. Das ist natürlich nur eine sehr grobe Orientierung. Hier durchgespielt an einer klaren 15-minütigen Dokumentarform, dem „ZeitZeichen". Dabei entfällt hier zum Beispiel der Pitch, denn das Datum setzt Anlass und Thema (was ja noch keine Geschichte darstellt!). Arbeite ich an einer Geschichte, bei der ich Personen und Hintergründe schon sehr gut kenne, reduziert sich die Grundrecherche. Dafür kann es an anderen Stellen manchmal deutlich länger dauern. Grundrecherche und Feldarbeit für die „Anhalter"-Serie haben zum Beispiel viel länger gedauert (also sehr viel länger!) – und alles andere auch.

Als durchschnittlicher Wert für die angegebene Länge ist die Auflistung aber eine ganz gute Größenordnung. Die zwei Wochen Arbeit verteilen sich dabei über mehrere Monate (die Redaktion plant langfristig). Persönlich bedeutet das für mich: Ich verdichte am Ende. Die Grundrecherche kann sich schon mal über einen längeren Zeitraum ziehen: Ich lese, höre Stücke, verschaffe mir einen Eindruck etc. Spätestens wenn ich in die Feldarbeit einsteige, versuche ich, konzentriert am Produkt zu arbeiten. Denn dann kenne ich mein Material und arbeite dadurch zügiger. Aber wie gesagt: Da muss jeder seinen eigenen Arbeits-Stil entwickeln. Ich finde nur, wir reden zu selten über diese Dinge. Und die Fragen sind sehr oft an mich herangetragen worden. Deshalb habe ich meinen Weg transparent gemacht.

Auf diesem Weg gibt es zahlreiche Stellen, an denen sich Probleme und/oder Fehler einschleichen können. Sie zu erkennen und eine Lösungs-Strategie parat zu haben, hilft immens. Egal, in welcher Rolle Sie an der Produktion beteiligt sind, im Team arbeiten oder als Einzelkämpfer. Daher kommt abschließend meine ganz persönliche Hitliste von Story-Problemen – samt Lösungs- bzw. Verbesserungs-Vorschlägen.

10.3 Lösungen für die zehn häufigsten Story-Probleme

Bei meiner Arbeit als Autor, Regisseur, Produzent und Story-Trainer begegnen mir immer wieder ähnliche Probleme. Ich habe mal versucht, die sinnvoll zusammenzufassen und – soweit das möglich ist – mit einer Lösung zu versehen. Insgesamt sind so zehn Story-Probleme zusammengekommen. Ich habe sie zum besseren Verständnis überspitzt. Aber nur ein bisschen:

- **Es gibt keine Story-Planung: die Hölle des zweiten Aktes.** Ohne Erzählsatz und Plotentwurf läuft das meistens so: Ihnen fällt möglicherweise irgendwann ein guter Einstieg ein und wenn Sie Glück haben, haben Sie auch schon was fürs Ende. Also fangen Sie schon mal an. Aber dann merken Sie, dass Sie nach dem Einstieg nicht so richtig wissen, wie es weitergeht. Was passiert dann? Als Autor verfällt man häufig in alte Muster und reiht Infoblock an Infoblock. Es ergibt sich das Problem, was auch die Hölle des zweiten Aktes genannt wird. Wie kann ich über diesen längsten und schwierigsten Akt nur die Spannung halten? Als Autor merke ich auf einmal, dass die Reihenfolge der Themenblöcke irgendwie beliebig ist, irgendwelche Überleitungen fallen einem schließlich immer ein. Dabei gilt eigentlich: Wenn Infoblöcke an mehreren Stellen stehen können, kann was mit dem Layout der Geschichte nicht stimmen.
Lösung: Zwingen Sie sich zu Erzählsatz und Storyboard. Die Arbeit und Zeit, die Sie hier investieren, holen Sie beim Schreiben allemal wieder auf. Und es entsteht ein viel besseres Produkt. Und wenn Sie dabei merken, dass Sie nicht die Elemente einer Erzählung haben, dann machen Sie halt einen klassischen Bericht. Aber dann bitte nicht in einer Länge von 30 Minuten. Damit lösen Sie auch schon das nächste Problem.
- **Das Zwei-Geschichten- oder Parallel-Strang-Problem.** Taucht auch immer wieder gerne auf, wenn in einem Stück mal wieder alles erzählt werden soll und wild durcheinandergemischt wird.
Lösung: Entscheiden Sie sich für eine Geschichte. Nein, zwei Geschichten auf einmal gehen nicht. Wenn Sie mehrere Stränge haben (das geht natürlich), dann

müssen diese Stränge aber miteinander verbunden sein. Und zwar im Sinne der Story, nicht thematisch. Die politische und die wirtschaftliche Dimension eines Themas macht noch keine Story-Verbindung. „Game of Thrones" hat auch ganz viele Stränge, aber es geht immer darum, wer nachher auf dem Thron sitzt. Ein anderes Beispiel: Im März 2018 hat „This American Life" die Folge „Five Women" publiziert – „a different kind of #MeToo story".[131] Darin erzählen fünf Frauen über ihre Erfahrungen. Was auf den ersten Blick wie fünf Geschichten in einer aussieht, ist es aber nicht. Denn alle Frauen berichten nicht nur von den Erfahrungen mit ein und demselben Mann, sondern ihre Erlebnisse und Geschichten weisen Berührungspunkte untereinander auf. Hier sind es also verschiedene Perspektiven einer Narration. Eine beeindruckende Geschichte – in vielerlei Hinsicht.

- **Es fehlt ein auslösendes Ereignis.** Das ist der Grund, warum die Geschichte häufig nach dem Einstieg ausfranst und irgendwie vor sich hinplätschert. Ohne auslösendes Ereignis geht die Geschichte nämlich gar nicht erst richtig los.
Lösung: Fertigen Sie einen Plot-Entwurf an und beherzigen Sie folgenden Rat: Geschichten werden nach vorne erzählt. Aus der einen Szene ergibt sich die nächste Szene – nur so kann ein Erzählfluss entstehen. Wenn Sie sich daran gerade am Anfang besonders halten, kommen Sie an einem auslösenden Ereignis gar nicht vorbei.
- **Ergebnisse werden vorweggenommen: das Expositions-Problem.** Einer der häufigsten und größten Fehler. Zu viele Fakten kommen viel zu früh. Es ist das klassische Expositions-Problem. Die Exposition wird durch zu viele Fakten viel zu lang(-weilig). Wenn alles bekannt ist, kann keine Spannung entstehen. Narrationen sind keine breaking news. Denken Sie an das, was Jon Franlin schreibt: „You could, of course, set aside a dozen paragraphs or so at the top of your story and give a mini-lecture on the subject at hand. You could... but you won't, not if you want to sell your story."[132]
Lösung: Versuchen Sie, ein Erlebnis zu liefern und die Fakten erfahrbar zu machen. Fragen Sie sich, wann Ihre Informationen im Stück die meiste Kraft entfalten (Stichwort: Liste der Enthüllungen). Versuchen Sie, in Szenen zu denken.
- **Keine szenengetreuen Aufnahmen.** Ein häufiger und ärgerlicher Fehler, weil er in der Produktion zu vielen Komplikationen führt. Ist der Fehler einmal passiert, ist er häufig im Nachhinein nicht mehr zufriedenstellend behebbar. Wenn O-Töne andere Akustiken haben, sind sie kaum in einer Szene kombinierbar.

---

131 https://www.thisamericanlife.org/640/five-women
132 Jon Franklin: Writing for Story (New York: Plume, 1994), S. 151.

Lösung: Szenengetreu aufnehmen. Dabei hilft es, vorher zu wissen, welche Aufnahmen möglich sind und was ich dort erzählen möchte. Das ist eine Frage der Recherche und der Planung. Sollten trotzdem mal Aufnahmen zu einer Szene an mehreren Orten aufgenommen sein – entscheiden Sie sich für die eine Hälfte der Aufnahmen. Erzählen Sie den Rest selbst.

- **Es gibt gar keine Szenen.** Manchmal klingt die folgende Frage leicht verzweifelt, manchmal traurig, manchmal auch trotzig-vorwurfsvoll (je nach Subtext): „Aber was mache ich, wenn ich keine tollen Szenen habe?"
Lösung: Die ehrliche Antwort: „Dann kannst du die Geschichte eben nicht erzählen!" Zumindest nicht so. Hört sich hart an, ist aber so. Viele Journalisten treffen an dieser Stelle dann folgende Entscheidung: Mache ich aber trotzdem. Genauso lang und ausführlich wie geplant. Dann eben mit mehr Info-Blöcken. Kann man so machen, hört sich dann aber auch so an. Etwas weniger spitz formuliert: Dann wird es eben ein normaler Bericht oder gebauter Beitrag. Seien Sie nur ehrlich zu sich und fragen sich, über welche Länge das Stück dann trägt. Meistens kürzer als wir es uns wünschen.
- **Schwache und langweilige O-Töne.** Im Nachhinein nicht mehr korrigierbar. Lösung: Vorher Story-Interview vorbereiten und dann auch führen. Die O-Ton-Geber im Interview ins Erleben führen und Dialoge erzeugen. Begreifen Sie Ihre Charaktere als handelnde Personen. Häufig versuchen Journalisten dies erst gar nicht – aus vorauseilendem Gehorsam, nach dem Motto: Das hätte der sowieso nicht gemacht. Denken Sie dran: Es ist Ihre Geschichte, die hinterher langweilig wird.
- **Viele Brüche in der Erzählung: die verlorene Perspektive.** Häufig ein Indikator für mangelnde Story-Planung. Das Gefühl beim Hören: Wieso kommt jetzt gerade dieser Abschnitt? Häufig beginnen solche Passagen mit regelrechten Droh-Formulierungen: „Angefangen hat alles..." oder „Ein anderes Problem war...". Gerne wird auch unvermittelt einfach mal der nächste Experte eingeführt, der mir als Hörer nun irgendwelche Rahmenbedingungen oder Aspekte (politisch, juristisch, historisch) erläutert.
Lösung: Folgen Sie Ihren Charakteren. Diese sind Träger der Handlung und tragen deshalb durch die Geschichte. Wenn Sie einen Protagonisten etabliert haben, wird er Ihnen den Weg weisen. Und wenn Sie dann zwischendurch Dinge erklären müssen, damit die Geschichte vorwärts geht, dann können Sie das sehr gerne tun. Auch mit Hilfe von Experten. Es braucht nur einen dramaturgischen Grund, um Informationen und Interviews in die Geschichte zu integrieren. Oder anders ausgedrückt: Die Informationen kommen dann und an der Stelle in die Geschichte, wenn und wo sie der Geschichte dienen. Läuft die Geschichte auch ohne eine bestimmte Erklärpassage – dann seien Sie mutig: Lassen Sie sie weg!

10.3 Lösungen für die zehn häufigsten Story-Probleme

- **Der allwissende Erzähler.** Der „German Narrator" schlägt wieder zu – von außen, distanziert, dafür von oben herab. Führt zu hoher Reaktanz beim Hörer. Lösung: Überdenken Sie die eigene Rolle und etablieren Sie einen Erzähler, der der Geschichte dient.
- **Das Erzähl-Problem: Storys not so well told.** Das ist für mich der Tatbestand, der die anderen Probleme ein bisschen zusammenfasst. Wir haben häufig gute Geschichten, wir erzählen sie nur oftmals schlecht. Wir holen sozusagen nicht das Beste aus unseren Geschichten raus. Wir sind mit (zu) wenig zufrieden. Lösung: Seien Sie anspruchsvoll, ambitioniert und professionalisieren Sie sich. Genau wie Nachrichten, Kollegengespräche und Moderation einem bestimmten Handwerk gehorchen, gilt das für Geschichten. Es ist nur ein anderes Handwerk. Lernen Sie es! Wenn Sie es beherrschen, dürfen Sie davon auch wieder abweichen. Dann aber hörenden Ohres!

Ganz häufig liegt die Lösung von Story-Problemen in einem strukturierten Vorgehen. Sie müssen wissen, was Sie wollen und die Hoheit über den Prozess behalten. Dann regiert nicht der Zufall über Ihre Geschichte, sondern Sie. Struktur schafft den Bezugs-Rahmen, in dem sich die Kreativität dann richtig austoben kann. Damit kann es nie beliebig werden.

Wenn ich mir zum Abschluss zwei Sachen wünschen darf, dann sind es die folgenden beiden:

- Erstens: Lassen Sie uns mehr reden: Über Geschichten, unseren Beruf, unsere Arbeitsweisen, unsere Ideen und unsere Sorgen. Dann können wir voneinander lernen, uns inspirieren und unser Erzähl-Handwerk verfeinern. Daraus folgt mein zweiter Wunsch.
- Zweitens: Lassen Sie uns mehr ausprobieren. Wer ausprobiert, macht Fehler. Das ist gut so. Denn aus Fehlern können wir lernen. Genauso wie von großartigen Produktionen.

Wir haben im europäischen und gerade im deutsch-sprachigen Raum eine lange Feature-Tradition und eine sehr agile Podcast-Szene, die ebenfalls auf viel Erfahrung zurückgreifen kann. Vielleicht kann aus dem Zusammenspiel zwischen diesen beiden Elementen und dem eher amerikanischen Storytelling-Handwerk noch einmal etwas ganz Neues entstehen. Das wäre eine ganz große Geschichte – zumindest für mich.

Weiterführende Literatur

Jon Franklin: Writing for Story (New York: Plume, 1994).
Ira Glass: Harnessing luck as an industrial product. In: John Biewen & Alexa Dilworth: Reality Radio (Durham: The University of North Carolina Press, 2. Aufl., 2017).
Alix Spiegel: Variations in tape use and the position of the Narrator. In: John Biewen & Alexa Dilworth: Reality Radio (Durham: The University of North Carolina Press, 2. Aufl., 2017).
The Kitchen Sisters: Talking to Strangers. In: John Biewen & Alexa Dilworth: Reality Radio (Durham: The University of North Carolina Press, 2. Aufl., 2017).

Weiterführende Links

„ZeitZeichen" über den ersten Interkontinentalflug mit einem Solarflugzeug: https://www1.wdr.de/radio/wdr5/sendungen/zeitzeichen/solar-flugzeug-100.html
„This American Life"- Geschichte „Five Women": https://www.thisamericanlife.org/640/five-women
Analyse von Geschichten und Erzählhandwerk-Tipps: https://transom.org/author/rrosenthal/
Newsletter über die Podcast-Szene: https://hotpodnews.com/
Newsangebot über die Podcast-Szene: https://podnews.net/
„Radio Atlas" - ein Ort, um innovative Audio-Produktionen kennenzulernen (aus aller Welt, englische Untertitel inklusive): http://www.radioatlas.org/

Danke!

Ich war und bin immer auf der Suche nach Menschen, die mich inspirieren, oder verrückt genug sind, mit mir Projekte umzusetzen – oder beides. Ideen gibt es genug! Deswegen gebührt ein paar großartigen Menschen mein ganz besonderer Dank. Weil sie meine Begeisterung fürs Geschichten-Erzählen teilen und meinen Geschichten einen Platz geben.

Stephan Beuting. Als die erste Staffel von „Serial" lief, sind wir uns schwer beeindruckt in der Redaktion über den Weg gelaufen. Dabei fiel der Satz: Wenn einer von uns beiden mal so einem Stoff begegnet, dann machen wir so etwas wie „Serial" in Deutschland. Es ist kaum zu glauben, dass dieser Satz irgendwie wahr geworden ist. Ein paar Monate später haben Stephan und ich uns in Bonn zum Essen verabredet – und Stephan fängt auf einmal an, von diesem Anhalter zu erzählen. Alles andere können Sie nachhören!

Leslie Rosin. Leslie hat dem „Anhalter" ein redaktionelles Zuhause gegeben. Sie hat das Potenzial dieses Stoffs erkannt und das erste WDR-Serial ermöglicht. Sie hat mit uns für diese Form gekämpft und dabei immer die Qualität des Produktes im Blick gehabt. Sie hat mir außerdem die Tür in die europäische Feature-Welt geöffnet. Und mit ihren konstruktiven Anmerkungen zu diesem Skript auch dieses Buch besser gemacht.

Ralph Erdenberger. Seine Geschichten berühren mich immer wieder. Ich kenne kaum jemanden, der so liebevoll mit dem Medium Audio umgeht wie Ralph. Als Autor, Regisseur und Moderator. Zusammen haben wir zahlreiche Stunden mit Ideen, Plot-Entwürfen und im Studio verbracht. Für „Die ungelösten Rätsel der Wissenschaft", „Evo-Solution" und natürlich „Faust jr."! Frohes Schöpfen!

Mira Brinkschulte. Die Chefin von Igel-Records, dem verlegerischen Zuhause von „Faust jr." Mira war verrückt genug war, Ralph und mir eine eigene CD-Reihe und (fast) freie Hand zu schenken. Sie war immer klar, zugewandt, verlässlich, humorvoll, begeisterungsfähig und warmherzig! So viel Vertrauen wie Mira uns entgegengebracht hat – das motiviert, aus allen Stoffen das Beste rauszuholen.

Timo Ackermann. Er ist der Sound-Verantwortliche von „Faust jr." und vom „Anhalter". Mehr muss man kaum sagen. Wer zwei so unterschiedliche, so komplexe Produktionen derart zum Klingen bringt, gehört einfach zu den Besten seiner Zunft!

Ronald Feisel, Michael Rüger, Hildegard Schulte und das gesamte „ZeitZeichen"- und „Stichtag"-Team. Im Leben eines Reporters braucht es verantwortliche Redakteure, die einem erste Chancen geben (also so eine Art auslösendes Ereignis). Nach meinem Volontariat bekam ich einen Brief aus der Redaktion. Darin war genau ein Blatt, darauf nur wenige Zeilen – ein Thema und ein Datum. Daneben stand handschriftlich: „Let's try. RF." Das war 2002. Seitdem sind mehr als 100 Produktionen für „ZeitZeichen" und „Stichtag" entstanden.

Svenja & Uwe Walter. Wer Storytelling so liebt wie Ihr, wird immer andere inspirieren – so wie Ihr es mit mir getan habt.

Barbara Emig-Roller, die als verantwortliche Cheflektorin bei Springer sofort erkannt hat, dass die Zeit reif ist für dieses Buch. Sie hat zusammen mit der Herausgeberin der „Gelben Reihe", Prof. Dr. Gabriele Hooffacker, meinem Herzens-Thema ein qualitativ-hochwertiges Umfeld geschenkt. Die großartigen Grafiken hat Esther Gonstalla gestaltet.

Und Anne – für die größten Abenteuer-Geschichten!